전환기의 한국사회

성장과 정체성의 정치를 넘어

 M 카이로스총서 56

전환기의 한국사회, 성장과 정체성의 정치를 넘어
Korean Society in Transition, Beyond the Politics of Growth and Identity

지은이 맑스코뮤날레

펴낸이 조정환
책임운영 신은주
편집 김정연
디자인 조문영
홍보 김하은
프리뷰 문주현·손보미·홍원기

펴낸곳 도서출판 갈무리 등록일 1994. 3. 3. 등록번호 제17-0161호
초판인쇄 2019년 5월 13일 초판발행 2019년 5월 18일
종이 화인페이퍼 인쇄 예원프린팅 라미네이팅 금성산업 제본 경문제책

주소 서울 마포구 동교로18길 9-13 [서교동 464-56] 2층
전화 02-325-1485 팩스 02-325-1407
website http://galmuri.co.kr e-mail galmuri94@gmail.com

ISBN 978-89-6195-206-4 93300
도서분류 1. 정치학 2. 경제학 3. 철학 4. 문화비평 5. 사회운동 6. 정치사상

값 23,000원

이 도서의 국립중앙도서관 출판예정도서목록(CIP)은 서지정보유통지원시스템 홈페이지(http://seoji.nl.go.kr)와 국가자료공동목
록시스템(http://www.nl.go.kr/kolisnet)에서 이용하실 수 있습니다.(CIP제어번호 : CIP2019011587)

전환기의 한국사회

성장과 정체성의
정치를 넘어

맑스코뮤날레 지음

갈무리

차례

'성장과 정체성의 정치'를 넘어서는 것

'맑스코뮤니스트'가 된다는 것

지금 한국사회는 '전환의 시대'를 지나고 있다고 말한다. 무엇보다 2차 세계대전 이후 구조화된 냉전체제의 해소에도 불구하고 완고히 작동하고 있던 반공분단체제가 균열을 보이고 있는 것, 즉 한반도의 평화를 둘러싸고 남-북, 북-미 사이에 일련의 대화가 진행되고 있는 현재의 상황은 그 상징으로 간주되고 있다. 물론 그러한 움직임들이 동북아시아, 지구적 수준에서 헤게모니를 구축하고자 하는 미국, 중국의 충돌/수렴하는 거대 전략과 맞물려 있기에 어떤 모습으로 구체화될지 예측하기란 쉽지 않다. 다만 과거 클린턴 행정부 시절의 '페리 프로세스'의 운명, 지난 하노이 2차 북-미정상회담 이후의 교착국면, 그런 상황이 만들어내는 온갖 예측들, 상상들을 통해 볼 때, 한 가지 확실히 말할 수 있는 것이 없지는 않다. 그것은 그 합의과정이 지난할 것이라는 점, 그리고 그런 단순한 사실을 전제로 할 때만이 문제 해결의 실마리를 찾을 수 있을 것이라는 점이다.

그런데 문제는 그 협상의 주역들이 전혀 새롭지 않다는 사실이다. 그렇기에 과연 그들이 이 땅의 안팎에서 착취, 수탈, 차별, 배제된 채로 살아가고 있는 이들의 삶을 포괄하는 그 어떤 평화의 밑그림을 디자인하고 실행하려 하는지 관심을 갖는 것은 중요하다. 그리고 그 관심이 단지 그들의 입과 발걸음을 뒤쫓는 것에서 멈추는 것이 아니라 도래할 평화의 내포와 외연에 대해 함께 고민, 논의, 공유하는 지점으로까지 나아가야 함은 물론이다. 역사상 그 어떤 권력도 더 많은 평화를 대중에게 자발적으로 준 적이 없고 특히 이 지구화 시대에 평화의 구체화는 자기통치적인 자유-평등의 관계들이 기존 국경들을 가로지르며 더 확대, 심화되는 것에 조응하기에 그렇다. 이런 측면에서 '전환기'에 처한 이 사회의 평화를 담보할 내용들이 이미 도래해 있다는 사실을 인지하는 것은 그리 어려운 일이 아니다.

우선 '미투me too-위드유with you 운동'을 지적할 수 있다. 과거-현재의 성폭력과 트라우마에 고통받던 여성들의 고발, 그것에 대한 각계의 집단적 지지, 연대 선언 등으로 표현되고 있는 그 운동의 성격과 위상을 하나로 집약해 그리는 것은 쉽지 않다. 그럼에도 그것은 최소한 성폭력과 차별에 노출되어 있던 여성들 스스로가 더 이상 그런 구조, 관계들을 용인하지 않겠다는 목적의식적인 선언, 그에 대한 연대라는 점에서 이 사회가 그 어떤 변화의 지점에 들어섰음을 강하게 시사하고 있다. 그렇기에 그 움직임에 대한 사법부의 판단이 여성차별, 배제의 관행을 재확인하는 요식행위에 불과하다고 하더라도 그 역사적 의미를 과소평가할 수는 없다. 왜냐하면 그 운동 자체는 '정의의 타자로 존재하는 법'에 근거한 것이 아니라, 그 법의 존재와 의미를 규정하는 힘, 즉 고통받는 여성들 자신의 삶에 대한 목적의식적인 성찰과 외침을 기반으로 하고 있기 때문이다. 그것은 정치라고 부를 수 있는 것으로 그것 이외에 그 어떤 것도 기존의 법을 넘나들며 그것의 비루함을 드러내 교정할 수는 없다.

다른 하나는 지난 대통령 선거에서 제출된 '신고리 5, 6호기 건설중단

공약'을 둘러싼 논란 이후 환경생태 문제가 더 이상 뒤로 미룰 수 없는 문제라는 점에 대한 대중적 공감대가 확산되고 있다는 점이다. 일본 후쿠시마원전 사건 이후 삶 자체를 파괴하는 핵의 치명성에 대한 자각이 더 깊어지고, 지난해 여름 섭씨 40도를 넘나드는 이상기온으로 절감하게 된 기후변화의 문제와 이제는 만성화된 미세 먼지 등이 일상의 삶 자체를 위협하는 요인으로 받아들여지면서 그 문제들이 먹고사는 것에 종속되는 문제, 혹은 특정 국가, 지역에 국한된 문제가 아니라는 인식이 확대되고 있는 것이다. 난공불락처럼 보이던 성장주의에 대한 이의제기가 대중적 수준에서 꿈틀거리고 있는 것도 이러한 맥락 위에서이다.

하지만 진정 그런 흐름들이 평화를 담보할 새로운 관계들의 출현으로 이어질 수 있을지 여부는 여전히 불투명하다. 아니 굳이 어느 한쪽에 무게 중심을 둔다면 낙관적이라기보다 비관적이다. 그것은 그 과정이 기존의 비대칭적이고 불균등한 사회, 권력관계들의 재구성을 둘러싸고 벌어지는 이론, 실천에서의 쟁투, 즉 정치를 매개로 주조될 수밖에 없는데, 여전히 진보좌파정치는 보수-수구 정치세력의 대중적 영향력 아래 눌려 있기 때문이다. 그렇기에 이 지점에서 그런 유보적, 혹은 비관적 인식은 잠재된 대중적 주체역량을 과소평가하는 것이고 세계경제의 만성적인 침체 등 대중의 급진화를 추동할 객관적인 조건에 주목한다면 오히려 현재의 국면이 낙관적일 수 있다는 반론을 접하는 것은 어렵지 않다.

그럼에도 선뜻 그 같은 의견에 동조하지 못하는 것은 그처럼 주/객의 조건을 나누어 설명, 분석하고 있는 논평들이야말로 정치의 빈곤, 부재를 반증하는 증거라고 생각하기 때문이다. 사회 변화, 변혁에 우호적인 것으로 여겨지는 그 '객관적 조건들'에는 계급투쟁, 혹은 그것으로 환원되지 않는 무수한 투쟁의 결과들이 이미 기입되어 있기에 그렇다. 대중의 삶이 어려워질수록 '극우 포퓰리즘'이 그들의 시선을 빼앗는 현상은 그저 시간이 지나면 해결될 수 있는 하나의 에피소드가 아니다.

그렇기에 한편으로 그런 평가를 접하면서 오랫동안 동서의 좌파정치를 괴롭혀 온 발상, 즉 경제위기, 공황의 국면이 심화되면 될수록 사회변혁의 시간은 한 발 더 가까이 다가온다는 '경제환원주의'의 폐해를 떠올리는 것은 자연스럽다. 그것은 정치를 비대칭적이고 불균등한 사회관계들의 밖에 존재하는 것으로, 따라서 기껏해야 정치를 제도 안에서 작동하는 일련의 대의과정으로만 보는 발상의 헤게모니를 새삼 확인시켜 줄 뿐이다. 사실 그 인지, 인정 여부와 무관하게 파국론, 종말론에 기대고 있는 것으로 보이는 그러한 발상은 '종교의 언술'이지 '정치의 언술'이 아니다. 그렇기에 그러한 인식이 그 파국에 조응하는 '혁명적 정세'의 도래를 말하며 과도한 주의주의로 표출되곤 하는 것은 전혀 역설적이지 않다. 거기에서 '경제환원주의'와 '주의주의'는 동전의 양면을 이룰 뿐이다.

그런데 이 전환기 한국사회의 정치적 상황에 대한 비관을 더 자극하는 현실적 이유는 그런 정치 빈곤과 부재의 양상이 물적, 인적으로 가장 규모 있는 운동이자 이른바 '맑스주의'의 가장 가까운 지점에 있다고 간주되기도 하는 대중적 노동조합운동에서 더 심화되고 있다는 사실이다. 그동안 민주노총으로 상징되는 한국의 노동운동은 한국사회가 지니는 '보수-수구 독점의 정치-정당 구조'로 인해, 단순한 노동조합운동을 넘어서는 진보적인 정치적 위상과 역할을 부여받아 왔다.

하지만 지금 그 운동에서 그러한 위상과 역할에 걸맞은 행보를 찾기란 쉽지 않다. 민주노총이 자신의 강령, 규약으로부터 얼마나 멀어져 있는지를 따지는 것이 의미 없어진 지는 이미 오래전이다. 노동운동의 중심 주체가 비정규직 노동자들로 변화되었다는 사실, 그리고 그들과 현재 그들이 조합원으로서 몸담고 있는 공식조직인 민주노총, 산별노조들 사이의 긴장과 갈등이 해소되기보다 확대재생산되고 있는 현실은 그들 기존 조직에 부여된, 역사특수적인 정치적 역할이 거의 소진되었음을 확인해 주는 증거일 뿐이다.

하지만 사회변혁을 위한 현재의 정치지형에 대해 비관적이라는 의견을 제출하는 것이 여성 등 소수자에 대한 억압구조, 자연에 대한 무한한 수탈, 그리고 노동자들의 모든 생기를 쥐어짜 내려는 자본의 착취 등에 맞선 대중투쟁들의 의미를 축소·간과하는 것으로 읽혀서는 안 된다. 또한 그것이 제주 강정, 세월호, 밀양 등의 투쟁, 그리고 '미투-위드 유 운동' 등 지금까지의 일련의 사건들을 겪으면서 그 실루엣을 드러내고 있는 '새로운 주체들'의 자기통치적인 주체로의 성장가능성을 애써 외면하고 있는 것으로 간주되어서도 안 된다. 맑스코뮤니스트 정치는 기존의 비대칭적이고 불균등한 질서에 맞서는 모든 대중투쟁들이 설사 수많은 한계와 오류를 지니고 있어 온갖 비난과 모욕을 받고 있더라도 그들과 함께 걸어갈 수밖에 없는데, 그 이유는 애초 그들과 분리되어 존재할 수 없는 운명을 지니고 태어났기 때문이다.

다른 한편 맑스코뮤니스트 정치는 그런 근본적 이유에 더하여, 대중운동들 자체가 이질적 요소들의 구성물이라는 점을 파고들어 그들 사이의 관계를 단절시키고 이런저런 봉기를 매개로 표현되는 그 운동들의 상이한 요구와 열망을 기존의 지배적인 틀에 가두어두려는 조합주의적인 시도들에 맞서 투쟁해야 하는 운명 또한 지니고 있다. 왜냐하면 조합주의 흐름들과의 대결을 차후의 과제가 아니라 지금 당장 넘어야 할 긴급 과제로 설정할 수 있는 의지와 힘은 오직 맑스코뮤니스트 정치에서만 찾을 수 있기 때문이다. 조합주의 흐름들과의 대결을 차후의 과제가 아니라 지금 당장 넘어야 할 긴급 과제로 설정할 수 있는 의지와 힘은 오직 맑스코뮤니스트 정치에서만 찾을 수 있다. 그렇기에 어찌 보면, 이번 제9회 맑스코뮤날레가 공식 슬로건으로 내건, '전환기의 한국사회, 성장과 정체성의 정치를 넘어'는 다소 때늦은 감이 없지 않다.

따라서 왜 그리 지체될 수밖에 없었는지 질문하는 것은 자연스럽다. 한마디로 말하면 페미니즘, 녹색, 노동 운동 안에서 조합주의, '정체성의 정치'로 대변되는 흐름의 영향력이 여전히 강하기 때문인데, 그것은 보수자유주의 정치세력의 헤게모니가 계속 재생산되고 있음을 확연하게 보여주는 증거이다. 조합주의, '정체성의 정치'를 비판적으로 문제시하는 것은 그 운동들이 기존의 지배질서들에 대항하여 벌이는 쟁투의 의미를 폄훼하거나 무시하려 하기 때문이 아니다. 그 과정에서 그 운동들이 착취와 수탈, 차별과 배제를 정당화하는 또 따른 경계, 준거들을 만들고 옹호하기 때문이다. 맑스코뮤니스트 정치가 수구-파시스트들, 자유주의자들의 정치와 다른 것은 기존의 비대칭적이고 불균등한 질서들에 맞서 싸울 뿐만 아니라 그것을 넘어서는 미래의 질서, 따라서 '현재-미래의 자유-평등한 질서'의 구축을 고민, 실천한다는 점이다. 그리고 그보다 더 중요한 것은 그 새로운 질서의 구성 과정에서 자기 자신 또한 변화, 변혁의 대상으로 상정한다는 점이다. 한국사회에서 '진보의 적자'를 자임하는 자유주의 정치세력들이 집권 이후 아무리 '반칙과 특권이 없는 세상', '사람 사는 세상' 등의 실현을 역설해도 그것은 결코 이루어질 수 없는데, 그들은 현재의 자신을 부정할 수 없기 때문이다.

이런 맥락에서 맑스코뮤날레는 지난 몇 차례의 대회를 통해 '녹보적(혹은 보녹적, 적녹보) 연대'를 화두로 제출해온 바 있다. 그럼에도 지금 그 시도는 '교착상태'에 빠져 있다. 그 원인은 무엇일까. 그 각각은 분석, 지시를 위해 개념적으로 조작, 분리될 수는 있어도 현실의 관계 속에서는 결코 분리될 수 없다는 점, 그렇기에 그 운동들 각자가 주요한 극복의 대상으로 삼고 있는 관계들, 모순들의 해결이 또 다른 관계들, 모순들을 해결해 줄 수 있을 것이라는 환원론적 시도는 이론, 실천의 수준에서 그 어떤 의미 있는 결과도 낳을 수 없다는 점 등을 공유하지 못하기에 그럴 것이다. 정확히 말하면, 그것을 인식하더라도 자기화하여 실천하지 못하기 때문인데, 그것은 맑스코뮤날레가 그 이름도 무색하게 조합주의, '정체성의 정치'의 영향력으로부터 아직 벗어나지 못하고 있음을 반증해 주는 중요한 근거이기도 하다.

이론과 실천, 이론과 실재 사이에는 항상 메울 수 없는 간격, 여백이 존재할 수밖에 없다. 그렇기에 여전히 그곳을 메우거나 채우기 위한 이론적 작업은 유의미하다. 하지만 그런 일련의 작업들을 통해 현실의 모순들, 긴장들이 해결될 수 있을 것이라고 생각하는 것이야말로 맑스코뮤니스트 정치를, '녹보적 연대'를 종교의 차원으로 격하시키는 것이다. 맑스코뮤니스트는 '치자와 피치자의 동일성', 나아가 '각인의 자유로운 발전이 만인의 자유로운 발전의 조건이 되는 연합체' 등의 모토를 신줏단지 모시듯 싸안고 거기에 무릎 꿇고 절하는 자들이 아니다. 그것은 현재-미래의 관계들과 삶에 그 모토들을 비추어 재구성하고 그것을 아로새겨 넣기 위해 자신의 정체성조차 지우며 끊임없이 걸어가는 이들을 이르는 것에 다름 아니다. 그렇기에 그 길은 언제나 낯설게 다가온다.

그런데 그 낯선 길을 걷는 것은 항상 대중, 대중운동과 함께해야만 가능하다. 이미 지적했듯이 그들이 없는 맑스코뮤니즘은 아무리 잘해야 '비판의 무기'로만 존재할 뿐이기에 그렇다. 그리고 바로 그 지점에 '녹보적 연대'가 교착상태에 이르게 된 또 다른 하나의 원인이 거처한다. 이번 9회 대회에 이르기까지의 궤적을 뒤돌아볼 때, 맑스코뮤날레는 다양한 대중운동들과 가까워지기는커녕 점점 더 그 간격을 확대시켜 왔다. 서구 맑스주의의 실패가 대중, 대중운동으로부터 멀어지며 강단화된 결과라는 평범한 지적을 새삼 음미할 이유가 여기에 있다.

이런 맥락에서 이번 제9회 대회의 슬로건, '전환기의 한국사회, 성장과 정체성의 정치를 넘어'는 맑스코뮤니스트가 된다는 것이 의미하는 바를 다시 한번 묻고 '녹보적 연대'의 교착상태에 숨구멍을 내기 위한 모색의 자리임을 공표하는 것이며, 그와 동시에 향후 맑스코뮤날레가 그런 길을 걷고자 하는 이들의 더 많은 자발적 참여의 장으로 거듭나기를 바라는 소망의 표현이다.

자본의 지배를 철폐하고 가부장체제를 넘어 자연과의 조화로운 삶을 실현해 나가고자 하는 아름다운 이들, 모든 착취·수탈·차별·배제에 반대하여 투쟁하는 이들의 연대와 우애를 바라면서 말이다. 그리고 그 실현 정도에 따라 전환기에 처한 한반도의 평화는 물론 지구화 시대에 걸맞은 진정한 의미의 평화 또한 더 구체적으로 다가오게 될 것이다.

제9회 맑스코뮤날레 조직위원회를 대신하여

집행위원장 이광일

1부

녹색자본주의인가, 적색성장주의인가?

기후변화와 에너지전환 시대의 변혁전략

경제성장주의와의 결별 없이 대안이 가능한가?

하승우 | 더 이음 연구위원

스웨덴의 그레타 툰버그Greta Thunberg는 정부가 기후변화에 적극적으로 대응할 것을 요구하며 학교 등교를 거부하고 있다. 그레타는 2018년 12월 12일 〈유엔 기후변화 협약 당사국 회의〉COP 회의장에서 "여러분은 그 무엇보다도 자녀를 사랑한다고 말하지만, 지금 그들의 미래를 눈앞에서 도둑질하고 있습니다."라고 정치인들을 비판했다. 2078년에 75살이 되는 그레타는 "아직 행동할 시간이 있는 동안 여러분이 아무것도 하지 않은 이유를 물을 겁니다."라고 꼬집으며 "화석연료는 지하에 그대로 두고, 형평성에 초점을 맞춰야 합니다."라고 주장했다.

그레타만이 아니다. 2018년 11월 30일, 호주에서는 1만 5천여 명의 학생들이 등교를 거부하며 "기후변화, 지금 대응하라"Climate, action now!라고 외쳤다. 이들은 호주 24개 도시에서 카마이클 광산 개발 취소, 재생에너지 100% 시행 등을 주장했고 앞으로도 기후대응을 촉구하며 행동할 것이라고 예고했다.

한국에서도 2018년 8월 〈청소년기후소송단〉이 만들어졌다. 이들은 정부가 제대로 기후체제를 마련하도록 요구하고 청소년시민이 기후소송의 주체가 되며 더 많은 시민들이 기후변화에 관심을 가지도록 행동한다는 세 가지 목표를 세웠다. 다가올 기후 위기를 예감한 청소년들이 전 세계적으로 움직이고 있다.

이에 반해 기성 정치권의 대응은 무척 느리고 때론 역행한다. 한국이 대표적이다. 문재인 대통령은 2019년 1월 2일 국립서울현충원을 방문해서 방명록에 "대한민국 새로운 100년, 함께 잘 사는 나라!"라고 적었다. "잘 사는 나라"의 의미가 다양할 수 있지만 "함께"가 붙은 것을 보면 성장과 분배정의의 취지가 강하다. 그리고 2019년 1월 29일, 문재인 정부는 '국가균형발전 프로젝트'라는 명목으로 대규모 재정사업의 최소필요조건이라 할 예비타당성조사를 면제해 10년간 24조 원을 투자한다고 발표했다. 이는 대형 재정사업을 통해 경기부양을 꾀하는 전형적인 방식이라 할 만하다.

반면에 2018년 6월 28일에 공개된 정부의 「2030 국가 온실가스감축 기본 로드맵 수정(안)」은 2030년 배출량 목표인 5억 3,600만 톤을 손대지 않고 국내 감축 비율만 25.7%에서 32.5%로 상향조정했다. 이산화탄소 배출량을 실질적으로 줄여야 하는데 그런 정책은 잘 보이지 않고, 탈핵을 선포했으나 외려 핵발전소나 석탄화력발전소를 더 늘리는 모순된 정책들이 나오고 있다.

그렇다면 한국의 진보운동은 기후변화에 어떤 입장을 가지고 있을까? 2011년에 20여 개 단체가 모인 〈기후정의연대〉가 출범했으나 배출권거래제나 기후정의운동의 전략, 전술, 기후정의와 사회경제구조의 연관성 등에 대한 입장 차이로 활동을 활발히 펼치지 못했다. 김민정은 한국의 기후정의운동을 분석하면서 "노동조합 차원에서 기후 문제를 의제화할 수 있는 공론화 장과 환경운동의 의제와 노동운동의 의제가 결합될 수 있는 실천의 장이 필요한 상황"이라고 강조했다. 그리고 이를 위해서는 "세계 경제위기 상황 속에서 기후정의운동이 어떠한 전략과 전술을 지녀야 하며 여타의 사회 쟁점들, 특히 일자리 지키기와 민영화 저지 등과 기후정의운동이 어떻게 결합되어야 할지에 대한 사회적 논의가 필요한 상황"이라고 강조했다(2015, 53~55쪽). 이 과제는 이후 어떤 식으로 논의되고 있을까? 불평등이 노동이나 경제만의 문제가 아니라면, 기후난민이나 기후정의와 어떻게 결합될 수 있을까?

최근 기후변화와 관련해 떠오른 화두는 '인류세'anthropocene로, 인간이 생태계 변화에 적극적으로 대응할 것을 요구하고 있다. 인류세를 논의하는 결은 다양하지만 그중에는 자본주의 체제의 문제점을 지적하는 흐름도 있다. 그리고 개념이나 이념에 대한 찬반을 떠나 2018년 10월 8일 〈기후변화 정부 간 협의체〉IPCC 제48차 총회에서 최종 승인된 「지구온난화 1.5도 특별보고서」는 사회의 근본적인 전환 없이는 지구의 지속가능성이 보장될 수 없음을 주장하고 있다. 지구의 평균온도 0.5도의 차이가 인류의 미래를 극적으로 바꿀 수 있다는 긴장감을 한국의 진보운동은 얼마나 느끼고 있을까?

2011년 이후 한국에서도 '정의로운 전환'just transition이 논의되어 왔지만 교육이나 토론을 넘어 구체적인 사업이나 정책으로 다뤄진 적이 거의 없다. 그 이유는 다양할 수 있지만 진보운동이 성장과 분배라는 노선에서 벗어나지 못하고 있음도 중요한 원인이다. 경제성장주의와 진보운동의 대안은 양립할 수 있을까? 기후변화를 고려한 '1.5도의 정치'는 이 물음에 부정적이다.

1. 인류세의 등장과 체제 전환의 요구

인류세는 인간이 자연에 미친 지질학적 영향을 인정하고 원시 자연상태와 구분하자는 지질학의 용어이다. 1980년대에 미국의 생물학자 유진 스토머E. F. Stoermer가 처음 사용했지만 이를 중요한 개념으로 사용한 논문은 네덜란드의 대기화학자 폴 크루첸P. Crutzen과 스토머의 공동논문이다. 이 논문에서 크루첸과 스토머는 인간이 초래한 스트레스로부터 지구 생태계를 지키기 위한 인류의 역할을 강조했다.

인류세에 대한 학문적인 논쟁이 아직 계속되고 있지만 화석연료의 사용에 따른 대기 중 이산화탄소 농도의 증가, 이로 인한 지구온난화, 콘크리트나 플라스틱처럼 새로운 화학물질들이 생태계를 교란시키고 파괴하고 있다는 점은 명백한 사실이다. "9개의 지구시스템(기후변화, 식물 다양성의 손실, 질소와 인의 순환, 토지이용의 변화, 오존홀, 해양산성화, 화학물질에 의한 오염, 담수 이용, 대기 에어로졸의 부하)에 존재하는 '지구의 한계'Planetary Boundary 가운데 앞 4개의 시스템은 이미 임계치를 넘었고, 불가역적으로 급격한 환경변화를 야기하는 단계에 들어갔다."고 사이토 코헤이Saito Kohei는 요한 록스트롬Johan Rockstrom의 연구를 빌어 말한다(2017, 93쪽). 개념에 대한 호불호를 떠나 인류세는 인류가 지금 당장 행동하지 않으면 돌이킬 수 없는 결과를 가져올 수 있다는 점을 분명히 한다.

기존의 생태주의 담론과는 달리 인류세는 인간활동의 수동성이 아니라 인간과 자연의 새로운 관계 형성을 강조하고, 이를 위한 사회과학과 자연과학의 만남, 인문학과 자연과학의 상호보완을 요구한다. 그리고 인류세는 그런 관점을 전지구적으로 확장시킬 것을 요구한다. 이것은 전통적인 생태주의 관점을 이어받는 듯하지만 인류세는 그런 확장에서 과학기술의 역할을 강조한다. 신두호에 따르면, 인류세는 "미래의 지속가능한 세계를 지향하면서 지나치게 낙관적 혹은 비관적이지 않은 태도를 갖고 과학기술문명을 제한적이고 현명하게 이용하면서 동시에 인간의 가치관과 생태윤리를 통한 개인적 차원의 변화와 넓게는 사회차원의 제도적 변화를 모색하는" 과제를 던진다(2016, 272~273쪽).

전통적인 생태주의 관점은 인간과 자연의 이분법을 극복하자고 외치면서 인간의 역할을 축소하고 배제해온 새로운 이원론을 만들어냈다. 인류세는 전통적인 생태주의 관점의 새로운 이원론에 대항하고자 한다. 생태계의 파괴가 인간활동의 결과라면 그 복원에도 인간의 적극적인 활동이 필요하고 인간과 자연의 건강과 안전을 보장하는 과학기술을 활성화시켜야 한다. 과학기술의 목적과 방법에 대한 성찰이 필요하지만 이런 성찰과 전환의 방향은 인간사회의 윤리나 가치와 무관할 수 없다. 과거에 비추어 미래를 볼 수밖에 없지만 우리가 겪고 있는 현실은 완전히 새로운 현실이다.

이렇게 보면 인류세 담론은 심각한 생태계 위기에 맞설 인간의 책임과 역할을 강조하는 것이기도 하다. 어떤 역할이 가능할까? 송성회는 해러웨이Donna J. Haraway를 다음과 같이 인용한다. "심각한 불연속성을 보이면서 '피난처 없는 난민'을 양산하고 있는 인류세를 가능한 한 빨리 종결짓고 '난민들에게 피난처를 공급할 수 있는 새로운 시대'를 가꾸는 것을 인류의 과제라고 보는 해러웨이는 아주 구체적인 방안으로, '친족 만들기'making kin를 제안한다." 해러웨이가 제안하는 '친족 만들기'는 지구에 사는 생물들의 종적 특성을 강화해서 친족이 되자는 것으로 이는 의식의 획기적인 전환을 요구한다. 해러웨이를 인용하면서 송성회는 "상속세/주식배당소득세 폐지 반대, 공평 과세, 근로자들의 최저임금 인상, 대기업의 사회적 책임 확대, 최고경영자들의 연봉/혜택 축소" 등을 주장하는 미국의 '책임지는 부자'Responsible Wealth, 1억 원 이상 기부자들의 모임인 한국의 '아너소사이어티' 등을 친족 만들기의 예로 든다(2016, 267쪽).

그런데 이런 시각은 생태계의 위기를 불러온 책임을 인류 전체에 전가시키는 위험성을 내포한다. 그래서 안드레아스 말름Andreas Malm은 인류세가 아니라 '자본세'Capitalocene가 정확한 시대적 명칭이라고 주장한다. 사이토 코헤이는 "이제는 '마르크스의 에콜로지'를 전제하고, 마르크스에 내재한 형태로 인류세에서 자본과 자연의 관계 및 그 모순을 파악하는 것이 마르크스주의자들 사이에서 논의되고 있다"고 본다(2017, 97쪽). 실제로 제이슨 무어Jason W. Moore는 자본의 이윤율을 높이기 위한 '저렴한 자연'cheap nature이라는 개념에 노동력, 식량, 에너지, 원료를 포함시켜서 생태학적 해석을 시도한다.

사이토 코헤이에 따르면, 자본주의는 단지 이윤을 축적하기 위해 자연을 파괴하는 것이 아니라 인간과 자연이 영향을 주고받고 변용되는 방식을 교란시키고 복구가 불가능한 균열을 만든다(2017, 102~104쪽). 온실가스 감축과 기후변화 대응을 통해 보면 "자본축적의 곤란과 생태계 유지의 어려움 수준에 압도적인 차이가 존재하는 것이며, 환경문제에 대한 사회 전체의 대처는 자본주의적 생산 자체를 근본적으로 변화하는 것을 강요하는 것이다. 여기에 적과 녹의 사상이 함께 자본주의에 대항하기 위한 기반이 있다."(2017, 107쪽)

생태사회주의자인 이안 앵거스Ian Angus도 2016년 5월에 열린 '21세기 사회주의 컨퍼런스'Socialism in the 21st Century Conference에서 자본주의에 저항하려면 "재생가능에너지로 전환하고, 무기 생산, 광고, 공장식 농업과 같은 산업을 빠르게 제거하는 것이 포함되어야" 하고 "모든 사회주의자, 자유주의자, 환경을 중시하는 노동조합운동가, 여성주의자, 원주민활동가가 규합해야 합니다. 온실가스 배출을 줄이겠다는 단호한 행동을 위해 모두가 기꺼이 싸워야 합니다."(2016)라고 연설했다.

그런데 이 연대는 전통적인 남북관계 분석을 넘어서야 한다. 클라이브 해밀턴Clive Hamilton은 북반구의 강대국들이 정치, 경제적인 책임을 인류 전체에게 떠넘긴다는 비판을 반박하면서 새롭게 등장한 균열에 주목해야 한다고 주장한다. 예를 들어 "과거에는 새로운 지질시대를 촉발한 책임의 상당 부분이 유럽과 미국에 있었다 해도 이제는 더 이상 그렇지 않다. 기후변화만 살펴보더라도(지구 시스템 교란의 경우도 인간이 원인을 제공했다는 점에서 동일하지만) 14억 인구 중국의 평균 탄소배출량은 현재 유럽과 거의 동일하다. … 21세기 중반에 이르러 개발도상국들은 동시대의 수치와 과거 누적된 수치 모두에서 북반구의 선진국들보다 전 세계 기후 시스템에 입힌 훨씬 큰 피해에 대해 책임을 져야 할 것이다."라고 반박한다(2018, 59~60쪽). 해밀턴은 한국도 거론하며 이제는 인류세라는 균열을 반영하는 새로운 사회과학이 필요하다고 강조한다.

해밀턴에 따르면 "지구 시스템이라는 관점에서 보면, 지구상에는 선진국과 개발도상국 사이의 구분은 물론 국가나 문화, 인종, 성의 구분 또한 없다. 그저 지구 시스템을 교란하는 크고 작은 힘을 가진 인간들이 존재할 뿐이다. 인류세가 지구사 전체의 균열이라면, 이는 인류사 전체의 균열이기도 하다."(2018, 65쪽) 그렇지만 중국의 탄소배출량을 중국이라는 국가의 책임으로 돌려야 할지 중국에 자본주의 생산체제를 이식하고 있는 글로벌 자본주의의 문제로 봐야 할지는 여전히 논쟁으로 남는다. 인류세가 던진 화두는 자본주의 체제의 구조적인 모순을 분석하면서도 새롭게 등장한 위기에 대한 분석을 반영하는 작업이 필요하다는 점이다. 그리고 자본주의 체제의 계획적인 노후화를 재생가능한 순환경제로 바꿀 전략도 필요하다.

한국은 이런 흐름에 어떻게 대응하고 있을까? 한국에서도 2018년 카이스트가 〈인류세연구센터〉를 설립하고 한반도의 지표와 해양, 대기의 변화에 대한 연구와 재난 예측, 지속가능한 주거, 교통, 생활양식으로의 전환 등을 연구하고 있다. 앞서 마르크스주의자들이 강조했던 자본주의라는 생산체제의 문제는 한국에서 어떻게 다뤄지고 있을까? 현재로서는 한국 좌파의 대응은 잘 보이지 않는다. 장석준(2016.8.23.)은 안드레아스 말름의 『화석 자본』과 티머시 미첼의 『탄소 자본주의』를 언급하며 "동력 혁명과 권력 혁명은 어느 쪽이 먼저랄 것 없이 동시에 이뤄져야 한다. 동력원의 전환 없이는 계급 세력 관계의 역전이 있을 수 없고, 그 역 또한 진실이다. 새로운 에너지 체제를 바란다면 사회 변혁을 각오해야 하고, 사회 변혁을 꿈꾼다면 에너지 체제 전환을 첫 번째 과제로 놓아야 한다."고 주장했다. 그렇지만 이런 인식에 바탕을 둔 사회운동전략은 아직 등장하지 않고 있다.

담론은 있지만 현실적인 전략이 나오지 않는 것은 생태계의 위기에 대한 인식 차이에서 비롯된 것일 수 있다. 인류세가 사회과학과 자연과학의 만남을 강조한다면, 자연과학에서 합의되고 있는 위기의 정도는 어느 수준일까?

2. 「지구온난화 1.5도 특별보고서」와 정의로운 전환의 요구

2018년 10월 8일 〈기후변화 정부 간 협의체〉는 제48차 총회에서 「지구온난화 1.5도 특별보고서」를 최종 승인했다. 정책결정자를 위한 요약보고서SPM(이하 「1.5도 보고서」)에 따르면, 현재 속도로 지구온난화가 계속될 경우 지구의 온도는 2030년에서 2052년 사이에 산업화 이전 수준 대비 1.5도 높아질 수 있다. 그리고 2100년까지 2.0도까지 높아질 수도 있는데, 「1.5도 보고서」는 그럴 경우 육지와 해상 모두에서 평균온도가 상승하고 인간 거주 지역에서 극한 고온과 호우 증가, 가뭄, 생물종의 변화, 질병 유병률 및 사망률 증가, 어업 및 양식업의 생산량 감소 등의 현상이 나타날 것이라 경고한다. 문제는 현재까지의 온난화만으로도 이미 그 영향이 수백 년에서 수천 년간 지속되고 해수면 상승과 같은 기후 시스템의 장기적인 변화가 초래된다는 점이다.

「1.5도 보고서」는 전 지구의 평균 해수면 상승 높이가 2도보다 1.5도에서 약 0.1m 낮을 것으로 전망한다. 1.5도 지구온난화에서는 연구된 105,000 생물종 중 곤충의 6%, 식물의 8%, 그리고 척추동물의 4%가 기후지리적 분포 범위의 절반 이상을 잃게 될 것으로 전망된다. 반면에 2도 지구온난화에서는 곤충의 18%, 식물의 16%, 그리고 척추동물의 8%가 기후지리적 분포 범위의 절반 이상을 잃을 것으로 전망한다. 즉 몇몇 종의 감소가 아니라 생태계 자체의 감소를 뜻한다는 점에서 이것은 심각한 위기이다.

「1.5도 보고서」는 해수면 상승 속도가 느려지면 군소도서지역, 저지대 연안지역 및 삼각주의 인간 및 생태계의 적응 기회가 더 커질 것이라고 전망한다. 그리고 지구온난화를 2도가 아닌 1.5도로 제한하면 수 세기 동안 약 1.5~2.5백만 km^2의 영구동토층이 녹는 것을 막을 수 있다고 전망한다. 또한 지구온난화를 2도보다 1.5도로 억제하는 것은 해양 온도 상승 및 연관된 해양 산성화를 완화시키고 해양 산소 수치를 증가시킬 것으로 전망한다. 건강, 생계, 식량 안보와 물 공급, 인간 안보 및 경제 성장에 대한 기후 관련 리스크는 1.5도 지구온난화보다 2도에서는 더 증가하는 것으로 전망된다. 이런 생태계의 심각한 변화가 사회에는 영향을 미치지 않을까?

1.5도 이상의 지구온난화는 인구에 불균형적으로 영향을 미치는데, 특히 사회적 소외계층, 취약계층, 토착민, 농업 또는 어업에 생계를 의존하는 지역사회에 더욱 영향을 미친다. 그리고 불균형적인 고위험 지역에는 북극 생태계, 건조지역 및 군소도서 개발도상국들이 포함된다. 또한 빈곤층과 사회적 소외계층은 지구온난화가 심화될수록 더욱 증가할 것으로 예상된다. 지구온난화를 2도 대비 1.5도로 제한했을 때 기후 관련 위험에 노출되는 인구와 빈곤에 취약한 인구수 모두는 2050년까지 최대 수억 명 줄어들 수 있을 것이다. 따라서 어떻게든 2도로의 상승을 막고 1.5도로 제한하는 것이 과제이고, 이것은 해수면의 상승이나 심각한 재난으로 삶터를 잃고 떠돌아야 하는 기후난민에 대한 보호대책이기도 하다. 기후난민의 경계는 계급착취의 선과 겹쳐지고 있고 기후난민은 국가 간만이 아니라 국가 내에서도 발생하고 있다.[1]

「1.5도 보고서」는 각각의 위기에 대한 적응 옵션도 제시한다.

· 자연 생태계 및 관리된 생태계에 대한 리스크 저감에 이용가능한 적응 옵션으로는 생태계에 기반한 적응, 생태계 복원, 황폐화 및 산림파괴 방지, 생물다양성 관리, 지속가능한 양식업, 지역 지식 및 토착적 지식 등이 있다.
· 해수면 상승 리스크를 줄이는 적응 옵션으로는 연안 방어 및 강화가 있으며, 보건, 생계, 식량, 물, 경제성장, 특히 농어촌 지역에 대한 적응 옵션

---

1. 나오미 클라인(2008)과 레베카 솔닛(2012)이 함께 거론하는 카트리나 참사 이후 미국의 변화를 보라.

으로는 효과적인 관개, 사회안전망, 재난 리스크 관리, 리스크 분산 및 공유, 공동체 기반의 적응이 있다.

· 도시 지역에 대한 적응 옵션에는 친환경 사회기반시설, 지속가능한 토지 사용과 계획, 지속가능한 물관리가 있다.

· 토지 및 도시계획 실천의 변화뿐 아니라 수송과 건물 부문에서의 배출량 대폭 감축을 의미한다. 배출량의 대폭적인 감축을 가능하게 하는 기술적 수단 및 실천에는 다양한 에너지 효율개선 수단이 포함된다.

문제는 지금 당장 조치를 시작해도 곧바로 온도상승이 중단되는 것은 아니라는 점이다. 「1.5도 보고서」는 이런 조치의 규모와 속도가 향후 20년 동안 전례 없는 수준에서 진행되어야 하고 신뢰할 만한 방법을 모두 동원해야 한다고 강조한다. 지구온난화를 1.5도로 제한하는 모델은 2050년 산업 부문의 이산화탄소 배출량을 2010년 대비 75~90% 감소시켜야 하고, 2도 경로에서는 50~80% 감소시켜야 한다. 「1.5도 보고서」는 이런 과정에서 인간 정주, 식량, 섬유, 바이오에너지, 탄소 저장, 생물 다양성 및 생태계 서비스 등의 다양한 토지 수요의 지속가능한 관리가 상당히 어려워질 수 있다고 예측한다. 이는 자본주의 시스템의 변화와 생태계를 잠식해온 경제성장주의와의 결별을 요구하는 것이기도 하다.

그렇지만 「1.5도 보고서」가 자본주의 시스템의 단절이나 경제성장주의와의 결별을 주장하지는 않는다. 「1.5도 보고서」는 이런 시도를 '지속가능한 발전'이라는 애매한 개념으로 담으면서 지속가능한 발전이 근본적인 사회 및 시스템 전환과 변화를 지원할 것이라 예측한다. 그리고 이러한 변화는 빈곤 퇴치와 불평등을 줄이기 위한 노력과 함께 의욕적인 완화 및 적응을 달성하는, 기후 복원력이 있는 발전 경로의 추구를 용이하게 한다고 본다. 그런 점에서 진보진영의 대안은 지속가능한 발전이라는 개념을 뛰어넘어야 한다.

전 지구적인 위기에서 한국이 자유로울 수 없다. 한국의 평균 기온은 지난 100년간 1.7도 올라서 세계 평균보다 2배 빠르게 상승하고 있으며 강수량은 100mm 증가했다. 2018년 한국의 여름은 폭염과 열대야가 이어졌고 8월 1일은 111년만의 최고 온도였다. 전국에서 2천여 명의 온열환자가 발생하고 29명이 더위로 사망했고, 300만 마리가 넘는 동물들도 죽었다. 한국의 기후변화 속도는 전 세계 평균을 앞서고 있고 그 영향은 점점 심각해지고 있다. 브리티시페트롤리엄의 「세계에너지통계보고서」에 따르면 한국의 이산화탄소 배출량은 〈경제협력개발기구〉OECD 회원국 35개국 중 4위로, 한국의 이산화탄소 배출량은 미국(50억 8,770만 톤), 일본(11억 7,660만 톤), 독일(7억 6,380만 톤)에 이어 6억 7,970만 톤이다(한국기후·환경네트워크 블로그).

이렇게 지구온난화에 많은 영향을 미치고 있지만 한국 정부의 기후변화 대응정책은 매우 소극적이다. 국제적인 〈기후변화조직〉Climate Action Tracker, CAT은 2017년과 2018년 연속으로 한국의 온실가스 감축 목표가 "매우 불충분"하다고 평가했다. 이 단체는 〈파리협약〉에서 결의했던 지구 온도 상승을 2도 내로 묶자는 목표를 달성하기에는 한국의 온실가스 감축 정책이 크게 부족하다고 비판했다.

정부의 대응이 매우 미흡하다면 사회운동은 어떤 대안을 가지고 있을까? 2011년에 〈에너지기후정책연구소〉(2011)가 〈민주노총〉에 제출한 「기후변화에 따른 산업구조 전환과 노동의 대응:한국의 주요 업종을 중심으로」(이하 「전환보고서」)는 다음과 같이 기후변화가 산업계에 미칠 영향을 분류한다.

현상	긍정적 영향 가능 부문	부정적 영향 가능 부문
강수 패턴 및 수량 변화	전기, 가스, 증기 및 공기조절 공급업	종합건설업 / 항공운송업 / 수상운송업
기온 상승	음료 제조업 / 전기, 가스, 증기 및 공기조절 공급업 / 의료용 물질 및 의약품 제조업	의복, 의복 액세서리 및 모피 제품 제조업 / 코크스, 연탄 및 석유정제품 제조업 / 종합 건설업
수온 상승	수상 운송업	전기, 가스, 증기 및 공기조절 공급업
해수면 상승	창고 및 운송 관련 서비스업	
습도 (불쾌지수)	음료 제조업	예술, 스포츠 및 여가 관련 서비스업 / 사업지원 서비스업
태풍 및 기타	전기장비 제조업	종합건설업 / 항공운송업 / 수상운송업

〈도표 1〉 기후변화에 따른 산업계 영향 분류 (에너지기후정책연구소, 2011, 11쪽)

「전환보고서」에 담긴 2006년 시점으로 연료 연소의 부문별 온실가스 배출량이 가장 많은 산업은 발전 등의 에너지 산업(36.0%)이고, 다음이 제조업 및 건설업(30.0%), 수송(20.2%) 순이다. 이 세 산업 부문을 합치면 86.2%로 배출량의 대부분을 차지한다.

2007년 기준 한국의 온실가스 배출량이 6.20억tCO$_2$였는데, 2014년 기준 배출량은 5.95억tCO$_2$으로 약 2천5백만tCO$_2$이 줄어들었다. 그런데 연료 연소의 부문별 온실가스 배출량의 비중은 2014년 기준 에너지산업 부문(43.5%), 제조업 및 건설업 부문(32.4%), 수송 부문(14.8%) 순으로 나타났다. 2007년과 비교해 총배출량은 줄어들었지만(그러나 2015년 이후 총배출량은 다시 증가한다.) 배출량이 많은 산업 부문의 순위는 변화가 없고, 에너지산업 부문은 2007년 전체 36%에서 외려 증가했고, 제조업 및 건설업 부문도 30.0%에서 32.4%로 증가했다. 수송 부문만 2007년 20.2%에서 14.8%로 줄어들었을 뿐이다.

「전환보고서」는 조선업, 자동차산업, 궤도산업, 건설업, 재생에너지업의 정의로운 전환 조건과 가능성을 모색하는데, 정의로운 전환이란 전환 과정에서 "노동자 및 공동체의 혜택과 노동기간의 손실 없이 고용이 유지되는 것이 목적"이고 "이것이 불가능할 때는 정당한 보상, 지속가능한 일자리를 위한 재교육, 새로운 지속가능한 산업으로의 고용전환"을 보장하는 것이다(에너지기후정책연구소, 2011, 68쪽). 이런 정의로운 전환이 가능하려면 노동조합의 전략이 중요하다. 기후변화가 가져올 사회변화를 예측하고 주요 산업에 대한 전환전략을 짜고 정부의 기후변화대응 정책에 개입하며 무엇보다도 노동 현장의 변화를 주도해야 하기 때문이다. 전환보고서도 영국의 '건강하고 안전한 녹색작업장'Healthy, Safe and Green Workplace 운동을 소개하며 작업장과 노동과정에 능동적으로 개입할 것을 강조했다.

3. 전환전략의 지체 또는 탈성장을 말하지 않기

「전환보고서」의 발표 시점이 2011년 12월이다. 7년 이상이 지났는데 〈민주노총〉은 그동안 어떤 전략을 준비했을까? 이 보고서가 제안했던 '기후변화위원회'는 구성되어 활동하고 있을까? 그리고 2012년에는 〈민주노총 공공운수노조연맹〉이 〈유엔환경프로그램〉UNEP과 〈지속가능발전 국제노동재단〉의 「기후변화, 기후변화의 고용영향, 노동조합의 대응 : 노동자와 노동조합을 위한 훈련 매뉴얼」(2011)을 번역해서 발간했다. 이 매뉴얼은 한국의 노동현장에 얼마나 적용되었을까?

불행히도 관련된 자료를 찾을 수가 없어 그 현황을 정확히 알 수 없다. 〈민주노총〉이나 〈금속노조〉와 관련된 검색을 해보아도 기후변화 대응전략이나 훈련 매뉴얼이 진행되었다는 기록을 찾을 수 없다. 김민정의 연구보고서에 담긴 〈민주노총〉 정책실장의 인터뷰에서 실마리를 찾을 수는 있다. 〈민주노총〉 차원의 위원회 구성이 안 되어 교육활동 이상의 활동이 어렵고, 노동조합의 사업 우선순위에서도 밀린다. 그리고 활동을 하려면 제조업, 대기업 중심의 산업 구조에 대한 대안이 있어야 하는데 그런 대안 마련이 어렵다.[2] 2015년의 인터뷰이니 3, 4년의 시간이 길지 않았을 수 있다.

그렇다면 지금은 어떨까? 2019년 1월 28일에 열린 〈민주노총〉 제67차 대의원대회 회의자료를 보면, 〈민주노총〉의 2019년 사업계획은 다음과 같이 총괄과제를 제시하고 있다.

· 민주노총은, 정부정책 비판에 그치지 않고, 한국사회 대개혁 대안정책과 대안전략을 대중적으로 분명히 제시하며 정국 개입력을 실질적으로 높여야 함. 그리하여 민주노총은, 민주노총이 제기하고 제시하는 재벌독

---

2. "상급단체 수준에서는 대응방안이 구비되어 있지 않다. 담당자가 정확히 있는 것도 아니고 문제의식 정도가 공유된 상태다. 사업영역으로는 잡혀있지만 구비되었다고 보기는 힘들다. 아주 많이 나간 정도라야 조합원들이나 현장간부들을 대상으로 한 교육활동 수준이다. … 노동조합의 사업의 우선순위에서 밀린 것이다. 비정규직 문제나, 지난해 세월호 참사로 인한 생명과 노동안전 문제, 노동조합법 등 주요 노동 현안들에 밀린다. 두 번째로는 일단 담당자 문제가 있다. 사업의 주체가 아직까지는 형성되지 않은 측면이 있다. 담당이라도 세워놓으면 담당이 있으면 최소한 유실되지는 않을 텐데, 비중은 축소되더라도 유지는 될 것이다. 만약 담당이 있으면 사업이 이어져 가다가 정세를 타면 어느 순간에는 사업이 일정한 수준으로까지 비중 있게 다루어질 수 있을 텐데, 계기가 있으면 반짝 하다가 계기가 소멸되면 사업도 없어져버리는 그런 상황이다. … 한국의 대기업 중심 산업 구조를 아예 바꾸어야 하는 문제이므로 웬만한 계급 세력 관계의 변화가 없으면 불가능하다. 원하청 문제까지 결합되어 있다."(김민정, 2015, 45~48쪽)

점체제 전면개혁 과제와 산업업종, 정부(재정)정책을 포괄하는 구체적인 대개혁 과제가 한국사회를 지배하도록 만들어내야 함.

· 이를 통해 민주노총은, 수구보수 세력과 재벌-재벌특혜세력 동맹을 무력화하면서도 개혁 중도보수 세력과는 다른, 사회대개혁 대안 주체들을 다시 집결시켜내야 함. 그리하여 재벌독점체제를 전면개혁하기 위한 경제, 산업노동정책과 사회공공성, 사회안전망 대안전략의 정치적 이행체제를 2020년 총선(4월)을 앞둔 2019년에 구축해 내야 함.

〈민주노총〉은 이를 위한 구체적인 사업들도 다음과 같이 제안했다.

1. 모든 노동자의 민주노총 : 노동시간유연화 공세 저지, ILO핵심협약 비준과 모든 노동자 노조할 권리 노동법 개정, 중소영세사업장·특수고용·플랫폼·사회서비스·청년 노동자 조직화

2. 한국사회를 대개혁하는 민주노총 : 비정규직철폐·좋은(사회서비스) 일자리창출, 재벌독점체제 전면개혁, 최저임금 1만 원 실현 및 개악저지, 보육·교육·의료·요양 등 사회서비스의 공공성·보장성 강화 및 노후소득보장 등 사회임금 인상과 사회공공성 후퇴 입법 저지, 공공서비스 민영화·외주화 전면 철회 및 민주적 공공관리 확대, 정부 확대재정정책으로의 대전환 견인, 업종·산업·정부(재정)정책을 포괄하는 대 정부·자본 대등한 교섭 및 협의 체제 확보, 재벌 횡포 및 사회양극화 확대에 고통받는 모든 '을'乙들의 연대 확장

3. 평화와 민주주의를 선도하는 민주노총 : 분단적폐 청산, 자주교류 확대, 올바른 한반도 평화 정착 및 전체 노동자·민중의 자주통일 주도성 확보, 실질 대의민주주의로의 이행과 사법개혁.

총괄과제와 사업계획 속에 기후변화나 정의로운 전환과 관련된 내용은 없다. 부족과 없음의 차이는 크다. 고민을 하고 있음과 그 고민을 사업으로 만드는 것의 차이도 크다. 〈민주노총〉의 2019년 사업계획에서는 인식도, 전략도 찾아보기 어렵다.

故김용균 씨의 죽음에 대한 〈민주노총〉의 대응에서도 아쉬움을 느낄 수 있다. 〈민주노총〉은 2019년 2월 5일 정부대책에 대한 입장문을 내고 "이번 참사는 우리 사회 노동문제에 대한 근본적인 의문을 다시 던졌다. 끊임없는 산업현장 산재사고 근본 원인이 무엇인지, 정부와 기업이 내세우는 비용과 효율이 숱한 청년 인생을 갈아 부수는 것을 넘어 목숨을 앗을 만큼 가치가 있는지, 그리고 이러한 비참한 상황을 외면한 채 언제까지 정치·경제적 이해관계만을 앞세워 가야 하는 것인지."라고 물으며 사회 대개혁 투쟁을 벌이겠다고 선언했다. 그렇지만 태안화력발전소라는 위협적인 시설에 관한 질문은 던져지지 않았고 비정규직이 절반 가량인 핵발전소의 문제도 이야기되지 않았다. 석탄화력발전소의 비정규직을 정규직으로 직접 고용하기만 하면 청년의 미래, 사회의 지속이 보장될까?

진보정당은 어떨까? 〈정의당〉의 제19대 대통령선거 정책공약집(2017)을 보자. 이 공약집에는 기후변화로 인한 식량위기, 기후변화 취약계층의 보호를 위한 '기후변화대응기본법' 제정, 지속가능한 에너지정책 수립, 탈핵 탈석탄을 위한 로드맵 수립 등의 내용이 담겨 있다. 〈정의당〉은 기후변화에 적극적으로 대응할 필요성을 인식하고 있다. 그리고 정의로운 시대전환을 위한 에너지 기후 부문에서의 주요 공약을 살피면 다음과 같다.

2040년 원전 없는 탈핵 한국 실현

에너지 수요관리정책을 〈OECD〉 선진국 수준으로 추진

2040년까지 재생에너지 공급비중을 40%로 확대

사용후핵연료 재처리 금지

방사능 식품으로부터 국민식탁 보호

환경성과 사회성을 높이는 지속가능한 에너지정책 수립

기후변화대응기본법 제정으로 기후변화 취약계층 보호

특히 공약집은 노후 석탄화력 발전소의 단계적 폐쇄와 신규 건설 백지화, 2050년 탈석탄 이행을 위한 로드맵 수립, 기후변화 대응정책과 에너지전환 정책의 정합성과 통일성을 갖는 정부조직으로서 기후에너지부 신설 등을 언급하고 있다.

그리고 생태 환경 부문에서도 다음과 같이 주장했다.

'지속가능한 발전법' 기본법제화 및 생태복지 '헌법' 개정

생물다양성 확보와 지속가능한 국토 이용

4대강 재자연화와 적폐 청산

물 공공성 및 안전성 강화

이 역시 꼭 필요한 정책들이다.

그런데 에너지전환의 필요성이 강조된 데 비해 산업의 정의로운 전환을 위한 내용은 공약집에서 빠져 있다. 산업통상정책에는 제조업 고용비중이 감소하는 "'탈공업화의 함정'에서 벗어나 제조업의 재부흥 전략으로서, '첨단제조업화'와 '제조업의 서비스화' 전략 추진", "'한국 제조업 혁신전략'의 컨트롤 타워 구축" 등이 제시되어 있다. 제조업의 전환이 필요하다

는 점은 분명하지만 이런 재부흥 전략이 기후변화나 에너지 부문과 어떻게 연관되어 있는지는 알 수 없다.

그리고 경기권 공약에는 '판교, 광교, 수원, 일산, 광명시흥 지구에 첨단 테크노밸리 조성'이라는 공약이, 경남권 공약에는 '전통 제조업 고도화, 연구개발지원센터 설치', '조선 산업 활성화 및 고용 안정대책 마련', 충북권에는 '오송-충주-제천 바이오산업 벨트 조성' 등이 들어가 있다. 마찬가지로 이런 산업 정책들이 다른 부문의 정책들과 어떻게 연관되어 있는지, 정의로운 전환을 위한 변화인지는 분명하게 드러나지 않는다. 에너지에 관한 분명한 정책과 달리 산업 부문에 대한 정책은 기존의 산업정책과 큰 차이가 없다.

물론 하나의 정책이 단일한 효과를 거두는 것은 아니다. 가령 김현우는 에너지와 노동을 엮어서 이렇게 말한다. "대형 할인점과 편의점의 야간 영업이 일반용 전력 수요를 급격히 높이고 있고, 대도시 사무직 노동자가 일하는 사무실의 입주 건물이 초고층화되어 에너지 수요를 더욱 크게 하고 있는 만큼 서비스업의 야간 노동도 에너지 전환 차원에서 관심이 요구된다. 대형 할인점의 야간 영업 규제 확대와 함께 사무직 노동자의 '칼퇴근법'을 정책적으로 고려할 필요가 있을 것이다. 제조업, 유통업, 사무직 노동자들이 노동시간 단축과 탈핵을 함께 요구할 수 있는 실마리가 되지 않을까."(2014, 165쪽) 관건은 똑같은 정책을 실행하더라도 그 취지를 어떻게 설명하는가이다. 같은 공약집에서 〈정의당〉은 '5시 퇴근법' 도입을 주장한다. 하지만 그 취지는 노동시간 단축을 통한 여가 시간 보장이지 에너지 정책이나 산업 정책과 이어져 있지 않다.

앞서 살펴본 것처럼 한국의 경우 에너지 산업과 제조업, 건설업 부문의 변화 없이 지구 온도를 산업화 이전 수준 대비 1.5도로 제한하는 것은 불가능하다. 1.5도로 제한하려면 산업 부문의 이산화탄소 배출량을 2010년 대비 최저(최대가 아니다!) 75%까지 감축해야 하는데, 한국의 경우 이는 에너지 산업과 제조업 및 건설업의 배출량이 1990년의 수준으로 축소되어야 함을 뜻한다. 그렇다면 산업의 성장이 아니라 축소 전략이 필요하고, 이는 탈성장 전략일 수밖에 없다.

그렇지만 현실은 반대이다. 2018년 12월 11일 〈전국금속노동조합 경남지부 두산중공업지회〉는 경상남도청 앞에서 피켓시위를 벌였다. 구조조정에 따른 고용불안 상황을 알리기 위한 시위인데, 〈지회〉는 에너지전환(탈원전)으로 인한 지역경제 및 고용위기에 대한 중앙정부와 경상남도, 창원시 등의 정책대안을 촉구했다. 이제 정의로운 전환은 먼 미래의 문제가 아니라 지금 풀어가야 할 과제인데 이 과제에 대한 논의는 부족하고 노동운동의 대응은 과거를 답습하고 있다.

어떤 점에서 〈민주노총〉이나 진보정당은 현재의 일자리를 유지하거나 확대하는 상태에서 정규직 확대나 임금 인상을 추구하고 사회서비스의 공공성 강화를 주장할 뿐 기후변화나 에너지 전환을 요구하지는 않고 있다. 재벌독점체제를 바꿔야 한다는 주장은 있지만 인류세라는 시대적인 변화에서 어떤 대안적인 경제체제를 확립할 것인가, 라는 문제의식은 잘 드러나지 않는다. 기존의 성장이 이제는 더이상 불가능하다는 점을 이야기하지 않은 채, 소득주도성장론이라는 문재인 정부의 정책이 더 강한 호소력을 발휘하기도 한다.

그러나 홍태희에 따르면 "1990년대 중반 무렵에 요소투입형 성장(외연적 성장)의 시대는 저물었고, 내연적 성장의 시대는 아직 오지 않은 상황에서 2008년 글로벌 경제위기를 맞아 수출도 어렵게 되자, 한국 경제는 성장절벽에 서게 되었다. 현재 한국 경제는 투자율의 급격한 감소로

자본 투입도 어렵고, 인구구조의 변화로 노동 투입도 어려우며, 총요소생
산성 증가도 어려운 상황에서 여전히 저임금·장시간 노동으로 버티고 있
다."(2016, 104쪽) 여기에 소득 격차, 자산 격차가 보태져 헬조선의 상황을
만들고 있다. 홍태희는 일단 지옥문부터 닫고 저성장의 현실을 인정하고
탈성장 경제를 지향하자고 주장한다. 홍태희는 그 실현 경로를 다음과
같이 나타낸다.

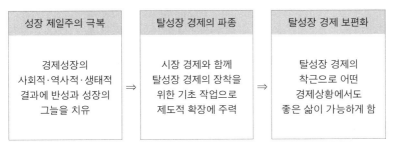

〈도표 2〉 탈성장 경제의 실현경로(2016, 118쪽)

그리고 홍태희는 탈성장 경제의 기본 원칙으로 "첫째, 사후대책 대신
에 '사전예방의 원칙'precautionary principle, 둘째, 경쟁 대신에 '협동'cooperation
principle, 셋째, 돈 모으기 대신에 '필요한 만큼만 쓰고 살기'survival principle"
를 주장한다(2016, 118쪽). 그리고 탈성장 경제의 구체적인 씨앗은 생활
협동조합, 사회적 기업, 도시 농부, 지역화폐, 대안금융, 공동 텃밭, 직거
래장터, 공정무역 등으로 표현된다. 그렇지만 탈성장 경제로 지목되는 활
동들이 전체 고용에서 차지하는 몫은 지금도 1.4%에 불과하고, 이들 중
적지 않은 수의 일자리가 정부의 지원에 의존하고 있다. 그래서 전환의
주체가 되기는 쉽지 않고, 이런 자리들이 기존의 산업구조를 대체하기도
어렵다.

4. 한국에서도 탈성장 전략이 가능할까?

탈성장이라는 말은 성장을 문화적, 도덕적으로 비판하는 과정에서 처음 등장했고, 성장 강박에서 해방된다는 의미로 『탈성장의 미래』라는 책에서 처음 사용되었다. 바르바라 무라카Barbara Muraca는 유엔과 유럽에서 탈성장이라는 개념이 환경운동, 반핵운동에서 주요한 개념이 되어가는 과정을 설명하면서 "전 세계에 걸친 분배와 사회적 권리에 대한 물음과 뗄 수 없이 묶여 있"다고 지적한다(2016, 58쪽). 즉 탈성장 담론은 단순히 성장을 멈추자는 이야기가 아니라 사회의 전환에 관한 이야기이다.

그동안 한국의 탈성장 담론에서 많이 거론된 인물은 앙드레 고르 André Gorz이다. 고르는 기본적으로 생태학을 정치적인 것이라 보고 자유와 자율을 위해 인간과 자연, 사회의 관계를 다시 설정해야 한다고 주장하기 때문이다. 고르는 중앙집권적인 통제에서 벗어나 협동의 자치구조를 만들어야 탈성장 사회에 다가설 수 있다고 주장했는데, 이런 주장에 기반한 전환전략은 별로 논의되지 않았다.

경제학이나 정치학에 탈성장경제학, 정치생태학이라는 여러 갈래가 있듯이, 생태주의 운동에도 성장을 받아들이는 환경운동이 있다. 이들은 경제성장이 유지되는 상태에서 지속가능성과 환경보호를 주장하고 인간 이외의 자연을 여전히 도구로 바라본다. 즉 환경운동이라고 해서 모두가 탈성장을 외치는 것은 아니다. 〈여성환경연대〉를 제외하면 환경운동 내에서도 탈성장 전략은 잘 논의되지 않았다.

마찬가지로 조혜경은 탈성장의 우파적 버전도 가능하다고 말한다. "정치적 중립을 지향하는 전통적인 환경운동과 다양한 조류의 급진적 정치운동이 혼재하는 가운데 탈성장을 지향하는 급진적 정치운동은 자본주의체제가 생태 위기의 근원이라고 보는 생태 사회주의자에서부터 근대적 물질문명을 비판하는 반근대/반문명 성향의 극우 정치집단에 이르기까지 이념적 스펙트럼이 매우 다양하다. 그로 인해 이념적·정치적 지향에 따라 탈성장 개념의 해석과 이해도 천차만별이다."(2017.7.27., 1쪽) 한국에서 물질문명에 대한 비판과 성장주의에서의 탈출은 좌파보다 우파에서 강조되곤 한다(한국사회 2018년의 키워드라는 '소확행'도 이런 경향을 반영하는 게 아닐까?).

무라카는 탈성장 운동을 인간을 중심에 놓고 생각하면서도 "단순히 생존을 위해서만 자연에 의존하는 것이 아니라, 인간답고 성공적이고 의미 있는 삶을 이루기 위한 본질적인 토대로서 자연을 사용"하면서 "인간-자연의 관계를 보호하려는 운동"으로 본다(2016, 72쪽). 이 탈성장 생태주의 운동은 "다원주의, 개방성, 성평등, 민주주의적 참여와 공동의 결정"과 "지속적 성장에 종속되지 않는 사회적이고 연대적인 경제 형태"를 만들어야 한다(2016, 78쪽).

이런 형태를 만들려면 구체적으로 어떤 기획이 가능할까? 세르주 라투슈 Serge Latouche는 성장에 중독된 의식상태에서 먼저 벗어나야 사회가 변화될 수 있다고 보면서 2007년에 이미 탈성장과 생태민주주의를 위한 10단계 정치 프로그램을 제안했다(2014, 73~74쪽).

(1) 생태 발자국을 지속가능한 수준으로 회복시킨다.
(2) 적절한 환경세(세금)에 의한 환경 비용의 내부화를 통해 교통량을 줄인다.
(3) [경제·정치·사회적] 제반 활동의 재지역화를 실시한다.
(4) 농민 주체의 농업[전통농업]을 재생한다.

(5) 생산성 증가분을 노동시간 절감 및 고용 창출에 할당한다.

(6) 대안관계 서비스를 기반으로 '생산'을 촉진한다.

(7) 에너지 소비를 4분의 1까지 줄인다.

(8) 광고 공간을 크게 제한한다.

(9) 과학기술 연구방향을 전환한다.

(10) 화폐를 재영유화한다[지역사회에 환원한다].

그렇다면 한국에서는 그동안 어떤 논의가 있었을까? 조혜경은 "양적 확대에 집착하는 소득주도 성장론은 구조적 저성장의 시대에 역행하는 정치적 실험으로 탈성장과는 양립 불가능하다."고 지적한다. 그러면서 탈성장 전략이 리얼 유토피아 전략으로서, 즉 "인간의 번영과 평등사회를 구현하는 사회권력의 강화를 목표로 사회 각각의 영역에서 이를 실현하기 위한 개혁을 시도"해야 하고, "탈성장의 이상적 사회의 모습을 제시하고 다양한 사회개혁모델과 제안들을 결집하여 탈성장 사회로의 이행을 위한 실천 프로그램을 마련하여 사회 각각의 영역에서 탈성장을 실현하는 제도를 설계하는 것이 중요하다."고 강조한다(2017.7.27., 7~8쪽)

조금 더 구체적으로 한상진은 탈성장 접근이 담론에 그치지 않도록 중강도 지속가능성moderate sustainability, MS의 접근이 필요하다고 본다. 이 접근법의 특징은 뭘까? "첫째, 사회적, 생태적 역량이 존속되도록 하는 수요의 감소를 목표로 한다. 둘째, 강한 지속가능성 노선이 지향하는 수요 감축도 중요하나 약한 지속가능성이 지향하는 공급의 대체까지 일부 고려하는 적극적 생태투자 방식을 추구한다. 셋째, MS노선은 물질적 보장, 자기 정체성, 사회참여의 원천으로서 임금 취득에 초점을 맞추지 않고, 주관적 웰빙의 배경으로 고용, 부불노동, 여가의 질 향상에 더욱 관심을 둔다. 넷째, 공공재에 대한 수동적이고 소비자주의적 태도를 불식하여 정치참여를 극대화시키는 시민결사체를 활성화시키고, 분산된 정책공동체에 대한 국가의 규제, 책임성, 기초 서비스 제공 등 보편주의적 틀을 확보한다."(한상진, 2018, 86~87쪽) 지향은 분명히 하면서도 투자와 일자리 등의 전환과정을 무시하지 말자는 주장이다.

이를 위해 한상진은 '정상상태 조건의 메타역량 재분배', '승인적 절차의 문화적 확산', '탈성장의 성장을 통한 다운스케일링 전략'이라는 탐색적 개념 도구를 제안한다. 정상상태 조건의 메타역량 재분배란 재생가능자원을 확대하고 비재생자원의 감축을 지향하는 접근이다. 여기서 중요한 것은 지속가능하고 자율분산적인 에너지원의 확보이고, 이는 단일국가 차원보다 세계적 차원에서 물과 에너지, 식량, 인구를 안정화시키는 것이다. 그리고 승인적 절차의 문화적 확산이란 미래세대와 동식물의 권리를 인정함으로써 현세대 중심의 단기적 성장과 자연의 상품화를 억제하고 호혜적 생활태도를 확립하는 것이다. 탈성장의 성장을 위한 다운스케일링 전략이란 재생에너지와 사회적 경제, 생태관광 등 착한 성장의 활성화를 통해 윤리적인 대안을 제시하는 것이다(2018, 92~96쪽).

한상진의 주장은 한국사회에서 탈성장을 수용가능한 것으로 만들려는 제안으로 여겨진다. 그렇지만 여전히 추상적인 담론의 차원으로 여겨진다. 만일 한상진의 제안을 라투슈의 10단계 정치 프로그램과 비교하면 어떤 이야기를 할 수 있을까? 라투슈의 프로그램을 한상진의 3가지 개념 도구와 비교하면 다음과 같은 배치가 가능하다.

· 정상상태 조건의 메타역량 재분배 : (1) 생태발자국의 지속가능한 수준으로의 회복, (4) 농민 주체의 농업 재생, (9) 과학기술 연구방향 전환

· 승인적 절차의 문화적 확산 : (2) 환경세를 통한 교통량의 감축, (7) 에너
지 소비의 절감, (8) 광고 제한

· 탈성장의 성장을 통한 다운스케일링 전략 : (3) 제반 활동의 재지역화,
(5) 생산성 증가분의 할당, (6) 대인 관계 서비스의 생산 촉진, (10) 화폐의
지역환원

이런 배치에서도 제조업을 비롯한 산업의 전환은 애매한 위치에 있다.
다만 그 산업의 전환이 산업의 해체가 아니고 자본주의 생산·소비 양식
에 의존하는 우리 삶의 해체와 재조직에서 시작되어야 한다.

물론 한국의 상황을 대입하면 위의 배치를 실행하는 것조차도 매우
어렵다. 문재인 정부의 방향은 여전히 성장에 맞춰져 있고, 진보운동도 일
단 재벌체제부터 개혁하고 분배정의부터 실현하고 기후변화나 탈성장은
나중에 차차 생각하자고 한다. 〈기후변화 정부 간 협의체〉 총회는 한국
에서 개최되었지만 「1.5도 보고서」의 긴박한 요구는 한국에서 '나중에'이
다. 설령 전략을 만들어도 그 전략을 요구할 사회운동의 주체가 없는 노
릇이라 상황은 더 심각하다.

5. 1.5도의 정치를 외칠 정치세력은?

근본적인 문제로 프랑스나 독일 같은 나라에서는 탈성장 전략을 추
진하려는 세력이 존재하는데, 한국에도 그런 세력이 있다고 볼 수 있을
까? 여인만의 연구(2018)를 보면, 일본에서도 아베노믹스에 대한 비판이
있었지만 그런 논의가 탈성장으로 모이지는 않고 있다. 그렇지만 성장을
고집할 경우 지구생태계와 사회의 지속가능성이 위태로워진다는 점은 분

명한 사실이다. 두 장의 카드를 쥐고 어느 한쪽을 선택하면 되는 상황이 아니라 가진 카드를 모두 모아서 올인해야 하는 상황인데 먼저 나서는 쪽이 없다.

탈성장은 단순히 과거로의 회귀나 미래에 대한 포기가 아니다. 그것은 생태주의가 원시로의 복귀를 뜻하지 않는다는 것과 같다. 탈성장은 자본주의의 성장주의에서 탈피하되 농업과 재생에너지의 확대를 추구한다는 점에서 더 야심 찬 기획이고 대안적인 생활양식을 요구하기도 하다. 탈성장은 순환되지 않고 일방적으로 폐기되어온 것들의 재생, 낙오된 자들의 부활이고, 자본주의 성장을 위해 희생되어온 것들의 복원이기도 하다. 이를 위해서는 대규모 이윤집적을 위한 것이 아닌 과학기술의 변화와 배치도 필요하다. 「1.5도 보고서」의 자연과학적 예측에 대한 사회과학의 반응이 정의로운 전환 담론과 탈성장 전략이라고 생각한다.

물론 쉽지 않은 이야기이고 사회운동의 전략이 제대로 구성되려면 수없이 많은 논의가 필요할 것이다. 에너지산업 하나만 보더라도 전환의 로드맵을 짜기가 쉽지 않고, 제조업은 더욱 복잡하다. 토건국가라는 말처럼 건설 부문에 많은 인력과 자본이 투입되는 상황에서 탈토건이 불러올 영향에 관해서도 논의가 필요하다. 여기에 고령화와 저출산이라는 화두까지 결합하면 논의는 더더욱 복잡해진다.

그렇지만 복잡하다고 뒤로 미룰 시간은 없다. 에너지전환과 함께 산업의 전환, 삶의 전환을 시작할 수 있는 전략이 준비되어야 하고, 그 전략은 성장주의에서 벗어난 세력에서 준비될 수 있다. 한국사회에서 성장주의에서 벗어난 세력은 어디에 있을까? 〈한국 녹색당〉이 그런 세력일 수 있다고 생각하고 탈성장 전략을 고민해 왔다고 생각한다.

하지만 〈한국 녹색당〉 역시 정의로운 전환에 대한 그림이 부족한 것은 사실이다. 에너지 전환에 대한 로드맵은 〈한국 녹색당〉과 〈에너지기후정책연구소〉가 2017년 7월에 만든 「녹색당 대안전력 시나리오 2030」으로 마련되었다고 생각한다. 다만 「시나리오 2030」은 산업별 부가가치를 전망하며 제조업, 건설업의 하락과 서비스업, 농어업의 상승을 바람직한 상태로 전제하는데, 이 전망의 실현 가능성에 대한 평가는 별도로 필요하다고 생각한다. 그리고 〈한국 녹색당〉 역시 산업의 전환, 정의로운 전환에 대한 준비가 부족했다고 나는 평가한다.

지구의 온도 상승폭을 1.5도로 제한하는 것은 전지구적인 노력과 국가적인 노력, 개인적이고 사회적인 노력을 함께 요구한다. 따라서 정의로운 전환과 탈성장 전략을 접목하는 것은 향후 한국사회의 매우 중요한 과제가 될 것이라 생각한다.

:: 참고문헌

기상청. (2018). '지구온난화 1.5℃' 특별보고서 : 정책결정자를 위한 요약본(SPM). 기후변화에 관한 정부간 협의체(IPCC) 제48차 총회.

김민정. (2015). 한국, 기후정의를 말하다. 『에너지기후정책연구소연구보고서』.

김현우. (2014). 『정의로운 전환』. 나름북스.

라투슈, 세르주 (Serge, Latouche). (2014). 『탈성장 사회 : 소비사회로부터의 탈출』 (양상모 역). 오래된 생각. (원서출판 2010).

무라카, 바르바라 (Muraca, Barbara). (2016). 『굿 라이프 : 성장의 한계를 넘어선 사회』 (이명아 역). 문예출판사. (원서출판 2014).

사이토 코헤이. (2017). 마르크스 에콜로지의 새로운 전개. 『마르크스주의 연구』, 14(4).

솔닛, 레베카 (Solnit, Rebecca). (2012). 『이 폐허를 응시하라 : 대재난 속에서 피어나는 혁명적 공동체에 대한 정치사회적 탐사』 (정해영 역). 도서출판 펜타그램. (원서출판 2010).

송성회. (2016). 인류세 담론과 문화생태학. 한국과학기술학회 학술대회.

신두호. (2016). 인류세 환경론과 전원주의. 한국과학기술학회 학술대회.

에너지기후정책연구소. (2011). 기후변화에 따른 산업구조 전환과 노동의 대응 : 한국의 주요 업종을 중심으로. 『민주노총 연구보고서』.

여인만. (2018). 일본에서 탈성장론의 확산과 그 의의. 『한일경상논집』, 79.

앵거스, 이안 (Angus, Ian). (2016). 인류세를 맞이하며. 21세기사회주의컨퍼런스. http://links.org.au/node/4779

장석준. (2016.8.23.). 석탄-석유를 없애야 자본주의가 죽는다. 『프레시안』.

정의당. (2017). 제19대 대통령선거 정의당 정책공약집 : 노동이 당당한 나라.

조혜경. (2017.7.27.). 탈성장(degrowth)의 이론적 기초. 녹색당 정책위원회 탈성장 세미나.

클라인, 나오미 (Klein, Naomi). (2008). 『쇼크 독트린』 (김소희 역). 살림Biz. (원서출판 2007).

한국기후·환경네트워크 블로그. (2018). 이산화탄소 배출량 OECD 국가 중 4위. http://blog.naver.com/PostView.nhn?blogId=greenstartkr&logNo=221345198661

한상진. (2018). 탈성장 접근과 중강도 지속가능성의 탐색. 『환경사회학연구 ECO』, 22(1).

해밀턴, 클라이브 (Hamilton, Clive). (2018). 『인류세』 (정서진 역). 이상북스. (원서출판 2017).

홍태희. (2016). 먼저 지옥문을 닫고, '성장 너머 행복의 나라'로 가자!. 『황해문화』, 93.

계급 정치로 분석한 기후변화의 쟁점들

김민정 | 성공회대학교 사회과학연구소 연구위원

1. 세계는 지금

지구 생태계는 이상기후로 갈수록 격하게 요동친다. 지구에 살고 있는 사람들은 갈수록 기후변화의 심각성을 체감할 뿐 아니라 심각성을 인식하고 있다. 최근의 대표적인 예는 2019년 2월 10일에 미국의 여론조사기관 퓨Pew리서치가 26개국(2018년 5~8월, 성인 2만 7,612명을 대상으로 한 '국제 태도조사'Global Attitudes Survey)에서 조사한 '주요 국가 위협 요소'에 대한 결과이다. 그 내용에 따르면 한국·독일·캐나다 등 13개국이 기후변화를 1위로 꼽았다. 이러한 인식은 기후변화의 원인을 찾아 해결하기 위한 사회적 행동으로 이어지고 있다.

기후변화의 심각성을 느낀 자연과학자들이 1970년대부터 이 사안을 알렸고, 사회운동 영역에서는 국제사회에 이 지구적 차원의 환경 사안을 시급히 해결해야 한다고 압력을 가했는데 이에 대한 사회적 응답이 1992년 〈유엔 기후변화협약〉이다. 하지만 1997년 〈교토의정서〉는 〈기후변화협약〉의 궁극적인 목적인 "기후 체계가 위험한 인위적 간섭을 받지 않는 수준으로 대기 중 온실가스 농도를 안정화시키는 것"을 달성하기에는 매우 미흡했다. 또한 2000년대부터 회의장 밖에서, 기후정의적 차원에서 부국에 대하여 제기된, 실질적인 이산화탄소 감축을 하라는 요구와 빈국에게 진 기후 부채Climate Debt를 해결하라는 요구가 기후변화협약 체계에서는 충분하게 반영되지 않았다. 유엔을 중심으로 한 국제사회의 지지부진한 논의과정과 실질적인 온실가스 감축에는 매우 부족한 협상안만으로는 날로 심각해지는 기후변화를 막기에 역부족이라는 사실이 사회적으로 입증되기 시작했다.

이제는 청소년이 행동의 주체로 나섰다. 2018년 12월 기후변화 당사국 총회에서 기후변화를 가져온 현행 체제를 만든 기성 사회를 비판한 스웨덴의 10대 환경활동가 그레타 툰버그의 목소리가 유럽 학생들에게 전해지고 있다. 이에 앞서 툰버그는 9월 스웨덴 총선 시기에 기후변화의 심각성에 비해 미흡한 현행 정치권의 대응 방안을 비판하는 '기후를 위한 휴업'school strike for climate 피켓 시위를 진행했다. 이러한 행동이 벨기에와 독일, 오스트리아, 스위스, 영국 등 유럽 각국과 미국으로 확대되면서 기후변화를 촉구하는 학생들의 휴업 집회가 확장되었다. 이후 이들의 집단 행동은 영국 환경단체인 〈멸종저항〉Extinction Rebellion의 직접행동으로 이어졌다. 이러한 저항의 흐름은 2019년 5월 1일 영국 의회가 '기후변화 국가비상사태'를 선언할 수밖에 없는 정치적 환경을 만들어 냈다.

한국에서는 2018년 하반기부터 본격적으로 〈청소년기후소송단〉을 구성해서 기후변화에 관한 청소년의 목소리를 사회적으로 알리고 있다. 이 모임은 세 가지를 요구한다. 첫째로 기후 대응 제도와 정책, 둘째로 '청소년시민'이 〈청소년기후소송단〉의 주체가 되는 것, 셋째로 이 소송단을 통해 시민들이 기후변화에 관심을 가지고 함께 행동할 수 있도록 하자는 것이다.

이 글은 기후변화를 해결하기 위한 청소년의 사회적 행동이 확대되기 위해서는 무엇이 필요할 것인가에 대한 문제의식에서 출발해서, 기후변화에 대한 핵심 질문에 내포된 쟁점들을 검토한다.[1]

2. 핵심 질문

기후변화가 체감되면 될수록, 심각한 사회적 문제로 등장하면 할수록, 기후변화에 관련된 정치적 입장이 여러 가지로 갈린다. 기후변화를 바라보는 시각이 다양해질수록 기후변화의 핵심 질문은 논의 과정에서 의도적이든 비의도적이든 간에 잊히거나 사라져 버리는 경향성도 강해진다. 다시 말하면 현상에서 벌어지고 있는 세부적인 쟁점에 몰입하다 보면 이 사안의 본질이 희석되는 성향도 높아진다.

"기후변화 문제에 있어서 지구인 모두가 가해자인 동시에 피해자"라는 주장은 문제의 원인을 분석하지 않고 피상적으로 문제를 바라볼 뿐, 실질적으로 이산화탄소 감축을 위한 방안을 간과하게 만든다. 무엇보다 모두의 책임론은 어느 누구의 탓도 아니라는 의미를 포함한다. 지구에 산다는 이유만으로 기후변화를 일으킨 가해자가 되는 것은 아니다. 이산화탄소를 많이 배출하는 집단을 찾아내서, 그 집단으로 하여금 실질적으로 배출량을 줄이게 하는 것이 해결의 출발점이다. 하지만 현실에서는 기후

---

1. 2014년에 「'기후변화'에 관한 쟁점들」에서 네 가지의 논쟁 사안을 정리했다(김민정, 2014). 쟁점 1은 기후변화 회의론과 지구 종말론, 쟁점 2는 온실가스 주범인 이산화탄소의 '양'이다. 쟁점 3은 2013년 〈환경운동연합〉을 중심으로 진행된 〈기후변화법〉 제정 운동의 한계, 쟁점 4는 박근혜 정부의 기후 대응책에 대한 비판이다.

변화의 계급적 성격이 여러 이데올로기와 섞여 기후변화를 바라보는 관점을 구성하게 된다. 기후변화를 해결하기 위한 중요한 질문은 "온실가스를 어느 집단이, 어떤 방식을 통해, 얼마나 감축할 것인가"이다. 이 질문을 둘러싸고 정치는 논쟁한다.

논쟁의 지점은 크게 세 가지로 구분할 수 있다. 첫째, 어느 집단이 온실가스를 감축할 것인가의 문제이다. 이 쟁점은 단지 현재의 주체만을 의미하지 않는다. 기후변화의 주범이 누구인가에 대한 역사적·사회적 책임과 관련된 문제를 제기한다. 이행 주체도 국제적 차원과 국내적 차원으로 구분할 수 있다. 둘째, 어떤 방식으로 줄일 것인가의 문제는 시장 기제를 활용하는 방식과 직·간접적인 규제 방식으로 구분된다. 감축 방식은 기후변화로 인한 피해와 적응 비용을 누가 지불할 것인가의 문제와도 연결된다. 셋째, 얼마나 감축할 것인가는 현행 체제를 유지하는 방식 내에서 결정할 것인지, 기존 체제가 아닌 다른 체제를 고려할 것인지에 대한 논의로 이어진다. 이를 종합해서 이 글에서는 온실가스 감축 주체와 감축 방식, 감축 수준 등을 구분해서 현재 쟁점이 되는 사안을 중심으로 언급한다. 다음으로 기후변화의 사회적 비용을 누가 지불할 것인가를 다룬다. 마지막으로 기후운동에서 계급 정치의 필요성을 주장한다.

1) 역사적 책임과 현재적 책임

기후변화의 역사적 책임은 이산화탄소가 대기 중에 체류하는 시간이 말해준다. 배출된 이산화탄소는 100~300년 동안 대기 중에 머문다. 이러한 자연과학의 사실은 인간 사회에 다음과 같은 진실을 전한다. 1700년대에 생성된 이산화탄소가 현재에도 지구 생태계에 영향을 끼치고 있으며, 따라서 이는 현재 진행 중인 기후변화는 화석연료를 기반으로 산업화를 이룬 부국에 책임이 있다는 것이다. 부국 특히 19세기부터 본격적으로 경제 주도권을 형성한 미국의 입장에서는 기후변화의 역사적 책임은 불편한 진실이다. 이러한 점 때문에 미국은 1980년대부터 본격적으로 기후변화 회의론 및 부정론을 퍼뜨리며 기후변화의 과학적 불확실성을 강조했다. 또한 〈기후변화협약〉에서 탈퇴함으로써 다른 나라의 불참을 이끌어냈다.

1992년 조지 W. 부시는 상원의 비준서를 승인함으로써 〈유엔 기후변화협약〉 당사국이 되었다. 1997년 〈교토의정서〉를 논의하는 과정에서 미국 상원은 브라질·중국·인도·멕시코·한국 등 주요 개발도상국이 비준 국가에서 제외되었다는 점을 내세우면서 비준을 거부했다. 하지만 2005년 〈교토의정서〉 발효 시 이들 국가가 모두 비준을 했음에도 불구하고 미국의 입장은 변하지 않았고, 미국의 비준 거부와 중국과 인도 등이 실질적인 감축 적용 국가에서 제외되었다는 점에 불만을 제기한 캐나다, 일본, 러시아 등은 〈교토의정서〉에서 중도 이탈했다. 〈교토의정서〉는 처음부터 온실가스를 다량 배출하는 국가들이 빠지면서, 전체 온실가스 중 15%밖에 차지하지 않는 나라들만 참여한 초라하기 짝이 없는 국제협약이었다. 이러한 점에서 〈교토의정서〉는 시작하기 전부터 온실가스 감축에 턱없이 부족하였을 뿐 아니라 그 실효성도 무력화되었다.

또한 〈교토의정서〉는 부국의 역사적 책임을 실질적인 온실가스 감축과 빈국 및 개발도상국에 대한 보상이 아닌 시장의 기제를 통하여 해결하는 방안을 제시했다. 청정개발체제Clean Development Mechanism는 의무감축국의 온실가스 배출량 감축 목표 달성과 후발국의 지속가능한 성장을 지원하는 것을 목적으로 도입되었다. 이름 자체와 무관하게 이 체제는 가격 기제에 토대를 둔 친시장적 제도이다. 투자국은 후발국에 청정기술을 제공하면서 자본을 투자하는 동시에 탄소배출권을 얻게 되고, 이렇게 획득한 탄소배출권 규모만큼 투자국이 더 많은 탄소를 배출할 수 있게 허용되는 이득을 얻게 된다. 유엔은 이 사업의 타당성을 평가 및 심사한다. 하지만 청정개발체제는 실질적으로 탄소가 상쇄되었다는 것을 어떻게 입증할 수 있느냐에 대한 의문을 발생시킨다. 또 상쇄배출권[2]의 생산과 감사, 판매 과정에서 탄소 프로젝트 개발자와 탄소금융업자는 실물에 기초하지 않은 탄소 상품의 특성을 활용해 여러 파생상품을 만들어낼 수 있는 만큼, 거품을 만들어낼 시장을 형성할 수 있다.

이러한 문제는 이 제도를 운영하는 과정에서 즉각적으로 나타나기 시작했고(김민정·이창언, 2014 참조), 급기야는 탄소 상쇄 거래를 촉진하려는 소규모 전문가 집단(청정개발체제 정책검토패널)은 이 제도의 목적이 "상쇄배출권을 사는 편이 할당배출권을 사거나 탄소 배출량을 줄이는 신기술에 투자하는 것보다 싸게 먹히기 때문"이고 "실제로는 멀리 떨어진 지역에서 아무런 상쇄가 일어나지 않는데도, 산업계는 계속해서 탄소를 배출하게 되는 셈"이라고 스스로 까밝혔다(샤피로, 2019, 256쪽). 실물 거래와 멀어지면 질수록 관련된 신용 상품은 다양해지고 사기와 범죄는 필연적으로 늘어날 수밖에 없다.

2018년 8월, 인터폴의 환경범죄 프로그램이 발간한 보고서에서 탄소시장의 신뢰성과 범죄의 취약성 간의 관계를 다음과 같이 설명한다.

---

2. 온실가스 배출 거래제는 정부가 온실가스를 배출하는 사업장을 대상으로 연단위로 배출권을 할당하여 할당범위 내에서 배출을 허용해주고, 할당된 사업장의 실질적 온실가스 배출량을 평가하여 잉여분 또는 부족분의 배출권에 관해서는 사업장 간(間) 거래를 허용하는 제도이다. 배출권 거래제 상쇄제도에 기초해서, 외부사업자는 외부사업으로 획득한 인증실적(KOC)을 배출권거래제 할당대상업체 등에게 판매하고, 할당대상업체는 구매한 외부사업 인증실적(KOC)을 상쇄배출권(KCU)으로 전환하여 배출권을 상쇄 또는 거래를 할 수 있다(한국에너지공사 http://ets.energy.or.kr/WEBSITE/WEB_offset/intro.aspx 참조).

이 보고서에서 인터폴은 "탄소화폐는 거래가 이루어지면 언젠가는 상품이 물리적으로 전달되어야 하는 다른 전통적 원자재와는 다르다. 탄소화폐는 물리적 실체를 지닌 원자재가 아니며, 그보다는 구매자와 판매자, 트레이더들조차도 잘 알지도 못하는 법적 허구로 묘사되고 있다. 탄소 시장에 대한 이해 부족은 탄소 거래를 사기 및 기타 불법 활동에 특히 취약하게 만든다. 탄소 시장의 규제는 아직까지 미완성 상태이며, 제대로 된 관리 및 감독이 이루어지지 않고, 거래 투명성이 보장되어 있지도 않지만, 다른 금융시장과 마찬가지로 대규모 투자금이 유입되고 있다"고 기술하고 있다(샤피로, 2019, 246쪽).

인터폴은 시장의 투명성이 범죄를 줄일 수 있다는 뉘앙스를 전하지만, 자본주의에서 신용 시장의 투명성은 개인의 의지로 개선되는 것이 아니다. 이윤 추구의 목적을 위해서는 눈에 보이지 않는 대상에 대한 시장조차 형성되는 환경 그 자체가 범죄의 온상이다.

2000년대 세계 주요 배출 국가는 미국, 중국, 인도, 러시아, 일본, 브라질, 독일, 인도네시아, 멕시코, 이란, 캐나다, 대한민국, 사우디아라비아, 호주, 남아공 등이다. 이 중 10억 톤[3] 이상의 온실가스를 배출하는 국가는 중국, 미국, 인도, 러시아, 일본 등이다. 2000년대 초·중반 이래로 중국과 인도는 다량의 이산화탄소를 배출한 국가가 되었다. 이러한 사실이 미국 등 부국의 역사적 책임을 이들 국가에게 전가하는 근거가 될 수는 없

---

3. 온실가스 수치에 대한 단위는 이산화탄소 환산톤이다. 이산화탄소 환산톤(CO_2-eq)은 〈유엔 기후변화에 관한 정부 간 협의체〉(Intergovernmental Panel on Climate Change)에서 1995년 발표한 제2차 평가보고서의 지구온난화지수에 따라, 주요 온실가스 배출량을 이산화탄소로 환산한 단위이다. 이하 글에서는 편의상 '톤'으로 언급한다.

다. 중국과 인도에서 온실가스를 배출하게 된 대표적인 원인은 미국 및 유럽 기업의 제조업 공장 이전과 이들 국가로 수출되는 양이 증가하는 것에서 찾을 수 있다. 미국의 대표적인 철강도시 피츠버그가 녹색도시로 전환되는 이면에는 점점 더 검게 변하는 광둥성이 존재한다. 중국 시장의 경쟁적 이점을 이용하기 위한 서구 제조업의 중국 이전을 뜻하는 '중국화'china-fication와 값싼 상품들을 수출하는 국가가 된 중국에서는 이전보다 더 많은 화력발전소가 건설되었고 석탄 사용은 급격하게 증가했다. 이와 함께 탄소 배출도 아웃소싱된다. 이런 점에서 기후변화는 제국주의[4]와 밀접하게 연결된다. 자본주의적 제국주의는 국가 간 경쟁이 자본축적이라는 더 큰 과정에 통합되면서 시작되었고, 이 과정에서 환경오염도 이전된다.

이산화탄소 배출로 만든 상품이 수출되는 상황을 포함한 자본주의 시장 체제의 세계적 차원을 고려한다면, 각 국가별 배출 순위의 분석에서 필요한 것은 국가주의적 시각이 아니라 계급적 입장을 견지한 국제주의적 시각이다. 상품에 내재된 탄소 배출embedded emissions의 행위자는 그 물건을 구매하는 소비자가 아니다. 온실가스를 배출하는 기존의 생산방

---

4. 여기서 언급한 제국주의는 '경제적 경쟁'과 '지정학적 경쟁'의 결합이라고 분석한다. 우선, 경제적 경쟁은 개별 자본가들 사이의 경쟁 관계(다수 자본들 간의 경쟁 형태)로 설명한다. 자본계급은 하나의 집단으로 사회의 생산수단을 대부분 통제하여 이윤을 착취하지만, 개별 자본가들끼리는 더 많은 이윤을 차지하려고 서로 싸운다. 이러한 점에서 자본가계급은 내부적으로 분열된 계급인 "싸우는 형제들"이다. 개별 자본가의 경쟁은 일국적 차원에서도 진행되지만, 국제적·지역적 차원에서도 진행된다. 다음으로 지정학적 경쟁은 안보, 영토, 영향력 등을 둘러싼 국가 간 갈등이다. 지정학적 경쟁은 식민지 지배 및 영토 분쟁뿐 아니라 제국주의 국가의 영향력, 패권, 군사적 지배력 등을 포함한다. 한국 정부가 중동 지역에 파병(아랍에미리트 아크부대, 소말리아 청해부대)을 하고 핵발전소와 무기 수출도 적극적으로 하고 있는 상황에서, 한국 정부의 아류 제국주의적 행태는 중동의 사회 위기와 생태 위기를 촉진시킨다는 점에서 한국의 기후 연구자 및 활동가가 주목해야 할 중요한 지점이다.

식을 고수하면서 가격 경쟁력에서 우위를 차지하려는 생산자가 실질적인 가해자이다.

　무엇보다 자본주의적 축적 과정에서 저렴한 생활수단의 공급으로 이득을 보는 것은, 개별 소비자 주체의 입장이 아닌 전체 계급적 입장에서 파악한다면 자본가계급이지 노동자계급은 아니다. 마르크스는 『자본론』에서 노동자의 소비를 두 가지로 구분한다.

　노동자는 두 가지 방법을 소비한다. 생산하는 동안 그는 자기 노동에 의해 생산수단을 소비해 그것을 투하자본의 가치보다 더 큰 가치의 생산물로 전환시킨다. 이것은 그의 생산적 소비다. 이것은 동시에 노동력을 구매한 자본가가 노동력을 소비하는 것이다. 다른 한편으로 노동자는 자기 노동력의 대가로 지급받은 화폐를 생활수단의 구매에 지출한다. 이것은 개인적 소비다. 따라서 노동자의 생산적 소비와 개인적 소비는 서로 전혀 다른 것이다. 전자에서 그는 자본의 동력으로 기능하며 자본가에게 속한다. 그러나 후자에서 그는 자기 자신에게 속하며 생산과정 밖에서 생활상의 기능을 행한다. 생산적 소비의 결과는 자본가의 생존이고, 개인적 소비의 결과는 노동자 자신의 생존이다.(마르크스, 2015, 779쪽)

　하지만 자본축적의 연속 과정에서 노동자의 개인적 소비는 노동력의 활동 형태를 유지하기 위해 생활수단을 공급하지 않을 수 없다. 증기기관에 석탄과 물을 공급하는 것과 유사하게, 노동자의 소비수단은 생산수단의 소비수단이라는 점에서 그의 개인적 소비는 직접적으로 생산적 소비다. 노동자의 개인 소비로 보급되는 노동력의 재생산은 사실상 자본 자체의 재생산을 위한 하나의 요소이고, 따라서 자본의 축적은 노동자계급의 증식이다.

2) 〈유엔 기후변화협정〉의 민낯

〈교토의정서〉 시효 만료(제2차 공약 기간 2013~2017년)로 새로운 조약을 위한 논의 끝에 2015년 〈파리협정〉이 체결되었다. 오바마 정부는 2025년까지 2005년 기준으로 26~28% 감축 목표를 제시했고, 이 자발적 감축계획을 미국법상 상원의 동의가 필요 없는 행정명령executive order의 성격으로 처리함으로써 미국은 〈파리협정〉의 당사국이 되었다.

〈교토의정서〉 후속으로 나온 〈파리협정〉은 자발적으로 국가 감축 목표를 제출하는 것이 핵심이다. 이는 1990년을 기준으로 한 감축 목표량을 정한 〈교토의정서〉의 내용보다는 후퇴한 측면이 강하다. 무엇보다 〈파리협정〉 과정에서 내용을 누더기로 만든 주체는 미국과 중국이었다. 미국은 여전히 1인당 이산화탄소 배출량 1위 국가이다. 경제성장의 동력이 석유, 가스 등 에너지산업과 자동차산업인 만큼 배출 감소 압력으로부터 미국은 자유로울 수 없다.

철강 생산이 주력 산업이 아닌 유럽연합 국가가 기후변화 대응의 일환으로 중국의 철강 제품의 과잉생산을 줄여야 한다는 의견을 〈파리협정〉에 포함시킬 수 있기 때문에, 중국도 안심할 입장이 아니다. 또한 중국은 석탄화력발전소의 의존도가 높다. 2018년 3월 21일 반＋관영 통신인 『중국신문망』은 국가통계국 자료를 인용해 지난해 중국 발전량이 총 6조 4천951억 ㎾이며, 이 중 화력발전이 4조 6천627억 ㎾로 전체 발전량의 71.8%를 차지했다고 전했다. 화력발전 비중은 2012년 총 발전량 5조 ㎾ 중 78.1%이던 것에서 6.3%포인트 감소했다. 그러나 화력발전량 자체는 전년보다 5.1% 늘어났다. 2013년 중국 석탄 생산은 39억 7천만 톤으로 사상 최대를 기록했고, 2017년 생산량도 35억 2천만 톤으로 전년보다 3.3% 늘었다(홍창진, 2018.3.21.). 중국 정부의 석탄 의존도 감축 정책에도 불구하고 석탄 수요는 증가하고 있어서, 신장 및 네이멍구 동부 지역에 대형 석탄 채굴 기지를 건설할 계획이다.

결과적으로 미국과 중국이 각자 처한 경제적 상황에 따라 〈파리협정〉의 규제적 성격을 축소해야 한다는 입장에서 뜻을 같이하면서, 이 협정이 국가의 자발적인 재량에 맡기는 방향으로 갈 수 있는 토대를 형성했을 가능성이 농후하다. 그럼에도 2017년 트럼프는 〈파리협정〉 탈퇴[5]와 〈녹색기후기금〉 지원 철회를 선언했다. 트럼프의 〈파리협정〉 탈퇴를 둘러싼 기업들 간의 입장 차이와 정치인들 간의 입장 차이는 명확하게 구분되었다.

피바디에너지Peabody Energy와 아크콜Arch Coal 등의 업체가 회원으로 있는 〈미국광산협회〉National Mining Association, NMA와 댄포스Danfoss 사社 등은 트럼프 결정에 지지를 보냈다. 반면 〈파리협정〉을 계속 지지하겠다는 애플, 아마존, 구글, 마이크로소프트, 페이스북 등 IT업계는 〈파리협정〉 탈퇴를 비판했다. 미국의 3대 석탄기업인 클라우드 피크 에너지Cloud Peak Energy를 비롯한 주요 석탄 기업은 기후변화 회담을 활용해 국제사회가 반反화석연료 정책 및 조치를 취하지 않도록 할 수 있을 것이라며, 트럼프 대통령에게 〈파리협정〉 참여를 유지해 달라고 요청했다. 이와 달리, 대형 석탄 기업인 머리 에너지Murray Energy를 비롯한 몇몇 석탄 기업은 〈파리협정〉에서 완전히 탈퇴할 것을 촉구했다. 전임 오바마 행정부 시절 미 환경보호국 국장을 지낸 지나 매카시Gina McCarthy는 트럼프 행정부가 자국 내

---

5. 〈파리협정〉의 공식적인 탈퇴를 위해서는 협정 발효 3년 이후 서면 통보를 통해 가능하고, 통보를 받은 날로부터 1년이 지난 시점에서 철회 효력이 발생한다(협정문 제28조). 이에 따라 미국은 빨라야 2020년 11월에 최종 탈퇴를 할 수 있다.

기후변화 대응이나 파리 기후변화협정을 주도하지 못한다면, 중국과 같은 나라에 경제적 우위를 넘겨주게 될 것이라며 비판했다. 이와 유사한 논리로 오바마 전 대통령은 〈파리협정〉 탈퇴 공식 발표에 앞서 그 결정은 "리더십을 포기"하는 것과 같다고 밝히고, 그로 인해 미국은 경제적 패배자가 될 것이며, 새로 창출되는 일자리와 산업이 가져오는 혜택을 〈파리협정〉에 참여하는 다른 국가들이 누리게 될 것이라고 주장했다(에너지경제연구원, 2017년 6월 19일 참조).

이러한 논쟁에서 확실한 한 가지를 발견할 수 있다. 〈파리협정〉을 둘러싼 미국 기업과 정치인은 각자의 물질적 이해관계에서 입장을 피력한 것이지, 인간의 생존 토대를 더 이상 악화시키지 말아야 한다는 목표에 따른 주장은 찾아볼 수 없다.

〈유엔 기후변화협약〉에서 참여 국가의 입장 차이의 핵심은, 온실가스 감축을 둘러싼 사안을 강대국 주도인 일방주의로 취급할 것인가, 아니면 다자주의로 여러 국가와 협력적으로 풀어갈 것인가의 문제이다. 각 국가의 이해관계가 민중의 요구와는 일치할 수 없는 것이 자본주의의 현실이다. 국익의 이면에는 기업 이득이 국가 관료의 운명을 주요하게 좌우하고 국가를 유지하기 위해서는 기업의 이윤이 필수 불가결하게 필요하다는 현실이 존재한다. 국가와 자본은 '구조적 상호의존'structural interdependence 관계이기 때문에, 국가 관료의 자율성은 국내의 자본축적 요구를 어떻게 수행할지에 관해서만 허용된다. 이는 역으로, 국가 관료는 자본 일반의 축적 요구에 대한 거부권을 행사할 수 없다는 객관적 조건을 공유한다.

2018년 12월 18일, 제24차 〈유엔 기후변화협약 당사국총회〉는 온실가스 감축을 진전시키기 위한 명확한 합의를 도출하지 못했을 뿐 아니라, 기후변화 책임이 큰 부국이 빈국 및 개발도상국의 기후변화 대응을 지원하기 위한 재정 공여에 관한 부분도 논의하지 않았다.

무엇보다 「지구온난화 1.5도 특별보고서」를 채택하지 않았다. 작년에 발표된 〈유엔 기후변화에 관한 정부 간 협의체〉IPCC의 「지구온난화 1.5도 특별보고서」는 "산업화 이전 수준 대비 지구 평균 기온 상승을 2℃보다 현저히 낮은 수준으로 유지 및 1.5℃까지 제한하기 위해 노력할 것"이라는 내용을 담고 있다. 하지만 〈파리협정〉의 과학적 토대가 된, 2014년에 작성된 〈IPCC〉 「제5차 평가보고서」에는 2℃ 상승 시나리오까지만 제시되었을 뿐 1.5℃ 시나리오가 없다.

기후변화협약 당사국총회가 개최되기 전인 2018년 10월 3일에 청소년기후소송단과 청소년기후소송 지원단은 〈IPCC〉 총회가 열린 인천 송도 컨벤시아 앞에서 「지구온난화 1.5도 특별보고서」의 채택을 촉구하는 퍼포먼스 및 기자회견을 진행했지만, 이들의 목소리는 〈유엔 기후변화협약 당사국총회〉에서 외면받았다.

3) 한국 정부의 온실가스 감축 방안

앞에서는 온실가스 배출에 관한 역사적 책임을 살펴봤다면, 이 절에서는 한국을 중심으로 일국 차원에서 주요한 이산화탄소 배출원과 감축 방식을 검토해보자.

한국의 2016년 국가 온실가스 총배출량은 6억 9,410만 톤이다. 1990년 2억 9,290만 톤, 2000년 5억 140만 톤, 2010년 6억 5,740만 톤, 2013년 6억 9,670만 톤, 2014년 6억 9,090만 톤, 2015년 6억 9,290만 톤으로, 2013년을 기점으로 증감하는 추세를 보이고 있다. 온실가스 배출량은 주요하게는 경제 상황에 따라 변동된다. 한국의 경우 1990년 이래로 3배 정도 배출량이 증가했으며, 2016년 기준 세계 12위이고 〈OECD〉 회원국 중에서는 6위에 해당하는 고배출 국가에 해당된다.

환경부 소속 온실가스종합정보센터(2018)에 따르면, '2016년 국가 온실가스 배출량'은 에너지 6억 941만 톤(87.1%), 산업공정 5,150만 톤(7.4%), 농업 2,120만 톤(3.1%), 폐기물 1,650만 톤(2.4%)으로 구성되며, 에너지 비중이 대부분을 차지한다. 우선 에너지 세부 부문별 온실가스 배출량에서 99.3% 이상이 연료연소에서 배출되며, 나머지는 탈루배출(화석연료의 연소를 제외한 채취에서 최종 소비에 이르기까지 여러 단계를 거치는 동안 의도와 관계없이 대기 중으로 발생되는 배출) 부문에서 나온다. 연료연소[6]는 에너지산업, 제조업 및 건설업, 수송, 기타로 구분되는데, 이중 에너지산업(262.8백만 톤)과 제조업 및 건설업(184.3백만 톤)이 대부분을 차지하고 있다. 여기서 말하는 연료는 세 가지로 구분되는데, 석탄·코크스 등은 고체연료, 가솔린·등유·경유·중유 등은 액체연료, 천연가스·석탄가스·액화가스·발생로가스 등은 기체연료로 구분된다. 이러한 정의에 따르면 연료는 화석연료를 언급하는 것으로, 한국의 온실가스 대부분이 화석연료에서 나온다는 것을 알 수 있다.

두 번째로, 산업공정 배출량에서 광물산업이 67.5%를 차지하며 할로카본 및 육불화황 소비 30.2%, 화학산업 1.8% 등이 차지한다. 반도체 및

---

6. 〈한국환경산업기술원〉의 용어 설명에 따르면, 연료 소비를 통해 온실가스를 배출하게 되는 유형은 6가지가 있다. 1. 탈루배출: 화석연료의 연소를 제외한 채취에서 최종 소비에 이르기까지 여러 단계를 거치는 동안 의도와 관계없이 대기 중으로 발생되는 배출, 2. 고정연소: 고정설비에서 화석연료의 연소를 통해 발생되는 배출. 예) 보일러, 열풍로, 가열로 버너, 고정 터빈과 엔진, 폐기물 연소용 소각로와 빙산탑, 3. 이동연소: 원료 및 제품의 이동, 제품의 수송 등에 이용되는 수송수단에 의한 화석연료의 연소. 예) 자동차, 트럭, 기차, 비행기, 선박, 4. 간접배출(외부투입): 다른 기업에 소유된 배출원을 구입하여 사용하는 데서 발생하는 배출. 예) 구입한 전력 또는 스팀의 사용, 5. 산업공정배출: 물질의 물리적 또는 화학적 공정으로부터 초래되는 온실가스의 배출, 6. 폐기물배출: 폐기물의 매립, 소각, 생물학적 처리에서 발생하는 배출. 예) 폐기물 매립시설에서 발생하는 메탄.

디스플레이에 쓰이는 육불화황은 할로카본과 함께 대표적인 산업 기체이다. 광물산업은 주로 철강과 비철을 다룬다. 한국의 산업구조에서 철강, 반도체, 조선, 자동차, 시멘트 산업 등이 상당 부분을 차지하고 있다는 점에서 이들 산업은 온실가스 배출과 밀접하게 연결되어 있다.

세 번째로, 벼 재배 부분이 농업 분야 배출량의 28.8%를 차지하며, 농경지 토양 26.6%, 가축 분뇨 처리 25.4%를 차지하고 있다. 가축 분뇨 처리의 이러한 비중을 고려한다면, 일부 생태주의자가 육류 생산을 기후변화의 '주된' 원인으로 주목하는 것은 타당하지 않다. 온실가스 배출에서 벼 생산을 빼놓고 가축 생산만을 지목할 수 없기 때문이다. 네 번째로, 폐기물 부문에서 매립 부분은 46%, 소각 43.3%, 하·폐수처리 8.6%가 차지하고 있다. 쓰레기가 원천적으로 적게 배출되는 생산 공정의 전환을 통해서 산업폐기물 및 생활쓰레기 배출을 최소화할 수 있다. 하지만 자본주의에서는 폐기물 절약 및 재사용도 이윤 창출과 연결해서 선택하기 때문에, 쓰레기를 획기적으로 줄일 수 없는 것이 현실이다.

부문별 온실가스 배출 비중을 통해, 한국의 온실가스를 대폭 줄일 수 있는 곳은 에너지 생산과 산업 부문이라는 것을 발견할 수 있다. 배출지표에 기초해 온실가스의 주범으로 석탄화력발전소를 지목한 〈환경운동연합〉(2018.7.11.)이 요구하는 "신규 석탄발전소 백지화, 노후 석탄발전소 추가 폐쇄 통해 72백만 톤 감축 분석"은 정당하다.

이명박 정부는 2009년 국가 온실가스 감축 목표를 2020년, BAU(온실가스 배출 전망치) 대비 30%로 설정했다. 이후 신기후체제를 대비해서 박근혜 정부는 2015년 온실가스 감축 목표를 2030년 BAU 대비 37%로 결정했다. 저항적 촛불시위로 정권을 잡은 문재인 정부는 2018년 '2030 국가온실가스 감축 기본 로드맵 수정안'을 발표했다. 그 내용은 2030년

BAU 대비 37% 감축 목표(2015년 대비 22.3% 감축)에 해당하는 감축 후 배출량은 5억 3,600만 톤을 기존대로 유지하되, 국내에서 줄일 부문별 감축량을 기존 25.7%에서 32.5%까지 늘리고, 대신 국외 감축량을 11.3%에서 1.9%(산림흡수원 제외)까지 줄이는 이행 방안이다.

문재인 정부가 내놓은 수정안을 온실가스 감축량으로 설명하면 다음과 같다. 온실가스를 줄이지 않는다면, 2030년에 8억 5,100만 톤이 배출된다. 하지만 정부가 제시한 BAU[7] 대비 37% 감축 목표치인 5억 3,600만 톤을 달성하기 위해서는 3억 1,500만 톤을 감축해야 한다. 기존 안에서는 국외 감축 등이 9,600만 톤이었다면 수정안에서는 3,830만 톤으로 줄이고, 국내 감축을 2억 1,900만 톤에서 2억 7,650만 톤으로 늘렸다. 국내 감축에서 농축산 160만 톤, 폐기물 450만 톤, 공공 530만 톤, 수송 3,080만 톤, 에너지 전환 5,780만 톤, 건물 6,450만 톤, 산업 9,850만 톤 등을 줄일 계획이다. 감축량으로 보자면 12년 동안 1억 5,810만 톤밖에 줄이지 않겠다는 것이고, 1년에 고작 6,494만 톤을 줄이는 것이다.

앞서 제시한 〈환경운동연합〉의 계산에 따르면, 삼척화력 1·2호기와 강릉안인화력 1·2호기 등 신규 석탄발전소 건설 중단으로 온실가스 2,430만 톤이 감축된다. 동해화력 1·2호기, 여수화력 1·2호기, 삼척포화력 5·6호기, 당진화력 1~4호기, 보령 3~8호기, 하동 1·2호기 등 노후 석탄발전소 18기를 폐쇄하면 4,810만 톤이 줄어든다. 총 59기의 석탄화력발전소가 운전 중에 있다는 것을 고려할 때, 20기의 석탄발전소 중단으로 1년치 감축량(6,400만 톤) 이상을 줄일 수 있다.

문재인 정부의 온실가스 배출안에 대해 국내·외 사회단체는 매우 부

---

7. 이 용어에 대해서는 이 책 72쪽에서 자세히 언급한다.

족하다고 평가했다. 〈국제기후종교시민네트워크〉ICE, 〈그린피스〉, 〈녹색연합〉, 〈녹색미래〉, 〈에너지기후정책연구소〉, 〈에너지노동사회네트워크〉, 〈에너지정의행동〉, 〈환경운동연합〉, 〈환경정의〉는 비판적인 공동논평을 발표했다.

결론적으로 말해 대단히 실망스러운 내용이다. 2016년의 로드맵에 비해서 나아진 것이 없는 것은 아니지만, 과거 정부와 대비하여 상대적으로 두드러지게 보이는 것뿐이다. 발표된 초안에서 전 지구적 위기인 기후변화에 대한 위기감과 시급성을 찾아볼 수 없으며, 전 세계 국가와 시민들의 절박한 노력에 동참하려는 고민도 찾기 어렵다. 발전회사들과 산업계들의 기존 이익 보호 논리를 넘어서지 못한 정부 내의 혼란과 좌절만 발견될 뿐이다. 오히려 초안에 대한 정부의 해설은 여전히 산업계를 안심시키고 달래는 데에만 초점이 맞추어져 있다. 이대로는 한국 정부는 〈파리협정〉 이행을 촉구하는 국제사회의 비난을 피할 길이 없다. 한국의 적극적인 온실가스 감축 노력을 촉구해 온 시민사회 역시 만족스럽지 않기는 마찬가지다(국제기후종교시민네트워크ICE 외 8단체, 2018.7.3.).

독일의 독립 분석기관인 〈기후행동트래커〉Climate Action Tracker는 "2017년 말 수립된 8차 전력수급기본계획이 완벽히 이행되더라도, 한국의 온실가스 배출량은 감소가 아닌 현상 유지 수준에 그칠 것이라며 중장기적으로 석탄발전 비중이 계속 유지된다면 4도 수준의 지구온난화로 이어질 것"이라고 경고했다. 무엇보다 문재인 정부는 신규 석탄발전 건설계획의 재검토를 공약했지만, 7기의 신규 석탄발전 건설을 허용함으로써 공약을 폐기했다. 또한 노후 석탄발전소의 폐쇄는 매우 제한해서 2030년까지 석탄발전 비중을 36%로 유지할 것으로 보인다.

문재인 정부의 석탄발전소 유지 및 확대 정책은 국제사회에서도 물의를 일으킨다. 한국수출입은행과 무역보험공사는 최근 9개 석탄발전 수출 사업에 대한 지원을 승인했거나 검토 중에 있다. 이에 국제 환경단체 〈지구의 벗〉은 석탄 발전에 대한 공적금융을 제한하는 국제규약에 위반되고, 무엇보다 해당 석탄발전소가 베트남, 인도네시아 등 개발도상국에서 가동할 경우 연간 4,400만 톤의 이산화탄소를 배출해 기후 위기가 가속화될 것이라고 우려했다. 2016년 한해 한국의 산업공정에서 배출한 양 5,150만 톤과 비교하면, 동남아시아 지역에 배출되는 양은 무시하지 못할 큰 규모이다.

국회 기획재정위원회 김두관 의원 보도자료에 따르면, 지난 10년간 (2009~2018) 한국수출입은행은 해외 석탄발전 11개 사업에 대해 48억 8,800만 달러를 지원했다. 반면 같은 기간 태양광과 풍력 사업의 경우는, 한국수출입은행이 2016년 한국전력의 요르단 푸제이즈^{Fujeij} 풍력 사업 한 건에 1억 2,200만 달러를 지원한 게 전부다. 석탄 사업에 대한 공적금융 지원액이 재생에너지에 대한 지원액보다 무려 40배 높았다(환경운동연합, 2018.10.15.).

4) 감축 방식

문재인 정부는 '2030 온실가스 감축 로드맵 수정안'과 함께 '제2차 계획기간(2018~2020) 국가 배출권 할당계획 2단계 계획'을 발표했다. 제1차 계획기간(2015~2017)에는 총 526개 업체를 대상으로, 허용 총량 16억 8,986만 톤으로 시작했다. 제2차 계획기간에는 591개 업체로 1기보다 65개가 증가한 만큼 허용 총량도 17억 7,713만 톤으로 늘어났다. 1년당 평균 5,923만 톤을 할당받는 셈이다. 이 허용량은 1년 동안 산업공정에서 5,150만 톤이 배출한 양보다 많다. 1기에 업체당 허용량과 2기에 허용량은 크게 줄거나 늘지 않았다. 업체당 허용 총량은 현상을 유지하는 셈이기 때문에, 총량 차원에서 보면 온실가스 감축보다는 현행 유지로 이어질 가능성이 농후하다. 무엇보다 이처럼 산업공정이 배출하는 양과 유사한 양을 할당량으로 제공한다는 것은 이산화탄소를 다량 배출하는 기업들이 실질적으로 감축하기보다는 할당량에 의존해서 기존 방식 그대로 공장을 운영할 수 있는 환경을 마련해준 상황인 셈이다.

온실가스 배출권 거래제에서 핵심은 부문별 할당량과 무상 할당 비율에 관한 것이다. 부문별로는 발전사 등이 포함된 전환 부문에 7억 6,253만 톤, 산업 부문에 9억 4,251만 톤, 건물·수송·폐기물 등 기타 부문에 7,209만 톤을 배분했다. 최종 할당을 많이 받은 업종은 발전·에너지, 철강, 석유화학, 시멘트, 정유 등의 순이다. 산업 부문에 가장 많이 분배했다는 것은 온실가스 배출권 거래제가 기업의 입장을 배려하는 방향으로 진행된다는 것을 의미한다.

할당 방식은 해당 시설별 과거 배출량을 기준으로 한 할당(GF 할당)과 해당 시설별 설비효율(배출량/활동자료량[생산량 등])을 고려한 할당(BM 할당)으로 구분되는데, 후자의 방식은 유동적인 생산량을 고려한다는 점에서 기업에게 유리하게 작용할 수 있다. BM 대상 시설은 석탄 기력 발전시설, LNG 복합 발전시설, 중유 기력 발전시설, LNG 복합 열병합 발전시설(발전), LNG 복합 열병합 발전시설(집단에너지), 석탄 기력 열병합 발전시설(산업단지), 석유정제시설(정유), 회색클링커 소성시설(시멘트 업종), 민간항공기 국내 운항시설 중 제주 노선, 민간항공기 국내 운항시설 중 내륙 노선(항공), 하수처리시설(폐기물) 등이다.

제2차 할당계획에서는 처음으로 유상 할당제를 도입한다. 전체 63개 업종 중 발전사 등 26개 업종에 대해 97%는 무상으로 할당하고, 나머지 3% 물량은 경매 등을 통해 유상으로 할당한다. "다만, 유상 할당 시 국제무역이나 생산비용 증가에 미치는 영향이 큰 37개 업종[8][9]은 이전과 같이 100%를 무상으로 할당한다"는 예외 조항을 둠으로써 또다시 기업에 유리한 쪽으로 선회했다.

환경부 소속 온실가스종합정보센터(2018)는 배출권 거래제 제1차 계획기간의 성과를 다음과 같이 설명한다. 1차 기간 동안 거래 가격은 첫해(2015년) 톤당 1만 1,007원에서 마지막 해(2017년) 2만 879원으로 2배, 거래량은 573만 톤에서 2,932만 톤으로 5배, 거래 금액은 631억 원에서 6,123억 원으로 10배 수준으로 상승했다. 거래 가격 상승과 거래량 확대가 거래 금액에도 영향을 미쳐, 거래 금액은 2015년 631억 원, 2016년 2,044억 원, 2017년 6,123억 원, 2018년 8,680억 원으로 증가했다. 총 거래 금액은 1조 7,477억 원에 달했다.

2015년부터 2017년까지 업체들이 배출권으로 할당받은 양(16억 8,629만 톤)은 건물, 수송, 농축산 등을 포함한 국가 전체 배출량(21억 225만 톤, 2017년은 잠정 배출량)의 80.2%를 차지했다. 업종별로는 발

---

8. ① 무역집약도 30% 이상, ② 생산비용발생도 30% 이상, ③ 무역집약도 10% 이상 & 생산비용 발생도 5% 이상 (배출권거래제법 시행령 제14조).

9. 100% 무상 할당을 받는 37개 기업은 다음과 같다. 가스 제조·공급, 집단에너지, 산업단지, 석탄광업, 동식물성 유지 제조, 곡물가공 전문 제조, 담배 제조, 방적·가공사 제조, 화학섬유 제조, 펄프·종이 제조, 정유, 기초화학물질 제조, 비료 제조, 합성고무·플라스틱 제조, 기초화학제품 제조, 기초의약물질 제조, 의약제품 제조, 고무제품 제조, 유리제품 제조, 요업, 시멘트 제조업, 철강, 비철금속, 구조용 금속제품 제조, 일반목적 기계 제조, 특수목적 기계 제조, 항공기·부품 제조, 반도체 제조, 전자부품(디스플레이), 전지 제조, 절연선·케이블 제조, 가정용 전기전자 제조, 자동차(엔진) 제조, 자동차부품 제조, 조선, 기타운송 서비스, 폐기물 처리 등이다.

전·에너지(6억 8,864만 톤, 최종 할당량 기준 41%), 철강(3억 1,815만 톤, 19%), 석유화학(1억 5,580만 톤, 9%), 시멘트(1억 3,401만 톤, 8%), 정유(6,286만 톤, 4%) 순으로 이들 5개 업종이 전체 배출권의 81%를 차지한 것으로 나타났다.

이러한 정부의 문서에서는 거래량과 거래 금액이 중요하지, 정작 주목해야 할 배출량이 얼마만큼 증감했는지를 찾아볼 수 없다. 이는 온실가스 배출권 거래제의 목표가 표면적으로는 온실가스 배출량 감소이지만, 실질적으로는 온실가스 배출권 거래제의 활성화로 주객이 전도된 상황을 노골적으로 보여주고 있다.

환경부 소속 온실가스종합정보센터가 2018년 8월 동안 553개 할당대상업체 및 외부 이해관계자 130명을 대상(응답률, 67개 업체[48%]와 외부 이해관계자 46명[35.4%])으로 배출권 거래제 대응 및 제도 개선 관련 15개 항목에 대한 설문조사를 실시한 결과, 내부 혁신을 통한 배출량 감소(47%), 기업 이미지 제고(46%), 내부 혁신의 계기(37%), 배출권 거래를 통한 부가 수입 발생(25%) 등 긍정적 평가보다는 행정 부담(94%), 운영 비용 증가(79%), 기업 경쟁력 약화(58%) 등 부정적 평가가 우세했다. 이를 통해 기업이 온실가스 배출권 거래제를 규제의 일환으로 여기고 있다는 사실을 알 수 있다. 또한 외부 이해관계자[10]의 경우, 해외 상쇄배출권과 외부사업 인정 범위 확대[11] 및 유상 할당량 확대 등을 요구한 점도 알 수 있다. 이는 탄소 시장의 확대를 요구하는 것으로, 국내의 거래 범위를 확

---

10. 학계(20명), 연구기관(17명), 금융기관(5명), 컨설팅기관(22명), 검증기관(8명), NGOs(21명), 산업계(33명), 기타(4명)으로 구성되었다.
11. 탄소배출권 거래 시장은 총 세 가지로 구분되는데, 할당배출권과 상쇄배출권, 외부사업 인증실적이다. 외부사업 인증은 사업장 밖에서 국제기준에 따라 온실가스를 감축·흡수 또는 제거해 정부로부터 인증받은 외부사업 온실가스 감축량을 의미한다.

대하여 국외 탄소 시장과 연계하는 것을 염두에 둔 요구라고 볼 수 있다.

사실 온실가스 배출권 거래제는 2015년 도입되기 전부터 기업 측의 입장과 실질적으로 온실가스 감축을 요구하는 환경단체 측 입장으로 첨예하게 대립된 사안이었다. 단적인 사례는 다음과 같다. 2014년 8월 28일, 최경환 당시 경제부총리 겸 기획재정부 장관이 온실가스 배출권 거래제 시행 시기를 재검토하겠다는 의견을 제시하면서, 2015년 시행을 앞둔 이 제도는 도입되기 전까지 혼란 그 자체였다. 이 발언 나흘 만에 우원식, 김현미, 박완주 국회의원이 긴급 토론회를 공동 주최했다. 이 자리에서 김태윤 전경련 산업본부 미래산업팀장은 "정부가 시행 연기를 검토한 것 자체가 온실가스 배출권 거래제의 문제를 인정한 것으로 판단된다."며 "산업계 실적이 하락하는 상황에서 제도 시행에 따른 비용 증가가 큰 여파를 초래할 수 있다."고 말했다.

반면, 〈기후변화행동연구소〉 안병옥 소장은 "정부가 2013년 시행을 2년 뒤로 연기하고 산업계의 할당 감축비율도 10%로 감축하는 등 재계만 배려하고 있다."고 비판했다. 위법성 논란도 제기됐다. '온실가스 배출권의 할당 및 거래에 관한 법'에 의하면 제도 시행 6개월 전까지 할당 계획을 수립해야 한다. 하지만 정부는 법정 기한인 지난 6월 말까지 할당 계획을 내놓지 못했기 때문이다. 산업자원부와 산업계의 늦장 부리기 꼼수를 극복해 이 제도는 2015년 시행되었지만, 처음부터 이미 기업의 편의를 최대한 고려한 안이었다. 이 점은 2014년의 서울대 환경대학원 윤순진 교수의 발언을 통해 확인할 수 있다. "정부가 내놓은 시행계획은 산업계에 너무 많은 융통성을 보이며, 과잉보호하고 있는 느슨한 계획"이다(환경운동연합, 2014.9.18.).

무엇보다 온실가스 배출권 거래시장 거래량이 2년 만에 10배 성장했음에도 불구하고 온실가스 배출량은 감소하지 않은 사실은, 온실가스 배출권 거래제가 온실가스 감축에는 전혀 관여하지 않았다는 점을 배출권 거래시장이 스스로 '일정 정도' 폭로한 셈이다. 자본주의적 해결 방안인 공기를 오염할 수 있는 권리를 상품으로 거래하는 것 자체는 그 목적이 배출량의 감축이 아니라 오히려 더 많이 오염하는 행위를 화폐로 정당화하려는 속셈이 이미 포함되어 있다는 것을 의미한다. 무엇보다 탄소 거래량은 실질적 배출량과 무관하게 탄소 시장이 형성될 수 있다는 것이고, 이는 탄소 시장이 활성화된다는 것이 배출량 감소를 의미하지 않을 수 있다는 것이다.

5) 오염 비용 지불 주체

2018년 11월 6일 통계청은 만 13세 이상 가구원 약 3만 9천 명을 대상으로 가족, 교육, 보건, 안전, 환경 부문에 대해 조사한 "2018년 사회조사 결과"를 발표했다. 환경보호를 위하여 세금(부담금 등 포함)을 내는 것에 대하여 '찬성'한다는 사람의 비율은 50.1%로 2년 전(36.2%)보다 13.9%포인트 증가했다. 환경보호 비용 부담 찬성 비율은 30.5%(2010년)에서 34.9%(2012년), 36.8%(2014년), 36.2%(2016년)로, 2018년에는 전보다 높은 50.1%였다. 또한 모든 연령대에서 환경보호 비용 부담에 '찬성'이 '반대'보다 높게 나타났고, 30대(51.0%)와 40대(52.3%)는 절반 이상이 찬성했다.

개인의 환경보호 비용 부담 의향에 대한 찬성이 높아진 직접적인 이유를 통계청 자료에서는 찾을 수 없다. 하지만 이 조사 결과로 추측할 수 있는 개연성은 발견할 수 있다. 2016년보다 환경오염에 대한 심각성을 느낀 개인은 5년 이후에도 환경이 개선될 여지나 정부의 실질적 환경 개선 정책 및 환경오염자의 개선 방안 등이 명확하게 제시되지 않은 상황에서,

개인들이 환경오염에서 '일정 정도' 벗어날 방안으로 환경개선 비용에 지출할 의사를 밝힌 것으로 볼 수 있다. 다만, 주의할 점은 이 조사 결과는 환경보호 비용에 대한 지불 의사이지, '실질적'으로 지불할지를 반영한 것은 아니라는 것이다.

개인의 지불할 의지와 별개로 기후변화로 인한 적응 비용과 과세를 통한 이산화탄소 감축 방안은 기후정의 관점에서도 어긋난다. 기후변화를 일으킨 가해자와 피해자가 구분되는 상황에서 지구인 모두가 환경 개선 비용을 지불하는 것은 가해자의 책임을 전가하는 효과를 낳는다. 이러한 우려 지점은 유연탄 개별소비세 인상에서 찾아볼 수 있다.

2018년 7월 〈환경운동연합〉은 정부의 '2018년 세법개정 당정협의'에서 유연탄 개별소비세 인상안에 대해 다음과 같이 비판했다. "석탄화력은 미세먼지와 온실가스 배출로 인한 막대한 환경 비용을 발생시키지만, 이러한 외부 비용이 현재 비용에 거의 반영되지 않아 값싼 에너지원 유연탄 과세를 강화하는 방안은 바람직하다. 다만, 유연탄 개별소비세가 지금보다 킬로그램당 10원 인상되더라도, 실질적인 석탄화력 감축을 유도하기엔 역부족일 것으로 보인다. 석탄화력에서 배출되는 대기오염물질과 온실가스 피해 비용을 충분히 반영하기 위해서는 유연탄에 부과되는 세금이 킬로그램당 100~200원 수준으로 인상돼야 한다는 게 여러 연구 결과의 평가다."(환경운동연합, 2018.7.26.)

결국 2019년 1월 8일, 기획재정부가 발간한 「2018년 세법 후속 시행령 개정안 ─ 상세본」은 기본세율 킬로그램당 36원이던 유연탄 개별소비세 탄력세율이 킬로그램당 46원으로 환경비용을 감안해 상향되면서, 탄력세율도 저열량탄(5,000kcal/kg 미만)은 킬로그램당 33원에서 킬로그램당 43원으로, 고열량탄(5,500kcal/kg 이상)은 킬로그램당 39원에서 킬로그램당 49원으로 인상됐다.

〈환경운동연합〉은 유연탄에 대한 단계적인 과세 인상을 요구한다. 하지만 개별소비세 인상 요구는 탈석탄화 운동을 확대하는 전술로서는 바람직하지 않다. 개별소비세는 특정 물품(보석·고급 모피제품·골프용품·승용차·휘발유 등)과 특정한 용역의 소비(경마장·투전기시설장소·골프장·카지노 등)에 대해 특정의 세율을 선별적으로 부과하는 소비세이다. 이는 이전의 특별소비세의 이름을 바꾼 것으로 고소득층의 낭비와 사치생활의 풍조를 억제하고 국민들로 하여금 균형되고 건전한 소비생활을 촉진시키는 것을 목적으로 한 간접세이다.

개별 소비자라는 주체성의 명목으로 민중에게 기후변화로 인한 비용을 전가하는 방식은 기후변화에 대한 반감으로 작용할 수 있다. 이러한 반감에 대해 환경단체는 기후변화에 대해 무관심하거나 책임지지 않으려는 개별 소비자를 질타한다. 하지만 자본주의에서는 소비 방식 역시 자본주의 방식으로 규정된다. 노동력의 재생산 일환으로 생활수단을 소비하는 노동계급에게 소비자 성격을 부과해서 소비자로서의 책임을 윤리 및 도덕적으로 호소하는 방식은 두 가지 반응으로 나타난다. 기후변화에 대한 가해자로서의 죄의식과 기후변화 문제를 회피하는 방식인데, 이 두 가지 방식은 동일하게 기후변화의 실질적인 가해자를 주목하지 않는 효과로 나타난다. 그러므로 '소비자'성에 초점을 맞춘 방식이 아니 온실가스를 대량으로 배출하는 원인자에 대한 직접 규제 방식을 사회적 실천으로 모아내는 운동의 방향성을 설정하는 것이 무엇보다 필요하다.

국제사회에서는 〈유엔 기후변화협약〉이 논의되면서부터 본격적으로 탄소세 도입 여부가 논란이 되었다. 탄소세를 옹호하는 이들은 화석연료 사용에 대해 일률적으로 세금을 부과하기 때문에 직접적인 수단으로 조세 저항을 줄일 수 있고, 에너지원과 지출에 대한 예측 가능성을 높일 수 있다고 주장한다. 하지만 이곳에서도 기업에 유리하게 작용할 꼼수는 존재한다.

탄소세는 화석연료에 부과되는 조세이다. 무엇보다 이 제도는 온실가스 배출권 거래제와 더불어 시장 기제를 활용하는 온실가스 감축 수단으로 작용하고 있다.[12] 핀란드(1990년)와 스웨덴(1991년), 덴마크(1992년), 스위스(2008년), 프랑스(2014년) 등 탄소세를 도입한 국가는 온실가스 배출권 거래제에 참여하는 기업에는 탄소세를 면제 및 경감, 일부 환급해 주는 등의 방식으로 운영하고 있다. 또한 탄소세를 도입한 거의 모든 국가들은 산업 부문에 대한 상한제도 운영과 함께 용도별, 업종별 정부와의 감축협약체결 여부 등 다양하게 차등화된 세금 부과 구조를 운영하고, 총에너지에서 화석연료 비중이 높은 나라들(대표적으로 덴마크)은 탄소세율이 상대적으로 낮게 운영된다(일본 환경성, 2017 ; 김태헌, 2012). 이렇게 기업에 유리하게 책정한 탄소세마저도, 기업이 소비자에게 직접적으로 전가하는 경우를 막거나 제재할 수단이 미흡한 상황이다. 이는 개별 소비자의 부담과 희생에 기반을 두고 있기에, 사회적 부담의 불평등을 심화시킬 수 있다. 결론적으로 기후변화에 관한 비용을 누가 낼 것인가를 둘러싼 사회 계급 간 이해관계를 명확하게 함으로써 기후 불의가 확대되는 방식에서 탈피해야 한다.

6) 현행 유지 방식 대 지속 가능한 발전 방식

---

12. 국내에서는 탄소세 도입을 일부 환경단체와 연구단체가 주장했다. 정부가 2011년 온실가스 배출권 거래제 도입을 제안하자 논의의 주제가 온실가스 배출권 거래제를 언제, 어떠한 방식으로 할 것인가로 변경되면서, 사회운동진영에서 탄소세 논의는 더 이상 진척되지 않았다. 2014년 한국 기후운동 진영의 쟁점과 현황에 관한 자세한 논의는 김민정(2015)에서 다뤘다.

현재 〈유엔 기후변화협약〉의 온실가스 감축 목표는 제한할 온도 설정 후, 현재까지 배출량을 측정해 향후 배출할 수 있는 양을 제한한다. 〈유엔 기후변화에 관한 정부 간 협의체〉의 자료를 이용하여 900기가톤(약 1조 톤)의 이산화탄소 배출에 탄소 예산을 짤 수 있다. 향후 40년에 걸쳐 900 기가톤이 배출된다면, 산업 시대 이전보다 기온이 2도 이상 오르지 않게 된다. 2012년을 기준으로, 인류는 이미 절반 이상을, 즉 이산화탄소 5천억 톤을 배출했다.

다른 한편, 2018년 노벨경제학상을 수상한 윌리엄 노드하우스(2017)는 "액수가 클 경우 사람들은 이 돈만큼의 보람을 얻고 싶어 하는" 심리를 활용해 비용과 편익 분석을 기후변화에 적용해서, 어느 기후 목표가 기후변화로 인한 위해와 감축투자비용의 합을 최소화하는지 분석했다. 자연과학자가 제시한 온도 목표치는 사람들을 설득하기 부족하기에, 화폐로 유인책을 마련해보자는 지극히 주류 경제학자다운 제안이다. 하지만 두 지표 모두에는 중요한 질문이 빠져있다.

'어느 기준 년도를 정해, 얼마만큼, 언제까지 온실가스를 감축할 것인가'는 현재의 사회구조를 유지할지 여부와 밀접하게 연결된다. 주류적인 기준 방식은 Business As Usual(BAU)로, 이를 해석하면 '평상시와 다를 바를 없는 행동'이다. 정부는 이를 온실가스 배출 전망치로, 현행 정책 이외에 추가적인 온실가스 감축조치를 취하지 않은 경우를 가정한 미래 배출량 전망치로 설명한다. 이를 노골적으로 풀어서 설명하면, 현재의 정치·사회·경제 구조를 변경하지 않고 그대로 유지한 상황에서 배출되는 온실가스의 양이라는 점이다. 그렇기 때문에 BAU 방식은 정치적으로 논란이 많은 단어이다. 환경단체는 "시민사회뿐만 아니라 많은 전문가들이 오래전부터 'BAU 대비 감축률' 방식이 너무 많은 혼란을 야기하고 있다고 지적해왔다. BAU를 부풀려 온실가스 감축 의무를 회피하려는 수많은 꼼수들이 난무했기 때문이다(국제기후종교시민네트워크 외 8단체. 2018.7.3.)"라고 지적했다.

현재의 이상 기후를 해결하기 위해서는 현행 방식을 그대로 유지한 상황에서 설정한 목표치로는 매우 부족하다. 그렇기 때문에 기후변화를 다룬 책에서는 현행 사회구조 방식의 전환을 요구한다. 대표적인 책이 바로 『이것이 모든 것을 바꾼다 : 자본주의 대 기후』이다. 이제는 기후변화의 실상을 알리는 차원을 넘어서 기후변화문제를 정치·경제·사회 구조의 작동 방식과 연결해서 분석한다.

이 책의 저자인 나오미 클라인은 5년 동안 목격했던 상황을 다음과 같이 정리한다. "코펜하겐 정상회의에서 충격을 받아 내 어깨에 기댄 채 비탄의 눈물을 흘리던 젊은 기후 행동주의자, 인류 멸종의 가능성을 놓고 말 그대로 코웃음을 치던 허틀랜드 연구소의 기후변화 부정론자들, 영국 전원의 대저택에 모여 햇빛을 차단하자는 계획을 세우던 미친 과학자들, BP 원유 유출 사고 당시 검은 기름으로 뒤범벅이 되어 죽음의 정적에 휩싸여 있던 습지대, 앨버타 타르 샌드를 파헤칠 때 대지가 내지르던 신음, 세계 최대의 환경 단체가 직접 석유 시추에 나서고 있었던 사실이 밝혀졌을 때의 충격까지"(2016, 633쪽). 이 책은 이러한 직·간접적인 경험을 토대로 기후변화를 둘러싼 쟁점을 보여주고 기후변화의 대응 방안을 제안한다.

책 제목인 "이것이 모든 것을 바꾼다"는 두 가지 의미를 가진다. 우선 기후변화는 장구한 지질학적 시간에 형성된 지구 생태계를 단시일 내에 변화시켰다. 이윤을 추구하는 생산 방식은 이전 인류 역사에서 볼 수 없었던 환경 재앙을 만들었다. 다른 한편 기후변화로 인해 사회구조를 변화시킬 수 있다는 의미에서 긍정의 요소가 있다. 클라인은 기후변화는 경제 체제과 긴밀하게 연결되어 있다는 점을 강조한다. "오염 활동이 우리가 사는 물리적 세상의 모든 것을 바꾸지 못하게 하려면, 우리는 경제와 관련한 모든 것을 빠짐없이 바꾸어야 한다."(2016, 143쪽) 이는 재난 자본주의와 기후 간에는 갈등이 필연적으로 발생할 수밖에 없다는 점과 기후변화를 대응하기 위해서는 현행 경제구조를 변혁해야 한다는 사실을 의미한다.

클라인은 사회를 변화시킬 기후운동이 나아가야 할 방향성을 제시한다. 부유한 국가들이 지금 당장 대대적인 배출량 감축을 시행해야 하지만 그 방식이 일상생활에서 탄소 감축 계획이 기본적인 필요를 충족하는 것조차 힘겨운 사람에게 더 큰 희생을 떠안기는 방식으로 진행해서는 안 된다는 점도 명확히 지적한다.

또한 "주류 환경운동은 이런 대중적 좌절감을 표현하는 시위와 거리를 둔 채 기후 행동을 협소하게 정의하여 탄소세 도입을 요구하거나 송유관을 중단시키려는 시도 따위에만 몰두하고 있다. 이런 캠페인도 물론 중요하다. 하지만 온실가스 감축을 반대하는 산업계의 힘과 맞대결할 만큼 강력한 대중운동을 구축하기 위해서는 연합 세력이 최대한 확장해야 된다. 여기에는 소방관, 간호사, 교사, 환경미화원 등 공공 부문 노동자들이 포함되어야 한다. 공공서비스와 공공 부문을 보호하기 위한 싸움이야말로 기후변화를 막아 낼 최선의 보호책이다. 또한 여기에는 시내 중심부에 적절한 비용의 주거지를 유지시키기 위해 활동하는 빈곤 퇴치 활동가들이 포함되어야 한다"(클라인, 2016, 230쪽). 이러한 클라인의 관점은 기후변화를 협소한 기후 쟁점이 아닌 다양한 사회 쟁점과 연결시켰다는 점에서 강점이다. 이러한 점은 기후변화의 원인을 자본주의가 작동하는 사회구조의 문제로 파악하고 있다는 면에서도 중요하다.

다만 아쉬운 점은 자본주의에 저항하는 행위 주체의 역할에 대한 고민이 부족하다. 예를 들면 기후운동 행위자 내부에서 쟁점이 되는 국제기후 회의에 관한 활용론과 독자적인 행동 노선을 포함한 기후운동의 전략·전술의 차이, 기존 운동 특히 노동조합운동과 기후운동 간의 장벽 등에 대한 쟁점이 그것이다. 지금까지의 기후운동 내부의 정치 쟁점과 운동의 방향과 목표 설정을 비판적으로 평가하는 작업이 필요하다. 기후운동내부의 정치적 차이를 발견하는 작업은 클라인이 궁극적으로 기후 활동이 도덕적 정당성을 확보한 운동으로 거듭나야 한다는 주장과 연결되어 있다. 다시 말하면 기후운동 내부의 정치적 차이를 어떻게 극복할 것인가라는 질문은, 어떻게 민중에게서 정당성을 부여받을까라는 고민과 동떨어질 수 없는 문제이다. 기후운동의 정치적 차이가 연대와 결속을 약화시킨다면, 그것은 그 차이가 민중에게 확고한 운동의 방향성과 대안의 확신을 제시하는 데 저해 요인으로 작용하기 때문이다.(김민정, 2017)

3. 기후운동과 계급 정치의 만남

세계 지배자의 손에 기후변화 문제를 맡겨 둘 수만은 없다는 목소리는 기후변화의 실질적 피해자인 세계 민중의 저항으로 나타나기 시작했다. 이러한 저항의 메아리는 우리의 현재와 미래를 〈파리협정〉이 결정하게 놔둘수는 없다는 북반구 청소년들에게 전해졌다. 2018년, 스웨덴의 10대 기후활동가 그레타 툰버그는 영상물을 통해 다음과 같은 메시지를 전한다.

… 어떤 사람들은 기후 위기는 우리 모두가 만든 것이라고 하지만 이것또한 하나의 핑곗거리일 뿐입니다. 모두에게 책임이 있다는 것은 어느 누구

의 탓이 아니라는 것인데 분명 누군가는 책임을 져야 합니다. 특히 몇몇 기업과 지도자들은 사회와 환경에 부정적인 영향을 끼치면서 눈앞에 놓인 단기적인 이익만 추구하고 있습니다. 저는 이와 같은 기업과 지도자들에게 도전장을 내밀어 봅니다. 기업의 경제적 이익보다는 우리와 미래세대의 안전을 먼저 생각하며 기후변화 해결을 위해 앞장서는 것입니다. … 미래의 아이들, 손자, 손녀들을 위해 우리의 아름다운 지구를 위해, 여러분이 역사의 갈림길에서 올바른 쪽에 서주실 것을 기대합니다. 여러분이 가지고 있는 권력과 힘을 다해 기업과 정부에 요구해 주세요. 인류의 미래가 달린 1.5도 목표 달성을 위해 함께 노력할 것을 약속해주실 거죠? 저는 전 세계 시민들과 함께 변화에 동참할 것을 약속합니다(Greenpeace 그린피스 서울사무소 페이스북, 2019.2.16., 강조는 인용자).

기후변화가 현세대와 미래세대의 이해관계 충돌이 아닌, 현행 방식을 고수하면서 이윤을 더 많이 창출하려는 집단과 날로 악화되는 기후 위기 속에서 생존권을 보호하려는 집단 간의 대립이라는 점을 명확하게 밝히는 것이 필요하다.

한국의 〈청소년기후소송단〉은 선언문을 통해 "정부는 더욱 적극적으로 온실가스 감축 계획을 수립해야 하고 탈핵·탈석탄을 비롯한 에너지전환 정책을 제대로 추진해야 한다"고 강조했다. 이런 의미에서 유럽과 미국 전역으로 확대해가는 청소년의 목소리는 생존권을 지키려는 행위이다. 이러한 생존권 투쟁은 노동계급 운동과 만나야 한다. 자본주의에서 이윤을 생산하는 물질적인 힘을 지닌 노동계급 운동은 체제의 실질적인 변혁 세력이다. 각종 이데올로기로 노동운동이 분열되고 단결하지 않는다는 주관적 요소가 자본주의에서 노동계급이 위치하고 있는 객관적 힘을 약화시키는 것은 아니다.

경제위기 상황에서 노동계급이 획득한 여건마저도 더 악화시키려는 지배세력의 시도가 강해진다. 현재의 상황을 지키려는 노동운동은 이런 점에서 보수적인 성격이 강하다. 그런 점에서 기존 체제를 지속 가능한 발전 체제로 전환하는 성격이 강한 기후변화운동을 확대하기에 유리한 상황은 아니다. 객관적 상황이 유리하지 않다고 불평하는 것이 아니라 이러한 점을 냉철하게 인정할 필요가 있다는 것이다. 전술적 차원에서 일자리를 지키는 운동과 노동조건 악화에 맞선 운동이 기후 의제와 어떻게 연결되는지를 사회적으로 제시해야 한다. 기후 의제를 환경 사안'만'으로 국한하지 않고 광범위한 정치·경제·사회 쟁점과 연결하기 위해서는 계급 정치의 관점에서 기후 의제를 분석하는 것에서부터 시작해야 한다.

일부 언론은 프랑스 노란조끼 시위가 유류세 인상 반대로부터 시작되었다며, 그것이 기후운동과 충돌하는 듯한 뉘앙스로 이를 보도했다. 2017년에 (탄소세의 일환인) 유류세로 경유 23%, 일반 가솔린 15%를 인상한 마크롱 정부는 이를 더 올리겠다고 발표했다. 하지만 프랑스 노란조끼에 참여한 이들은 "우리가 반대하는 것은 가난한 사람들에게 더 많은 부담을 전가하는 정의롭지 못한 정책이지 기후변화 대응 전체를 문제 삼는 것이 아니다."라는 입장을 전했다. 이들은 재생에너지와 에너지 효율 사업에 대한 공공 자금 사용 등의 정책들을 지지한다. 이는 기후변화의 해결책은 개별 소비자에게 전가하는 유류세 인상 방식이 아니라 사회 불균등을 해결하는 방안과 기후변화 대응이 융합된 정책을 요구한다는 점이다.

12월 초 프랑스 정부의 유류세 인상 유예 발표에도 불구하고 노란조끼 시위대는 "우리는 빵 부스러기를 원하는 것이 아니다."라고 외치며 사회적 불평등을 실질적으로 해결하는 방안을 요구했다. 프랑스 노란조끼

시위가 시작된 이래로 2019년 2월 5일에 조직 노동운동이 함께 거리 시위를 진행했다. 기층으로부터 압력을 받은 〈프랑스노동총동맹〉과 〈노동조합연맹〉 등의 노조 지도부는 5일 파업을 조직했다. 프랑스 노란조끼운동은 (우리가 염원하는 만큼의 속도보다는 느리지만) 조직 노동운동과의 연결을 모색하는 방향으로 진전하고 있다.

프랑스의 노란조끼운동은 아직은 광범위한 사회운동으로 부상하지 않은 한국의 기후운동에 시사점을 전달해준다. 기후변화 해결책이 사회적 불평등 완화를 요구하는 운동과 결합되어야 하며, 무엇보다 몰계급적 해결 방안이 아닌 노동운동과 함께 진전시킬 수 있는 기후 쟁점을 모색하는 것이 필요하다는 점이다. 현재 진행 중인 프랑스 노란조끼운동이 노동계급 정치와 결합되면서 급진적인 방향으로 진전되기를 지지하면서, 이러한 영향이 한국의 기후운동에게도 노동계급과 함께하는 운동을 만드는 데 긍정적인 힘으로 전해지기를 기대한다.

100년 전 사망한 로자 룩셈부르크의 핵심 질문인 "사회 개혁이냐 혁명이냐"는 문제는 날로 심각해져가는 기후변화를 겪고 있는 우리에게 현실적 질문이 되었다. 제한 없는 자본축적의 과정인 현행 방식을 유지하는 길과 인간 생존 터전의 지속가능한 사회로 향하는 길 사이에서, 체제 변혁을 구체화하는 일은 계급 정치를 계승하고 발전시키는 작업에서 진행된다.

:: 참고문헌

Greenpeace 그린피스 서울사무소. (2019.2.16.). 스웨덴 10대 소녀가 기업, 정부 리더들에게 날린 '사이다' 일침. https://www.facebook.com/watch/?v=790748387955187&t=19.

국제기후종교시민네트워크(ICE) 외 8단체. (2018.7.3.). 2030 국가 온실가스 감축 기본로드맵 수정(안)에 대한 공동논평.

기후행동온라인플랫폼. http://climateaction.kr/

김민정·이창언. (2014). 기후변화의 정치경제학과 기후 정의 : 남아프리카공화국을 중심으로. 『신학과사회』, 제28권 3호.

김민정. (2014). '기후변화'에 관한 쟁점들. 『진보평론』, 60.

_____.(2015). 한국 기후운동의 실상 : 기후 활동가를 중심으로. 『마르크스주의 연구』, 12(3).

_____.(2017). '악화된' 기후변화에 대한 '진전된' 행동 지침서. 『환경사회학연구 ECO』, 21(1).

김태헌. (2012). 『탄소세 도입시 에너지세제 개편방향』. 에너지경제연구원.

노드하우스, 윌리엄 (Nordhaus, William). (2017). 『기후카지노』 (황성원 역). 한길사. (원서출판 2013).

마르크스, 카를 (Marx, Karl). (2015). 『자본론』 I(하) (김수행 역). 비봉출판사. (원서출판 1867).

샤피로, 마크 (Schapiro, Mark). (2019). 『정상성의 종말 : 기후 대재앙 시나리오』 (김부민 역). 알마. (원서출판 2016).

에너지경제연구원. (2017.6.19). 세계 에너지시장 인사이트. 제17~20호.

일본 환경성. (2017). 『주요 국가의 탄소세 등의 도입 현황』.

클라인, 나오미 (Klein, Naomi). (2016). 『이것이 모든 것을 바꾼다 : 자본주의 대 기후』. (이순희 역). 열린책들. (원서출판 2014).

통계청. (2018). 『2018년 사회조사 결과(가족·교육·보건·안전·환경)』.

한국에너지공사. http://ets.energy.or.kr/WEBSITE/WEB_offset/intro.aspx

홍창진. (2018.3.21.). 중국 지난해 화력발전 비중 감소 … 석탄생산은 증가. 『연합뉴스』.

환경부 기후전략과·기후경제과. (2018.7.24.). 보도자료 2030 온실가스 감축 로드맵 수정안 및 2018~2020년 배출권 할당계획 확정.

환경부 온실가스 종합정보센터 감축목표팀.(2018.2.1.). 온실가스 배출권 거래시장 2년 만에 10배 성장.

환경부 온실가스 종합정보센터 정보관리팀. (2018.9.19). 보도자료 2016년 온실가스 배출량 6억 9,410만톤, 전년 대비 0.2% 증가.

환경부 온실가스 종합정보센터. (2019). 제1차 계획기간(2015~2017) 배출권거래제 운영결과보고서.

환경운동연합. (2014.9.18.). 초당적 합의로 만들어진 배출권거래제, 왜 이제와서 다시 논의하나?.

_____.(2018.7.11.). 정부가 적극적 탈석탄 정책 편다면 온실가스 감축목표 달성 가능하다.

_____.(2018.7.26.). 유연탄세 인상 환영, LNG 세금 대폭 인하는 신중해야.

에너지전환, 수동혁명인가 체제 전환의 진지전인가?

김현우 | 에너지기후정책연구소 선임연구원

1. 마르크스주의와 에너지

마르크스주의에게 에너지는 낯선 주제가 아니다. 마르크스주의가 가장 큰 관심을 기울이는 대상인 현대 자본주의의 탄생과 변화 모두가 새로운 에너지원의 활용과 불가분의 관계이기 때문이다. 석탄이 증기기관과 결합되면서 산업혁명과 인클로저 운동이 일어난 것은 주지의 사실이다. 탄광과 방직기가 '이중의 의미에서 자유로운' 노동자와 공장을 만들어냈고, 증기기관차와 여객선은 대도시와 식민지를 만들어냈다. 석유와 내연기관은 자동차와 고속도로를 만들었고, 또 어셈블리라인과 포드주의를 낳았다. 핵에너지는 전쟁과 외교의 양상을 바꾸었고, 풍족한 전기로 전후의 호황과 소비주의를 뒷받침했으며, 체르노빌 사고를 통해 소비에트 연방 붕괴의 한 계기를 제공하기도 했다. 재생가능에너지와 네트워크 기술의 결합은 또 다른 경제와 정치를 전망하게 만들고 있다.

특히 화석에너지 활용은 자본주의 축적과 깊은 구조적인 연관을 갖는다. 엘마 알트파터는 다른 에너지원들과 비교했을 때 화석에너지의 물리적 속성이 자본주의적 발전의 사회경제적, 정치적 논리에 부합한다고 설명한다. 첫째, 화석에너지는 자본주의 이전의 공간과 장소의 패턴을 자본주의적으로 전환되도록 해주었다. 에너지 생산과 수송이 쉬워지면서 산업과 도시의 입지도 자유로워졌기 때문이다. 둘째, 밤낮과 계절의 자연주기와 무관하게 이윤을 극대화할 수 있도록 생산과정과 속도를 조직할 수 있게 해주었다. 셋째, 에너지와 시공간의 제약을 고려할 필요 없이 기업 경영을 결정할 수 있게 됐으며, 그에 따라 축적과 경제성장이 가속화되는 가운데 사회생활은 전례없이 개인화되었다. 따라서 자본주의, 화석에너지, 합리주의, 산업주의는 서로 완벽하게 조화를 이룬다.(알트파터, 2007)

마르크스 자신이 『공산당선언』에서 생산의 끊임없는 혁신을 칭송하고, 『자본』에서 시초축적과 자연 파괴를 고발했던 것, 그리고 엥겔스가 『영국 노동계급의 상태』에서 산업 공해와 노동자 가족의 피폐화를 진단했던 것 모두가 석탄 에너지의 등장과 활용을 배경으로 한 것이었다. 하지만 마르크스가 '에너지'라는 개념이나 기능 자체에 깊은 관심을 가졌던 것은 아니었고, 석유와 핵에너지가 자본주의의 새로운 단계를 가져올 것을 예견할 수도 없었을 것이다. 그러나 불과 150년 사이에 에너지와 자본주의의 관계와 모습은 이만큼 바뀌었다. 그리고 화석에너지는 이제 기후변화라는 이름으로 현대 자본주의에 새로운 도전의 조건을 제공하고 있다. 그만큼 에너지라는 프리즘을 통해 변화하는 자본주의를 파악하고 대안적 정치를 논의할 필요성도 커졌다. 마르크스의 유명한 비유를 활용하자면, 현대 경제와 사회에서 에너지 흐름의 분석은 핵심적인 '토대' 분석의 일부이며, 에너지 정치의 분석은 핵심적인 '상부구조' 분석의 일부라고도 할 수 있겠다. 뒤집어 말하면, 에너지의 흐름과 영향 그리고 정치와의 관계를 중심적으로 다루지 않는 논의라면 현대 자본주의의 골격을 빠트리고 진행하는 빈곤한 논의라는 주장도 가능할 것이다.

그러나 마르크스 이후의 마르크스주의 전통에서 에너지에 대한 관심과 논의는 많지 않았고, 에너지를 바라보는 시각 역시 석탄 자본주의 시대를 해석한 마르크스의 것에 머물러 있었던 것 같다. 제임스 오코너, 존 벨라미 포스터, 데이비드 하비 등 생태사회주의자들의 연구와 논쟁들을 통해 어느 정도 진전이 있었지만, 에너지 자체 그리고 우리와 가장 가까운 현실에서 마주하는 에너지의 얼굴인 가전제품과 자동차는 너무나 일상적인 것들인 탓인지 오히려 마르크스주의자들의 분석과 비판의 손길에서 벗어나 있었던 듯하다.

그렇다면 이제는 본격적으로 에너지를 통해 자본주의 또는 우리가 살아가는 세상을 바라보고, 비판하고, 대안을 이야기하지 않으면 안 된다. 무엇보다 에너지는 민주주의와 계급투쟁의 양상을 바꾸었으며, 다른 세상의 설계도를 그릴 지반도 바꾸고 있기 때문이다. 예를 들어 티머시 미첼은 『탄소 민주주의』에서 석탄 시대에 노동자들이 막장에서 힘겨운 노동을 했지만 밀집된 탄광과 철도로 제한된 수송 통로가 파업의 효과를 크게 했고 노동자 조직화를 가능케 했던 반면에, 석유는 상대적으로 여러 곳을 통해 운송이 가능하고 다국적기업이 산업을 지배하는 특징을 갖기 때문에 노동자들의 조직력을 약화시켰다고 말한다(미첼, 2017).

하지만 대형 송유관과 고압 송전망 곳곳에서는, 싸움의 주인공과 양태는 과거와 다르지만, 새로운 중요한 투쟁들이 생겨나고 그 정치적 의미가 커가고 있다. 나오미 클라인이 '21세기의 블로카디아Blockadia'라고 일컬은 투쟁들이다. 북미의 셰일 프래킹fracking과 중동 석유의 경합, 중남미 좌파 정부들이 겪는 곤란들은 기후변화 현상과 국제적 대응 논의 속에 '채굴주의'extractivism[1]를 화두로 만들고 있다(클라인, 2015). 요컨대 현대 자본주의에 대한 이해와 비판, 생태적이고 사회적인 위기의 해법, 대안적 경제와 조직의 설계 모두에서 에너지의 기술과 정치를 말하지 않으면 안 되게 되었다.

2. 정상성의 종말과 '기후 리바이어던'

화석에너지 이용의 일반화는 2차 세계대전 이후 '경제성장'을 상식으로 만들고 GDP를 모든 것 위에 군림하는 숫자로 자리매김하게 한 과정이기도 했다. 끊임없는 성장 뒤에는 끊임없는 생산, 끊임없는 소비, 끊임없는 투입, 그리고 물론 끊임없는 착취와 저항이 있었다. 정도는 달랐지만 냉전체제하에서 대립하며 공존했던 두 진영 모두가 그러했다. 그것이 정상적인 그리고 언제까지나 지속될 것 같은 상태였다.(피오라몬티, 2013)

그러나 이제 일군의 과학자들은 '정상성의 종말'the end of stationary을 말하기 시작했다. 무엇보다 기후변화라는 현상이다. 더는 과거의 경험에 기초하여 강수량이나 기온, 기상재해를 예측할 수 없다는 것이다. 하지만 이러한 기후 격변 또는 혼란은 자연계에만 해당하는 일이 아니어서, 재무적 리스크를 이해하는 방식이나 경제적 성과를 평가하는 잣대를 다시 정의하게 만들고 기존의 지정학적 균형 상태도 깨트리고 있다.(샤피로, 2019)

이러한 상황은 '장기 비상시대'로도 불린다. 제임스 오코너가 이야기했던 '자본주의의 2차 모순'이나 하비가 진단했던 '자본의 한계'가 기후

---

1. 채굴주의는 화석에너지 개발과 기후변화를 둘러싼 심화되는 갈등과 저항 속에서 중요한 개념으로 부각되고 있다. 파블로 솔론은 채굴주의를 자본주의, 생산주의, 금권주의, 가부장제, 인간중심주의와 더불어 지구와 인류의 균형 상태와 지속가능성을 침해하는 체제 원리로 본다(솔론 외, 2018). 기후정의 운동에서 채굴주의에 반대하는 대표적 구호는 화석에너지를 "그대로 땅 밑에 두라"(Keep It in the Ground)이다.

변화라는 위기 그리고 그와 결부된 에너지 체제의 변화 요구라는 새로운 형태로 드러나고 있는 것이다. 다른 한편, '4차 산업혁명'이라는 명칭을 부여하는 것은 과도하다 하더라도, 네트워크 기술의 발전과 대안 경제 운동들의 성장은 포드주의 패러다임의 종말과 다른 경제와 정치의 구성 가능성도 엿보게 만들고 있다. 이것을 공산주의 또는 다른 어떤 체제를 위한 토대의 숙성으로 평가할지, 아니면 모든 계급의 공멸 위기의 목전으로 염려할지, 그 모든 측면을 다 갖는 것으로 볼지는 진지하게 따져봐야 할 일이다.

이와 관련하여 기후변화 문제를 좀 더 깊이 살펴보자. 최근 발표된 〈기후변화에 관한 정부 간 협의체〉(이하 〈IPCC〉)의 「1.5도 특별보고서」는 정상성의 종말, 또는 장기적 비상 상태의 성격을 뚜렷이 보여준다(김현우, 2018a). 1988년 설립된 〈IPCC〉는 과학적 모델링에 기반하여 기후변화를 예측하는 평가보고서를 발표하는 것이 주된 역할이다. 그리고 이 평가보고서가 〈기후변화에 관한 유엔 틀거리 협약〉(이하 〈UN-FCCC〉)의 당사국총회(이하 COP) 등 국제적 기후 논의의 논리적 기반이 되어 왔다. 그런데 지난 2015년 파리의 COP21에서 〈교토의정서〉 체제를 대체하는 〈파리협정〉이 도출되었고, 그 합의문은 "지구 평균온도 상승 폭이 산업혁명 이전에 비해 2도, 나아가서 1.5도 이하가 되도록 노력할 것"을 명시했다. 이에 따라 〈UNFCCC〉의 주문으로 〈IPCC〉는 2도가 아닌 1.5도 상승 시나리오를 중점적으로 검토하는 특별보고서(SR15)를 준비하기로 했다.

지난해 10월 한국의 인천 송도에서 열린 〈IPCC〉 48차 총회가 바로 이 특별보고서를 채택하기 위한 것이었다. 이제까지의 보고서들이 온실가스 배출과 지구온난화의 관계가 일대일의 '선형적 연관성'을 갖는다고

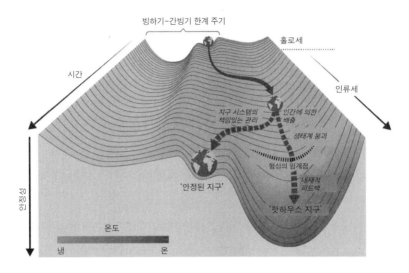

〈도표 1〉 인류세에서 지구 시스템의 경로들 (Will Steffen et al, 2018)

설명해왔다면, 이번 보고서는 온실가스 축적이 지구 온도를 상승시키는 방아쇠 효과 또는 도미노 효과를 일으켜 핫하우스hothouse 지구를 만들 것이라는 전망을 유력하게 제시했다. 때문에 산업혁명 이후 1도 가량 상 승한 현재의 지구 평균온도는 이 추세가 계속될 경우 금세기 말까지 3도 를 넘어 그 이상으로 급격히 상승할 수 있고, 1.5도 상승으로 묶어두어야 만 그 이상의 상승도 저지하고 기후변화에 대한 적응 조치도 유효할 수 있다는 것이다. 이제부터는 기후변화 대응의 티핑포인트tipping point 기준이 2도가 아닌 1.5도가 되어야 한다는 의미다.

특별보고서는 1.5도 상승이 자연과 인간 생활에 미치는 영향과 함께 1.5도로 온도 상승을 억제하기 위한 경로와 이를 위한 지구적 대응 과제, 그리고 지속가능한 발전과 빈곤 및 불평등 해결을 위한 과제를 적시했다. 〈IPCC〉에 따르면 1.5도 목표를 달성하기 위해서는 2050년까지 이산화 탄소 순제로net-zero 배출 달성이 요구된다. 이를 위해서는 2050년까지 전 세계의 1차 에너지 공급의 50~65%, 전력 생산의 70~85%를 태양광, 풍력 등 재생가능에너지로 공급해야 한다.

또한 특별보고서는 재생가능에너지를 대폭 확대하더라도 온실가스를 전혀 배출하지 않을 수는 없으며, 2050년 이후 순 배출량을 제로로 만들기 위해서는 이미 배출된 온실가스를 다시 흡수하여 제거하는 기술이 필요하다는 점을 강조하고 있는데, 이런 마이너스 배출negative emission 기술 중 대표적인 것이 AFOLU(농업, 임업, 토지이용의 활용)와 BECCS(바이오에너지 이용을 결합한 탄소포집저장)다. 아울러 〈IPCC〉는 핵발전도 온실가스 감축을 위해 필요한 기술로 모델링에 포함시키고 있다. 예를 들어 1.5도 경로 달성을 위한 네 가지 모델 중 그나마 화석연료와 산업에서 상당한 온실가스 감축이 이루어지는 첫 모델(P1)에서 핵발전은 2010년 대비 2030년에 59%, 2050년에는 150% 증가하는 것으로 상정되고 있다.

핵발전과 BECCS 기술들은 기후과학자들이 1.5도 목표 달성을 위해 고민한 일종의 '극약 처방'에 해당하여 그 현실성과 적용을 두고 상당한 논쟁과 진통이 뒤따를 것으로 보이지만, 어쨌든 이 비상 상태의 깊이와 넓이를 짐작케 하기에 충분하다. 그리고 그러한 난관들을 누가 어떻게 해결할 것인가, 라는 문제는 지구적 범위의 새로운 통치성에 대한 질문을 제기하게 될 것이다.

이러한 질문에 대해 조엘 웨인라이트와 조프 만(Wainwright & Mann, 2013)은 다소 거칠지만 진지한 논의의 재료를 제공한다. 이들의 질문은 이렇게 시작된다. 만약 우리가 2050년까지 세계 탄소 배출을 90% 감축한다는 공동으로 합의된 목표를 이루려 한다면 어떻게 해야 할까? 어떤 정치 과정이나 전략이 이를 가능케 할까? 우리가 거대한 사회적 재건을 달성하지 못하고 탄소 배출이 임계치를 넘어 회복 불가능한 지점에

	행성적 주권자	반-행성적 주권자
자본주의적	기후 리바이어던	기후 베히모스
비자본주의적	기후 마오	기후 X

〈도표 2〉 네 개의 잠정적 사회 형성 (Wainwright and Mann, 2013)

이르게 된다면, 그 정치적-경제적 결과는 무엇일까? 어떤 과정, 전략, 사회적 형성이 출현하고 헤게모니를 갖게 될 것인가? 그리고 현대 세계를 규정하는 기본적 3자 형태 – 자본 + 국민 + 국가 – 는 격변적 기후변화 속에서 살아남을 수 있을까? 그럴 수 있다면 어떤 형태로일까? 이러한 질문들을 두 개의 핵심 문제로 정리할 수 있다. 기후정의의 이름으로 혁명 이론을 가지고 있는가? 그리고 자본주의 국민-국가가 형성적 변화의 결과로 어떻게 변형될 것인가에 관한 이론을 가지고 있는가?

이 질문에 대해 저자들은 〈도표 2〉와 같이 네 개의 잠정적 사회 형성을 예시한다. 그 첫 번째이자 가장 지배적인 이미지는 기후 리바이어던 Climate Leviathan이다. 리바이어던은 토머스 홉스와 칼 슈미트, 이후에 조르조 아감벤에 의해 다르게 그리고 독특하게 해석된다. 저자들이 이들에게 힌트를 얻는 측면은 기후변화라는 '예외적 상태'가 초법적 행위를 가능케 하는 행성적 주권자를 요청할 것이라는 점이다. 저자들이 말하는 기후 리바이어던은 기후 비상 상황을 선포하며 누가 탄소를 배출할 수 있고 누구는 배출할 수 없는지를 결정하는 체제다. 그러나 이 리바이어던은 홉스나 슈미트와 달리 이번에는 국민국가의 스케일이 아니라 지구상의 생명을 구하기 위한 행성적 스케일로 등장한다. 그리고 아감벤이 통치의 일반적 기술로서 안보 패러다임의 전례 없는 일반화가 예외 상태의 선포를 점차 대체하고 있다고 말할 때, 기후 리바이어던의 공고화는 이러한 일반적 기술의 리스케일링에 해당한다.

하지만 기후 리바이어던은 그 자체로 기후변화라는 비상 상황을 완전히 해결할 수 있을지 불분명하며, 다른 정치적 응답들의 도전을 받거나 그것들과 병존할 수도 있다. 그리고 저자들은 기후 리바이어던 외에 '기후 베히모스', '기후 마오', '기후 X'라는 이념형적 대립항을 제시한다. 이는 미래의 정치가 기후에 의해서만 단순히 결정된다는 것이 아니라, 기후변화의 도전이 세계 질서에 너무도 중요하기 때문에 기후변화에 대한 복잡하고 다면적인 반응들이 세계를 이 네 개의 경로를 따라 재구조화할 것이라는 의미다. 최소한 지금의 자본주의적 자유민주주의의 헤게모니 지속도 안전하게 전제될 수 없다.

기후 리바이어던은 현재 가장 유력하고 또 이미 어느 정도 현실화된 경로일 수 있으며, 개념적으로 '녹색 자본주의'를 지향하는 국민 국가들의 연합 정도의 노선으로 보아도 좋을 것이다. '녹색 케인즈주의'나 '지구적 녹색 뉴딜'도 이 범주에 속한다. 예를 들어 〈UNFCCC〉는 매년 연말에 진행되는 당사국총회COP와의 협약을 통해, 판옵티콘 같은 역량을 가지고 세계 온실가스 배출을 점검하고 감축 목표를 협상하며, 비록 강제적 구속력은 없지만 누가 얼마를 감축할지를 결정한다. 하지만 이 기후변화 협상에서 처음부터 자본주의 자체는 논의 테이블에 오르는 질문이 아니었을 뿐 아니라, 오히려 기후변화의 해법으로 간주되었다. 차라리 기후변화는 자본에게 하나의 기회로 다가왔다. 이 공간에서 기후변화 해법으로 인정되거나 주장되는 탄소배출권 거래제, 상쇄 제도, 핵발전, 기업의 리더십, 탄소포집저장, 녹색 금융, 지구공학 등은 이 리바이어던의 생명줄이다. 하지만 적잖은 기후정의 활동가들조차 〈유엔 기후변화총회〉가 절대적으로 또는 상대적으로 좋은 결과를 도출하기를 기대하며, 기후 리바이어던에 이의를 제기하기보다는 정당화해왔다.

넓게 보아 기후 리바이어던은 '기후 마오'Climate Mao라는 권위주의적 영토 주권자를 거울상으로 갖는다. 이름에서 연상되듯, 기후 마오는 중국의 역사와 정치에서 영감을 얻은 것으로, 기후변화라는 비상 상황을 탈자본주의를 지향하는 권위주의 체제로 대처하고자 하는 경로다. 실제로 저자들은 중국의 정치 지도자들뿐 아니라 기후변화에 가장 직접적 위협을 받는 가장 다수의 인민들이 포함된 중국을 중심으로 사회주의를 되살리는 기후 반란이 일어날 가능성을 말한다. 따라서 예를 들어 볼리비아[2] 같은 중남미 지역이 기후정의 운동에 상징적인 의미가 있기는 하지만, 체제 전환으로서의 의미 있는 움직임은 중남미가 아닌 바로 아시아에서만 가능한 일이라는 것이다. 하지만 현실에서 중국 국가가 추구하는 것은 자본주의와 타협하고 현상 유지적 대응에 머무는 기후 리바이어던의 길이다.

전설 속의 육상동물에서 이름을 따온 '기후 베히모스'Climate Behemoth는 리바이어던에 대립하는, 길들여질 수 없는 존재다. 현실 정치에서는 반동적 포퓰리즘과 혁명적 반국가 민주주의의 형태를 띠며, 미국 공화당 진영의 기후변화 부정론자들 같은 신보수주의의 흐름과 공명한다. 지금이라면 〈파리협정〉마저 탈퇴를 선언한 트럼프를 떠올릴 수 있을 것이다.

'기후 X'Climate X는 기후변화 대응에 성공하면서 자본주의도 극복하는 규범적이고 이상적인 '무엇'을 그리기 위해 잠정적으로 붙여진 이름이다. 탄소 배출을 급격히 감축하기 위해, 그저 유엔 협상에 기대는 대신에

---

2. 2009년 코펜하겐 기후변화 당사국총회(COP15)가 〈교토의정서〉를 대체할 새로운 기후협약 도출에 실패한 후 2010년 3월 볼리비아 코차밤바에서 열린 "기후변화와 어머니 지구의 권리에 관한 세계 민중회의"와 여기서 발표된 "민중협약"은 제3세계 기반 기후정의 운동의 입장을 대표적으로 보여주었다.

적극적인 집단적 보이콧과 파업을 통해 만들어질 수 있는 것으로 그려진다. 그 정조와 방식은 알 카에다 같은 종교 운동과도 유사성이 있지만, 종교처럼 비신도들을 배제하지는 않아야 한다. 결국 기후 X는 기후정의와 더불어 자본과 행성적 주권자에 맞서는 대중적 자유를 추구하는 배제된 이들의 공동체 운동으로 다소 모호하게 설명된다.

기후 리바이어던과 기후 베히모스는 기후변화와 에너지 위기라는 예외적인 그러나 상시화된 비상 상태에 대응하는, 그람시가 말한 '수동혁명'의 에너지-기후 판본일 수 있다. 그렇다면 기후 마오와 기후 X는 자본주의가 초래하고 심화시킨 비상 상태를 능동적으로 그리고 보다 넓은 차원의 체제 전환을 통해 극복하는 경로로 볼 수 있을 것이다. 그러나 웨인라이트와 만의 논의가 갖는 추상성을 넘어서 그러한 대안적인 통치성 또는 정치 양식의 가능성을 이야기하기 위해서는, 정치적 주체 형성의 가능성에 대한 검토로부터 귀납할 필요가 있다. 다음에서 살펴볼 '에너지 시민' 개념은 에너지전환을 통한 체제 전환을 도모하는 진지전을 모색하기 위한 한 단초가 된다.

3. 에너지 민주주의와 에너지 시민

위르겐 하버마스는 근대 민주주의의 일반적 조건이 갖추어지는 '공론장'의 모습을 17~18세기 유럽의 커피하우스와 살롱에서 찾았다. 왕과 귀족의 권위에 맞서며 등장한 부르주아 계급이 자유로이 드나들며 신문을 읽고 당파를 형성하던 곳이었기 때문이다. 이 부르주아들은 도시의 상공업을 주도하고 때로는 참정권 확보를 위한 시위에 나서며 '시민'의 칭호를 얻었다. 이렇게 형성된 부르주아의 공론장이 결국 시민혁명과 민주주의의 기본 형태가 되었고, 커피하우스의 논객들은 구체제를 허무는 정치인과 언론인들이 되었다. 물론 이 근대 민주주의는 이후 유럽과 북미의 여러 나라에서 대의제 민주주의로 정형화되면서 실제로는 자산계급만의 과두정으로 의미가 축소되기도 했고, 그에 따라 다양한 반발과 대안들이 나타나기도 했다.

그러나 어쨌든 정보와 의사 결정에 대한 접근의 폭과 수준은 민주주의의 넓이와 깊이를 재는 중요한 잣대 중 하나임이 분명하다. 그런데 여기서 '에너지'에 대한 정보와 결정이라면 어떠할까? 현실에서 보면 시민들의 삶에 영향을 미치는 중요한 여러 문제들 가운데 에너지에 대한 정보와 결정만큼 시민들과 거리가 먼 것도 드물 것 같다. 멀리 갈 것도 없이 몇 해 전 밀양과 청도에서 고압 송전탑을 건설하면서 국가권력이 저지른 폭력, 주민들의 의사와 무관하게 들어선 핵발전소들, 특정 지역에 밀집하여 미세먼지를 발생시키는 화력발전소, 선택권이 없는 전기 요금 제도, 다양한 모델이 있는 것 같지만 실제로는 소비자가 선택권을 갖기 어려운 가전제품들을 생각해보자. 석탄과 석유, 그리고 핵발전의 시대를 경유하면서 우리가 접하는 에너지원의 규모와 종류는 엄청나게 늘어났고, 그래서 정치와 사회에서 그만큼 중요한 문제가 되었음에도 에너지와 민주주의 사이의 거리는 그다지 좁혀지지 않았다.

그런데 에너지 문제는 다른 환경 문제와 마찬가지로 통제되지 않는 외재적 요인들을 포함하는 불확실성과 복잡성을 가지며, 생산과 소비 시설을 건설하는 데에 비교적 긴 시간이 필요하고 그 사이에 직간접적인 수많은 이해 당사자들이 결부되어 있으며, 인프라 구축과 운영에 막대한 자금이 투입된다는 특징을 갖는다. 때문에 에너지 문제는 경제와 밀접히 관련되는 동시에, 환경문제이기도 하고 사회 문제이기도 하다.

현대 민주주의와 관련하여 이어가자면, 커피하우스 시절부터 지금까지의 민주주의가 시민들이 귀족계급과 뒤이은 독점자본, 선출되지 않는 파워엘리트 집단과 싸우면서 얻어진 것이라면, 에너지 민주주의의 경우도 마찬가지로 말할 수 있을 것이다. 즉 석탄과 석유 그리고 핵에너지를 주도해 온 개인 또는 집단이 있고, 석유와 철강, 자동차 재벌들이 있으며, 이들을 엄호해 온 정치인들과 전문가들이 존재한다. 그들은 기후변화와 에너지 위기의 시대에 와서도 에너지전환을 거부하고, 핵심적인 문제들을 유엔과 각국 국회의 의제에서 제외하려 한다. 이들과 싸우면서 에너지를 의제로 만들고 에너지 체제를 변화시키는 주체, 즉 '에너지 시민'이 형성될 때 '에너지 민주주의'는 실체를 갖게 된다. 그런 점에서 에너지 민주주의는 정치권력과 경제권력이 결합된 에너지 권력의 문제일 수밖에 없다.

한국에서도 몇 해 전부터 에너지 민주주의와 에너지 시민에 대한 논의가 시작되고 있다. 콘센트에 플러그를 꽂고 전기를 쓰는 것 외에는 신경 쓰지 않는plug-in and forget 수동적 에너지 소비자에서 벗어나서, 에너지의 생산과 분배의 결정에 관심을 갖고, 밀양과 고리의 송전탑과 핵발전소 현장을 찾고 지원하며, 때로는 직접 에너지 협동조합을 만들어 태양광 전기를 스스로 생산하고 판매도 하는 적극적인 시민상이, 비록 아직 미약하기는 하지만 '에너지 시민'의 정체일 것이다.

또한, 민주주의 자체도 한 가지가 아니라는 점을 상기할 필요가 있다. 민주주의는 형식 민주주의 또는 일반 민주주의, 민주주의의 민주화 및 급진화, 사회경제적 민주주의의 심화, 직접/참여 민주주의 등의 개념과 의미를 거치면서 경합하고 또 발전을 거듭하고 있다. 에너지 민주주의 역시 에너지 공론장과 에너지의 물적 자원에 대한 권리와 권력을 둘러싸고 경합이 전개되고 있다. 예를 들어 신자유주의적 맥락에서도 에너지 '자유화'라는 이름으로 소비자 선택권 보장이나 에너지산업의 시장 개방과 경쟁 논리 적용, 국가독점 부문의 민영화 같은 주장이 나오기도 한다. 반면에 환경정의 또는 기후정의 운동 진영에서는 에너지 생산과 소비 방식으로 인한 소외와 피해 방지, 에너지 정책 결정의 개방과 참여 확대를 강조한다. 그만큼 에너지 민주주의의 내포와 외연도 열려 있는 문제다.

하지만 에너지 민주주의의 개념을 이렇게 느슨하게 규정하는 것으로 머물러서는 안 되며, 다른 민주주의의 개념들과 마찬가지로 급진적 의미와 긴장을 불러일으켜야 한다. 그렇지 않으면 에너지 민주주의 역시 절차적인 차원이나 대의성의 강화 정도로 고착될 수 있기 때문이다. 때문에 논의의 심화를 위해 에너지 민주주의의 주요 구성 요소를 '공공성', '다원성', '전환성'으로 제시해 보고자 한다(김현우·한재각·이정필, 2016). 이 세 구성 요소들은 상호 불가분한 관계일 뿐 아니라 에너지 민주주의와 보다 넓은 범위의 정치적, 경제적, 사회적 민주주의와의 관계까지 함축하며, 이 중 어느 하나가 지나치게 강조되거나 결여되어서도 안 된다.

첫째, 사익을 우선 추구하는 시장 논리가 에너지의 공평하고 지속가능한 생산과 분배를 가로막고 민주적인 결정을 저해하며 공동으로 활용할 중요한 정책 수단을 무력화한다는 점에서, 에너지는 공공성의 원칙 위에서 공적인 생산-분배-소비 구조를 가져야 한다는 주장이다. 역으로 말해서 공공성이 담보되지 않는다면 에너지 민주주의의 조건은 갖추어질 수 없다.

둘째, 에너지 민주주의는 에너지의 규모 그리고 구성 방식과도 관련된다. 일원적으로 생산되고 일방적으로 분배되는 중앙집중형의 '대문자' 에너지는 시민과 지역공동체의 의사와 참여를 봉쇄하며, 경성硬性화된 성장 경로를 불가피하게 만들기 때문이다. 에너지 생산의 지역 분산과 에너지원의 다원화, 생산과 소비 방식의 다양화가 실질적 에너지 민주주의를 가능케 하는 지반이 된다.

셋째, 에너지 민주주의는 생태문화사회 또는 탈탄소 경제로의 전환이라는 방향 속에서 자원과 의사를 동원 및 조정하는 수단이자 이를 포함하는 목표가 되어야 한다. 이는 일부 부분적 성취에 안주하며 현상을 유지하는 것이 불가능하다는 체제적 요구와 관련되는 부분이다. 말하자면 기후변화와 에너지 위기에 대응하고 해결하는 경제 및 정치 체제와 함께하지 않은 채 에너지 민주주의만 따로 실현될 수 없다는 것이다.

실제로 에너지 민주주의는 기후변화의 위기 앞에서 전례 없는 도전과 함께 전환의 기회를 의미하기도 한다. 나오미 클라인에 따르면, 기후변화 자체에 각인된 세계적 민주주의의 위기가 지구적으로 그리고 지역적으로 분출하고 있으며, 이에 대한 저항도 블로카디아와 '전환마을'Transition Town 운동 등으로 나타나고 있다. 따라서 기후변화는 지역 경제를 재건하고 재창조하며, 민주주의에 족쇄를 채우는 기업의 영향력을 분쇄하고 공공성 요구를 강화하는 등, 여러 경로를 통해 적극적 전환을 추동하는 기폭제가 될 수 있다. 따라서 기후변화는 기존 체제를 벗어나면 대안이 없다는 겁박으로 엘리트 정치를 강화하는 '쇼크 독트린'shock doctrine이 아니라, 권력을 다수 대중에게 분산시키는 방향으로 사회를 변화시키는 아래로부터의 충격이 될 수 있다는 것이다.

클라인이 자신의 책 제목을 "이것이 모든 것을 바꾼다"This Changes Everything!라고, 그리고 부제를 "자본주의 대 기후"라고 붙인 것도, 이것(이러한 인식 또는 이를 돌파하는 행동)이 체제의 변화를 문제 삼는 엄청난 질문이나 차별적 결과를 만들어낼 수 있다는 의미를 전하고자 함이다. 그래서 클라인은 화석연료와 대문자 에너지에 반대하는 기후정의, 분산형 에너지, 채굴주의의 중단은 과두 지배 자본주의 시대의 종식과 결부되는 중요한 대결이며, 무엇보다 먼저 새로운 시스템을 선택할 수 있도록 시민의 민주적 권리를 둘러싼 사상투쟁을 진행해야 한다고 주장한다. 탄소배출 과세나 상한 설정이라는 최소한의 정책만 실시할 것이 아니라, 경제의 근본적 토대를 바꾸기 위해 민주주의의 무기고에 들어 있는 정책 도구들을 총동원해야 한다는 것이다.(클라인, 2015)

4. 에너지전환과 체제 전환

에너지전환과 체제 전환 전략 사이의 관계를 좀 더 현실적이고 구체적인 그림으로 만들어보는 데에는 에릭 올린 라이트의 논의가 유용해 보인다. 라이트(2012)는 체제 변혁의 궤도에 관하여 단절적 변혁(승리 또는 패배를 낳는 전쟁), 틈새적 변형(생태적 경쟁), 공생적 변형(진화적 적응)이라는 세 경로를 제시하는데, 이를 통해 탈탄소화 체제 전환의 실현 방식과 결과를 추론해 보려는 것이다.[3]

라이트는 경제구조는 항상 하이브리드이며, 급진 민주평등주의적 사회정의와 정치정의를 실현할 가능성 역시 급진 민주주의를 통한 사회주의 하이브리드 기획으로 제안한다. 즉 제도적 다원주의와 이질성을 포함하고, 사회권력 강화의 수많은 경로를 결합하여 경제활동을 통제하는 기본적 권력 배열을 변화시킨다는 구상이다. 탈탄소화가 몇몇 제도나 국제협약을 포함하는 수단의 종합만이 아닌 체제와 변혁 모델과 관련을 갖는다고 본다면, 탈탄소화와 체제 전환, 그리고 에너지 민주주의의 관계를 보다 구체적으로 조망해 볼 수 있다.

---

3. 라이트의 리얼 유토피아 프로젝트 논의에 대해 심광현(2016)은 자세한 비판적 분석을 가하고 있는데, 이 글에서는 라이트의 기본 구상을 토대로 충분히 유의미한 논의가 가능하다고 본다.

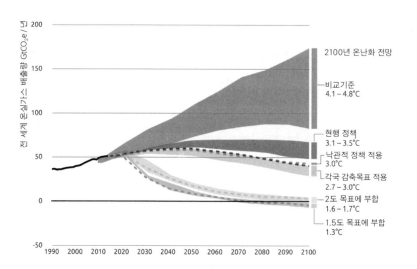

<도표 3> <기후행동추적>의 지구온난화 전망 (2018년 12월 업데이트).
약속과 현행 정책에 기반한 배출과 온난화 전망.

<도표 3>은 <기후행동추적>Climate Action Tracker, CAT이라는 단체가 제시하는 대기 중 온실가스 배출과 온도 상승 전망을 나타낸다. 이대로 화석에너지 채굴과 소비를 계속하여 배출이 지속된다면 금세기 말까지 4.1~4.8도가 상승할 것으로 전망되며, 현재 각국 정부들의 기후변화 완화 정책들이 이행된다면 3.1~3.5도가 상승할 것이다. 각국이 약속한 감축 목표들이 실현된다 하더라도 2도 또는 1.5도를 지키기에는 턱없이 모자란다. 각각의 전망에는 각각의 온실가스 감축과 적응의 결과를 만들어 낼 경제체제와 사회구조를 포함하는 여러 모델이 만들어질 수 있다.

그런데 이 그래프와 <도표 4>의 라이트의 틈새적 변혁 전략 그래프는 매우 닮아 있음을 알 수 있다. 이 그래프를 응용하여 기후변화 안정화를 위해 요구되는 체제 또는 변혁의 유형과 대응하는 관계를 상정해 본 것이 <도표 5>다. 도표는 먼저 탈탄소 이행이 국가적으로 또는 국제적으로 시작되더라도, 자본주의 체제 내에서 이행의 한계에 마주치면서 생태사회

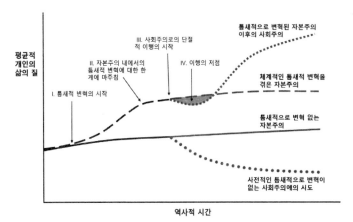

〈도표 4〉 단절로의 길을 닦는 틈새적 전략 (라이트, 2012, 453쪽)

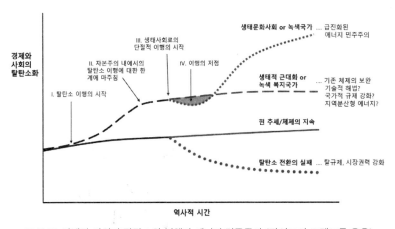

〈도표 5〉 경제와 사회의 탈탄소화 이행과 에너지 민주주의 (라이트의 그래프를 응용)

로의 단절적 이행이 시작될 수 있는 가능성을 나타낸다. 경제와 사회가 일정하게 혼란과 고통을 겪는 이행의 저점을 지나겠지만, 이행의 성공은 생태문화사회 또는 녹색국가라는 결과로 나타날 수 있고 생태적 근대화 또는 녹색 복지국가 수준으로 귀결될 수도 있을 것이다. 하지만 적극적인 탈탄소 이행 전략이 구사되지 않고 현 추세와 체제가 지속될 수도 있고, 시장권력이 탈탄소화 정책마저 무력화하면서 기후변화 대응이 완전히 실패하는 재앙이 올 수도 있다. 또한, 녹색국가는 급진화된 에너지 민주주의가 함께하는 것으로, 녹색 복지국가는 에너지 민주주의와 기후정의가 전면적으로 개화하지는 못하고 기존 체제의 보완이나 기술적 해법 적용을 주된 수단으로 삼는 것으로 각각 상정해본다.

우리는 이 그래프를 통해 "기후변화가 아니라 체제 변화"System Change, Not Climate Change!라는 기후정의 운동 구호의 리얼리티를 확보하면서, 에너지 민주주의와 에너지 정치의 역할을 주장할 수 있다. 물론 이 그래프는 다분히 가설적이고 상징적인 것이며, 그 자체의 적절성과 인과관계에 대한 여러 논점들을 갖고 있다.

한편 장훈교(2016)는 에너지를 현대 사회의 '공통자원'Commons으로 자리매김하고, 이를 민주주의의 급진화 프로젝트로 연결한다. 공통자원은 국가가 관리하는 공적 자원이나 자본의 이윤 실현을 위한 상품과는 구별되는 원리를 통해 생산 및 관리되는 자원, 가치, 관계, 활동, 자산 등을 포괄하는 개념이다. 장훈교에 따르면 특히 전기에너지는 공통자원과 대표적으로 결합될 수 있는데, 전기에너지의 물질적 특징과 사회적 특징, 에너지 수급 체제의 지역성과 다차원적 영향, 네트워크의 구조가 구성원들 사이의 관계와 사회구조를 문제 삼게 만들기 때문이다. 그가 살펴본 밀양 송전탑 투쟁의 사례는 이러한 측면들을 뚜렷하게 드러내 주었다.

나아가서 공통자원 기반의 급진 민주주의 프로젝트는 체제 변혁의 매개 고리를 필연적으로 제공하는 강점을 갖는다. 예를 들어 '민주주의의 민주화' 프로젝트는 인민들의 정치 능력 확장을 위한 기획을 작동시키지만 이를 다원주의와 자유민주주의 제도들의 내부로 한정한다. 이에 반해 공통자원 기반의 급진 민주주의 프로젝트는 공동체 구성의 열망과 전체 사회의 민주적 변형을 연결할 수 있는 대항 기획으로 작동할 수 있다. 공

내용	1	인간의 필요(Human Need) 충족을 위한 철학에 기반을 둔 전체 사회의 민주적 변형
	2	민주적인 집합적 자기 결정의 원리 실현을 위한 참여를 통한 공동 조정의 전면화
	3	국가와 자본주의에 대한 비판
	4	공통자원을 통한 자아실현의 집합적인 자기 결정의 권리
핵심 과제	국가의 민주화	국가 그 자체를 인민의 공통자원으로 만들기 위한 민주화 프로젝트
	시장의 사회화	전체 사회의 다원적인 필요를 충족하기 위한 공통자원의 교환 과정을 시장체계 내부에서 만들어가는 프로젝트
	일상생활의 공동체화	인민의 일상생활에 필수적인 필요를 공동체를 매개로 공통자원을 통해 충족하는 대안 관계의 구성 프로젝트

〈도표 6〉 공통자원 기반 급진 민주주의 프로젝트 (장훈교, 2016, 329쪽에서 요약)

통자원에 대한 권리는 인민의 일상적 필요의 충족을 위한 권리인 동시에 전체 사회의 민주적 변형 없이는 실현될 수 없는 자유민주주의 이후의 '권리' 모형이기 때문이다. 이는 에너지전환이 자본과 국가의 수동혁명을 넘어 대안적이고 예시적인 체제 설계와 정치적 동력과 목표까지도 함의할 수 있음을 보여준다.

결국 다양한 스케일에서 에너지 민주주의를 실현할 수 있는 공간 형성과 제도적/비제도적 실천이 상호작용해야 하며, 라이트의 논의와 결합하자면 전기를 비롯한 에너지 공통자원에 대한 일종의 하이브리드 형태의 설계를 대안으로 만들 필요가 있을 것이다. 이와 동시에 기존의 국가, 지방정부, 공기업, 사기업, 사회적경제, 시민사회의 새로운 방향 잡기라는 양성의 피드백positive feedback이 작동할 수도 있을 것이다. 따라서 공공성, 다원성, 전환성으로 제시했던 에너지 민주주의의 세 가지 구성 요소는 클라인의 블로카디아와 밀양 송전탑 투쟁, 에너지 권리와 민주주의의 문제, 기후변화와 체제 전환의 문제가 기성의 해법을 추구하며 수렁에 빠질 수도 있는 반면, 더 넓은 대안 프로젝트를 통해 민주주의와 경제체제를 변화시키는 운동으로 연결될 수도 있음을 보여준다.

그런데 탈핵과 에너지전환은 실제로 어떻게 이루어질 것인가? 하세가와 고이치는 『탈원자력 사회로』에서 일본 정부와 독일의 사민당-녹색당 연정 및 메르켈 정부의 모습을 대조적으로 평가했다. 간 나오토 수상은 후쿠시마 사고 직후 탈핵 정책을 강력하게 천명했지만, 그 시간표와 방법은 추상적이었고 정부 내 합의 형성 과정도 거치지 않았다. 민주당이 총선에서 아베에게 패하면서 나오토 수상의 탈핵 정책도 급격히 무력화되었고, 이제 아베 정부는 핵발전소의 순차적 재가동을 시도하고 있다. 반면에 독일은 사민당-녹색당 연정의 탈핵 합의가 메르켈 정부에서 후퇴했지만, 2011년 후쿠시마 사고 직후 윤리위원회의 논의 과정을 거쳐서 다시 탈핵의 궤도를 공고히 했다. 하세가와 고이치는 독일에서 이것이 가능했던 배경으로 녹색당을 시작으로 하는 사회운동의 힘, 시민사회의 대항력을 꼽는다(하세가와 고이치, 2016).

따라서 현실성 측면에서조차 탈핵과 에너지전환은 협소하게 기술적인 문제나 정치적 과정으로만 이해되어서는 안 된다. 그 아래에 있는 구조와 힘 그리고 더 큰 비전을 함께 만들고 공유하지 않으면 현실의 탈핵마저 이룰 수 없다는 것이다. 서영표(2019)는 어떤 사회적 비전 안에 위치시킬 것인가에 대한 큰 그림이 없는 상태에서 탈핵은 이상적이고 낭만적인 주장으로 비춰질 가능성이 높다고 지적한다. 기존 질서 안에서 탈자본주의를 실험하고 실천하는 다양한 운동들, 탈구의 지점들에서 생겨나는 자율적인 운동들의 번성과 연대 없이는 탈핵은 실현 가능하지 않은 꿈으로 간주될 가능성이 높다. 그렇다면 우리가 일상에서 체험하고 있는 불만과 좌절이 얼마나 구조적인가를 매일의 삶에서 깨닫고 공유하고 저항하도록 만들고, 그래서 불균등하지만 넓게 퍼져 있는 실천의 공간에서 탈핵이 삶의 일부로 받아들여지게 하도록 해야 한다고 주문한다. 즉 탈핵은 그 자체로 설득될 수 없으며, 우리의 의식이 성장하는 과정에서, 탈자본주의로 향하기 위해서는 불가피하게 받아들여져야 하는 선택지가 되어야 한다는 것이다.

때문에 탈핵과 에너지전환은 에너지원뿐 아니라 대량 생산과 대량 소비를 마땅히 여겨온 거대 에너지 시대를 마감하고 그것이 억압했던 민주주의마저 해방하고 갱신하는 계기가 되어야 한다. 즉 탈핵이라는 입구로 들어가는 전환은 사회경제체제의 민주화와 전환이라는 더 넓은 출구로 나오도록 해야 한다는 것이다. 이를 위해서는 더 많은 대안적 경제 담론과 정치 기획을 제시하고 풍부하게 만드는 노력이 더욱 중요해질 것이다.

또한 급격한 산업과 업종 전환 과정에서 노동자와 지역사회의 피해가 없도록 프로그램이 강구되어야 한다는 '정의로운 전환'Just Transition 4의 아이디어가 핵발전 산업과 석탄발전 산업에 어떻게 적용될 수 있을지 하는 것도 새로운 의제로 떠올랐다. 우리가 관습적으로 정의로운 전환의 두 주체로 언급했던 환경운동과 노동운동의 제휴(적록동맹)의 실체도 결코 자명한 것으로 드러나지 않는다.

지난 신고리 5·6호기 공론화 과정과 결과는 대체로 시민사회의 탈핵-에너지 정치의 현재 역량을 일정하게 반영하는 것이며, 찬핵과 탈핵 진영

---

4. 정의로운 전환의 개념과 역사, 그리고 이를 둘러싼 논의와 실천의 전개에 대해서는 김현우, 『정의로운 전환: 21세기 노동해방과 녹색전환을 위한 적록동맹 프로젝트』, 나름북스, 2015 그리고 Räthzel & Uzzell (eds), 2012를 보라.

모두의 윤곽과 실력을 드러내었다는 점에 더 주목할 필요가 있을 것이다.[5] 따라서 지난 공론화 과정과 그 대응을 비판적으로 평가하는 것 못지않게 중요한 것은 에너지 정치(찬핵정치, 탈핵정치 모두)가 다층적이고 맥락적이라는 점을 상기하는 것이다. 그렇다면 지금 요구되는 바는 탈핵과 에너지전환을 이루거나 이루지 못하게 만들 수단이자 결과로서 '에너지 정치'를, 그리고 이를 뒷받침하고 채워서 에너지전환을 완성할 에너지 시민과 에너지 시민사회를 다시 이야기하는 것이다.

5. 자동차 체제의 미래[6]

에너지전환과 더불어 자동차 체제의 전환 가능성도 간략히 논의해보자. 인류가 지금과 같은 형태의 자동차를 이용하기 시작한 것은 130년 정도에 불과하지만, 그동안 자동차 자체뿐 아니라 자동차를 둘러싼 물리적 환경과 제도적 및 문화적 조건들도 함께 급속하고 큰 변화를 겪었다. 무엇보다 자동차는 지금의 도시와 산업을 만들었고 또 자본주의 축적 체제마저 변화시켰다.

하지만 현대 사회와 도시에서 자동차라는 동인이 갖는 지위와 함의는 그동안 적절한 이론적 주목을 받지 못했다. 마르크스주의 경제학자 폴 스위지는 1972년에 『먼슬리 리뷰』*Monthly Review*에 실린 「자동차와 도시」*Cars and Cities*라는 유명한 글에서, 마르크스가 자본 순환에서 '소비'의 범주를 충분히 다루지 못했음을 지적했다. 자동차의 정치경제학이 필요

---

5. 신고리 5·6호기 공론화 과정과 결과에 대한 비판적 논의는 에너지기후정책연구소, 에너지정의행동 공동 기획, 『에너지 민주주의, 냉정과 열정 사이』, 해피스토리, 2019를 보라.
6. 이 절은 김현우(2018b)의 내용 일부를 요약한 것임을 밝힌다.

하다는 것인데, 사회의 자동차화에서 오염은 표면적인 것이고, 국가의 지리와 인구의 변화가 더욱 중요하기 때문이다. 실제로 자동차의 전면화와 이를 매개로 한 도시화는 독점자본주의의 형성과 일치하는 것이었다.

그러나 이러한 자동차의 위상, 그리고 자동차의 패러다임도 변화의 조짐을 보이고 있다. 금민(2018)은 자동차를 특정한 현물 형태와 사회적 형태의 결합이라고 보며, 자동차를 더 이상 이전의 자동차가 아니도록 만드는 파괴적인 기술 혁신이 다가오는 가능성을 논의한다. 그에 따르면 자동차automobile란 인공적인 동력으로 움직이는 바퀴 달린 이동수단 일반을 의미하지 않는다. 보다 특정해서 말하자면 자동차는 ① 내연기관에 의해 화석연료로 움직이며 ② 사람이 운전하는 이동수단으로 ③ 사적 소유물이다. 그런데 만약 기술혁신에 의해 내연기관이 사라져서 화석연료를 쓰지 않고, 사람이 운전하지 않으며, 사적 소유물이 아닌 이동수단이 보편화된다면, 이는 자동차로 부를 수 없다는 것이다.

이러한 기술혁신 중 최근 주목할 경향은 배터리 가격 하락, 인공지능 발달, 공유경제의 확산이다. 이에 따라 ① 전기차 시장의 성장, ② 자율주행 기술의 발전, ③ 새로운 모빌리티 서비스의 등장이 목도되고 있음을 여러 논자들이 지적하고 있다. 결과적으로 자동차 산업은 전동화에 따른 밸류체인 개편, 테슬라, 구글 등 강력한 신규 진입자의 도전, 자동차의 소유에서 공유로의 인식 전환에 따른 비즈니스 모델 변화로 모빌리티 패러다임 전환기에 진입하고 있다고 평가된다.

'공유 자동차' 개념 및 이에 기반한 요소들의 조합은 자동차 체제와 도시환경에 엄청난 변화를 가져올 수 있다. 〈OECD〉 산하 국제교통포럼ITF은 2016년 「공유 이동 : 살기 좋은 도시를 위한 혁신」이라는 제목의 보고서를 발표했다. 리스본의 데이터를 바탕으로 자동차의 공유 효과를 시뮬레이션 연구한 결과는 흥미롭다. 예를 들어 8~16인승 셔틀버스를 투입하고, 시민 모두가 다른 사람과 공간을 공유하는 라이드셰어링ride-sharing에 거부감이 없다는 극단적 가정하에서는, 현 자동차 대수의 3%만으로도 현재의 교통 수요 모두를 흡수 가능한 것으로 나타났다. 이 경우 교통 혼잡이 사라질 뿐 아니라 이산화탄소 배출은 34% 감소하고 주차 공간의 95%가 불필요한 것으로 파악되었다. 자동차 한 대가 운행하는 시간은 하루 50분에서 12시간으로 늘어난다. 한 시간당 공유 차량이 운행하는 거리는 현재 차량 1대가 주행하는 거리의 10배에 달한다. 아울러 이동 비용은 50% 감소하고 시 외곽 지역의 직장 및 교육 시설 접근성이 크게 개선되는 효과도 기대되었다. 1~2인승 소형 차량인 로봇택시가 카셰어링 서비스를 제공하고 10인 내외의 여러 사용자가 공간과 경로를 경유하는 라이드셰어링 서비스를 제공하는 결합 모델의 시뮬레이션 결과, 이상적 상황하에서라면 현재 차량의 10분의 1만으로 교통량 소화가 가능한 것으로 분석되었다.

공유 자동차 개념은 MaaS(서비스로서의 모빌리티Mobility as a Service)로 발전하고 있다. 위키피디아는 MaaS를 이렇게 정의하고 있다. "교통의 개인 수단 방식으로부터 서비스로서 소비되는 모빌리티 해법으로의 전환을 말한다. 이는 이동을 창출하고 관리하는 통합된 게이트웨이를 통해 공공 및 개인 교통 제공자로부터 교통 서비스들을 통합함으로서 가능해지며, 여기서 이용자들은 단일 계정을 통해 이동할 때마다 또는 지정된 거리에 대하여 한 달 기준으로 운임을 지불할 수 있다. MaaS에 깔린 핵심 개념은 여행자들에게 여행 수요에 기반하여 모빌리티 해법을 제공한다는 것이다." 말하자면 이동을 주어진(직접 소유하거나 운임을 내고 타는) 하나의 차량을 통해서 목적지로 도달하는 행동이 아니라, 존재하는

(여러 곳에서 여러 방식으로 제공되는) 이동수단 중에서 유연하게 선택해서 쓰는 서비스로 보자는 의미다.

그런데 이런 개념이나 서비스가 아주 새로운 것은 아니다. 우리가 이미 사용하는 바, 교통앱을 통한 최적의 교통수단 조합 조회, 우버택시와 카카오택시에 쓰이는 카헤일링 또는 카셰어링 등에서 우리는 MaaS의 요소들을 부분적으로(개인적으로, 개별 사업자와 서비스를 통하여) 경험하고 있다고 할 수 있다. 전기차와 자율주행차의 보급은 MaaS와 같은 모빌리티 서비스를 더욱 활성화하게 만들 수 있다. 자동차는 대부분 개인이 아니라 서비스기업의 소유로 운행될 것이고 기업 간의 경쟁으로 보다 저렴한 가격에 필요한 서비스를 제공할 가능성도 있다. 수요자는 더 이상 고가의 자동차를 구매할 필요가 없으며 보험 가입과 주차장 확보에 대한 고민도 사라지게 될 것이다.

주로 개인 소유였던 자동차와 달리, MaaS의 차량 또는 서비스의 패키지는 기업뿐 아니라 지자체와 협동조합 등이 운영 가능하며, 그것이 적절한 측면도 많이 있다. MaaS를 매개로 교통수단의 환경 영향 저감, 도시환경 변화, 공공성 향상, 민주성/자치성 강화, 자동차 체제의 종말, 자본주의 구조 변동 모두를 전망해볼 수 있다.

MaaS가 어느 정도 전면화될지, 그리고 구체적으로 어떤 형태를 갖게 될지는 열린 문제다. 그러나 MaaS 또는 그것과 궤를 같이 하는 서비스와 현상들을 이미 상당히 현실이 되고 있다. 그것이 자동차 산업을 넘어 자동차 체제와 도시 패턴을 바꿀 조짐은 외면할 필요가 없으며, 나아가서 보다 큰 전환의 전망을 논의할 수 있는 계기로 삼을 수 있을 것이다.

100여 년밖에 되지 않은, 그러나 항상적인 것으로 우리가 알고 있던 자동차의 시대가 곧 저물거나 크게 바뀔 수 있다는 것을 인식하는 것이 중요하지만, 결국 공공 교통수단, 네트워크 설계, 도시의 모습과 패턴은 정치적이고 사회적인 선택에 달린 문제다. 기후변화, 에너지 고갈, 오염과 과밀, 인간관계의 위기들을 어떻게 함께 풀 것인지, 어떤 모빌리티와 어떤 도시와 어떤 생활을 원하는지를 대범하게 상상하고 요구하는 가운데에 MaaS는 힌트도 되고 유용한 핵심 수단 중 하나도 될 것이다.

6. 파국론을 경계하고 능동적 전환을 시작하기

지구온도 1.5도 상승 목표는 지키기 어렵고 핵발전은 선택할 수 있는 대안이 못 된다. 재생가능에너지 보급은 많은 난관이 있고 산업 생산 축소나 화석연료 채굴 제한은 유엔과 각국 의회에서 당면의 공식 의제는커녕 논의 대상조차 되지 못한다. 그럼 대체 답은 어디에 있을까? 지구온난화를 재빨리 멈추기 위해 선진국 중심의 온실가스 다배출국들이 급격히 배출을 줄일 것이라 기대하는 이는 많지 않다. 그렇다고 공룡에 이은 인간 멸종의 불가피성 역시 단언하기는 어렵다. 지금과 같은 경제성장과 온실가스 배출이 계속될 경우는 그럴 가능성이 높겠지만, 중국의 성장 위축에 따른 세계적 경기 하락은 온실가스 배출 추세에도 영향을 미치고 있다. 게다가 급격히 높아지는 평균 기온과 빈번해지는 기상재해가 배출 저감에 기여하는 사업을 더 빨리 성장하게 만들 수도 있다. 이미 자본은 이 시장 기회를 앞다투어 활용하기 시작했다.

여기서 우리가 시장에 대한 비난에 그치거나 파국론에 기대서는 안 된다. 인간과 자연이 겪고 있는 수많은 문제와 폭력들이 시장 탓이며 자본주의의 축적이 스스로 더 이상 지속될 수 없는 지경에 이를 때까지 모순을 쌓아가고 위기를 초래하고 있다고 말하는 것은 중요하다. 그러나 그

축적의 한계와 파국이 실제로 언제 어떤 모양새로 다가오게 될지 간단히 말하기는 어렵다.

마르크스주의 정치경제학의 한 경향이기도 했던 노동대중 궁핍화론도 넓게 보아 그런 파국론 또는 결정론에 속한다. 자본가는 시장 경쟁에서 살아남고 우위를 점하기 위해 노동력의 가치를 일정 부분 수탈하지 않을 수 없으며, 이러한 착취가 노동대중을 점점 궁핍하게 만들고, 이를 견디다 못해 노동자들이 계급의식을 각성하게 되면서 혁명의 주체로 성장한다는 논리는, 그러나 지난 세기의 경험을 보면 절반 정도만 실현되었을 뿐이다. 한편에서는 더욱 궁핍해지는 노동자들이 있지만, 다른 한편 상대적으로 안정된 생활을 누리는 노동귀족과 중간계급이 생겨나서 계급 타협에 나섰다. 공황 또는 주기적인 경제위기가 자본주의 지배 질서를 교란하거나 붕괴시킬 것이라는 예상도 비슷하다. 1930년대의 공황부터 최근의 오큐파이 운동에 이르기까지 실제로 여러 차례 구조적 경제 위기가 닥쳤고 이를 계기로 사회운동이 활성화되었지만, 자본주의는 때로는 전쟁을 포함하는 의도적 낭비와 진부화로, 때로는 국제기구를 통한 개입으로 위기를 해결했다.

기후변화와 자본주의의 관계에 대한 인식도 단순한 파국론에 빠지기 쉽다. 탄소배출권 거래제 같은 시장을 통한 기후 위기 해결 장치들은 제대로 작동하지 않고 있으며, 화석연료 자본들이 기존의 시장 장악력을 활용하여 재생가능에너지의 보급을 방해하고 있는 것도 사실이다. 하지만 시장이 잘 작동하지 않는다는 것과 전혀 작동하지 않는다는 것은 다르다. 이제까지 인간과 자연에 대한 착취가 초래하는 숱한 문제들에 대해서 시장은 나름대로 반응해왔고 또 작동해왔다. 그것이 인간을 위한, 자연을 위한 선의에서 비롯된 것이 아니며, 자본의 대행자들이 장기적이고 구조적인 해법을 염두에 두고 움직이는 것이 아니라는 한계를 지적할 수 있다 하더라도 말이다.

그렇다면 파국을 예상하고 폭로하는 것으로는 부족하다. 중요한 것은 파국을 기다리기 전에 자본주의적 시장을 대체할 수 있는 크고 작은 기획들을 현실의 운동과 접목시키고 가교를 놓는 노력들이다. 기후정의 운동 역시 파국론에 기대지 않는 그러한 능동적 기획들이 긴요한 시점일 것이다. 기후변화는 역설적이게도 기후변화 대응 정책과 행동 프로그램으로 해결되지 않을 것 같다. 체제와 삶의 더 크고 많은 능동적 전환을 통해서 부분적으로 해결될 것이며, 또 기후변화라는 입구를 통해 체제와 삶의 변화라는 몸통과 출구를 발견하고 실현해갈 수 있는 기회이기도 하다. 기후변화를 체제와 삶의 전환으로 연결하는 담론과 기획들이 주변에서 넘쳐날 때, 비로소 기후변화에 관한 신념과 인식의 공동체도 형성되고 변화할 것이다.

에너지전환은 핵에너지와 화석에너지를 재생가능에너지로 기술적으로 바꾸는 것뿐 아니라, 에너지의 생산과 분배 그리고 소비의 방식과 주체를 바꾸고, 또 이를 위한 법과 제도 그리고 관행과 상식을 바꾸는 것을 의미한다. 이러한 다차원적 전환은 그것에 결부된 경제와 정치 체제의 전환을 요구하고 사회적 긴장을 만들어낼 수밖에 없다. 탈핵과 에너지전환은 민주주의의 급진화, 사회경제적 민주화라는 경로의 시작과 중간, 그리고 끝에 걸쳐있는 과제다. 결국 더 큰 사회경제적 체제 전환의 경로 속에 에너지전환의 진지전이 자리매김되어야 한다.

:: 참고문헌

국내 자료

금민. (2018). 자동차의 시대가 저물어간다 – 플랫폼 자본주의와 교통인프라. *Alternative Issue Paper*, 1.

김현우. (2018a). 과학과 행동, 대응과 전환 사이에서 – IPCC 1.5도 특별보고서의 맥락과 의미. 『흙을 세우다 (삶의 기술, 네 번째)』. 교육공동체벗.

_____.(2018b). 자동차 체제의 미래와 도시 전환 : MaaS의 전망과 함의. 『에너진포커스』, 89.

김현우·한재각·이정필. (2016). 에너지 민주주의를 위한 과제들 : 에너지산업 구조개편 쟁점과 에너지 민주주의의 대안들. 에너지기후정책연구소 창립 7주년 심포지엄 자료집.

김현우·한재각. (2019). 시민참여 관점에서 본 한국의 에너지정책 과제. 『에너지 민주주의, 냉정과 열정 사이』. 해피스토리.

라이트, 에릭 올린 (Wright, Erik Olin). (2012). 『리얼 유토피아』 (권화연 역). 들녘. (원서 출판 2010).

마셜, 조지 (Marshall, George Marshall). (2018). 『기후변화의 심리학』 (이은경 역). 갈마바람. (원서 출판 2014).

미첼, 티머시 (Mitchell. Timothy). (2017). 『탄소 민주주의』 (에너지기후정책연구소 역). 생각비행. (원서 출판 2011).

샤피로, 마크 (Schapiro, Mark). (2019). 『정상성의 종말 : 기후 대재앙 시나리오』 (김부민 역). 알마. (원서출판 2016).

서영표. (2019). 민주주의, 탈핵과 '공론화위원회'. 에너지 민주주의, 냉정과 열정 사이. 해피스토리.

솔론, 파블로 외 (Solón, Pablo et al). (2018). 『다른 세상을 위한 7가지 대안』 (김신양 외 역). 착한책가게. (원서 출판 2017).

심광현. (2016). 21세기 진보전략의 밑그림 : 다중스케일 분석의 관점에서 본 생산양식과 주체양식의 변증법. 『좌파가 미래를 설계하는 방법』. 문화과학사.

알트파터, 엘마르 (Altvater, Elmar). (2007). 화석자본주의의 사회적, 역사적 배경. 리오 패니치·콜린 레이스 편. 『자연과 타협하기』. 필맥. (원서출판 2007).

장훈교. (2016). 『밀양전쟁 – 공통자원 기반 급진 민주주의 프로젝트』. 나름북스.

클라인, 나오미 (Klein, Naomi). (2015). 『이것이 모든 것을 바꾼다 : 자본주의 대 기후』 (이순희 역). 열린책들. (원서 출판 2014).

피오라몬티, 로렌조 (Fioramonti, Lorenzo). (2013). 『GDP의 정치학』 (김현우 역). 후마니타스. (원서 출판 2013).

하세가와 고이치 (長谷川 公一). (2016). 『탈원자력 사회로』(김성란 역). 일조각. (원서출판 2011).

외국어 자료

Räthzel, Nora and David Uzzell (eds). (2012). *Trade Unions in the Green Economy: Working for the Environment*. Routledge.

Sweezy, Paul M. (1972). Cars and Cities. *Monthly Review*, 24(11).

Wainwright, Joel and Geoff Mann. (2013). Climate Leviathan. *Antipode*, 45(1).

Will Steffen et al. (2018). Trajectories of the Earth System in the Anthropocene. *PNAS*, 115(33)

2부

노동정치인가, 코뮤니즘 정치인가

노동운동은 '자본의 파트너'를 넘어설 수 있는가

코뮤니즘의 모색, 노동자계급의 혁명성을 둘러싼 논쟁의 새로운 모색을 위하여

박영균 | 한국철학사상연구회

1. 머리말 : 맑스주의와 노동자계급의 결합?

오늘날 사람들은 '공산주의'communism하면 노동자계급을 떠올린다. 하지만 코뮤니즘은 원래 노동자계급이 만들어낸 이념이 아니다. 코뮤니즘은 맑스-엥겔스보다 훨씬 이전부터 존재했다. 따라서 그 역사적 형태들도 매우 다양했다. 그럼에도 거기에는 기본적으로 공동체를 이루고 사는 사람들이 서로 돕고 살아가는 상호부조의 원칙과 우두머리 없는 평등한 세상에 대한 염원이라는 정서가 공통적으로 존재했다. 하지만 그것을 제외하고 본다면 실천적이고 조직적으로 그 형태는 매우 다양했다. 그런데 그런 코뮤니즘을 노동자계급의 정치 이념이자 사상으로 만든 것은 맑스-엥겔스였다.

오늘날 많은 사람들은 코뮤니즘을 노동자계급의 이념으로 생각한다. 이것은 맑스-엥겔스가 노동자계급과 결합해서 만든 코뮤니즘, 노동자계급의 정치 이념이자 사상으로서 전화한 코뮤니즘이 그만큼 강력했기 때문이다. 맑스-엥겔스가 코뮤니즘을 노동자계급의 이념으로 만들기 이전까지만 하더라도 코뮤니즘은 각종 민란과 반란을 통해 모습을 드러냈다. 하지만 그 당시의 코뮤니즘은 억압받는 자들, 노예와 농노 및 농민들이 가혹한 약탈과 수탈에 못 이겨 떨쳐 일어날 때, 목숨을 건 투쟁에 나서는 그들을 묶어주는 환상이자 낭만적 열정에 기초한 유토피아적 상상으로 존재했을 뿐이다.

그런데 이렇게 유토피아적 상상 또는 폐쇄적인 소규모 공동체로 존재했던 코뮤니즘을 전全 사회적 차원에서 강력한 힘을 가진 이념으로 바꾼 것은 맑스주의였다. 맑스주의는 코뮤니즘을 실제 사회에 존재하는 특정 세력, 특히 노동자계급을 비롯하여 억압받는 인민의 실천적 이념으로 만들어 놓았다. 맑스는 「헤겔 법철학 비판 서문」에서 "비판의 무기는, 물론 무기의 비판을 대신할 수 없다. 물질적 힘은 물질적 힘에 의해 전복되어야 한다. 그러나 이론 또한 대중을 사로잡자마자 물질적 힘으로 된다."(1995b, 9쪽)고 하면서 "철학이 프롤레타리아트 속에서 그 물질적 무기를 발견하듯이 프롤레타리아트는 철학 속에서 자신의 정신적 무기를 발견한다."(1995b, 15쪽)고 주장했다.

그러므로 코뮤니즘은 맑스-엥겔스가 주창한 노동운동과의 결합을 통해서 역사상 가장 강력한 이념이 되었다. 하지만 그것은 노동자계급에게 있어서도 마찬가지였다. 노동자계급은 자본과 함께 탄생했고 봉건에 맞선 부르주아혁명의 가장 중요한 정치세력 중의 하나였다. 하지만 부르주아는 혁명 이후, 노동자계급을 배신했다. 부르주아지들은 진정한 자유와 평등이 아니라 노동력을 사고팔 수 있는 자유와 평등만을 원했다. 그런데 노동자계급은 코뮤니즘을 자신들의 해방운동이 나아갈 이념적 지향으로 만든 맑스주의를 정치적 이념으로 받아들임으로써 자본주의사회에서 가장 강력한 정치 세력이 되었다.

하지만 맑스주의와 노동운동의 결합은 코뮤니즘을 인류 역사상 가장 강력한 이념으로 만들고 노동자계급을 가장 강력한 정치세력으로 성장시켰음에도 불구하고 노동운동의 성장은 맑스주의 그 자체에 대해서는 매우 역설적인 결과를 낳았다. 노동자들은 맑스주의를 통해서 스스로 무장시켰고 조직했다. 그들은 단순히 경제적인 이해만을 위해 투쟁하는 단계에서 벗어나 정치의 장에서 그들 스스로의 정치조직인 정당을 만들고 발전시킴으로써 부르주아에 대항하는 가장 강력한 정치세력으로 성장할 수 있었다. 하지만 그와 같은 성장의 결과는 독일 〈사회민주당〉의 역사가 보여주듯이 매우 역설적이었다.

역사적으로 맑스주의와 라쌀레주의의 연합 정당으로 출발한 독일의 〈사회민주당〉은 1871년 2명의 하원의원을 배출하기 시작하여 1912년에는 하원의 총 의석수 397석 중 110석을 차지하는 제1당으로 성장했다. 하지만 그 정점에서 바디우Alain Badiou가 말하는 '대재앙'disaster이 시작되었다. 1914년 12월 독일 〈사회민주당〉은 프롤레타리아국제주의를 배신하고 전쟁국채 발행에 찬성표를 던짐으로써 1차 세계대전의 길로 나아갔기 때문이다. 그것은 인류의 진보에 대한 노동자계급의 배신으로, 진보에 대한 목가적인 믿음뿐만 아니라 세계대전의 참혹성이 보여주듯이 인류 그 자체의 파국을 의미했다.

물론 제국주의로 성장한 자본은 민족주의 이데올로기를 내세워 식민지 쟁탈전을 벌였고 이를 통해 노동자와 농민, 프티 부르주아를 매수했다. 그럼에도 불구하고 1차, 2차 세계대전이 끝난 20세기 중반기까지만 하더라도 노동자계급은 여전히 혁명적이었다. 심지어 봉건을 벗어나지 못한 후발 자본주의와 식민지 사회에서 부르주아지들이 제국주의자들과 결탁하거나 봉건적 지주세력과 결탁해 반┼봉건적인 매판 계급으로 전락했을 때에도, 노동자계급은 농민과 동맹을 형성하고 부르주아혁명을 주도했다.

하지만 1950년대 '자본의 황금기'를 거치면서 서구에서 노동자계급은 이미 자본가와 더불어 지배의 한 축이 되었다. 그 축을 구성한 것은 '노동조합과 의회정당'이라는 양 날개였다. 1960년대 후반 전⁽全⁾ 세계를 휩쓸었던 68혁명이 의회정치에 대한 극단적인 불만과 대척점에 서 있었던 것은 바로 이와 같은 노동과 자본 간의 이루어진 제도적 공모관계가 제도화되어 있었기 때문이다.[1] 따라서 과거 운동에서 가장 강력한 힘을 발휘했던 노동운동은 의문의 대상이 될 수밖에 없었다.

물론 어떤 사람들은 그것은 독점부르주아에 의해 매수된 상층노동관료 및 정치가들에 의해 이루어진 배신이라고 말한다. 하지만 문제는 그렇게 단순하지 않다. 배신은 몇몇 상층노동관료와 정치가들만의 문제가 아니다. 오히려 그들이 보수화할 수 있었던 것은 노동조합 및 노동자들이 그들을 지지하기 때문이다. 따라서 노동자계급의 보수화 또는 반⁽反⁾혁명성의 문제는 몇몇 상층노동관료 및 권력을 좇아다니는 정치가들의 문제가 아니었다. 오히려 문제는 노동자들 자신에게 있었다. 그들은 그들 스스로가 자본에 비타협적인 후보 대신에 보수적인 후보를 지지했던 것이다.

그러므로 맑스주의의 성공이 코뮤니즘과 노동자운동의 결합에 있었듯이 그들의 위기나 실패도 그 결합이 무너지는 지점에서 발생했다. 코뮤니즘을 가장 강력한 이념으로 만들어 놓았던 '맑스주의와 노동운동의 결합'은 기본적으로 '노동자계급은 혁명적 계급이다'는 전제에서 출발했

---

1. "학생운동이 남긴 세 번째 유산은 의회정치에 대한 이러한 극단적인 불만과 대척점에 서 있는 것이다.… 1968년이 남긴 두 가지 유산은 좌파의 미래에 대해 훨씬 더 중요했다. 하나는 의회 외부 정치의 부활이다 — 직접행동, 공동체 조직화, 참여의 이상, 소규모 비관료적 형태들, 풀뿌리에 대한 강조, 이상생활과 정치의 일치. 다른 하나는 1970년대 동안 가장 창조적인 의회 외부 저항이었던 페미니즘과 새로운 여성운동의 부상이다."(일리, 2008, 661쪽).

다. 그것은 코뮤니즘을 노동자계급의 정치적 이념으로 만들어 놓았고 노동자들은 이 이념을 통해 자신들을 가장 강력한 정치세력으로 성장시켰다. 하지만 그들은 그 정점에서 '반反자본 대신에 '친親'자본을 선택했다. 이에 노동자계급의 혁명성 그 자체가 의문시될 수밖에 없다.

하지만 이를 둘러싼 논쟁은 여전히 혼란스럽다. 문제를 제기하는 쪽에서도 과거와 같은 입론을 고수하는 쪽에서도, 그 내부가 하나의 입장을 취하고 있는 것이 아니며 매우 다양한 차이들을 가지고 있다. 게다가 논쟁의 쟁점들도 서로 그 합리적 핵심을 따라 이루어지는 것이 아니라 서로 다른 층위들의 논의들이 혼란스럽게 뒤섞여 있다. 예를 들어 '노동 중심성', '노동자계급 중심성'과 같은 개념을 고수하는 입장들이 모두 다 계급 환원론을 주장하는 것은 아니다. 또한, 이들 문제와 '노동자계급의 혁명성'은 서로 다른 문제임에도 불구하고 양자를 동일한 차원에서 놓고 다루는 경우들도 있다. 따라서 이 논쟁을 제대로 다루기 위해서는 무엇보다도 먼저 이들 쟁점의 독자적 층위들을 나누고 그들 각각의 쟁점들이 담고 있는 합리적 핵심들을 근거로 하여 논의를 전개해갈 필요가 있다.

2. 노동자계급의 혁명성을 둘러싼 논쟁에서의 세 가지 쟁점들

'노동자계급이 과연 혁명적일 수 있는가'에 대한 의문은 마르쿠제와 같은 프랑크푸르트학파에서 이미 시작되었다. 하지만 오늘날 제기되는 의문은 강도나 범위에서 이전과는 수준을 달리한다. 그것들은 노동자계급이 노동조합과 의회정당을 통해 체제 내화되었다는 수준을 벗어나 있다. 그것들은 노동자계급 그 자체가 해체되어 단일한 하나의 계급이 될 수 없으며 산업적 구조에서도 노동의 비중이 대폭 축소됨에 따른 노동자계급 그 자체가 사회적으로 유의미한 존재가 될 수 없을 것이라는 전망을 내놓고 있기 때문이다. 따라서 이들 논의는 노동자계급의 혁명성에 대한 의문 그 자체를 넘어서 자본주의 체제의 사회경제적 구성의 변화까지를 포함하고 있다.

하지만 이들의 논의를 전적으로 수용하든 아니면 맑스주의의 전통을 따라 노동자계급의 혁명성을 고수하든 간에, 이들 논쟁에는 몇 가지 쟁점들이 혼란스럽게 뒤섞여 있다. 현재까지 '노동자계급은 혁명적 계급'이라는 테제를 중심으로 하여 전개되는 논쟁에서 쟁점이 되는 것은 다음의 세 가지이다. 첫째, 사회경제적인 객관적 계급으로서 노동자계급과 노동자계급의 계급의식이라는 존재와 의식의 불일치라는 쟁점이며 둘째, 노동자계급 내부의 사회경제적인 지위의 분할과 분업, 해체에 따른 단일한 노동자계급의 해체라는 쟁점이다. 또한 셋째로, 과학기술혁명과 노동의 기계화에 따른 탈노동 및 그에 따른 노동자계급의 역할 감소라는 쟁점이다.

그런데 첫 번째 쟁점은 사실 맑스-엥겔스가 살아있을 당시부터 제기되었던 문제로, 맑스주의에서는 가장 오래된 문제이자 '맑스주의와 노동운동의 결합'이라는 테제에서 가장 중요한 문제였다고 할 수 있다. 반면 두 번째 쟁점은 자본주의가 독점자본주의로 발전하면서 노동에 대한 형식적 포섭으로부터 실질적 포섭으로 진화하면서 본격적으로 제기되었던 문제이다. 하지만 이 쟁점은 최근 다시 논쟁의 핵核으로 등장했다. 이것은 과거 포드주의적 축적 방식이 포스트-포드주의적인 축적체제로 변화하면서 노동자계급의 내부의 구성이 변화했기 때문이다. 세 번째 쟁점은 이들 쟁점 중에 가장 나중에 제기된 쟁점으로, 정보화-자동화에 따른 노동의 기계화 및 노동 배제의 문제라고 할 수 있다.

이런 점에서 이들 세 가지 쟁점은 계급, 계급의식, 산업구조, 축적체제의 변화 등과 같은 서로 다른 대상을 분석 대상으로 하고 있을 뿐만 아니라 각 쟁점의 내용이나 귀결도 다르다. 하지만 맑스-엥겔스가 입론화한 '노동자계급의 혁명성'이라는 테제는, 이들 세 가지 쟁점이 다루는 내용 중 어느 하나의 귀결이 아니라 이들 세 가지 쟁점들의 내용 전체를 포함하고 있다. 게다가 이들 세 가지 문제들은, 맑스주의라는 이론 장 내에서 서로 긴밀하게 연결되어 있다. 따라서 그것이 역사적으로 언제 주요한 쟁점이 되었으며 '그것이 제기하는 문제의 핵심 논점이 어떻게 변했는가'와 상관없이 노동자계급의 혁명성이라는 문제를 다룰 때, 이들 세 가지 쟁점은 서로 연동되어 있을 수밖에 없다.

하지만 문제는 이들 세 가지 쟁점을 다룰 때 각 쟁점들의 독자적 층위들과 상호 논리적 연결 및 귀결들을 세심하게 고려해서 다루어야 한다는 점이다. 사람들이 범하는 가장 흔한 오류는 다음의 두 가지이다. 첫 번째 오류는, 첫째 쟁점에 대해 둘째, 셋째 쟁점으로 대응하거나 셋째 쟁점에 대해 첫째, 둘째 쟁점으로 대응하는 방식이다. 이것은 '노동자계급의 혁명성'을 다루면서도 서로 다른 쟁점들로 논의를 전개하기 때문에 '논점이탈의 오류'에 빠진다. 두 번째 오류는 이들 세 가지 쟁점 간의 논리적 귀결을 고려하지 않고 그냥 연결하면서 '논리적 비약'에 빠지는 것이다. 사람들은 일반적으로 역사적으로 쟁점화된 순서를 논리적 추론의 순서와 동일시하는 경향이 있다. 하지만 알뛰세르가 이미 보여준 바와 같이 '역사적인 것'과 '논리적인 것'은 동일하지 않다.

첫 번째 쟁점은 기본적으로, '생산을 중심으로 맺는 관계에서 차지하는 위치 또는 지위'를 의미하는 '계급'이라는 정치경제학적인 규정과 자본에 저항해서 싸울 수밖에 없는 노동자들이 자본주의에 대해서 가질 수밖에 없다고 가정되는 사상-의식적인 측면 사이에서의 불일치 또는 괴리에 관한 문제이다. 따라서 이것은 계급과 계급의식 간의 괴리, 또는 불일치의 문제로, 맑스-엥겔스의 철학적 장 내부에서 보면 물질과 의식을 포함하는 존재론적 문제라고 할 수 있다. 하지만 맑스-엥겔스가 살아있을 당시에 '맑스주의자'라고 자청하는 자들이 말하는 의미에서 그들은 맑스주의자가 아니라고 말했던 것처럼 존재와 의식의 동일성을 미리 가정하는 것은 맑스-엥겔스도 받아들일 수 없는 것이었다.

맑스-엥겔스는 기본적으로 한 사회의 구조를 생산 관계라는 물질적인 '토대'와 이에 상응하는 법, 이데올로기와 같은 '상부구조'의 조응으로 파악한다. 그런데 자본주의는 기본적으로 '자본'의 담지자인 자본가와 '노동력'이라는 상품을 파는 노동자라는 두 개의 계급이 생산관계의 두 축을 이루고 있는 사회이다. 물론 이 사이에는 다양한 형태의 소부르주아들이 존재한다. 하지만 이 두 개 계급만이 자본주의 생산 관계를 규정하는 기본모순이며 그 중간에 존재하는 소부르주아는 이 두 계급으로 끊임없이 해체되어가는 자들이다. 따라서 정치경제학적으로 규정된 노동자계급이라고 할지라도, 그것은 고정된 집단이 아니다.

게다가 더 나아가 정치경제학적인 관점에서 규정된 노동자계급은, 내가 나를 어떤 존재로 인식하고 있는가와 무관하게 생산관계에서 내가 차지하고 있는 위치 또는 지위이기 때문에 노동자계급이 가진 의식적 형태들이 반드시 노동자계급의 의식인 것은 아니다. 맑스-엥겔스도 그 당시에 이미 모든 의식적 형태들의 독자성을 부정하고 물질적인 것으로 환원하는 속류유물론이나 대상과 관념을 일대일로 대응시키는 소박한 경험론을 비판했다. 따라서 맑스-엥겔스에게도 노동자계급과 계급의식 사이의 불일치 또는 괴리는 당연한 것이었다.

하지만 노동운동이 노동조합과 정당을 만들고 주요한 사회세력으로 부상하면서 그와 같은 불일치의 문제는 사라지기 시작했다. 노동조합과 노동자들의 지지를 받는 의회 정당의 성공이 곧 사회주의 운동의 성공과 동일한 것으로 간주되었기 때문이다. 하지만 맑스 사후, 맑스주의의 정치적 성공을 의미했던 독일 〈사회민주당〉의 성장은 당 내적으로 수정주의 논쟁을 불러왔다. 이것은 〈에어푸르트강령〉 중 실천강령을 작성했으며 엥겔스의 적자로 간주되었던 베른슈타인Eduard Bernstein이 『사회주의의 여러 문제』(1896~1897)와 『사회주의의 전제와 사회민주당의 임무』(1899) 등을 쓰면서 맑스주의에 대한 수정을 시도했기 때문이다.

이런 점에서 첫 번째 쟁점은 맑스주의와 노동자계급의 결합이라는 테제의 성공이 오히려 맑스주의와 노동자계급의 사이에 존재하는 간극 및 균열을 본격화한 결과이기도 했다. 하지만 다른 한편으로 보면 이와 같은 첫 번째 쟁점은, 베른슈타인의 수정주의가 보여주듯이 노동자계급 내부의 분할과 분리라는 두 번째 쟁점과 연결되어 있었다. 여기서 베른슈타인은 자본주의의 발전이 자본과 노동 간의 대립을 격화하는 것이 아니라 신중산층을 생산하기 때문에 보통선거권을 활용해서 점진적 개혁을 해가는 것이 보다 현실적이라고 주장했다. 따라서 이들 논쟁에는 첫 번째 쟁점이 정치경제학적으로 노동자계급 내부의 분할 및 분리라는 두 번째 쟁점과 논리적으로 연결되어 있었다.

물론 두 번째 쟁점은 자본주의사회의 발전과 더불어 분화되는 계급 분화의 문제를 다루기 때문에 노동자계급과 그 계급의 의식 사이의 괴리를 다루는 첫 번째 쟁점과는 다른 분석 대상과 내용을 가지고 있다. 하지만 그럼에도 불구하고 단일한 계급으로서 노동자계급의 통일성이 해체되어간다면 혁명적 계급으로서의 노동자계급이라는 테제 또한 성립할 수 없는 것은 자명했다. 왜냐하면 맑스-엥겔스가 제시한 '혁명적 계급으로서의 노동자계급'이라는 테제는 자본가와 노동자 사이의 프티 부르주아가 지속적으로 자본가와 노동자라는 두 개의 계급으로 해체되어갈 수밖에 없는 존재라는 적대적 계급론에 근거하고 있었기 때문이다.

하지만 자본주의에서 계급의 생산과 재생산은 자본주의 생산양식의 변화와 궤적을 같이 할 수밖에 없다. 계급은 생산을 중심으로 맺는 인간과 인간의 관계인 생산관계의 재생산과정 속에서 생산된다. 따라서 생산력과 생산관계의 상호 변화는 계급의 생산과 재생산을 바꾸어 놓는다. 맑스는 『자본』에서 기계제 대공업 이전에 생산력을 비약적으로 발전시킨 것이 동종적-이종적 매뉴팩처라고 하면서 생산력의 발전이 기계, 기술의 발전이 아니라 오히려 분업에 기초한 협업이라는 것을 보여주고 있다. 또한, 기계제 대공업은 이와 같은 분업을 공장 내에서 더욱 세분화하고 있다. 따라서 자본주의에서 생산력 발전은 곧 생산의 사회화, 즉 공장 내의 분업 및 협업의 확대이다.

자본주의에서 생산력과 생산관계의 모순이 '생산의 사회화와 사적 소유 간의 모순'으로 등장하는 것은 이 때문이다. 그런데 생산의 사회화는 하나의 공장 단위, 하나의 산업 영역 내에 머무르지 않는다. 그것은 하나의 공장과 하나의 산업 영역을 넘어서 사회 전체로, 부문산업을 결합시키면서 생산 전全 영역으로 팽창해간다. 처음에 자본은 육체노동과 비숙련노동을 중심으로 노동을 포획하면서 숙련노동과 정신노동을 차별적으로 배치한다. 하지만 자본의 발전은 과거 그들이 담당했던 경영관리와 노동통제 및 계획과 구상의 영역조차 점차적으로 자본의 지배를 받는 노동의 영역으로 포획하면서 그 안에서도 위계적인 노동질서를 만들고 노동의 분화를 생산력의 발전으로 전화시킨다.

이런 점에서 생산력 발전은 자본에 의해 고용되는 임노동의 형태를 매우 다양한 방식으로 재편하고 재생산한다. 생산의 사회화를 통해서 자본이 이윤을 취득하는 방식 또한 사회 전체로, 생산 전체 영역으로 확장되며 노동자계급의 내부 분화 또한 그만큼 다양해질 수밖에 없다. 그런데 이렇게 자본이 임노동으로 포획할 수 있는 영역을 사회 전체, 생산 전체로 확장시킬 수 있었던 것은 기존에 자본-임노동관계에서 중심적 영역이었던 육체노동, 산업노동이 기계화되면서 산업구조 자체가 정신노동, 3차 산업과 같은 탈산업적 형태들로 재편될 수 있는 물질적 토대를 갖추었기 때문이다. 따라서 두 번째 쟁점은 다시 세 번째 쟁점과 연결되어 있다.

자본에 의한 노동의 포섭은 기본적으로 노동 그 자체를 자신의 지배 아래 두고자 하는 것이지만 자본이 꿈꾸는 완전한 지배는 노동 그 자체를 기계로 바꾸는 것이다. 모든 것이 기계화되었을 때 자본은 더 이상 임노동을 필요로 하지 않는다. 따라서 자본에 의한 노동의 지배는 기본적으로 노동의 배제일 수밖에 없다. 하지만 이렇게 되며 노동자계급은 더 이상 이 사회에서 핵심적인 계급이 될 수 없다. 왜냐하면 노동자계급이 자본주의 사회에서 생산되는 가치에서 차지하는 비중이 줄어든다면 그 정치-경제적 역할 또한 축소될 수밖에 없기 때문이다. 따라서 세 번째 쟁점은 노동자계급의 혁명성 논쟁에서 역사적 쟁점화 순서와 달리 두 번째, 첫 번째 쟁점에 대해 논리적으로 우선한다.

3. 코뮤니즘의 물질적 토대와 노동해방의 이념적 지평

쟁점 1과 2는 노동자계급의 정치-경제적 조직화 및 계급분할에 대항하여 계급적 통일성을 구축하는 문제로서 노동자계급이 코뮤니즘을 건설하는 중심 동력이자 핵심주체라는 것을 전면적으로 부정하는 것은 아니다. 쟁점 1은 노동자계급이 혁명적 계급이라는 테제를 중심으로 그것을 어떻게 만들어갈 것인가의 문제라면 쟁점 2는 노동자계급의 정치경제적인 변화와 더불어 그 안에서의 통일성을 어떻게 만들 것인가의 문제이기 때문이다. 하지만 쟁점 3은 노동자계급 그 자체가 아예 코뮤니즘으로의 변혁에서 중심 동력 및 세력이 될 수 없다는 결론을 함축하고 있기 때문에 오늘날 노동자계급의 혁명성을 다루는데, 가장 '뜨거운'hot 쟁점이될 수밖에 없다.

쟁점 3을 가장 압축적이면서 선명하게 보여주는 것은, 앙드레 고르가쓴 『프롤레타리아여 안녕』(1980)이라는 책과 제러미 리프킨Jeremy Rifkin이 쓴 『노동의 종말』(1996)이다. 이들의 책 제목은, 상업화된 출판시장을 반영하듯이 매우 도발적이며 선정적이다. 하지만 그렇다고 해서 이들의 주장까지 도발적이고 선정적인 것은 아니다. 여기에는 오늘날의 변화된 산업적–사회적 생산구조에 대한 나름의 합리적 핵심이 존재한다. 그런데도 아직까지 많은 사람들이 이런 합리적 핵심에 대한 논의 없이 이들의주장을 매우 선정적이고 도발적인 방식으로 재생산하거나 아니면 매우희화화된 방식으로 이들에 대한 비판을 전개하고 있다.

특히 쟁점 3에 대한 기존 맑스주의 진영의 비판은 이런 합리적 핵심을전혀 고려하지 않고 있다. 게다가 이들의 비판은 자신들이 맑스주의적이라고 믿는 믿음과 반대로 대부분 맑스주의적이지 못하며 오히려 '노동자주의'라는 이데올로기에 감염되어 있을 뿐이다. 이들의 비판은 대부분 노동이 이 사회의 모든 가치를 생산하며 인간을 인간답게 만드는 것이라는믿음에 기초하고 있다. 하지만 노동이 인간의 존엄성을 제공하고 노동이인간을 자유롭게 만들 것이라는 믿음은 정확히 맑스주의적인 것이 아니라 자본주의적인 것이다. 이를 가장 잘 보여주는 것이 『노동의 종말에 반하여』이다.

이 책의 저자들은 리프킨의 주장을 정면으로 겨냥하여 '노동의 종말'이라는 표현은 터무니없는 것이라고 하면서 다음과 같이 주장하고 있다. "만일 오늘 우리가 노동의 지위를 다시 생각해야 한다면 이때 우리는 여전히 근본적인 것으로 남아 있는 것, 즉 생산적인 노동과 시민권의 본원의 관계를 무시하면 안 된다. 근대시민은 노동을 함으로써 그의 존엄성을 획득했기 때문이다."(슈나페르·프티, 2001, 15쪽). 여기서 노동은 인간의 존엄성 및 시민권의 근거가 된다. 하지만 이와 같은 주장이 자본주의적인 이념 안에 있다는 것은, 그가 1776년을 근대사회의 상징적인 탄생의 해라고 말할 때 명백하게 드러나고 있다.

1776년은 애덤 스미스의 『국부론』이 출판되었고 미국이 독립을 한 해이다. 그는 바로 이 점 때문에 1776년을 근대사회의 상징적인 탄생의 해로 설정한 것이다. 즉 근대사회의 상징적 정신은 경제적으로 애덤 스미스의 경제학에, 정치적으로는 미국의 〈독립선언문〉에 구현되어 있는 것이다. 애덤 스미스는 부르주아 경제학의 설계자이며 미국의 〈독립선언문〉은 로크의 『시민정부론』을 가장 잘 구현한 혁명이다. 따라서 이 두 가지는 근대 자본주의의 정치-경제적 원리를 구현하고 있는 것들이라고 할 수 있다. 하지만 이 양자는 서로 분리되어 있는 것이 아니다. 양자는 '노동이 가치를 생산한다'는 정신을 함께 공유하고 있다.

로크는 노동이 가치를 생산한다는 점을 근거로 하여 소유권을 정당화하고(1996, 35쪽) 소유권의 보호를 시민정부의 가장 중요한 역할(1996, 82쪽)로 규정했다. 또한, 경제학적으로 노동가치론을 발전시킨 사람은 많은 사람들이 오해하듯이 맑스가 아니라 애덤 스미스와 리카도였다. 여기서 노동은 한편으로 사회의 부를 생산하는 것이자 그 사회의 구성원들이 노예나 농노와 달리 주권자로서 시민이 되는 근거였다. 이런 점에서 노동이 가치를 생산하며 한 사회의 부를 생산하는 가장 중요한 요소라고 보며 노동의 가치를 인간의 존엄한 가치와 연결시켰던 것은 맑스주의가 아니라 자본주의의 정치-경제적 원리를 구현하고자 했던 부르주아의 정치학과 경제학이었다.[2]

그런데도 많은 사람들이 노동가치론을 맑스의 작품으로 생각하는 것은 『자본』에서의 분석방식이 '노동가치론'을 근거로 하여 이루어지고 있기 때문이다. 하지만 책의 제목이 『자본』인 것처럼, 이 책에서 분석하는 대상은 '자본'으로, 자본주의 생산양식이 어떻게 자신을 생산하고 재생산하는가를 다루고 있다. 따라서 맑스가 '노동가치론'을 자본 분석에서의 출발점으로 삼는다는 것은 곧 노동가치론이 자본주의 생산양식의 기본적인 작동원리라는 것을 의미한다. 하지만 맑스는 여기서 멈추지 않았다. 그는 노동가치론을 따라 작동하는 자본주의가 노동력이라는 상품을 사용하면서 그 스스로를 위배할 수밖에 없다는 것을 '잉여가치론'을 통해 논증하고 있기 때문이다.

잉여가치론에 따르면 노동력이라는 상품은 자신이 받는 임금인 노동력의 가치보다 더 많은 가치를 생산한다는 점에서 사용가치를 가지고 있는 '특수한 상품'이다. 노동력 상품을 제외한 다른 상품들은 각기 자신만이 가지고 있는 독특한 쓰임use, 예를 들어 볼펜은 필기를 하고 그릇은 음식을 담을 수 있는 것과 같은 쓰임들이라는 사용가치를 가지고 있다. 또한, 그것들의 교환은 자신이 가진 가치, 즉 그것을 생산하는 데 요구되는 노동시간, 하지만 사회적으로 형성된 노동시간을 따라 등가적으로 교환

---

2. 노동이 가치를 생산한다는 근대 자본주의에서의 관념 및 이에 근거한 소유권의 정당화 및 노동가치론에 대한 발전은 박영균, 2009, 58~100쪽 참조.

된다. 하지만 노동력이라는 상품은 자신이 받는 임금인 노동력의 가치보다 더 많은 가치를 생산한다는 점에서 '사용가치'를 가지고 있기 때문에 다른 상품들이 등가 교환되는 것과 달리 부등가 교환을 내재적 메커니즘으로 가지고 있다. 이것을 보여주는 것이 바로 맑스가 발견한 '잉여가치론'이다.

노동가치론과 달리 잉여가치론은 노동가치론의 등가성을 파괴한다. 하지만 맑스는 잉여노동 없는 온전한 등가교환을 주장하지 않는다. 그것은 리카도 좌파의 논리일 뿐이다. 오히려 맑스는 잉여가치론을 통해 자본이 등가교환을 파괴하는 잉여가치의 생산 없이 작동할 수 없다는 것을 보여줌으로써 그와 같은 내재적 모순이 궁극적으로 자기 한계를 생산할 수밖에 없음을 증명하고자 했다. '이윤율의 경향적 저하 법칙'은 바로 이와 같은 분석의 산물이다. 이윤율이 '0'이 될 때, 자기 가치를 증식하는 자본은 더 이상 가치를 증식할 수 없기 때문에 와해될 수밖에 없다. 물론 사회 전체의 평균이윤율이 '0'이 될 수는 없다. 하지만 이윤율의 경향적 저하가 향하는 방향은 '0'이며 그것은 곧 자본 그 자체의 한계를 보여준다.

그런데 맑스가 분석한 이윤율의 경향적 저하 법칙이 보여주는 것은 이것만이 아니다. 이윤율의 경향적 저하 법칙은 '자본의 유기적 구성'이 고도화하는 경향의 산물로, 이것은 이윤율 $S/(C+V)$의 정식이 보여주듯이 기계와 같은 불변자본이 노동력과 같은 가변자본에 비해 상대적 비율이 올라가기 때문에 발생한다. 즉 자본의 규모가 거대해질수록 노동력이 가치 생산에서 차지하는 비율 또한 떨어지는 것이다. 따라서 이것은 자본주의가 발전할수록 자본에 의한 노동의 배제가 일어나고 노동이 생산에서 차지하는 비중이 떨어질 것임을 의미한다. 이것을 리프킨은 '노동의 종말'이라고 개념화했다. 물론 '노동의 종말'이라는 개념은 여러 혼란을 불러일으키는 개념이다.

하지만 그 합리적 핵심을 생각해 본다면 이와 같은 선언이 가진 의미도 있다. 여기서의 종말은, 보다 정확히 말해서 '노동의 종말'이 아니라 '임노동의 종말'이기 때문이다. 자본과 임노동은 자본주의를 유지하는 양대 축이다. 둘 중 하나의 종말은 자본주의체제 그 자체의 종말을 의미한다. 임노동이 없는 자본은 존재할 수 없다. 따라서 '노동의 종말', 보다 정확히 '임노동의 종말'은, 반노동자적인 관점이 아니라 오히려 그 역으로 자본의 한계를 보여주는 것이기도 하다. 그러나 노동의 가치를 최고의 가치이자 인간을 인간답게 만드는 가치이며 이 사회를 지탱하는 중심 골간이라고 믿는 사람들은 노동가치론을 정의의 관점에서 사고하기 때문에 그것이 작동하지 않는 순간을 상상하지 못한다.

그런데 이것은 맑스적인 것이 아니다. 맑스는 앞으로도 계속해서 직접적인 노동이 그 사회의 가치와 부를 생산하는 원천으로 남을 것이라고 생각하지 않았다. 그는 육체노동에서부터 시작하여 지식-정보와 같은 정신노동들에 대한 기계화의 경향이 보여주듯이 과학기술혁명에 의한 지적-정신적 노동의 기계화 및 이에 따른 탈물질화, 탈산업화가 진행되면서 직접적인 형태의 노동은 더 이상 부의 원천이 되지 못하고 노동가치론 또한 작동하기를 멈출 것이라고 생각했다. "직접적인 형태의 노동이 부의 위대한 원천이기를 중지하자마자 노동시간이 부의 척도이고 따라서 교환가치가 사용가치의 [척도]이기를 중지해야 한다. 대중의 잉여노동이 일반적 부의 발전을 위한 조건이기를 중지했듯이, 소수의 비노동도 인간 두뇌의 일반적 힘들의 발전을 위한 조건이기를 중지했다."(맑스, 2000, 381쪽)

그런데 이보다 더 중요한 것은 맑스는 이와 같은 노동의 기계화, 탈노동화의 경향을 '코뮤니즘'의 물질적 조건으로 사유했다는 점이다. 맑스는 오늘날 과거와 같이 블루칼라 중심, 산업노동 중심의 맑스주의를 주창하는 사람들이 생각하듯이 모든 사람들이 노동하는 사회를 꿈꾸지 않았다. 그는 또한, 모든 노동을 인간이 자신의 존재 가치를 실현하는 행위라고 생각하지도 않았다. 노동운동을 하면서 노동자주의에 감염된 사람들은 노동이 자본에 예속되어 있기 때문에 자본으로부터 벗어나기만 하면 그 노동이 인간의 존재 가치를 실현하는 행위가 될 것이라고 믿지만, 우리가 생활하기 위해 하는 노동 중에서는 자본의 지배와 무관하게 하기 싫어도 어쩔 수 없이 해야만 하는 것들이 있다.

맑스는 이를 알고 있었다. 그렇기에 맑스는 자본주의를 반인간적인 것으로 비판하면서도 인간 해방의 물질적 기초를 생산할 것으로 기대했는데, 그것은 바로 자본주의가 경쟁을 통해서 기술을 발전시키고 사회 전체의 생산력을 급속도로 발전시키는 경향이 있었기 때문이다. 예를 들어 그 사회에서 필요로 하는 물품들을 생산하는 데 이전에는 100명이 8시간을 일해야 했지만, 생산력의 발전으로 지금은 100명이 4시간만 일하면 되는 것이다. 그런데 그렇게 되면 그 사회의 구성원들은 4시간만 생활에 필요한 물품들을 생산하는 일을 하고 나머지 4시간은 각자 자기가 좋아하는 것들, 예를 들어 운동이나 그림 그리기, 사진 찍기 등을 하며 지낼 수 있게 된다. 맑스가 주목한 것은 바로 이것이었다.

맑스는 한 사회의 구성원 전체의 생활에 필요로 하는 물품들을 생산하는 데 들어가는 노동시간을 '사회적 필요노동시간'이라고 규정하면서 생산력의 발전은 이 시간을 단축시키는 만큼, 그에 비례해서 사람들이 자유롭게 사용할 수 있는 '사회적 가처분 시간'이 증가한다고 말한다. 그렇기에 맑스는 위의 인용문에 뒤이어 다음과 같이 쓰고 있다. "교환가치에 입각한 생산은 붕괴하고 직접적인 물질적 생산과정 자체는 곤궁성과 대립성의 형태를 벗는다. 개성의 자유로운 발전, 따라서 잉여노동을 정립하기 위한 필요노동시간의 단축이 아니라 사회의 필요노동시간의 최소한으로의 단축 일체, 그리고 여기에는 모든 개인들을 위해 자유롭게 된 시간과 창출된 수단에 의한 개인들의 예술적·과학적 교양 등이 조응한다."(2000, 381쪽)

그러므로 맑스가 제시하는 코뮤니즘은 노동하는 사람들만이 가치 있는 사람들로 평가받고, 그래서 그들이 대우받는 세상, 다시 말해서 노동하지 않는 자들은 노동하는 자들의 지배를 받아야 한다고 믿는, 그래서 모든 사람들이 노동자가 되어야만 지배자도 피지배자도 없는 평등한 사회가 되는, 노동 중심의 사회가 아니었다. 이것은 조야한 공산주의일 뿐이다. 맑스는 여전히 생존과 생활에 속박된 세상이 아니라 인간 개개인들이 생존적으로도, 생활적으로도 자유로운 세상, 향유하는 삶을 꿈꾸었다.[3] 그것은 곧 그의 '해방 전략'이 단순히 노동의 소외라는 '자본-임노동 지배관계'를 벗어나는 '노동의 해방'이 아니라 오히려 노동 그 자체로부터 벗어나는 '노동으로부터의 해방'을 통해서 임노동 그 자체를 철폐하는 것이었음을 보여주고 있다.

4. 노동자계급의 내적 분열과 계급적 통일성의 구축 방향

맑스주의를 비판하면서 새로운 전환을 모색하고 있지만 앙드레 고르와 제러미 리프킨의 논의에도 합리적 핵심이 존재한다. 왜냐하면 고르나

---

3. 오늘날 많은 사람들이 생각하듯이 맑스는 생산적 노동을 찬양한 사람이 아니며 오히려 이 것을 찬양한 것은 애덤 스미스이다. 맑스는 '절약'을 강조하는 국민경제학을 비판하고 '향유' 를 주장하고 있다. 이에 대한 논의는 박영균, 2012 참조.

리프킨이 지식정보사회로의 이행에서 기대하고 있는 전망은 맑스의 코뮤니즘과 크게 다르지 않기 때문이다. 리프킨은 자동화가 자유시간과 노동시간의 관계를 역전시킬 것이며 그렇게 되면 인간적-지적 욕구의 충족이 중요해질 것이라고 이야기하고 있으며(2005, 323~324쪽), 고르도 "맑스가 공산주의 사회에 관하여 이야기할 때 언급했던 매우 다양한 능력을 지닌 '풍요로운 개인'"의 사회인 "공산주의 사회에서는 '부의 진정한 척도'가 각자가 자유롭게 선택한 활동들을 위해 소유하는 시간"(2011, 234쪽)이 될 것이라고 말하고 있다.

하지만 생산력의 발전이 이와 같은 '노동으로부터의 해방'을 그냥 가져다주는 것은 아니다. 맑스와 동일하게 그들도 자본주의에서 노동의 기계화 및 자동화는 양가적ambivalent이라고 보고 있다. 생산력의 발전이라는 것은 앞에서 본 바와 같이 기본적으로 그 사회가 필요로 하는 물품 전체를 생산하는 데 8시간에서 4시간으로, '사회적 필요노동시간'이 단축되는 것이다. 하지만 자본주의에서 자본은 '자기 가치를 증식하는 가치'로, '가치증식'이 본성이다. 따라서 자본은 8시간을 4시간으로 줄이는 대신에 고용을 100명에서 50명으로 줄인다. 1980년대 이후, 자본주의에서 생산력의 발전이 인구과잉, 즉 대규모 실업과 불안정 노동층의 대량 생산으로 귀결되는 것은 바로 이 때문이다.

게다가 임노동과의 관계에서 자본에게 생산력의 발전은 임노동을 기계로 대체하면서 단순노동으로 전락시키기 때문에 힘이 약해진 임노동을 공세적으로 밀어붙일 수 있는 기회를 제공한다. 1980년대 이후 신자유주의 지구화는 이런 자본의 공세적 기획이기도 했다. 따라서 자본은 임노동 시장에서의 노동력 상품의 구입과 판매, 즉 고용과 해고를 자유롭게 하는 노동유연화를 추구하는 한편, 생산 내에서 임노동의 다양한 형태를 수직적으로 계열화함으로써 동일노동이라도 더 적은 임금으로 고용하고자 한다. 특히, 자본의 지구화는 세계 전체를 시장화하면서 성, 인종의 차별 및 국경이라는 장벽을 착취시스템과 결합시키기 때문에 노동자계급 내부의 분화는 성, 인종 등의 차별과 결합된다.

하지만 이런 노동자계급 내부의 분화라는 두 번째 쟁점은 최근에 일어난 일이 아니다. 생산력의 변화는 생산 내에서 임노동이 차지하는 지위 및 상태를 변화시킨다. 매뉴팩처에서 시작하여 기계적 대공업을 거쳐 포드주의로, 다시 포드주의에서 포스트-포드주의로 자본의 축적체제가 발전하는 동안 임노동자들의 생산 내 지위와 상태는 변화했다. 따라서 정치경제학적으로 볼 때, 노동자계급을 하나의 통일된 계급이라고 간주하는 것은 '노동주의' 이데올로기에 산물일 뿐이다. 노동자들은 탄생 때부터 하나일 수 없었고 언제나 자본과의 상호적인 작용 속에서 특정한 형태의 노동자들로 만들어졌을 뿐이다.

제프 일리는 다음과 같이 말하고 있다. "노동계급은 결코 균질적인 임금소득자 범주에 불과했던 것이 아니다. 자본주의의 어떤 단계에서든 간에 노동계급은 언제나 형성되는 과정에 있었다. 노동계급은 현실에서 작용하는 통일체로 만들어져야 했다 — 대중적으로 의미를 인정받고 실제적인 정치적 존재를 가져야 했던 것이다. 노동계급은 언제나 여러 공동체와 직업의 복합체였고, 성별, 연령, 연공, 숙련 훈련, 노동유형, 종교, 언어, 인종 및 국적, 주거, 지역, 기타 여러 가지 차이에 의해 나뉘었다. 노동계급은 오직 창의적이고 지속적인 노력을 통해서만 정치적 목적을 위해 하나의 집단이 되었다."(2008, 719~720쪽)

노동자계급의 계급적 통일성은 객관적으로 주어진 것이 아니다. 노동자계급은 하나로 존재하는 것이 아니라 하나로 만들어지는 것이다. 하지만 노동자계급은 하나라고 믿는 자들은 노동자계급은 하나이기 때문에 군이 계급적 통일성을 만들 필요가 없다. 따라서 이들은 노동자가 처한 현실의 엄혹함만을 내세우며 지지와 연대만을 주창하거나 노동자라는 존재에 대한 혁명성과 우월성을 강조하면서 노동자계급의 지도적 원칙만을 되풀이하는 경향이 있다. 하지만 계급적 통일성을 만들고자 하는 자들은 사회경제적으로 노동자계급이 통일된 집단으로 존재하지 않는다는 것을 인식하는 자들이다.

노동자계급의 위치와 형태들이 다양하다는 것은 그들 사이의 이해관계가 서로 다르며 서로 다른 의식을 가지고 있다는 것을 의미한다. 따라서 쟁점 2가 제기하는 핵심은 노동자계급의 계급적 통일성은 정치적이고 경제적인 프로그램 속에서 투쟁을 통해서 만들어져야 한다는 점이다. 하지만 계급적 통일성을 위한 정치적이고 경제적인 프로그램을 마련하고 이를 실천하기 위해서는 무엇보다도 먼저 사회경제적으로 분열되어 있는 노동자계급의 다양한 위치와 형태들, 자본주의 축적체제에 따른 임노동의 존재 양상을 인식하는 것이 필요하다. 자본주의 축적체제에 따른 임노동의 존재 양상은 구체적이다.

그러므로 문제는 노동자계급이 통일적이냐 아니냐가 아니라 지금 현재 벌어지고 있는 노동자계급의 분화 양상을 제대로 보는 것이다. 하지만 여전히 많은 맑스주의자들은 노동자계급의 혁명성을 '대공장 노동자' 중심의 산업노동자에서 찾는 경향이 있다. 여기서 노동자계급의 혁명성은 대공장 산업노동자로 등치된다. 하지만 이것은 자본주의의 기술적 구성 및 축적체제의 변화에도 불구하고 이런 변화들을 전혀 고려하지 않은 채, 맑스-엥겔스-레닌 시절의 계급론을 훈고학적으로 되풀이하는 것일 뿐이다. 쟁점 2를 다루는 데에서 사람들이 범하는 오류는 바로 여기에 있다.

문제는 노동자계급의 해체 또는 종말이 아니다. 엄밀한 의미에서 보자면 '프롤레타리아의 안녕'은 대공장 산업노동자계급의 해체이며 노동의 종말은 임노동의 종말이다. 왜냐하면 포스트 포드주의 축적체제로의 전환과 더불어 노동자계급의 내적 동일성은 해체되었고 내적 차별화와 분절화가 전면화되었을 뿐만 아니라 자본-임노동의 등가교환시스템이 해체되면서 과잉인구가 대규모적으로 발생했기 때문이다. 따라서 주목해야 할 것은 노동자계급의 종말이냐 아니냐가 아니라 현재의 변화를 정확히 포착해 내는 것이다. 그것은 현재의 변화가 계급의 사멸이나 노동자계급의 죽음이 아니라 1880년대와 1940년대 사이에 형성된 노동자계급의 해체라는 점이다.

제프 일리는 다음과 말하고 있다. "광산, 운송, 제조업 등의 고전적인 남성 프롤레타리아가 그들의 노동조합 및 주거 집중, 가족생활과 더불어 쇠퇴한 반면, 주로 여성 화이트칼라 및 서비스부문의 하인노동자, 온갖 유형의 공공고용으로 이루어진 또 다른 노동계급이 그 자리에서 불균등하게 나타났다. 이 새로운 노동계급 집단의 실제적인 통일성 – 하나의 조직된 정치적 존재로서의 적극적인 행위 – 은 여전히 대체로 형성 중에 있다. … 사회주의 전통을 재건하기 위해서는 21세기 초의 자본주의 생산과 축적의 조건에 맞춰진 집합적인 정치적 행위에 관한 새로운 전망이 필요했다. 정치적인 방식으로 계급을 다시 만들고, 재조립하고, 다시 결합시켜야 했다."(2008, 731쪽)

그러므로 쟁점 2의 노동자계급의 통일성 문제와 관련하여 주목해야 할 것은 노동자계급의 구성이 변화했다는 것이며 이와 같은 변화가 의미하는 것은 더 이상 대규모 공장을 중심으로 조직된 노동자계급의 통일성을 구축하는 전략은 구시대의 유물이 되었다는 것이다. 고르와 리프킨이 너무 나가긴 했지만 적어도 이런 점에서 유물론적이라고 할 수 있다. 그들은 노동자계급의 구성 변화와 관련하여 현재의 변화가 더 이상 자본-임노동의 등가교환을 다시 만들어가는 전략으로 노동자계급의 통일성을 만들어갈 수 없으며 공장 밖을 넘어선 사회 전체 차원에서의 정치-경제적 전략이 필요하다는 것을 보여주고 있다.

첫째, 노동의 기계화에 따른 임노동의 배제는 경제학적으로 자본-임노동의 교환 시스템을 축소시키면서 과잉인구를 생산한다는 점이다. 이것은 대량의 무산자들이 자본-임노동 시스템의 외곽 또는 밖으로 내몰리고 있다는 것을 의미한다. 이들은 더 이상 임노동자가 될 수 없는 자들, 즉 '비非계급'이 되고 있다. 고르는 이것에 주목했다. 그가 보기에 이와 같은 차별화는 자본-임노동 시스템 내의 중심부를 차지하고 있는 대기업 정규직 노동자 집단을 특권화한다. 따라서 그는 이들이 더 이상 혁명의 주체가 될 수 없다고 본다. 반면 그 밖으로 밀려난 '비계급'은 임노동을 거부하고 자활노동을 창조함으로써 혁명의 주체가 될 수 있다.

실제로, 오늘날 우리는 자본에 의해 배제된 자들이 만들어내는 '비자본주의'적인 생활세계를 목도하고 있다. 이들은 그들만의 공동체를 만들고 생산과 소비 양방향에서 상호부조를 만들고 '자본 없이 살기'를 감행하고 있다. 게다가 그들 중 몇몇은 더 이상 돈에 얽매이지 않고 축적하기를 거부하며 향유하는 삶을 살기 위해 자본-임노동의 교환체계로 들어가기를 거부하고 자유로운 삶을 살기도 한다.[4] 따라서 이들의 삶은 '노동

---

4. 맑스뿐만 아니라 엥겔스도 향유하는 삶을 인간사회의 기본적인 존재론적 특성으로 규정하고 있다. "인간은 생존을 위한 투쟁을 수행할 뿐만 아니라 향락을 위한, 그리고 자신의 향락의 증대를 위한 투쟁도 수행하며 더 고급의 향락을 위해 더 저급의 것을 포기할 준비가 되어

으로부터의 해방'이라는 코뮤니즘의 개별적 형상들로, 이들 운동은 노동자계급이 비판하거나 경계해야 하는 것이 아니라 오히려 적극적으로 연대해야 할 운동이다.

하지만 이와 같은 연대만으로 자본의 한계가 열어놓고 있는 코뮤니즘의 길을 열 수 있는 것은 아니다. 고르는 '비계급'이 과거의 노동자계급처럼 자본에 대항하여 정치권력을 장악하고자 하는 존재가 아니라 자본 밖에서 개인의 고유 공간과 자유를 만들어가기 때문에 임노동 그 자체의 종말을 가져올 것이라고 믿었지만 이것은 매우 낭만적인 사고일 뿐이다. 왜냐하면 현실적으로 이들은 끊임없이 생존에 고통을 받으며 자본-임노동의 중심축으로 들어가기를 원하는 자들이기 때문이다. 문제는 생산력의 발전을 더 적은 시간의 노동이 아니라 더 적은 인원의 고용으로 바꾸어 놓고 있는 자본의 사적 소유 시스템이다. 여기서 모두는 고통을 받는다. 따라서 둘째로, 노동자계급의 계급적 통일성을 만들어가는 전全 사회적이고 전국적인 전선이 구획되어야 하며 그 투쟁은 '노동시간 단축'을 중심으로 하여 제기되어야 한다.

하지만 이것만으로 노동자계급의 혁명성이 확보될 수 있는 것은 아니다. 오늘날 자본주의 시스템이 보여주고 있는 위기는 자본의 한계라는 총체적 위기이다. 자본의 위기는 생산력과 생산관계에서만이 아니라 토대와 상부구조 사이에서의 어긋남을 통해 사회 전체로 확장되고 있다. 자본은 노동력을 등가로 교환한다. 하지만 오늘날 자본주의에서 자본-임노동의 등가교환은 더 이상 작동하지 않는다. 마찬가지로 사적 소유권을 정당화했던 자본주의의 도덕적-법적 원칙 또한 지금은 작동하지 않는다.

있습니다."(2002, 466쪽).

그들은 자기 노동이기 때문에 그 대상에 대한 소유권을 가진다고 말했다. 하지만 오늘날 누구도 자기가 열심히 노동한 결과로 거대한 부를 축적했다고 생각하지 않는다.

그렇기에 현재의 위기는 임노동의 위기이면서도 자본의 한계를 드러내는 위기이기도 하다. 하지만 자본의 한계가 곧 자본의 극복을 의미하는 것은 아니다. 자본의 한계가 가져오는 위기는 '생산적'일 수도 있고 '파괴적'일 수도 있다. 만일 자본의 한계가 대안적인 주체를 확보하지 못한 상태에서 '과잉자본'의 파괴를 통한 해소 또는 상호 적대성을 활용한 증오의 정치학으로 전화한다면, 그것은 인류 모두에게 참혹한 재앙이 될 것이다. 그렇다면 위기를 생산적으로 바꿀 수 있는 것은 무엇인가? 그것은 바로 노동자계급을 포함하여 무산자들인 프롤레타리아가 더 이상 자본이 운영하는 사회가 아니라 그들 스스로 사회를 운영하는 정치적 주체가 되었을 때이다.

5. 나가며 : 노동자계급과 코뮤니즘의 정치

프롤레타리아가 정치적 주체가 된다는 것, 그리하여 그들이 한 사회를 운영하는 자기-통치자가 된다는 점에서 맑스-엥겔스가 노동자계급과 결합시킨 코뮤니즘은 이전의 코뮤니즘과는 질적으로 다르다. 이전의 코뮤니즘은 개별화되기 이전 공동체의 집단성에 묶여 있는 일체성에 근거한 코뮤니즘이었다면 노동자계급과 결합된 코뮤니즘은 기본적으로 개별화된 개체들의 연합체로서 코뮤니즘이었다. 이것은 기본적으로 노동자계급이 존재론적으로 이중의 해방을 통해서 탄생한 존재이기 때문이다. 자본은 노동자들을 생산수단으로부터만 해방한 것이 아니다. 그것은 인격적인 해방까지 가져다주었다. 따라서 맑스-엥겔스는 "각인의 자유로운 발전이 만인의 자유로운 발전의 조건이 되는 하나의 연합체"(1995, 421쪽)로 코뮤니즘을 정의하고 있다.

여기서 코뮤니즘은 막연하게 정의된 공동체주의를 가리키지 않는다. 오히려 그것은 발전된 생산력을 개인들의 연합이 만든 조직의 통제 아래 두는 것을 통해서 만들어지는 공동체이다. 그래서 맑스는 "공산주의의 조직은 본질적으로 경제적이며 이러한 연합의 조건들의 물질적 창출"(1995a, 250쪽)이라고 규정했던 것이다. 노동자계급은 바로 이와 같은 연합을 만들어낼 수 있는 물질적 조건을 가지고 있었다. 그래서 맑스는 노동자계급의 존재 조건으로부터 코뮤니즘의 물질적 토대를 발견했다. 하지만 여기서의 생산력에 대한 전유는 국가와 같은 집단적 일체성에 있는 것이 아니다. 오히려 그것은 개인들의 연합에 기초해야 한다. 생산은 이미 그들을 연합적인 개인들로 바꾸어 놓았다. 따라서 생산력의 전유는 이들 개인들의 연합에 기초할 수밖에 없다. "전유는 연합, 즉 프롤레타리아트의 성격으로 말미암아 그 자체 다시 하나의 보편적 연합일 수밖에 없는 연합 및 혁명"(1995a, 208쪽)이다.

하지만 현실적으로 대공장에 집단적으로 고용되어 있었던 산업노동자들은 집단적 조직력을 가지고 있기는 했지만 거대한 생산수단을 따라 묶여 있는 존재들이기도 했다. 그런데 이와 같은 노동운동과 맑스주의가 결합하면서 맑스주의는 '노동자계급의 이념'이 되기는 했으나 노동자주의라는 이데올로기로의 전락을 피할 수 없었다. 왜냐하면 이데올로기는 비과학적인 환상이지만 개별자들을 하나의 집단으로 묶는 '시멘트'이자 그들이 서로를 믿고 행동하도록 하는 '수행력'을 제공하기 때문이다. 그렇기에 맑스주의가 선언한 '노동자계급은 혁명적 계급'이라는 믿음은 '노동자주의'라는 이데올로기를 통해서 해고와 체포의 위험 속에서도 개별 노동 자들을 하나로 묶고 파업에 나서게 하면서 강력한 부대를 창출하는 데 기여했던 것이다.

하지만 맑스주의가 노동자계급을 혁명적 계급이라고 선언한 것은 파 업을 하고 있는 노동자들을 가리킨 이야기는 아니었다. 맑스주의가 노동 자계급을 혁명적인 계급이라고 규정한 것은 생산수단을 소유하지 못한 노동자들이 노동력 상품을 팔지 않고도 자기 주도적 노동을 할 수 있는 유일한 길은 생산수단에 대한 사적 소유를 철폐하지 않고서는 불가능하 기 때문이었다. 하지만 파업하는 노동자들 대부분은 생산수단에 대한 사 적 소유 그 자체를 철폐하고자 하는 것이 아니다. 오히려 그들은 자본과 임노동의 교환관계에서 노동력 상품의 가치를 올리려고 한다. 이런 점에 서 개인들의 연합체로서 코뮤니즘은 주어진 것이 아니라 자본과의 투쟁 속에서 형성되어야 하는 것이었다.

그런데 대부분의 맑스주의자들은 이런 형성과정을 경제투쟁과 정치 투쟁의 차이에서 찾았다. 하지만 이들은 대부분 그 '차이'를 총자본의 대 변자인 국가를 상대로 투쟁하는가 아니면 개별 자본을 대변하는 기업을 상대로 하는 투쟁이냐를 중심으로 나눈다. 이것은 코뮤니즘의 주체형성 의 관점에서 보면 완전히 잘못된 것이었다. 문제의 핵심은 국가를 상대로 투쟁을 하는가 아니며 개별 자본을 상대로 투쟁을 하는가에 있지 않다. 레닌은 "모든 노동자들의 공동투쟁으로써 그들의 조건이 비참함을 완화 시키기 위해서 정부의 대책을 확보해 내지만 그 조건 자체를 철폐하지 않 는 활동"을 "노동조합주의 정치활동"으로 규정하고 '사회민주주의적 정치 활동' 및 '사회민주주의적 의식'과 정확히 구분하고 있다.(1988, 51쪽)

자본과 임노동은 서로를 필요로 하면서도 서로를 배척하는 관계이다.

화폐가 자본으로 전화하기 위해서는 자신의 가치 이상의 가치를 생산하는 것을 사용가치로 가지고 있는 특별한 상품인 '노동력'의 담지자인 노동자가 있어야 한다. 반면 노동자들은 생산수단을 가지고 있지 못하기 때문에 자신의 노동력을 팔아야만 생산 활동을 하는 노동자들은 자신의 노동력이라는 상품을 사줄 자본가를 필요로 한다. 따라서 자본과 임노동은 자본주의 생산양식을 지탱하는 두 축으로, 임노동자는 자본의 파트너이다. 그렇기에 강력한 정치-경제적 세력으로 성장한 노동조합과 노동자정당들은 자본의 극복이 아니라 오히려 자본주의 지배체제의 다른 하나의 축이 되었던 것이다.

하지만 레닌이 말하는 '사회민주주의적 정치활동'은 노동자계급이 자신의 사회경제적 지위나 처지를 향상시키는 것이 아니라 임노동 그 자체를 철폐하기 위해 하는 활동들이다. 비록 그것이 국가를 상대로 한 총파업이라고 할지라도 그것이 노동법을 둘러싼 것이라면 그것은 여전히 조합주의적 정치투쟁일 뿐이다. 그런데도 노동자주의 이데올로기에 빠져 있는 사람들은 노동자들의 투쟁을 그 자체로 혁명적이라고 간주하면서 노동자들의 투쟁을 객관화하고 노동자들의 권익만을 위한 투쟁을 벗어나 전 인민적, 전국적 관점에서 투쟁을 해야 한다는 비판을 반反 노동자적이라고 주장하고 있다. 하지만 사회민주주의적 정치활동은 노동자계급의 처지나 상황에서 나오는 투쟁이 아니라 그것을 벗어나 전국적이고 전 인민적 차원에서 정치투쟁을 전개하는 것이다. 쟁점 1이 노동자계급의 주체화 양식과 관련하여 제기하고 있는 핵심은 바로 이것이다.[5]

오늘날 한계점을 향해 가고 있는 자본은 한편으로 전자네트워크를

---

5. 쟁점 1과 관련된 맑스주의 내부 논쟁 및 주체화 양식에서의 맑스주의 정당에 대한 역할에 관한 논의는 박영균, 2008을 참조.

활용한 각종 서비스들을 상품화하는 'IT'산업과 과학기술을 통해 새롭게 발전시킨 동·식물 및 인간의 DNA 등과 같은 'BT'산업을 발전시킬 뿐만 아니라 산업자본에 의해 황폐해진 유해환경을 이용한 청정한 물과 공기들과 같은 그린상품까지 새로운 상품들의 계열로 포획하고 있다. 또한, 점점 더 확대되는 제1세계와 제3세계, 그리고 빈부의 경제적 격차를 활용하여 정서노동이나 여성의 돌봄노동과 같은 각종의 서비스업들을 개발하면서 노동의 형태 및 종류를 다양화하고 있으며 생산 자체를 공장 밖, 사회 전체로 확장시키고 있다.

하지만 이것은 생산의 사회화와 사적 소유 간의 모순을 더욱 강화하는 것이다. 생산이 공장 밖으로 확장될수록, 생산하는 상품이 인간의 정서나 지식 및 자연적으로 주어진 생명체나 자원들에 의존하면 할수록, 자본과 임노동의 교환은 더욱더 노동 가치에 따른 등가교환보다는 부등가교환에 의존한다는 점을 드러낼 수밖에 없다. 이곳에서 자본의 이윤을 보장하는 것은 시장에서의 자유로운 교환이 아니라 '지적 소유권'과 같은 법적 강제력이다. 왜냐하면 지적 소유권 없이 특정 식물이나 동물의 DNA를 활용한 산업 및 지식-정보산업이 유지될 수 없으며 국경 없이 제1세계에 의한 제3세계 노동에 대한 불평등한 착취가 유지될 수 없기 때문이다.

맑스에게 '착취'는 약탈이나 수탈과 다른 개념이다. 착취는 인격적인 구속과 같은 '경제외적 강제'에 의하여 이루어졌던 과거의 생산양식과 달리 자본주의가 자본과 임노동이라는 순전히 경제적인 강제에 의해서 이루어지는 가치축적 방식을 가리키는 개념이다. 하지만 오늘날 자본주의는 더 이상 경제적인 강제에 근거한 '착취' 시스템이 아니라 지적 소유권이나 이주노동에 대한 국가 통제와 같은 국가의 법-제도적인 장치와 같은 경제외적 강제에 의존하는 '약탈' 시스템이다. 바로 이런 점에서 자본의 한계가 자신의 모습을 드러내고 있는 오늘날 본격화되어야 할 것은 경제외적 강제력이 작동하는 국가권력 그 자체를 바꾸는 정치적 실천이다.

하지만 이와 같은 정치적 실천은 '노동자주의'에 기초한 '노동의 정치'가 아니라 '코뮤니즘의 정치'가 되어야 한다. 맑스가 보았던 코뮤니즘의 물질적 조건은 이미 도래하고 있다. 하지만 코뮤니즘을 실천하는 정치는 아직 제대로 작동하지 못하고 있을 뿐만 아니라 노동의 정치에 발목이 잡혀 있다. 코뮤니즘의 정치는 모든 사람들이 노동자가 되는 노동사회를 건설하는 정치가 아니다. 그것은 자본-임노동의 교환체계 내에 존재하는 노동자들이 자본-임노동 밖으로 밀려난 사람들을 포함하여 오늘날 발전된 생산력을 사회적으로 전유함으로써 모든 사람들이 덜 일하고 더 많이 향유하는 사회를 만들어가는 것이다.

그러므로 코뮤니즘의 정치는 이미 해체되어 버린 '자본 대 노동'이라는 적대의 선을 고집할 것이 아니라 오히려 보다 다양해지고 중층화된 사회운동들의 접합을 통해서 '적-녹-보라'에 근거한 민주주의의 급진화 전략을 모색할 필요가 있다.[6] 그것은 기존의 노동조합-정당의 울타리를 벗어나 자본-임노동 바깥에서 대안적 자치공동체를 만들어가는 다양한 사회운동들과의 결합을 적극적으로 모색하는 것이다. 물론 노동자계급은 이 투쟁에서 여전히 핵심주체로 남을 것이다. 하지만 그렇게 되기 위해서는 이들의 정치적 실천이 노동자계급 자신의 이해에서 출발한 정치가 아니라 전 인민을 위한 정치가 되어야 하며 그들의 해방 전략이 노동자가 주인이 되는 세상이 아니라 노동자 없는 세상인 코뮤니즘을 건설하는 정치적 실천이 되어야 할 것이다.

---

6. 맑스주의 입장에서 대안 주체 형성과 적-녹-보라 연대에 관한 논의는 박영균, 2013 참조.

:: 참고문헌

고르, 앙드레 (Gorz, André). (2011). 『프롤레타리아여 안녕』 (이현웅 역). 생각의나무. (원서 출판 1980).

레닌, 블라디미르 일리치 (Lenin, Vladimir). (1988). 『무엇을 할 것인가』 (김민호 역). 두레. (원서 출판 1902).

로크, 존 (Locke, John). (1996). 『통치론』 (강정인·문지영 역). 까치. (원서 출판 1690).

리프킨, 제러미 (Rifkin, Jeremy). (2005). 『노동의 종말』 (이영호 역). 민음사. (원서 출판 1996).

맑스, 칼 (Marx, Karl). (1995a). 독일 이데올로기. 『칼 맑스-프리드리히 엥겔스 저작 선집 1』 (최인호 역). 박종철출판사. (원서 출판 1846).

_____.(1995b). 헤겔 법철학의 비판을 위하여. 『칼 맑스-프리드리히 엥겔스 저작 선집 1』 (최인호 외 역). 박종철출판사. (원서 출판 1843).

_____.(2000). 『정치경제학 비판 요강』 II (김호균 역). 백의. (원서 출판 1857).

맑스, 칼·프리드리히 엥겔스(Marx, Karl & F. Engels). (1995). 공산주의당 선언. 『칼 맑스-프리드리히 엥겔스 저작 선집 1』 (최인호 외 역). 박종철출판사. (원서 출판 1848).

박영균. (2008). 마르크스주의 정당, 외부라는 형식. 『마르크스주의 연구』 5(2). 경상대학교 사회과학연구원.

_____.(2009). 『노동가치』. 책세상.

_____.(2012). 맑스의 국민경제학 비판과 현대자본주의체제 분석. 『진보평론』, 54.

_____.(2013). 자본주의의 내·외부와 대안주체의 형성. 『세계자본주의의 위기와 좌파의 대안』. 한울.

슈나페르, 도미니크·필리프 프티 (Schnapper, Dominique & P. Petit). (2001). 『노동의 종말에 반하여』 (김교신 역). 동문선. (원서 출판 1997).

엥겔스, 프리드리히 (Engels, Friedrich). (2002). 엥겔스가 런던의 뾰뜨르 라브로비치 라브로프에게. 『칼 맑스-프리드리히 엥겔스 저작 선집 4』 (최인호 역). 박종철출판사. (원서 출판 1875).

일리, 제프 (Eley, Geoff). (2008). 『The Left 1848~2000 : 미완의 기획, 유럽 좌파의 역사』 (유강은 역). 뿌리와이파리. (원서 출판 2002).

비정규직문제와 한국자본주의 종속성

김정호 | 북경대 맑스주의학원 법학 박사

1. 문제제기 : 비정규직문제의 한국적 특색과 종속성

학계와 사회운동진영에서는 최근 한국사회에서 발생하고 있는 제반
문제들을 신자유주의 탓으로 돌리려는 경향이 존재한다. 물론 신자유주
의는 현재 자본주의적 지구화를 추진하는 데 있어 주요한 이념과 정책을
제공해왔고 한국사회도 전 세계적인 신자유주의 물결의 한가운데에 서
있다. 그런 점에서 이 같은 경향을 완전히 부정할 수는 없다. 하지만 일반
경제이론과 정책은 한 사회의 구체적 상황을 통하여 관철되며, 그 과정에
서 나름의 '특수한' 형식과 내용을 갖게 된다. 때문에 우리는 한국사회의
현실 문제를 단순히 신자유주의 일반의 문제로 돌릴 수만은 없다. 같은
신자유주의의 피해를 입는다고 하더라도 각국의 사정에 따라 그 피해 정
도는 달리 나타날 수 있다. 본 글이 주로 다루고자 하는 비정규직문제가
그 대표적인 예다. 이하의 인용문은 비정규직문제와 관련된 상황이 각
국마다 다름을 잘 보여준다.

정리해고제 법제화의 효과는 미국과는 다른 노동시장 여건에 있는 한국 경제에서 극단적으로 나타났다. 미국은 컴퓨터소프트웨어, 컨설팅, 광고, 영화, 위락산업 등 세계 최강의 서비스 산업을 갖추고 세계 각국의 우수한 인력과 자본을 유입하여 세계 각국에 수출함으로써, 제조업에서 방출되는 인력을 꾸준히 흡수할 수 있다. 그러나 이러한 능력을 결여한 독일과 프랑스 등 유럽 각국은 해고가 까다롭고, 노동시간 단축과 임금억제를 통해 고용문제에 대처한다. 생산적 서비스 산업이 대단히 취약한 한국에서 노동시장 유연화 정책의 완성 결과, 비정규직 노동자 수가 급증하고 노동자 간 차별이 확대되었다.(정성진 외, 2006, 100~101쪽)

위의 인용된 실례에 대해 어떤 이는 미국과 유럽은 선진국이기 때문에 한국과는 사정이 다르다고 말할 수 있다. 그렇다. 그렇기 때문에 이는 신자유주의가 도입되는 방식이 나라마다 다르다는 것을 뜻하며, 또 그 결과도 다르게 나타나고 있음을 보여주는 것이다. 같은 신자유주의라도 현재 한국사회의 심각한 '비정규직' 문제는 세계 모든 나라의 보편적인 현상이기보다는 한국의 특수한 상황이 반영된 측면이 크다. 그런데도 일부 신자유주의의 비판자들이 이 같은 사회 자체의 구체성을 주시하지 않은 채 시종 신자유주의 탓만 하는 것은 문제가 있다.

주위를 둘러 보면, 전 세계를 통틀어 비정규직문제가 한국만큼 심각한 사회가 없음을 발견할 수 있다. 예컨대 한국에서 전체 노동자의 절반 이상이 비정규직에 속하며(2004년 현재, 약56%[윤진호 외, 2006, 12쪽]), 또 제조업과 유통·서비스 및 공공부문을 막론하고 전 업종에 걸쳐 비정규직이 광범위하게 존재한다. 특히 전통적인 제조업 분야라 할 수 있는 자동차·조선·철강·반도체 등에서는 '원-하청' 관계의 탈을 쓰고 불법파견이 이루어지는 일이 일상화되고 있다. 이제 한국의 원-하청 관계는 무엇이 본래의 정상적인 것이고, 무엇이 비정규직문제를 은폐하기 위한 것인지조차 구분하기 어려울 정도로 변질되었다.

정규직과 비정규직의 처우도 하늘과 땅만큼 큰 차이가 난다. 정규직에 비해 비정규직은 신분상의 보장이 잘 되지 않으며, 언제든지 쉽게 해고될 수 있는 불안정한 상태에 놓여있다. 그리고 비정규직은 일단 해고된 후에는 사회 안전판의 부실로 인해 사회적으로 거의 아무런 보장을 받을 수가 없다. 동일노동을 하더라도 비정규직 임금은 정규직에 비해 절반 내지 3분의 1 이하의 수준밖에 되지 않는 경우가 많이 있다. 이러한 사정 때문에 한국사회에서 비정규직문제는 이미 노동운동의 최대 현안이 되었으며, 전 사회적으로도 가장 중요한 쟁점이 되었다.

이러한 비정규직문제는 한국사회에만 특유하고 다른 어떤 나라에서도 그 유례를 찾아보기가 힘들기 때문에 '한국적 비정규직 현상'으로 부를 수 있다. 그간 신자유주의론의 중대한 오류는 이 점을 간과해 왔다는 점이다. 예컨대 미국과 서유럽, 그리고 일본과 같이 서구 선진자본주의국가의 경우 비록 최근 들어 과거보다 '노동시장 유연성'이 얼마간 진척되었다고는 하나, 이 때문에 비정규직문제가 결코 한국만큼 심각한 것은 아니다. 왜냐하면, 우선 이들 나라는 국가가 나서서 사회적 안정을 해치지 않는 선상에서 노동시장의 유연성 정도를 조정하는 역할을 수행하기 때문이다. 실제 이들 국가들에 있어 통계상으로 나타나는 비정규직 비중은 한국에 비해 훨씬 낮다. 아래 〈도표 1〉을 보면 호주와 스페인 두 나라를 제외하면 다른 대부분의 국가들은 20% 미만이며, 대체로 10% 언저리에 있는 국가들이 많음을 알 수 있다. 유독 한국만이 50%를 넘어선다.[1]

	정규직	비정규직		정규직	비정규직
호주	73	27	한국(97)	54	46
오스트리아	93	8	한국(98)	52	48
벨기에	91	7	한국(99)	48	52
캐나다	89	12	멕시코	84	16
체코	93	8	네덜란드	88	13
덴마크	89	10	뉴질랜드		
핀란드	83	17	노르웨이	88	11
프랑스	87	13	폴란드		
독일	88	12	포르투칼	83	17
그리스	87	13	스페인	68	32
헝가리	95	6	스웨덴	88	12
아이슬랜드	89	11	스위스	89	11
아일랜드	91	9	터어키	80	18
이탈리아	90	8	영국	93	7
일본	88	12	미국		
룩셈부르크	97	3			

〈도표 1〉 고용 형태별 비중 〈OECD〉 회원국 비교 (1998년, 단위 : %) (출처 : OECD, OECD Economic Surveys(Korea), 2000.9. [윤진호 외, 2006, 40쪽에서 재인용])

서구에서 비정규직문제가 한국만큼 심각하게 사회문제화되지 않는 또 다른 이유가 있다. 서구의 경우 신자유주의하에서 과거에 비해 얼마간 후퇴하였다고는 하지만 그래도 기존의 '복지국가' 틀이 기본적으로 유지되고 있기 때문이다. 이 때문에 '노동시장 유연성'의 도입에 따른 노자 간의 갈등을 사회보장제도를 통해 상당 부분 흡수할 수 있으며, 사회가 받

1. 〈도표 1〉의 통계가 1990년대 후반의 것으로 좀 오래되었다는 문제가 있기는 하다. 하지만 이 시기는 신자유주의가 전성기를 구가하던 무렵임을 감안한다면, 나름대로 충분한 비교상의 의의를 찾을 수 있다고 본다.

는 압력을 크게 낮출 수가 있다. 이 점은 사회 안전판의 부재로 인해 한 번 비정규직이 되면 거의 사회 막장으로 몰리게 되는 한국과는 매우 다른 점이다.

우리는 여기서 다음과 같은 문제 제기를 할 수 있다. 즉 왜 한국은 선진 서구사회 수준의 사회보장제도를 갖추지 못하고 있는가의 문제이다. 비정규직문제의 심각화는 단순히 '노동의 유연성'을 시장을 통해 실현하는 것만이 아니라, 그로 인한 사회적 모순을 완화시켜 줄 수 있는 튼튼한 사회보장제도의 건설과 같은 사회적 조건과 밀접한 관련이 있다. '노동시장 유연화' 자체는 사회적 생산력 발전에 따른 '노동유연화'와 관련되어 있기 때문에, 그것은 일종의 역사의 필연적 과정이기도 하다. 또 맑스가 얘기했듯이 노동유연화는 계급이 철폐된 사회에서 '인간해방'의 한 조건이자 실질적인 내용(즉 기계적 '분업'의 극복)이기 때문에 부정적으로만 볼 사항은 아니다. 분업의 구속에서 벗어난 노동자가 오전에는 농장에 나가 한가로운 전원 속에서 농사를 짓고, 오후에는 다시 강가로 나가 낚시질하고, 가족들과 저녁 식사를 마친 후에는 자신의 서재로 돌아와 저술활동을 하는 '전일적 노동자'가 된다는 것은 바로 이를 두고 하는 말이다. 우리가 반대하는 것은 노동시장 유연화가 단순히 자본의 이윤추구의 수단으로만 이용되면서 노동의 질을 낮추고 '대책 없는 해고'를 남발하는 경우에 한해서이다. 그것을 방지하거나 완화시켜 줄 수 있는 것은 사회적 안전판으로서의 '사회보장제도'를 튼튼히 구축하는 길밖에는 없다.

그런데 사회보장제도의 구축 문제는 단순히 정부나 사회 주체의 의지만의 문제가 아니며, 근본적으로는 '물적 토대'와 관련된다고 할 수 있다. 결국 한국의 사회보장제도가 잘 구축되어 있지 못하다는 것은 그 물적 토대에 문제가 있다는 것을 의미한다.

필자는 이와 관련하여 한국이 이미 GDP 기준으로는 세계 11위에 도달하였다는 양적 지표에 주목한다. 이는 한국의 경우 사회적 부의 절대적 생산량에 문제가 있다기보다는, 그것의 사회 분배기제 내지는 생산된 부의 국외로의 유출이 더욱 문제임을 보여준다.

실제 이들 문제를 둘러싸고 국내 학계와 진보진영은 입장이 크게 둘로 나누어진다. '사회복지파'나 정치적으로 사회민주주의계열은 문제를 사회 분배기제 측면에서 바라보며, 이로부터 대안으로 사회보장제도 구축을 위한 더 많은 '세금징수'를 강조한다. 이에 비해 왜곡된 사회 분배기제에도 문제가 있긴 하지만, 그보다는 대외 의존적 경제구조가 더 큰 문제라고 생각하는 입장이 있다.

그다음으로 한국사회의 이러한 물적 토대의 취약성은 과도기적인 것인가, 아니면 구조적인 것인가의 문제가 제기될 수 있다. 만약 그것이 일시적 혹은 과도기적인 현상이라고 한다면, 이는 한국이 서구 선진사회와 비교할 때 산업화를 완수한 시간이 얼마 지나지 않았기 때문에 생겨난 문제이며, 따라서 시간이 좀 더 흐르면 극복될 수 있는 문제가 될 것이다. 그러나 만약 구조적 성격을 갖는다면 문제는 달라진다. 이 경우 시간이 지날수록 문제가 점차 해결되기보다는 더욱 악화되는 방향으로 진행될 것이다. 이 양자 중에서 어느 것이 진실일까?

필자는 이에 대해 한국경제의 물적 기반의 취약성은 경제잉여의 해외유출과 밀접한 관련이 있으며, 그러기에 과도기적인 것이 아니라 장기적으로 지속될 수밖에 없는 '구조적인' 성격을 지닌다는 입장에 서 있다. 이 때문에 한국에서 사회보장제도의 구축은 단순히 시간이 흐른다고 해결될 수 있는 문제가 아니며, 비정규직문제 역시도 시간이 지날수록 해결보다는 더욱 악화되고 심화되는 방향으로 나아갈 것이라고 본다.

이렇듯 '한국적 비정규직문제'와 관련되어 제기되는 한국경제의 물적 기반의 취약성 문제를 규명하기 위해서는 **발전**과 **종속**이라는 범주를 잘 다룰 필요가 있다. 그중에서도 특히 후자에 주목하여야만 하는데, 이는 앞서도 언급했듯이 외형상 GDP를 기준으로 볼 때 경제규모가 이미 세계 11위에 이른 〈OECD〉 국가인 한국경제이기에, 경제잉여의 외부유출 문제를 생각하지 않을 수 없기 때문이다. 필자의 이 같은 문제의식은 비록 지금은 무대 뒷전에 있지만 한때 한국 변혁운동진영에서 유행하였던 '신식민지국가독점자본주의론'(이하 신식국독자론)에 대한 관심을 새삼 일깨운다. 그 이론은 마침 필자가 본 논문에서 다루고자 하는 한국 자본주의의 '발전과 종속'에 관한 체계적인 고민을 담고 있기 때문이다. 필자는 그것이 현재 신자유주의론이 채워주지 못하는, 비정규직문제를 포함한 지구화 시대 한국경제가 부딪치고 있는 제반 문제들에 대해 인식상의 공백을 어느 정도 메워줄 수 있으리라 기대한다. 이하에선 신식국독자론의 이론적 맥락을 염두에 두면서, 그 이론이 갖고 있는 '발전과 종속'의 두 측면 중 후자의 측면에 중점을 두어 한국 자본주의의 종속의 기원과 전개, 그리고 오늘날 그 변화된 내용들에 관하여 다루어보도록 하겠다.[2]

---

2. 한국의 비정규직문제의 본질에 대해서 말하자면 그것은 '재벌문제'라고 할 수 있다. 한국 재벌은 한국의 대외 의존적인 수출주도형 경제를 대표하며, 이 때문에 한국에서 비정규직문제가 광범위하게 출현하게끔 한다. 한국경제의 높은 해외시장에 대한 의존도와 상대적으로 선진국에 비해 낮은 기술력은 한국 자본으로 하여금 국내 인적·물적 자원에 대한 초과적 착취와 수탈을 감행할 수밖에 없게 만든다. 다만 그 방식에 있어서는 1987년을 기점으로 하여 형식상의 변화가 발생하였다. 즉 한국 재벌체제가 정식 수립된 지 얼마 지나지 않은 1980년대 후반에 한국 자본주의는 예기치 않은 심각한 위기에 직면하게 되는데, 그것은 다름 아닌 한국 노동계급의 성장 때문이다. 이는 군사독재의 국가폭력에 직접 의존하던 기존의 축적 방식을 상당 정도 수정하지 않으면 안 되게끔 만들었다. 한편에선 저임금·장시간 노동에 기초한 자신의 경쟁력 기반을 바꾸지 못하면서도, 다른 한편 새롭게 대규모로 조직된 노동자들의 저항을 분쇄할 수 있는 방안을 찾는 일이 자본의 사활이 걸린 문제가 되었다. 이에 대한 해답은 우리가 잘 알고 있는 소위 '신경영전략'이라고 부르는 대 노동전략의 변화이며, 이

2. 한국 자본주의 종속성의 기원

1960년대 초부터 본격화된 한국의 경제발전에서 해외자본의 기여는 매우 결정적이었다. 비록 초기의 경제개발이 섬유와 의류 등 경공업과 노동집약적 산업 위주로 시작되었다 할지라도, 그것들을 생산할 수 있는 기계설비는 국내 제조업의 미발달로 인해 많은 부분 해외로부터의 수입에 의존하지 않으면 안 되었다. 이 때문에 한국이 경제개발을 본격 추진하기 위해서는 무엇보다도 이러한 기계설비와 원자재들을 구입할 수 있는 외환문제를 해결하는 것이 선결과제였다. 경제발전 초기인 1960년대에는 미국의 무상원조, 대일수교 관련한 일본의 보상금, 월남전 참전, 해외 상업차관 등을 통해 외화자금을 조달할 수 있었으며, 또 1973년 중화학공업전략이 본격 착수된 이후에는 이에 소요되는 막대한 투자자금 중 상당 부분은 해외 상업차관과 국제금융시장을 통해 조달되었다.

아래 〈도표 2〉는 한국 경제개발에서 외자가 차지했던 비중을 잘 보여준다. 특히 중화학공업 부문에 대한 투자가 한창 진행되던 시기인 1973~1979년에는 외화차입 비중이 전체 설비투자 자금의 40.4%나 차지하였음을 알 수 있다.[3] 이러한 한국의 초기 경제발전과정에서의 해외자본에

에 따라 업무의 외주화와 파견노동이 활성화되면서 오늘날 비정규직이라 부르는 새로운 형태의 노동자들이 광범위하게 창출되었다. 필자는 이 같은 한국의 비정규직문제와 그 본질인 '재벌체제'와의 관계에 대해선 이미 『레디앙』에서 몇 차례 기고를 통하여 다루었다.(김정호, 2018a/b) 여기선 양자의 연관성에 주목하면서도 그 내용적 측면, 즉 재벌체제하에서 대량의 경제잉여의 해외유출이 발생할 수밖에 없는 한국경제의 특수성을 '종속성'의 범주를 통해 다루고자 한다.

3. 이 통계자료의 원래 출처는 한국산업은행, 『설비투자계획조사』의 각 호인데, 필자는 유철규 엮음, 2003, 7쪽에서 필요한 부분만을 재인용하였다. 이 중 (1) 1964~1971년간의 '외화자금'은 차관만 포함. (2) '원화차입'은 국책은행, 시중은행 및 지방은행으로부터의 원화차입임. (3) 외부자금의 '기타'는 보험회사, 상호신용금고, 단자회사, 리스회사 등으로부터의 차입금 및 사

대한 의존성은 이후 한국경제의 종속성을 지속적으로 규정짓고 그것이 강화

되는 계기로 작용하였다.

년도	기업 외부자금			기업내부자금	직접금융
	원화차입	외화차입	기타		
1964~1971	23.6	29.0	8.3	34.1	5.0
1973~1979	21.4	40.4	2.7	24.4	11.0
1980~1991	21.1	20.0	8.6	32.8	17.5

〈도표 2〉 한국 제조기업의 설비투자 자금조달 형태 (1985년 불변가격 기준) (단위 : %)
(출처 : 한국산업은행, 『설비투자계획조사』, 각호.)

그렇다면 이 같은 경제개발과정에서 초기 해외자본에 대한 의존이 어

떻게 한국경제의 종속성과 관련 있으며, 전자에서 후자로의 '전화'는 어떻

게 이루어진 것일까?

해외로부터의 생산설비 구입을 위해 차입한 외채는 이후 그 상환을

강제받게 되었으며, 이를 위해 한국 기업들은 처음부터 외화 획득에 내몰

리게 되면서 일찍부터 해외시장 개척에 나서지 않으면 안 되었다. 이 때문

에 한국경제는 국내시장의 잠재력을 충분히 개발하기도 전부터 해외시

장에 강하게 의존했다. 다음 인용문은 이 같은 사정을 잘 말해준다.

자본재에 비교 열위를 가진 한국이 경제적 기반을 갖추기 위한 투자를

실행하기 위해서는 자본재의 수입이 필요했으며, 해외여신의 제약이 존재

하는 상황에서 투자를 위한 수입에 필요한 **외환확보의 수단으로 수출독

려가 불가피했던 것이다.** 따라서 한국의 경제성장은 근대적 산업화에 요

채 등을 포함. (4) 직접금융은 국내 주식시장과 채권시장에서의 자금조달.

구되는 투자가 수입증가를 유발하고, 수입증가가 수출증가를 요구하는 인과관계를 가지면서 투자주도의 성장경로를 밟게 되는 것이다.(김진업, 2001, 136~137쪽)

이는 잠시 후에 소개할 일본의 전후 경제발전과정과 비교할 경우 그 차이점이 두드러진다. 어쨌든 경제개발 초기의 변변치 않은 실력을 갖고 해외시장 진출을 서둘러야 했던 한국 기업들에게는, 자신들이 의존할 수 있었던 유일한 경쟁력은 당시 국내 최대의 풍부한 자원이라 할 수 있는 염가판매된 노동력 즉 '저임금'이었다. 이 같은 저임금 구조의 유지를 위해선 권위주의적 국가에 의한 강력한 노동통제가 필요하였으며, 또 저곡가 정책이 함께 수반되어야 했기에 농민에 대한 수탈을 동반하였다. 이리하여 처음부터 국내에서 유기적 분업을 갖지 못한 국민경제가 형성되었으며, 저임금과 저곡가로 인한 낮은 소득분배율로 인해 국내시장은 경제의 전반적인 고도성장과는 달리 상대적으로 위축될 수밖에 없었다. 이는 다시 한국 기업과 한국경제의 해외의존성을 더욱 높이는 원인이 되었다. 이때부터 한국경제는 성장할수록 대외의존도가 더욱 높아지는 구조를 갖게 되었다.

이렇듯 초기 경제발전과정에서의 해외자본에 대한 의존성이 이후 한국경제의 종속성을 규정 짓게 되는 원인은 궁극적으로는 서구 선진자본주의국가 주도의 당대 국제질서의 불공정성과 관련이 있다. 필자는 여기서 이 같은 당대 국제질서를 주도하는 미국과 그 서구 선진국들을 **현대제국주의**라고 규정하기로 한다.[4] 이는 직접적으로 '외채'의 가혹성 그리고 국

---

4. 현대제국주의는 시기적으로는 2차 세계대전 이후에 나타났으며, 그 내용적 측면은 불공정한 국제적 규범질서를 주로 가리킨다. 그리고 그 주체와 관련해서는 미국과 서구 동맹국가로 구성

제분업상의 불공정성으로 표현된다. 이 때문에 일단 한국처럼 해외자본을 빌려 경제개발을 시작할 경우 향후 대외의존성은 심화될 수밖에 없다. 아래 〈도표 3〉은 서구 선진국 자본의 개발도상국에 대한 외화 대출조건이 얼마나 가혹한지를 잘 보여준다. 1980년부터 이자 상환비용이 원금 상환비용을 넘어서고 있음을 볼 수 있다.

년도	1977	1978	1979	1980	1981	1982	1983	1984	1985
누적 채무 상환액	403	545	826	1005	1274	1381	1276	1421	1403
원금	252	332	473	481	553	574	508	587	615
이자	151	213	353	524	721	807	768	834	787
이자비율 (%)	35.5	39.3	42.7	52.1	56.6	58.4	60.2	58.7	56.0

〈도표 3〉 개발도상국의 외채 상환 상황 (단위:억 달러)
(출처:IMF 『세계경제전망』 1984년, 1987년. [张帆, 1989, p. 194에서 재인용])

돌이켜 보면, 기존의 민족경제론은 한국의 경제개발이 국내시장에 기초한 국민경제의 내포적 발전을 이루지 못하고 해외자본과 해외시장에의 의존도가 높은 점을 날카롭게 지적하였다. 이는 당시 한국경제의 현상적 문제점을 잘 포착한 것이긴 하지만, 이 같은 비판이 갖는 한계는 이미 당시 전 지구적 차원으로 존재하며 또 규범적 질서 수립에 기초해 통치하던 현대제국주의에 대한 인식이 부족한 점에 있었다. 한국이 경제개발을 본격 시작할 무렵의 국제체제는 이미 19세기 중엽 자유주의 시대나 20세기

되는 '집단적' 개념이라 할 수 있다. 현대제국주의와 관련한 자세한 논의는 본문의 주제를 벗어나기에 우선 이 정도로 규정하는 것으로 하고, 종속성(신식민지성)을 논할 경우 제국주의가 문제되지 않을 수 없기에 나중에 별도 글을 통해 이 문제를 정식으로 다룰 생각이다.

초 구 제국주의 시대의 그것과는 매우 다른 것이었다. 이 때문에 문제는 단순히 해외자본과 해외시장에 대한 의존성에 있기보다는, 이미 형성되었던 '현대제국주의'가 주도하는 국제질서하의 국제자본과 국제시장에의 의존성에 있었으며, 이 점을 좀 더 구체적으로 지적하고 분석하여야 했다. 종속성의 성격이나 내용은 필연적으로 현대제국주의의 특성과 밀접한 관련을 가질 수밖에 없기 때문이다. 종전 후 등장한 현대제국주의는 전 세계적 범위에서 '규칙제정자'로 군림하면서, '제국주의적 국제규범'의 수립을 통해 다른 국가들을 수탈한다는 점에서 과거 직접적인 영토적 지배를 통해 독점자본의 요구를 실현하는 구 제국주의와는 본질적 차이가 있다. 이러한 상황에서 현대제국주의는 '원조(정부신용과 증여)'를 신생독립국들에 대한 '비자본주의 길'을 저지하는 매우 중요한 수단으로 간주하고, 이에 대해 상당한 의식적인 노력을 기울였다.[5] 대부분의 서구 선진제국들은 개발도상국에 대한 원조에 거액의 자금을 내었으며, 그 액수는 1960년대를 통틀어 연간 60억 달러를 넘나들었다(아래 〈도표 4〉). 1960년대 말 국제통화체제의 위기를 초래한 미국의 외국달러 자산총액(즉 미국의 단기부채) 규모가 대략 330억 달러임을 고려하면, 이 같은 경제원조(정부신용과 증여) 규모는 우리가 생각했던 것보다 훨씬 막대한 것이었음을 알 수 있다.

---

5. 다음의 인용문을 보자. "자본과 투자기금의 결핍, 이것이 제3세계가 처한 가장 일반적인 특징이다. 이 같은 상황에서 … 신식민주의자들은 국가신용과 증여, 즉 돈을 구식민지 및 반식민지의 사회경제생활에 대한 의도적 간섭의 가장 좋은 방법으로 간주하고 있다."(편집부 편 엮, 1986, 218쪽, 고딕체는 필자 강조) 이 같은 원조를 통해 다음 두 가지 목적을 동시에 달성할 수 있다. 즉 첫째는 새로 독립한 제3세계 국가들을 자본주의의 궤도에 편입시키는 것이며, 둘째는 이후 선진국 사적 자본의 투자 확대를 위한 길을 닦는 것이다.

년도	1960	1961	1962	1963	1964	1965	1966	1967
국가 차원의 순 지출액 총계	4,930	6,029	5,950	6,072	5,856	6,202	6,506	6,985
양국 간 원조	4,329	5,277	5,423	5,707	5,476	5,753	5,970	6,218
국제 제 기관 지출	601	752	527	365	380	449	536	767

〈도표 4〉 개발도상국에 대한 OECD 가맹국의 신용과 증여의 동태 (단위 : 100만 달러)
(출처 : "L'Observateur de l'OCDE", Octobre 1968.[6][편집부 엮음, 1986, 219쪽에서 재인용])

종전 후 현대제국주의가 구축한 국제질서는 크게 보아 국제금융·통화 체제와 국제분업체계로 구성되는데, 차지하는 위치에 따라 각국은 현대 제국주의의 능동적 주체인지 아니면 그 수탈대상(즉 신식민지국가)인지 로 구분되게 된다. 현대제국주의의 '주체'를 형성하는 서구 선진국들은 대체로 높은 생산력 혹은 금융 방면의 두터운 실력을 갖고 있어서, 이를 기반으로 이들은 국제분업체계의 상류에서 생산과 유통과정을 통해 개발 도상국들을 직접적으로 착취하거나, 아니면 국제금융·통화체제를 통해 전 지구적 차원에서 개발도상국으로부터 수탈된 경제잉여의 재분배에 참여할 수 있게 된다.

한국의 대외 의존적 경제개발전략의 채택은 현대제국주의가 종전 후 구축한 이상의 국제경제 질서에 본격 편입됨으로써 그 규정성을 강하게 받게 되었음을 뜻한다. 이는 단지 일시적인 원료공급지 혹은 값싼 노동력 공급지의 역할을 맡게 되는 것이 아니라 위의 국제분업체계의 하위에 정식 편입되는 것을 뜻하며, 서구의 과잉 생산설비와 과잉자본의 출구 혹은 대부자본의 투자처가 되는 것을 의미하였다. 또한 당연히 미국이 주도하는 달러 중심의 국제통화체제에 편입되어 달러 패권을 강화시키는 데

---

6. 이 중 '국제 제 기관'은 EEC 개발기금, OECD 개발원조위원회, 국제부흥개발은행(IBRD) 등을 지칭한다.

일조함으로써 현대제국주의를 한층 보완하는 역할을 도맡았음을 의미한다. 이리하여 해방 후 한국사회에 존재하던 정치·군사적 종속성은, 현대제국주의가 주도하는 국제질서에 기댄 한국의 대외 의존적 경제발전 전략으로 말미암아 그 경제적인 물적 기초의 보완이 이루어짐으로써 보다 완성도 높은 종속성으로 한 단계 심화 발전하였다.

해외자본 및 기술에 의거한 한국 경제개발 과정은 일본의 전후 경제발전 과정과 비교할 때 좋은 대조가 된다. 일본은 1953년까지 전후 성공적인 경제부흥을 끝마침으로써 1950~60년대 고도성장의 기초를 놓았으며, 1960년대 중후반부터는 마침내 서구 선진공업국의 대열에 참여할 수 있게 되었다. 일본의 이 같은 경제발전 과정은 전형적인 '선진자본주의 길'을 보여준다고 할 수 있다. 그렇다면 한국은 왜 종속적인 자본주의의 길을 걸어야 했으며, 일본은 어떻게 해서 선진자본주의의 길을 걸을 수 있었을까? 이 의문에 대한 해답은 무엇보다도 초기 출발점이 달랐다는 점에서 찾아질 수 있다. 일본은 전후 경제발전에 있어 필요한 투자자금을 외부에 의존하지 않고 대부분 국내에서 자체적으로 조달하였다. 2차 세계대전이 끝난 직후의 일본은 일반의 상식과는 달리 기본적인 산업시설은 상당 부분 온전히 보존되어 있었다. 아래 〈도표 5〉에서 볼 수 있는 것처럼, 1937년(중일전쟁이 발생한 년도)과 1945년(일본이 패망한 년도) 일본의 생산능력을 비교하면, 면방·면직·시멘트·비료 등 경공업 제품 및 민수품은 하락하였지만, 강철·공작기계·화학제품 등 중화학공업 제품의 생산능력은 확대되었다. 1945년 전쟁이 끝날 무렵 일본 전체 국가의 재화는 1935년에 비해 1.13배가 증가하여 전쟁 전의 수준을 오히려 약간 초월하였다.[7] 이 같은 사정으로 말미암아 전후 경제부흥계획을 시작할 무렵의 일본은 기본적으로 자체 자본과 기술에 의존한 경제발전이 가능하였

제품명칭	생산설비능력		(B)/(A)
	1937년(A)	1945년(B)	
생철(천 톤)	3000	5600	1.87
강철(천 톤)	6500	7700	1.18
알루미늄(천 톤)	17	129	7.59
공작기계(대)	22000	54000	2.45
수산화나트륨(천 톤)	380	661	1.74
탄산나트륨(천 톤)	600	835	1.39
황산암모늄(천 톤)	1460	1243	0.85
인산칼슘(천 톤)	2980	1721	0.58
시멘트(천 톤)	12894	6109	0.47
면사	12165	2367	0.19
면직품(대)	362604	113752	0.31

〈도표 5〉 주요물자의 생산설비능력
(출처 : 桥本寿郎, 长谷川信, 宫岛英昭 共著, 2001, p. 33에서 재인용.)

으며 외부에 의존할 필요가 없었다. 이 때문에 일본경제는 조급하게 처음부터 해외시장에 의존할 필요가 없었으며, 충분한 시간적 여유를 갖고 점진적으로 국내 산업연관을 확대시켜 가면서 기본적으로 국내시장에 의

---

7. 다음의 인용문을 참고하도록 하자. "1945년 전쟁 종식 시, 국가 재화는 1935년에 비해 1.13배가 증가하여 전쟁 전의 수준을 약간 초월하였다. 이 시기 국가 재화의 증감의 구체적 상황은 다음과 같다. 마이너스 성장 부문은 조선(-43.2%), 건축물(-10.6%), 각종 차량(-7.6%), 가계자산(-5.4%) 등이고, 플러스 성장 부문은 공업기계기구(80.6%), 전력과 석탄가스(48.1%), 항만운하(23.4%), 교량(21.5%) 등이다. 비록 일반 가옥과 선박 운수능력은 대폭 하락했지만, 생산설비와 기초시설은 모두 전쟁 전에 비해 비교적 큰 규모로 확대되었다."(桥本寿郎·长谷川信·宫岛英昭, 2001, p. 32) 이 같은 사정은 또 다른 패전국인 독일도 비슷하였다. 즉 "다른 한편, 독일의 자본 저장량은 1938~1947년 기간 17.4%가 증가하였다. 영미 점령기간에도 11%가 증가하였다. 일본과 독일의 공통점은 전쟁 기간 확대된 생산설비는 비록 공습 중 부분적으로 파괴되었지만, 그러나 절대다수는 좋은 상태로 보존되었다는 데에 있다."(桥本寿郎 외, 2001, pp. 32~33)

존하는 내포적 성장의 길을 갈 수 있었다.(여기서 일본도 종전 전까진 지나친 중화학공업에의 편중과 소수 재벌구조로 인해 중소기업이 취약해지는 등 파행적인 경제구조를 가졌다는 점을 지적할 필요가 있다.) 이 같은 내포적 성장과정은 노사관계에 있어서도 유리하게 작용하여 노사는 안정적 타협을 이룰 수 있었다. 즉 일본의 독점자본가계급은 종전 후 변화된 역관계에 순응하여 노동자들에 대한 고용 보장을 약속하였으며, 한번 고용된 노동자에 대해선 해고가 어려운 현실을 받아들였다. 이렇게 되자 자본 측은 할 수 없이 사내교육과 훈련을 통해 이미 고용된 인력을 충분히 활용하는 전략을 채택하였다. 이로부터 노동자들의 기능이 향상되고 노동력의 잠재력이 개발되어 자본 측은 이를 이용할 수 있게 되었으며, 노동자들은 그 대가로 일정한 소득 향상을 기할 수 있게 되었다. 일본의 이같은 국내에 기반한 경제성장과정은 대체로 국내시장의 확대와 보조를 이루었다. 그 결과 경제발전이 기본적으로 국내시장에 기초하고 해외시장을 보조적으로 이용하는 '선진자본주의의 길'이 가능하게 되었다.

물론 선진자본주의 중에는 인구와 국토 면적 면에서 절대적으로 적기 때문에 처음부터 대외지향 전략을 사용할 수밖에 없었던 소국들도 존재한다. 이는 선진자본주의의 길이 일률적으로 국내시장에 바탕을 둔 것은 아니라는 점을 말해준다. 그러나 이들도 현대제국주의 국제질서하에서 '외자'에 기대어 경제개발을 이루었던 것은 아니다. 최소한 자기자본과 기술이 전제되었으며, 그로 인해 국내자원 — 시장뿐만 아니라 특히 노동력 등 인적요소, 중소기업의 육성을 통한 경제의 유기적 구조의 구축, 특화된 전문성의 획득 — 을 충분히 활용할 수 있는 여지를 확보하였다는 점이 강조되어야 한다.

3. 종속성 극복의 좌절

한국의 자본주의는 1987년을 기점으로 그 초기형태를 마감하고 새로운 형태로 전환한다. 여기서 한국의 자본주의는 과연 선진자본주의로 전환할 수 있는 기회가 없었는지에 대해 살펴보기로 하자.

한국 자본주의의 선진자본주의로의 전환을 위한 계기는 일찍이 두 차례 있었던 것으로 보인다. 그 첫 번째는 1980년대 전반의 경제위기에 대한 수습과정에서 구조조정을 동반한 상층으로부터의 일련의 경제개혁이고, 두 번째 계기는 1987년 7~8월 노동자 대파업으로부터 촉발되어 이후 1997년 〈IMF〉 외환위기가 발발하기까지 지속되었던 노동운동의 상승 발전이다. 이들 각각에 대해 살펴보자.

먼저 첫 번째 경우를 보면, 비록 군사 쿠데타로 집권하긴 하였으나 제5공화국 신군부 정권은 국가권력을 동원하여 1980년 초반부터 경제위기에 대한 적극 수습에 나섰다. 이들은 당시 최대의 경제 현안이었던 중화학공업 분야의 과잉투자에 대해 과감한 구조조정을 실시하는 한편, 그동안 미비했던 중소기업 정책을 보완하는 등 나름의 국내 산업연관의 강화에 힘썼다. 예컨대 이들은 그간 경제개발과정에서 한국경제가 양적 성장에 치중했던 약점을 보완하기 위해 성숙 및 성장산업의 국제경쟁력 강화와 고부가가치화를 위한 제도적인 기반 정비를 실시하였다. 그와 함께 이들 산업의 생산기반을 내실화하기 위해 하청계열화, 부품소재 및 기계류의 국산화, 유망 중소기업 지원 등 중소기업 구조고도화와 기술개발 촉진을 위한 제도정비를 확대하였다.(김진업, 2001, 173쪽) 그 덕택에 당시 세계적인 경제 불황 여파로 각국의 전반적 투자가 부진했음에도 불구하고 한국의 기계 및 전기전자 부문의 투자는 급속히 증가하였으며, 또 산업용 화학·자동차·제1차 금속 등에서도 투자확대와 빠른 성장이 이루어졌다. 그 결과 1980년대 전반을 경과하면서 신흥 산업인 전기·전자와 자동차 부문이 성장기여율 면에서 전통적 성장산업이었던 섬유 및 음식료 부문을 앞지르게 되었다. 이 같은 1980년대 전반 구조불황 산업의 조정 및 합리화, 그리고 성장·성숙산업의 국제경쟁력 제고를 위해 실시된 중소기업 육성 및 기술개발 촉진 등의 정책 성과로 말미암아, "경공업-중화학공업 간에 그리고 중화학공업 간에 그 분업연관이 한층 심화되었고, 이와 함께 대기업-중소기업 간의 분업연관 역시 크게 확대"되었다.(김진업, 2001, 179쪽) 이러한 성과를 기초로 한국경제는 이후 '3저 호황'이라는 개국 이래 최대 호경기를 맞이할 수 있었으며, 또 그것을 1990년대 이후 새로운 비약을 위한 발판으로 삼을 수 있었다.

그러나 역사의 진행이 보여주듯 이 시기 산업구조조정과 고도화에 있어 얼마간의 성과는 한국경제의 구조를 근본적으로 개조하는 데까지는 나아가지 못하였다. 오히려 구조조정 후 한국의 재벌체제는 더욱 강화되었으며, 이러한 구조조정과 이를 기반으로 해외시장에서의 성과가 가시화될수록 미국 등 해외의 개방 압력 또한 높아져서 한국경제의 대외의존성은 한층 심화되었다. 결국 한국 자본주의의 첫 번째 자율적 내부조정 및 경제 합리화는 한국사회를 종속성의 기본 틀에서 벗어나게 하지는 못하였다.

두 번째 계기는 1987년 민주화투쟁과 7~8월 노동자대투쟁 이후 1997년 외환위기 직전까지 노동운동의 강력한 발전으로부터 주어졌다. 이 시기 전국 각 사업장에서는 노동조합이 우후죽순처럼 생겨났으며, 이로 인해 노동자들의 조직률이 크게 상승하였다. 이 같은 노동자들의 역량 강화는 자연히 그동안의 높은 한국경제의 성장에도 불구하고 오랫동안 미루어져 왔던 노동자들의 처우에 대한 개선을 가져오게 했다. 이 시기 노동자들의 실질임금은 대폭 인상되었으며,[8] 또 법정 최저임금제도가 실시되었다. 1987년부터 시행된 최저임금제는 1988년과 1989년을 거치면서 점차 그 대상범위를 확대하였으며, 상시 근로자 10인 이상인 전 사업장에 적용되기에 이르렀다. 또 1989년에는 법정 근로시간이 주 48시간에서 주 44시간으로 단축되었으며, 직장의료보험 적용대상은 상시근로자 16인 이상에서 5인 이상으로 확대되었다. 일각에서 전해지는 바에 따르면, 한국의 일부 대기업 중에는 이 시기 과거 일본이 그랬던 것처럼 대세에 순응하여 노동자들의 처우를 개선하고 고용안정을 보장해주는 대신에, 직장교육의 강화를 통하여 노동생산성 향상을 도모하는 등의 새로운 노사관계의 정립이 필요하다는 분위기도 존재하였던 것으로 보인다. 만약 이 같은 분위기가 현실화되었더라면, 한국경제는 그 근저에서 저임금과 해외수출에 기반한 경제구조를 근본적으로 바꿀 수도 있었을 것이다. 그러나 이러한 노사관계에 있어서의 새로운 가능성은 얼마 후 한국경제가 〈IMF〉 사태를 겪고 정부가 노동운동에 대한 강경탄압 정책으로 돌아서자 결국 사라지고 만다. 기업들도 이러한 정부정책에 적극 호응해 정리해고와 비정규직 노동자를 확대하는 방향으로 나아갔다.[9]

---

8. 이와 관련하여 현대중공업 해고자 이갑용 씨의 말을 들어보자. 그는 1991년 3월 초의 상황을 이렇게 회고한다. "회사는 조합원을 설득하기 위해 상여금 600%를 확정 지급해준다. 1987년 노동조합이 생기고 4년 만에, 300% 차등 지급이던 것이 600% 일괄 지급으로 바뀐 것이다. 따져 보면 불과 5년 만에 10년 동안 고정되어 있던 성과급이 배로 오르고, 임금도 두 배 이상, 거기에 각종 단체협약의 인상분까지 합하면 회사가 지급해야 할 임금이 1987년보다 10배 정도는 늘어났다. … 정말 회사가 망해야 하는데 어찌 된 일인지 해마다 흑자란다. 답은 그거였다. 그동안 우리가 그만큼 착취당했다는 것, 회사가 늘 피우던 엄살은 거짓말이었다는 것, 우리는 정말 바보였다는 것."(이갑용, 2009, 116쪽)
9. 다음 인용문은 1997년 외환위기를 전후로 한 상황 변화를 잘 말해준다. "1997년 위기 이후 착취율 상승은 1997년 이전까지 나타났던 노동자계급에 대한 우호적인 추세들, 예컨대 국민

4. 〈IMF〉외환위기 이후 종속성 심화 : 자본시장 전면개방

현재 한국의 이론진영에서는 1987년 이후 국가 주도의 경제개발이 민간자본 주도의 경제운영으로 바뀌었고, 또 과거 권위주의적인 정부가 민주적 형태로 바뀌었다고 해서 한국사회와 한국자본주의의 성격이 근본적으로 변화된 것처럼 바라보는 시각이 지배적이다. 그렇다면 1990년대와 외환위기 이후 실제로 앞서 살펴보았던 '종속성' 문제가 근본적으로 극복되었는지를 알아보도록 하자. 여기서는 주로 상품무역 분야의 대외의존성과 자본시장 완전개방 두 측면을 고찰한다.

먼저 한국경제의 대외의존성을 보면, 한국경제가 〈IMF〉 외환위기를 겪은 후 무역의존도가 지속적으로 높아졌으며, 특히 수출이 전체 경제활동과 경제성장에서 차지하는 비중이 지나치게 커졌음을 확인할 수 있다. 이는 한국경제가 과거와 마찬가지로 국내시장보다는 해외시장에 크게 의존하고 있음을 보여주는 것이다.

아래 〈도표 6〉에서 볼 수 있듯, 외환위기 전인 1988년과 1997년 무역의존도는 각각 59.4%와 58.7%이었다. 그런데 외환위기 이후인 2004년과 2005년 이 지표는 각각 72.8%와 71.2%로 높아졌다. 또 최근 2013년과 2014년에는 다시 102.8%와 95.9%로 한 단계 더 높아진 것을 알 수 있다. 이는 한국경제의 대외의존도가 시간이 지남에 따라 더 심해지고 있는 추세를 보여준다.

소득에서 임금 몫이 차지하는 비중, 즉 노동소득분배율의 상승 추세, 소득분배의 불평등의 개선 추세, 노동시간의 감소 추세 등이 1997년 위기 이후 중단되거나 역전되는 사실에서도 확인된다 … 우리나라 노동소득분배율은 1997년 위기 이후 저하 추세로 반전되어, 2004년에는 44%까지 저하하여 1989년 수준으로 되돌아갔다. 즉 자본이 1987년 7~9월 노동자대투쟁 이후 노동에 내주었던 것을 다시 탈환한 것이다."(정성진 외, 2006, 27~28쪽)

항목/년도	1988	1989	1996	1997	2000	2004	2005	2013	2014
수출	33.0	27.9	25.3	29.0	35.0	38.3	36.8	53.9	50.6
수입	26.4	25.7	28.2	29.7	32.9	34.5	34.4	48.9	45.3
무역의존도	59.4	53.6	53.5	58.7	67.9	72.8	71.2	102.8	95.9

〈도표 6〉 한국의 무역의존도 (GDP 대비, %). (출처 : 국가통계포털[KOSIS]) ※ (1) 재화와 서비스의 수출, (공제) 재화와 서비스의 수입. (2) 명목 GDP 대비. (3) 2010년 통계기준에 따름.

무역의존도의 증가는 양적 측면에서 대외의존성의 증대를 보여주는 것이긴 하지만, 그 질적인 좋고 나쁨을 보여주지는 못한다. 때문에 그와 관련된 판단을 위해서는 다른 보조적 지표가 필요하다. 이와 관련하여 1990년대에 들어선 이후 국내 산업연관의 약화에 따라 수출 증가가 생산 증가를 유발하기보단 수입 증가를 유발하는 효과를 낳고 있는 문제를 주목할 필요가 있다. 한 연구결과에 따르면, 수출 증가의 생산유발계수는 1990년 1.99에서 2000년 1.87로 감소한 반면 수출 증가의 수입유발계수는 1993년 0.28에서 2000년 0.37로 증가하였다. 수출의 취업유발계수, 즉 수출이 10억 원 증가할 때 늘어나는 취업자의 수를 나타내는 지표 역시도 1990년 46.3명에서 2000년 15.7명으로 10년 동안 66%나 감소하였다. 이는 "대기업과 중소기업 간의 분업연관 약화, 수출기업과 내수기업 간의 분절, IT산업과 비IT산업 간의 양극화 등의 결과"(정성진 외, 2006, 48쪽) 때문이다.

한국경제의 대외의존성을 잘 나타내주는 다른 지표로는 생산수단의 수입의존도라고 할 수 있다. 이 지표는 1990년대 중반까지 감소 추세를 보이다가 그 이후 다시 증가하는 양상을 보여준다. 예컨대 중화학공업에서 사용하는 중간투입(원자재, 부품) 중 수입품의 비중이 1970년 49.2%에서 1993년 25.7%까지 감소하였는데, 그 후 감소세가 중단되어 2000년에는 32.1%까지 증가하였다. 특히 제조업 부문 전체 민간 총고정자본 형성 중 수입품의 비중은 1993년 31.3%에서 1995년 37.6%, 2000년 42%로 급증하였다.(정성진 외, 2006, 48~49쪽)

이처럼 1990년대 이후 한국경제의 대외무역 비중이나 수출의존도가 그전보다 더욱 높아졌으며 이 때문에 대외의존성은 한층 더 엄중해졌다. 그러나 이 시기 한국사회의 대외의존성 문제의 핵심은 '자본시장 전면개방'과 관련되어 있다. 이 점은 후기 한국 자본주의 전체를 통틀어 전기와 구분되는 가장 중요한 특징이라고 할 수 있다. 그것은 경제개발 초기에 투자자금의 해외조달과 이를 상환키 위한 수출주도형 경제의 고착화로부터 생겨났던 '대외의존성'과는 대비되는 것이며, 중화학공업화의 진척에 따른 과잉생산물의 해외시장 판매를 위한 '대외의존성'과도 구분되는 새로운 특징이라고 할 수 있다.

한국의 자본시장 개방은 1980년대 들어 시작되었는데, 1997년 〈IMF〉 외환위기를 맞으면서 그 정점에 이른다. 그 후 2005년 한미 FTA에서 투자자유화와 지적재산권 보호 및 서비스분야 등 나머지 분야의 추가개방을 실시하면서 사실상 한국경제의 전면개방이 이루어졌다. 사실상 이는 한국경제에 대한 국제 독점자본(혹은 현대제국주의)의 경제적 침투에 있어 **전면화**와 **직접화**를 의미한다. 여기서 '직접화'와 관련해서 부연하자면, 이는 전기 한국 자본주의에 대한 경제적 침투방식과 비교할 때 그러하다. 전기에는 상품수출입을 통한 간접적인 방식이 주요한 것이었다면, 이제는 자본시장에 대한 직접적 투자 방식으로 바뀌게 되었다고 할 수 있다. 예컨대, "특히 80년대 중반 이후 미국의 공격적 자유주의는 한국과 같이 수출에 대한 의존도가 극히 높은 자본주의 국가의 '대외관계' 개념을 송두리째 바꾸었다. 과거의 대외관계라는 것이 주로 **수출입시장**을 의미했다면 이제 대외관계는 **자본시장**의 개방을 의미하게 되었다. 1980년대까지는 상품시장 개방이었지만 1990년대에 이르러서는 본격적인 자본시장 개방이 요구"(정성진 외, 2006, 193쪽)[10]가 되었던 것이다.

이렇듯 국제 독점자본의 경제적 침투방식이 바뀌게 된 것은 다음 두 측면에서 그 원인을 찾을 수 있다. 하나는 현대제국주의가 이 시기에 신자유주의를 전면에 내걸고 전 지구적 개방화 특히 금융자유화를 적극 요구하였던 점을 들 수 있다. 다른 하나는, 그간의 한국경제의 변화 역시 중요한 요인으로 작용하였는데, 이전까지만 하더라도 한국경제는 아직 발전이 미숙하였기 때문에 국제 독점자본(현대제국주의)의 입장에서 보면 자신의 경제적 의도의 관철은 상품의 수출입무역으로도 충분하였다. 비록 자본수출이 필요하였다 할지라도 차관이나 국제신디케이트론과 같은 간접적인 '대부자본' 형식으로도 충분하였으며, 굳이 주식시장과 같은 자본시장에의 직접투자가 절실한 것은 아니었다. 그러나 차츰 한국의 경제개발에 따라 그 경제성장의 과실이 가시화되면서부터 보다 효과적인 '공유' 방식이 필요하게 되었다. 또한 재벌과 같은 사적 독점자본이 한국에서 점차 성장하여 선진국 자본과 경쟁하게 됨에 따라, 기존과 같은 외부로부터의 대부자본의 수출만 가지고서는 이에 대한 통제와 활용이 부족하게 되었으며 보다 강력한 간여 수단이 요구되었다. 이 같은 의미에서 보다 '직접적'인 경제침투 방식이 필요하게 되었는데, 이는 한국 자본시장의 전면개방으로 주식시장에서 외국인 직접투자가 자유로워짐으로써 실

---

10. 다만 위 인용문의 저자는 미국의 공격적 자유주의의 본질을 국제금융자본(즉 국제투기자본)이라고 본다. 그러나 이는 자본의 국제화에 있어 '산업자본 국제화'가 새로운 단계에 이르렀음을 반영한다. 왜냐하면 그것이 자본국제화의 주요하고 지배적인 측면이기 때문이다. 단순히 금융(업)자본의 국제화로 이해하는 것은 편협하다.

현되게 된다. 이제부터는 한국사회 '내부'로부터의 경제침투가 가능하게 되었으며, 때문에 자본시장 전면개방은 단순히 한국경제의 대외의존성을 넘어 한국사회의 기존의 종속성의 한 단계 상승을 의미한다.

자본시장 개방이 갖는 의미는 나라마다 분명 다를 수 있다. 그 때문에 좀 더 구체적인 논의가 필요한데, 한국이 1997년 〈IMF〉 외환위기를 계기로 수용한 자본시장 전면개방에 대해 미시와 거시 두 측면으로 나누어 살펴볼 수 있다.

먼저 **미시적** 측면에서 보면, 한국에서 자본시장 개방의 중점은 주식시장의 개방이었다. 주식시장을 통한 상장 기업에 대한 외국인투자가 거의 무제한 허용됨으로써, 경제잉여가 대량으로 해외에 유출될 수 있는 통로가 마련됨과 함께, 한국 기업지배구조에도 큰 영향을 미치게 되었다. 주지하다시피 각국의 주식시장은 그 나라 우량기업들을 집결시켜 놓은 곳이다. 한국주식시장 역시 그러하였는데, 여기엔 국내 재벌의 간판급 기업들이 대부분 상장되어 있다. 이들 기업들은 그간 국가의 집중적인 지원에 의해 육성되어 왔다. 그리하여 현재는 선진국들이 이미 경쟁력을 상실한 철강·화학·조선 분야뿐만 아니라, 자동차와 전자·정보통신 등 일부 첨단 제조 분야에 있어서도 나름의 입지와 국제경쟁력을 갖추게 되었다. 이들 기업들의 해외시장 경쟁력을 지원하는 한국 정부는 법인세 감면 등 각종 특혜조치를 베풀어주고 있으며, 또 국내 독점적 시장구조를 사실상 묵인하는 한편 장시간·저임금의 노동 관행 역시 방치한다. 미국을 비롯한 국제 독점자본은 자신들이 직접 이들 제조업 분야에 진출하지 않더라도, 한국 주식시장에 상장된 우량 재벌기업들에 투자함으로써, 이들 기업들이 위의 각종 특혜를 통해 획득한 '초과이윤'을 전혀 힘 들이지 않고 향유할 수 있게 된다.[11] 이런 방식으로 국외로 유출되는 국내의

경제잉여는 아래 〈도표 7〉에서 보듯 막대한 규모에 달하는데, 한국 상장
기업 전체 주식배당금의 30~45% 수준에 이르고 있음을 알 수 있다.[12]

회계연도	배당금(백만 원)	전체 배당금 중 비중(%)
2005	3,710,800	42
2006	5,360,000	45.8
2007	5,144,600	42.9
2008	2,500,500	31.5
2009	3,670,400	34.7

〈도표 7〉 외국인 주주에게 지급된 현금배당
(출처 : 한국예탁결제원 [지주형, 2011, 359쪽에서 재인용])

한국 재벌기업들이 국내외 시장을 통해 아무리 많은 돈을 벌어도 그
이윤의 3분의 1 내지 거의 절반가량은 외국인들 손에 넘어가게 됨으로써,
결국 한국 국민들은 애써 일해서 남 좋은 일만 시켜주는 꼴이 되고 만다.
외환위기 이후 한국경제의 지속적인 외형적 성장과는 달리 대다수 국민

---

11. 이에 대해 『부자삼성 가난한 한국』의 저자 미쓰하시 다카아키는, "과점화된 시장에서 극단
    적인 이익을 올리는 기업의 주주 중 대다수가 '외국인' "(2008, 28쪽)이라고 지적한다. 참고로
    외국인들이 투자하고 있는 한국의 우량기업들의 상황을 보면 이러하다. 2018년 9월 27일 현
    재, 삼성전자(52.6%), 현대자동차(46.2%), 포스코(55.4%), 현대모비스(48.6%), 기아차(40.7%),
    현대중공업(16.7%), 현대중공업지주(20.7%), KB금융(70.3%), 신한금융지주(69.2%), 하나금
    융지주(71.2%), 8개 시중은행 중 2개 은행(SC제일은행, 한미은행)의 경영권 장악.
12. 이 밖에 시세차익으로 이들 외국인 투자자들이 얻는 수익은 더욱 막대하다. 즉 "1992년부
    터 2007년 9월 말까지 외국인들이 받은 누적 배당액은 총 16.6조 원에 불과하지만 국내 주
    식시장에서 얻은 '평가차익'의 액수는 총 306.6조 원에 이른다. 이 둘을 합치면 1992년부터
    16년간 연평균 20조 원이 외국자본에 지급된 것이다. 더구나 2005년부터 2007년까지 3년간
    외국인이 보유주식의 일부(40퍼센트 보유 지분 중 약 10퍼센트)를 매도해 회수한 자금만 39
    조 9000억 원으로 1999년부터 2004년까지 외국인들이 투자한 원금 42조 원에 거의 맞먹는
    것으로 추정된다."(지주형, 2011, 359쪽)

들이 시간이 갈수록 빈곤해지는 이유를 우리는 상당 부분 이 같은 경제 잉여의 대량유출에서 찾을 수 있다. 이뿐만 아니라 '자본시장 전면개방'으로 인하여, 외국인들은 필요할 경우 언제고 적대적 M&A라는 방식으로 한국 상장기업에 대한 사냥에 나설 수 있다. 이는 미국과 서구 자본에 있어선 자국 정부가 쉽게 찍어낼 수 있는 종이화폐(달러와 유로)를 가지고 와서 한국 민중이 수십 년간 허리띠를 졸라매며 키워온 국내 우량기업과 맞바꿀 수 있음을 의미한다. 외국자본의 이 같은 위협 때문에 이제 한국 기업들은 자신의 소유권 방어에 많은 역량과 자금을 쏟아부어야 한다. 특히 재벌개혁에 필요한 '출자총액제한' 제도의 엄격한 실시를 제약하는 등, 한국 재벌집단의 낡은 기업지배구조를 유지하는 데 있어서도 자본시장 전면개방은 간접적인 공헌을 하고 있다. 직접적인 적대적 M&A의 위협이 아니더라도, 외국인 투자자의 국내 증시에 있어서의 점유율 확대(특히 소수 우량기업에 대한 투자집중)는 자연히 평상시 상장기업들의 의사결정과 경영활동에 대한 외국인들의 입김이 강해지게 만든다. 국내 유수 대기업들이 요즘 들어 장기적인 투자에 관심을 기울이지 못하고 눈앞의 경쟁력 유지와 단기수익에 급급해하는 관행은, 이처럼 많은 지분을 보유하고 있는 외국계 기관투자가들의 단기이윤추구 성향과 일정한 관계가 있어 보인다.[13]

---

13. 예컨대 외환위기 이후 한국 상장 대기업들의 배당률이 높아진 것도 외국인 투자가들의 성향과 상관이 있는 것 같다. 즉 "요즘에는 삼성전자만이 아니고 우리나라 10대 상장사, 100대 상장사가 모두 비슷하게 행동하면서 매년 합쳐서 30조~50조를 국내외 주식 투자자들에게 분배하고 있어요."(장하준·정승일·이종태, 2012, 227쪽). 그런데 이 같은 막대한 배당금은 원래 제약이나 바이오, 정밀화학, 첨단부품소재, 우주항공처럼 앞으로 10~20년 걸려 개척해야 할 산업 쪽으로 과감하게 투자되어야 할 돈이었다. 그렇게 하지 못하는 이유는 바로 외국인 투자가들의 압력 때문인데, 다음 인용문의 사례를 보면 대충 그 사정을 짐작할 수 있다. "지난 2005~2006년에 칼 아이칸이라는 미국의 투기 자본이 담배인삼공사라고 지금의 KT&G 의 주식을 대량 매입한 뒤 경영권에 도전하겠다고 선언한 적이 있습니다. 이른바 적대적

다음으로 '자본시장 전면개방'의 거시적 측면의 영향을 살펴보자. 한국 정부가 수행하는 화폐금융정책의 효력을 약화시키고 국내 금융시장에 대한 달러의 영향력을 증대시키는 사례를 들 수 있다. 현대 시장경제에 있어 화폐금융수단은 재정수단과 함께 정부가 국민경제에 개입할 수 있는 중요한 수단 중의 하나이다. 자본시장이 전면 개방되고 외국인들이 주식시장과 시중은행 지분의 점유 비중을 높임으로써 한국 정부의 화폐금융정책의 효과는 적지 않게 반감되고 있다. 외국자본이 경영에 참여하고 있는 은행과 금융기관이 "정부의 방침을 잘 따르지 않으며, 리스크 관리 시스템의 공동책임을 부정하고 무임승차하려는 경향"(지주형, 2011, 360쪽)[14]이 크게 나타나고 있는 것이 그 원인이다. 이는 결국 국가의 경제 전반에 대한 거시조절능력을 약화시키며, 정부가 수행하는 경제성장, 물가 안정, 빈부격차해소, 산업구조고도화, 과학기술증진과 같은 중요 정책은 제약을 받게 된다.

국내 금융시장에 대한 미국 달러의 영향 증대와 이로 인한 외환시장의 불안정성은 자본시장 전면개방이 가져온 또 다른 무시할 수 없는 거시적 영향이다. 이는 앞서 미시적 측면과 함께 한국경제의 종속성을 심화시키며 한국사회 전반에 대한 국제 독점자본(현대제국주의)의 규정성을 크게 강화시킨다. 국제분업상의 위치를 볼 때 한국은 상대적으로 제조

M&A 위협이죠. ⋯ 결국 아이칸이 승리했어요. 그 부동산을 팔게 한 거죠. 그러고는 그렇게 해서 발생한 해당 연도 특별 이익을 한 푼도 남기지 않고 모두 배당금으로 주주들에게 나누도록 요구했어요. 앞서 말했듯이 아이칸과 경영권 분쟁을 벌인 KT&G의 주주 이익 분배율은 무려 156퍼센트에 달했습니다."(장하준 외, 2012, 239~240쪽).

14. 국민은행을 포함해 외국자본이 지배하는 은행들은 주주가치를 내세우며, 2003년 금융시장의 불안 요인이 된 LG카드 사태 해결을 위한 자금 지원에 비협조적이었다고 전해진다. 이들은 자신들이 빠지더라도 정부가 산업은행 같은 국책은행을 내세워 LG카드 사태를 해결할 것이라는 도덕적 해이감에 빠져 있었기 때문이라는 것이다.

업 강국에 속하며, 대미무역에서 상당한 흑자를 보고 있다. 그런데 미국이 달러 패권의 지위를 유지하기 위해선 국제수지 적자로 인해 해외로 유출된 달러에 대해 잘 통제할 수 있어야 한다. 이 경우 한국과 같은 대미무역흑자국의 자본시장 개방은 매우 중요한 조건을 제공한다. 미국의 금융자본들은 한국 주식시장에 대한 점유율을 확대하여 일정 정도 주도권을 장악한 후, 평상시에는 얌전히 주식배당을 받고 있다가도 필요시 언제든지 보유주식을 처분하고 빠져나갈 수 있다. 이 경우 일시에 이루어지는 외국인의 대량매도는 1997년 외환위기 사태 때 경험했던 것처럼 주식시장을 공황상태에 빠트리며, 필연적으로 외환시장을 교란시킨다. 만약 지금과 같은 상황에서 한국 주식시장에 투자한 외국투자가들이 자신들의 주식매도 대금을 달러로 교환하여 일시에 빠져나가는 사태가 발생할 것을 상정해보자. 그 경우 한국 외환시장에서는 원화가치가 폭락하게 될 뿐만 아니라 외화부족으로 인해 과거와 같은 '외환위기' 사태가 재현될 수 있다. 때문에 한국은 이 같은 위험상황에 빠지지 않기 위해 대미무역에서 벌어들인 달러의 상당 부분을 수익률이 낮은 미국정부 채권에 투자하여 일정수준 이상의 외환보유고를 상시 비축해두어야 한다.[15] 이는 달러의

---

15. 한국의 경우, 2001년 1,850억 달러였던 내국인의 해외투자 잔액은 2006년 4,415억 달러로 2.4배 증가하였다. 이는 내국인의 해외증권투자가 크게 늘어난 탓도 있지만 준비자산, 즉 외환보유고가 2001년 1,028억 달러에서 2006년 2,389억 달러로 늘어나 해외투자 잔액 증가분의 절반 이상을 차지한 것도 주요하게 작용하였다. 이러한 외환보유고는 지나친 면이 있다. 자금의 기회비용인 이자율을 단순 비교할 경우, 한국의 국내이자율이 미국의 이자율보다 일반적으로 높기 때문에 이에 따른 한국경제의 손실도 적지 않은 셈이다. 우리나라의 경우 외환보유고 유지로 인한 재정손실은 GDP의 0.4~0.6%에 달한다고 한다.(현재 40억~60억 달러에 해당하는 수치) 전반적으로 한국뿐만 아니라 외환위기를 경험한 아시아 국가들에 있어 외환보유액 수준은 상당히 높은 편이며, 일부 연구보고에 따르면 아시아 국가들의 초과 외환보유고가 GDP의 10%를 넘는 규모라는 추정도 있다. 관련 내용은 김인준·이창용 엮음, 2008, 86~88쪽 참조.

국제기축통화로서의 지위를 강화시켜주는 셈이 된다. 결국 한국과 같은 종속적인 자본주의국가의 존재와 그 자본시장 개방을 통해 미국은 자신들의 패권을 더욱 강화한다.

이상의 분석에 대해 지적된 문제들은 특별히 한국만의 문제는 아니고 전 지구적 현상이라고 이의를 제기할 수 있다. 지구화 시대인 오늘날 세계 각국의 금융시장이 개방되고 긴밀하게 상호 연계된 상황에서 이 같은 문제들은 어느 나라에서도 찾아볼 수 있다는 것이다. 오늘날 세계 금융시장의 연동성이 강화되었기 때문에 금융시장 안정성이 과거에 비해 많이 취약해진 것은 사실이다. 그러나 중요한 것은 그 정도에서 각국의 사정이 다르고, 이는 국제통화질서에서 차지하는 위치에 따라 결정된다는 사실이다. 우선 미국의 자본시장은 다른 어느 나라보다도 안전하다. 자국 내에서 문제가 발생하지 않는 한 외부의 교란에 의해 그 안정성이 해쳐지는 경우는 거의 상상할 수 없다. 이는 미국이 '달러'라는 세계화폐의 발권국가이기 때문에 그러하다. 이보다 좀 덜하지만 서구 금융시장도 비교적 안정적이다. 그것은 이들도 엔화나 유로를 통해 세계기축통화체계에 있어 일정 정도의 몫을 차지하고 있기 때문이다. 이처럼 이들은 모두 국제통화체제와 국제금융질서에 있어 모두 나름대로 유리한 위치를 차지하고 있는데, 이 점이야말로 현대제국주의의 핵심적인 부분이라 할 수 있다. 이와는 대조적으로 국제질서에서 자본시장을 개방할 경우 가장 피해를 보는 것은 개발도상국일 수밖에 없다. 여기서 종속적 자본주의국가인 한국도 예외는 아니다. 한국은 위의 선진국들처럼 현 국제통화체제와 금융질서에서 유리한 위치에 서 있지 않으며, 오히려 일반 개도국들보다 한국의 금융시장은 자본시장의 전면개방으로 인해 더욱 취약할 수 있다. 그 이유는 한국은 어느 정도 산업화를 달성한 사회이고 주력 기업들은 수출을 위주로 하며, 대외의존성 때문에 결국 외부적 강압에 의해 금융시장을 전면 개방했기 때문이다.[16] 이에 비해 다른 개발도상국들은 대부분 아직 산업화를 달성하지 못한 상태로, 선진국 금융자본에게 한국만큼 유인요인을 제공해 주지 못한다. 이 때문에 한국의 금융시장(특히 주식시장)은 국제금융자본의 주요한 타켓이 된다.[17] 이처럼 한국의 자본시장 개방을 단순히 일반적인 금융의 '대외의존도' 심화 정도로만 이해하는 것은 부족하다. 그것은 총체적으로 국제 독점자본(현대제국주의)과의 관계에서 이해될 필요가 있다. 그러할 때만 위에서 살펴본 것처럼 국제 독점자본이 미시와 거시양 측면에서 '직접적'이고 '전면적'으로 한국경제에 침투하여 보다 강력하게 자신을 관철하고 있는 객관 현실이 분명하게 인식될 수 있다.

5. 결론에 대신하여 : 종속성과 '낮은 생산력'

우리는 애초 지금 한국사회와 노동운동의 최대 현안인 비정규직문제로부터 논의를 출발하였다. 한국에서 날로 심각해지는 비정규직문제는 신자유주의가 가져온 일반적인 비정규직문제와는 차원이 다른 '한국적 비정규직문제'임을 지적하였다.

이 경우 '한국적 비정규직 현상'은 근본적으로 한국 자본주의의 다음

---

16. 한국의 현 개방화 수준을 이해하는 데 다음 인용문은 도움이 된다. "한국은 2009년 자본시장 개방도를 나타내는 '자본 접근성 지수'(CAI)에서도 10점 만점에 7.39점을 받아 조사 대상 122개국 가운데 12위를 기록했다. 이는 캐나다(8.25점), 홍콩(7.99점), 영국(7.95점), 싱가포르(7.92점), 미국(7.88점), 스위스(7.68점), 스웨덴(7.54점), 오스트레일리아(7.52점)보다는 낮지만 중국(6.00점), 대만(6.54점), 일본(6.72점)은 물론 프랑스(6.99점), 독일(6.84점), 이탈리아(5.96점)보다 높은 수치이다."(지주형, 2011, 358쪽).
17. 2005년 말 한국에 대한 외국인 주식투자 규모는 2,570억 달러로 세계 7위를 기록하였다. (지주형, 2011, 359쪽).

과 같은 사정과 관련이 있다. 한국은 이미 산업화와 도시화를 기본적으로 달성함으로써 노동자계급이 인구의 절대다수를 이루었음에도, 아직도 사회보장제도가 미비하다. 이는 결국 한국 자본주의 물적 토대의 취약성을 반영하는 것이다.

그렇다면 한국 자본주의의 이 같은 물적 토대의 취약성의 원인에 대하여, 본문은 지나친 대외의존성(종속성)과 이로 인한 무역시장과 자본시장에서의 대량의 '경제잉여 유출'을 지적하였다. 이 점이 한국이 외형상 GDP 기준으로 〈OECD〉 국가 중 11위를 차지함에도 서구 선진 자본주의국가 수준의 사회보장제도를 갖출 수 없게 하는 근본 원인이라 할 수 있다.

글을 마감하기 전에 끝으로 '대외의존성'과 '경제잉여 유출'과의 관계를 언급해보자. 대외의존성이 지나쳐서 경제잉여의 대량 유출이 발생하는 지경에 이르면 이는 곧 종속성으로 전화한다. 그런데 구체적으로 양자를 매개하는 것은 한국 자본주의의 '낮은 생산력'이다. 여기서 낮은 생산력은 '종속성'과 그것이 내포하는 '경제잉여 유출'과의 관계에 있어서 원인이자 결과라고 할 수 있다.

먼저 원인의 측면을 보면, 여기서 '낮은 생산력'은 두 가지 의미를 갖는다. 첫째는 절대적 측면에서, 이는 자본의 '저임금, 장시간' 노동에 기반한 초과착취를 강제한다. 둘째는 서구 선진 자본과의 비교에서의 상대적 의미에서, 이는 국제 독점자본과의 경쟁을 통해 현실화된다. 한국 자본주의의 성격 규정과 관련하여 이 둘 중 주요한 것은 후자이며, 어쩔 수 없이 한국 자본의 첫 번째 측면을 강제하고 규정케 한다. 한국 자본은 상대적인 기술적 열위를 안고 선진자본과 경쟁할 수밖에 없는 구조 속에서 '경제잉여의 유출'이 발생하게 되며, '저임금, 장시간' 노동에 기초한 축적 방식을 강요당한다.

다음 '낮은 생산력'이 종속성의 결과인 측면에서, 한국 자본주의가 종속성에 의해 생산력발전이 근본적 제약을 받게 되는 것을 말한다. 그 이유는 다시 다음 두 가지를 들 수 있다.

첫째, 대외의존적인 경제발전에 따라 국민경제 전반의 재생산과정이 매우 불안정하며, 외부의 변화에 쉽게 흔들리고 일단 경제위기가 발생하면 그것이 선진자본주의보다 증폭되는 취약성을 갖는다. 그 대표적인 사례로 1970년대 후반의 경제위기를 들 수 있다. 그 무렵 세계경제가 갑자기 불황에 빠지자 그때까지 대규모 외자를 들여와 중화학공업 전략을 추진하던 한국경제는 매우 큰 충격에 휩쓸리게 되었다. 결국 권력층 내부의 쿠데타에 의한 박정희 유신체제의 몰락과 제5공화국 신군부독재정권 성립의 계기가 되었는데, 이 위기는 1980년대 중반까지 이어진 긴 구조조정과 '3저 호황'이라는 국제환경의 우연적 변화를 통해서 가까스로 수습될 수 있었다. 이후에도 한국경제는 1997년 외환위기를 겪는 등 서구의 선진자본주의보다 훨씬 큰 동요와 불안정성을 내비치고 있다.

이러한 사례가 보여주듯, 한국 자본주의의 대외 의존적 경제발전전략에 기인하는 재생산과정의 취약성은, 자본주의 재생산과정이 본래 갖고 있던 일반적 취약성에 더해 자신의 경제위기를 더욱 증폭시키고 사회 전반의 위기를 몰고 오는 경향이 있다. 이 같은 불안정성으로 인해 종속적인 한국 자본주의의 생산력발전은 선진자본주의에 비해 더 많은 제약을 받게 된다.

둘째, 대외 의존적 경제발전전략으로 인해 국내시장의 성장이 억압당하고 국내 보유자원의 잠재력을 충분히 발휘할 수 없게 되는데, 이는 장기적으로 볼 때 '낮은 생산력'에 더욱 결정적 영향을 준다. 앞서 살펴보았듯이 국외로부터 생산재와 원료의 구입을 위해 차입한 외화는 차입금 상환을 강제함으로써, 한국경제는 국내시장의 잠재력이 충분히 발휘되기도 전에 해외시장에 대한 의존성을 높일 수밖에 없었다. 이 때문에 저임금·저곡가 등 국내 민중에 대한 초과착취와 수탈이 구조화되는 한편, 동시에 대기업 위주의 편향적 수출지원 정책으로 인해 중소기업의 육성을 통한 국민경제 내부의 유기적 분업관계의 발전이 저해되었다. 이 때문에 국내시장은 경제의 전반적 고도성장과는 달리 상대적으로 위축될 수밖에 없었으며, 이는 다시 한국경제로 하여금 더욱 대외의존성을 높이게 하는 요인이 되었다.

여기서 국내시장의 육성이 억제된다고 하는 것은, 단지 '유통' 측면에서 시장규모의 확대라는 양적인 의미만을 갖는 것이 아니다. 좀 더 본질적으로 **국내자원의 심도 깊은 발굴과 이용이 저해된다**는 의미를 담고 있다. 생산력발전의 제일 요소는 무엇보다도 인적자원이며, 그 개발 및 효율적 활용이 장기적으로 매우 중요하다. 그런데 이러한 인적자원의 개발과 활용이 '저임금' 정책으로 말미암아 지극히 낮은 수준에 머물게 됨으로써, 경제발전을 추동하는 창조성과 과학기술의 발전이 근본적으로 저해 받게 되는 것이다.

결론적으로, 지금 한국경제의 발전을 심각하게 저해하고 기술발전을 가로막음으로써 경제잉여의 대량 유출을 낳게 만드는 것은 '종속성'이며, 여전히 그것을 탈피하는 것이 한국경제와 한국사회의 주요 과제라고 할 수 있다. 이 같은 종속성의 구현체이자 구조화 요인인 재벌체제에 대한 근본 개혁은 바로 지금 시기 한국 변혁운동의 핵심과제이다. 이는 또한 한국 비정규직문제의 해결을 위한 길이기도 하다.

:: 참고문헌

국내 자료

김인준·이창용 편. (2008). 『외환위기 10년, 한국금융의 변화와 전망』. 서울대학교출판부.

김정호. (2018.4.5.). 재벌 문제, 한국 비정규직 문제의 본질-1. 『레디앙』.

_____.(2018.4.13.). 재벌 문제, 한국 비정규직 문제의 본질-2. 『레디앙』.

김진업 편. (2001). 『한국자본주의 발전모델의 형성과 해체』. 나눔의집.

미쓰하시 다카아키 (三橋貴明). (2011). 『부자삼성 가난한 한국』 (오시연 역). 티즈맵. (원서 출판 2011).

유철규 편. (2003). 『한국자본주의 발전모델의 역사와 위기』. 함께읽는책.

윤진호 외. (2006). 『비정규노동자 조직화 방안 연구』. 전국민주노동조합총연맹.

이갑용. (2009). 『길은 복잡하지 않다』. 철수와영희.

장하준·정승일·이종태. (2012). 『무엇을 선택할 것인가』. 부키.

정성진 외. (2006). 『한국 자본주의의 축적체제 변화 : 1987~2003』. 한울.

지주형. (2011). 『한국 신자유주의의 기원과 형성』. 책세상.

편집부 편역. (1986). 『현대제국주의의 정치경제학』. 미래사.

외국어 자료

桥本寿郎·长谷川信·宫岛英昭. (2001). 『现代日本经济』. 上海财经大学出版社.

张帆帆. (1989). 『美国跨国银行与国际金融』. 中信出版社.

신자유주의 이후 자본축적

수탈을 중심으로

홍석만 | 민중언론 참세상 발행인

1. 착취와 수탈

수탈의 정의

마르크스는 생산과정에서 노동자의 불불노동시간을 확대하여 잉여가치의 수취를 늘리는 것을 '착취'exploitation로 규정한다. 노동을 통한 상품생산과 잉여가치의 수취는 '착취'의 과정으로 특히 가변자본량 대비 잉여가치량을 잉여가치율이자 착취율로 정의한다. 한편 착취와 다르게 생산된 노동수단과 생산수단으로부터 직접생산자를 몰아내는 것을 '수탈'expropriation이라 불렀다. 자본가와 대토지 소유자가 직접생산자들의 생활수단 및 생산수단을 징발하여 그들을 임금노동자로 재편하는 시초축적 과정을 수탈이라고 본 것이다. 이 시초축적은 전前 자본주의에서 자본주의로 전환되는 모든 영역에서 일어나며, 국가에 따라 상이한 역사 시기에 상이한 국면으로 자본주의 안에서도 지속된다. 또한 자본집중을 통해 소수의 거대 자본가들에게 다수의 중소자본가들의 이윤이 전취되거나 경쟁에서 패배해 회사가 합병되거나 폐업하는 것도 '수탈'당하는 것으로 봤다. 나아가 신용제도를 통해 자본주의적 수탈은 더욱 확장된다.[1] 그리하여 "수탈은 자본주의적 생산양식의 출발점이며, 자본주의적 생산양식의 목표는 수탈을 완성단계에까지 진행시켜 결국에는 모든 개인들로부터 생산수단을 수탈하는 것"이라고 정리한다.(마르크스, 2004b, 546쪽). 최종적으로 독점자본가들이 소유한 생산수단이 생산의 사회화 속에서 수탈되는 것이 마지막 수탈이며 이를 "수탈자가 수탈당한다"라고 묘사했다.[2] 따라서 자본주의 생산양식의 발달 과정에서 매 단계 생산수단(노동수단)의 소유자를 몰아내는 것이 바로 '수탈'이다.

이렇게 보자면, 『자본론』에서 시초축적 이후에 노동자는 착취의 대상이고, 자본가는 수탈의 대상이다. 노동자는 노동수단이나 생산수단을 소유하지 않고 아무런 자산도 없기 때문에 수탈의 대상이 될 수 없다. 그러나 당시에도 고리대는 전 자본주의적 관계이지만 여전히 성행했고, 크지는 않지만 노동자의 소비대출도 존재했다. 그리고 상인자본에 의한 ─ 매점매석 등 독점가격을 통한 ─ 임금 수탈도 일상적으로 이뤄졌다. 현실적으로 노동자는 착취의 대상이면서 여전히 수탈의 대상이기도 했다. 그러나 『자본론』에서는 생산수단을 소유하지 않고 임금으로만 살아가며 저축을 하지 않는 가변자본으로서 노동력을 추상했고, 생산수단을

---

1. "신용제도에 내재하는 이중적 성격, 한편에서는 자본주의적 생산의 동기(타인노동의 착취에 의한 치부)를 가장 순수하고 가장 거대한 도박 사기의 제도로까지 발전시키고, 이미 작은 수의 사회적 부의 수탈자의 수를 점점 더 제한하며, 다른 한편에서는 새로운 생산양식으로 가는 이행형태를 구성한다."(마르크스, 2004b, 547쪽).
2. "개인적이며 분산적인 생산수단이 사회적으로 집중된 생산수단으로 전환되는 것, 따라서 다수인의 영세한 소유가 소수인의 거대한 소유로 전환되는 것, 그리고 광범한 국민대중으로부터 토지와 생활수단과 노동도구를 수탈하는 것. 이러한 처참하고 가혹한 국민대중의 수탈이 자본의 전사를 이룬다 … . 이제 수탈의 대상은 자영의 노동자가 아니라 [다수의 노동자를 착취하는] 자본가이다 … . 자본주의적 사적 소유의 조종이 울린다. 수탈자가 수탈당한다."(마르크스, 2002, 1048~1050쪽).

소유하고 투자의 주체이며 대부자본과 거래하고 자신의 소득으로 소비를 조절할 수 있는 주체로서 자본을 추상했다. 따라서 이 관계에 의해 노동자는 착취만 당하고 자본가는 수탈만 당하게 된다. 한편 마르크스는 자본주의 생산과정에서 노동착취 이외의 생산과정 밖의 착취나 수탈에 대해서 간과하지 않았다. 특히 노동자의 주택담보대출 등 소비대출, 상인자본에 의한 수탈 등을 언급하면서 '2차적인 착취'secondary exploitation라고 밝혔다.[3] 그러나 『자본론』에서는 자본의 일반적 운동을 추상해서 서술함에 따라, 생산과정의 노동착취와 자본에 의한 자본의 수탈 외에 다른 착취와 수탈은 모두 배제했다.[4]

이 때문에 마르크스주의 진영에서는 임노동관계에 의한 착취 이외에 다른 문제에 대해서는 가볍게 생각하거나 부차화하는 경향이 있다. 또한 노동착취만을 절대화하여 잉여가치의 수취나 자본축적은 오직 '노동착취'를 통해 이루어진다고 생각한다. 그러나 현재와 같이 노동자 소비신용이 대규모로 직접 행해지는 자본 간 현실 경쟁을 고려한다면 자본축적의 발달과 전개 과정에서 노동자에 대한 수탈 또는 2차적 착취는 배제할 수 없는 중요한 요소로 다뤄져야 한다. 특히 현실 경쟁에서는 착취관계뿐 아니라 자본 순환과정에서 노동력 가치(임금)가 지불된 이후에 임금이나 임금이 축적된 자산에 대한 착취 또는 수탈이 등장하기 때문에 반드시 고

---

3. "그 생산수단들이 직접적 생산자들에게 대부되는가[이 경우에는 적어도 이 대부가 실시되는 분야에서는 자본주의적 생산양식이 존재하지 않는 것이 전제되고 있다] 또는 산업자본가에게 대부되는가[이 경우는 그 토대가 자본주의적 생산양식인 것을 전제하고 있다]하는 것이다. 개인적 소비를 위한 가옥 등등의 대부를 여기에 끌어들이는 것은 더욱더 부적절하고 무의미하다. 노동자계급이 이 형태에서도 크게 기만을 당한다는 것은 명백한 사실이지만, 이러한 것은 노동자계급에게 생활수단을 공급하는 소매상들에 의해서도 행해진다. 이러한 것은 [생산과정 그것 내부에서 직접적으로 행해지는] 제1차적인 착취(primary exploitation)와 나란히 진행되는 제2차적인 착취(secondary exploitation)이다."(마르크스, 2004b, 750쪽).
4. 『자본론』의 추상 수준에 대해서는 김성구(2018, 15쪽) 참조.

려되어야 한다. 결과적으로 이런 수탈에 따라 총이윤량이 변할 수 있고 축적 방식이 달라질 수 있기 때문이다. 이런 착취와 수탈을 가치론 체계에서 해명하고 통합되지 않으면 자본의 발전단계를 파악하기 어렵고, 생산과 직접 연결된 또 다른 착취와 수탈체계를 배제함으로써 노동착취와 소외 및 그에 따른 모순을 정확히 규명할 수가 없다.

여기서는 논의를 위해 생산과정 내부에서 직접적으로 행해지는 1차적인 노동착취만을 '착취'라 규정하고, 이외에 노동자와 사회 전체 성원의 생활수단 및 임금(자산)에 대한 자본에 의한 수취는 모두 '수탈'로 본다.(곽노완, 2010) 이러한 수탈에는 첫째로 '2차적인 착취'로 얘기된 임금에 대한 수탈, 둘째로 상품생산에 직접적인 관계를 갖지만 노동력 상품으로 제공되지 않은 무급노동, 셋째로 노동수단 및 노동생산물에 대한 수탈(배타적 점유), 넷째로 자본의 집적과 집중을 통한 대자본의 중소자본 수탈로 구분한다.

가치체계 속 착취와 수탈구조

이제까지 수탈 영역의 문제에 대해서는 부분적으로 논의되어 왔다. 가장 첨예한 문제로 노동력 재생산을 담당하는 가사노동의 가치논쟁을 들 수 있다. 가사노동은 노동력을 재생산하는 유용하면서도 필수적인 노동이지만, 생산과정에 포함되지 않는 구체노동이라 사용가치만을 생산할 뿐 교환가치를 생산하지는 못한다. 또한 이 때문에 가사노동은 노동의 동등화, 정규화 과정에 참여하지 못해 추상노동으로 존재하지 못한다. 그래서 가사노동은 자본주의 생산에서 무가치한 노동이라고 규정됐다.[5] 가

5. 가사노동 가치논쟁에 대해서는 정성진(2013), 정강산(2019)을 참조.

사노동의 가치에 대한 이러한 평가가 정당하다 하더라도 가사노동을 통한 여성의 착취는 명백했기 때문에 마르크스 여성주의 진영에서는 이를 가부장제와 자본주의 사회구성체라는 '이중체계론' 또는 '사회재생산론'으로 설명하려 했다. 생산과 분리된 별도의 재생산 체계를 구성했다는 점에서 이중체계론도 비판을 받지만, 가치론의 입장에서도 '가사노동의 가치 없음'을 규명하면서 가사노동의 가치와 착취의 문제를 가치론으로 해명할 수 없는 문제로 정리하여 똑같은 오류를 반복하고 있다. 가사노동이 가치체계로 설명할 수 없어 다른 체계로 설명되어야 하면 그것이 바로 이중체계이기 때문이다.

가사노동은 노동력 재생산이라는 가장 단순한 사실에서 가치생산에 기여한다. 가사노동은 생산에 투입되는 노동력에 대상화objectified되어 있다. 왜냐하면 이 노동력도 재생산된 노동력이며, 그 재생산이 가사노동을 통해 이뤄졌기 때문이다. 이 때문에 가사노동은 그 자체로 (추상노동이 아니라) 구체노동이지만, 투입된 노동력의 추상화를 통해 가사노동도 추상화된다. 가사노동은 노동력 상품에 대상화된 형태로 나타나고 가치생산능력을 노동력 상품에 부여한다. 이런 노동력에 대상화되는 것은 가사노동만이 아니다. 돌봄, 교육, 문화, 이데올로기 등 노동능력을 획득하고 강화할 수 있게 하는 다양한 재료들이 대상화된다. 그 결과 노동력은 강화된 노동으로도 나타난다. 이 중에는 임금재로 교환되는 것과 선대된 것 그리고 가치를 이전받은 것이 동시에 존재한다. 자본은 가사노동 및 재생산노동이 대상화되어 가치생산능력을 갖고 있는 노동력 상품을 가변자본으로 구입한다. 그러므로 가사노동은 사용가치만을 생산하고 구체노동이지만, 노동력 상품에 대상화됨으로써 자본의 재생산과 축적에 기여한다. 동시에 불변자본에 대상화된 노동이 상품으로만 나타나듯, 가사노동의 대상화 역시 은폐된 채 자본의 내재적 가치로 존재한다.

일반적으로 생산적 노동과 연결된 무급노동은 그 자본 ─ 불변자본이든 가변자본이든 ─ 에 대상화된 형태로 결합되고 무급노동이 만들어낸 (사용)가치를 자본에 이전시켜 자본의 생산성 증가로 나타나게 한다. 생산과정에 들어온 불변자본 속 대상화된 노동이 가치를 이전하듯이 똑같이 기능한다. 다만 불변자본에 대상화된 노동은 과거의 노동이지만 가사노동과 같은 (무급)재생산노동은 현재의 살아있는 노동이라는 점에서 차이가 날 뿐이다. 또한 선대한 자본에 대해 생산과 유통을 거쳐 발생한 이윤에서 대가를 지불하고 교환이 마무리되듯, 이 무급노동도 선대한 자본과 같은 취급을 받는다. 다만 이 경우 이윤이나 임금이 아니라 또 다른 사용가치(가사노동은 가족의 유지와 노동력 재생산, 구글과 페이스북 사용자는 서비스 무료 이용)로 청산된다. 이러한 교환이 존재하지 않는다면 무급노동은 강요에 의한 강제노동의 성격을 가질 뿐이다.

대상화된 무급노동이 불변자본에 투영되면 불변자본의 생산성을 높여 불변자본의 개별 가치를 낮추고, 가변자본에 투영되면 가변자본의 개별 가치를 낮춘다. 이렇게 생산성과 자본의 가치구성을 변화시키고 이를 통해 잉여가치를 이전받거나 초과이윤을 확보함으로써 개별자본의 이윤율을 높인다. 단순한 예로 무급자원봉사 또는 무급가족노동에 의해 생산이나 서비스가 이뤄지는 경우 동일한 자본구성의 동일부문 자본에 비해 임금 비중이 낮기 때문에 상대적으로 이윤율이 높다. 이 경우 이런 무급노동은 어떤 형식으로든 가치를 생산하지만 생산과정에 보이지 않고 고려 대상도 되지 않는다. 다만 이 자본의 가변자본 비용이 낮아 생산성이 매우 높은 것으로 나타나고, 그 결과 더 많은 이윤을 획득한 것으로 나타날 뿐이다. 따라서 가사노동의 가치는 노동력에 그대로 이전되며 대상화됨에도 불구하고 불불노동(무급노동)이기 때문에, 노동자의 임금은 가사노동에 대한 수탈을 전제로 하고 있다. 가사노동이 누군가(대부분 여성)의 자가노동(무급노동)에 의해 담보되지 않는다면(노동력에 대상화되어 있지 않다면) 임금 수준은 매우 높게 올라가야 할 것이다.

이 같은 무급노동의 경우 완전 불불노동의 형태로 수탈당했기 때문에 해당 산업에서 평균적으로 지출된 자본보다 훨씬 작은 비용으로 동일 상품을 생산하여 노동생산성이 증가된 형태로 나타나며 (불불노동이 추가되었기 때문에) 생산된 상품의 총잉여가치가 증가한다. 실제 노동강도나 착취도는 전혀 변하지 않지만 강화된 노동과 강화된 착취로 현상하여 잉여가치율을 높인다. 이처럼 수탈은 수탈의 대상과 조건에 따라 낮은 이윤에도 생산을 유지시키거나[6], 초과이윤과 독점이윤 형태로 반영된다.

잉여가치 생산 : 착취와 수탈

수탈은 생산과정에서 노동착취와 함께 병행적으로 발생하지만 가치관계에 직접 드러나지 않는다. 대부분 대상화된 형태로 불변자본이나 가변자본을 통해서 나타난다. 자본에 대한 수탈은 자본의 집적과 집중으로 인한 독점이윤의 실현으로 현상되며, 노동자에 대한 수탈은 노동생산성 향상으로 특별잉여가치 등 초과이윤 형태로 나타난다. 그러면 수탈로 새로운 잉여가치가 창출되는가 하는 문제는 초과이윤이나 특별잉여가치 등이 새로운 이윤을 창출하는가 하는 문제로 근사해서 살펴볼 수 있다. 여

---

6. 무급가족종사자는 한국에서 현재 공식적으로 118만 명에 달한다. 대부분 자영업에 종사하고 있는데, 주당 18시간 이상 무급노동을 하는 가족으로 비임금근로자로 분류된다. 자영업은 많은 경우 임대료까지 고려해야 하고 영세한 규모가 많아 이자 지급도 많기 때문에 순이익이 낮을 수밖에 없다.

기서 초과이윤과 특별잉여가치 생산에 대해서 좀 더 알아보자.

특별잉여가치, 초과이윤, 독점이윤으로 개별 자본에 더 많은 이윤이 발생하는 것은 자명하다. 또 투하자본량을 늘리면 비례해서 잉여가치량이 늘어난다. 그런데 이것이(투하자본량이 일정할 때) 사회적 총자본의 잉여가치가 더 추가된 것인지(이윤발생설), 생산성이 낮은 다른 자본의 잉여가치를 이전받은 것(가치이전설)에 대해서는 여전히 논쟁적이다. 마르크스는 『자본론』에서 특별잉여가치와 독점이윤을 새로운 잉여가치를 낳는 것이 아니라 생산성이 낮은 다른 자본의 잉여가치를 이전받는 것으로 설명한다. 이른바 이전설이다.[7] 이 경우 수탈이 존재하더라도 자본 간 분배경쟁이기 때문에 전체 이윤량이 늘어나지 않고 일반적 이윤율에도 영향을 주지 않는다.

일반적으로 특별잉여가치나 초과이윤은 자본의 유기적 구성이 더 높은 자본이 더 낮은 가치로 생산하여 평균보다 더 많은 이윤을 걷는 경우를 말한다. 그런데 이윤율(일반적 이윤율)은 장기적으로 낮아지는 경향이 존재하지만, 이를 극복하고 상승하기도 한다(이윤율 저하의 상쇄요인들). 이때 이윤율 상승은 자본의 가치구성의 변화에 따라 존재하기도 하지만 이윤량(잉여가치량)의 증가에 따라 이윤율이 상승하기도 한다. 그러면 문제는 이윤율은 어떤 조건에서 올라가고, 이것이 특별잉여가치나 초과이윤을 낳는 기업의 생산성과는 관련이 없는가 하는 점이다. 이에 대해 마르크스는 "이윤율의 저하를 방해하는 위와 같은 요인들—물론 그것들도 결국은 이윤율의 저하를 더욱 촉진할 것이지만—은, 예컨대 발명 등이 보편화되기 전에 그것을 이용하는 자본가는 일시적이지만 끊임없이 반복되

---

7. 초과이윤에 대한 이윤발생설과 이전설은 정보재 가치논쟁에서도 똑같이 반복된다. 이 문제
   는 뒤에서 설명한다.

는 잉여가치의 증대 – 때로는 이 생산분야에서 때로는 저 생산분야에서 나타나며 일반적 수준을 초과한다 – 를 얻게 되는 경우를 포함하는가 포함하지 않는가 하는 질문이다. 이 질문에 대해서는 그렇다고 대답해야 한다"(마르크스, 2004b, 279쪽)며 초과이윤 등이 이윤율 저하의 상쇄요인, 즉 상승요인이 될 수 있다고 정리한다. 여기서의 이윤율은 개별 자본의 이윤율이 아닌 사회적 총자본의 이윤율 즉 일반적 이윤율이다. 그러면 언제 초과이윤이 가치 이전이 아니라 가치 발생의 결과로 나타나는가?

자본사용량에는 변화가 없이 생산방식의 단순한 개량에 의하여 – 예컨대 농업에서처럼 – 상대적 잉여가치의 생산을 촉진하는 모든 것은 위와 동일한 효과를 나타낸다…. 노동의 생산성이 영업의 규제나 자의적인 제한들이나 각종의 일반적인 구속들로부터 해방되어 발달하면서도, 불변자본과 가변자본 사이의 비율에는 당분간 영향을 미치지 않는 경우이다…. 일반적으로 잉여가치량은 가변자본의 절대량과 잉여가치율의 곱에 달려있다. 그런데 이미 본 바와 같이 상대적 잉여가치율을 증가시키는 바로 그 요인들이 일반적으로 노동력의 평균 고용량을 감소시킨다. 그러나 이 두 개의 대립적인 운동이 어떤 특정한 비율로 진행되는가에 따라서 그 결과에 차이가 생긴다는 것, 그리고 이윤율의 저하경향은 특히 노동일의 연장에 의한 절대적 잉여가치율의 증대에 의해 약화된다는 것은 명백하다.(마르크스, 2004b, 277쪽)

개별자본의 유기적 구성의 차이나 생산성 향상의 결과로 발생하는 특별잉여가치나 초과이윤 등은 가치가 이전된 것이지만, 평균 이윤율 혹은 일반적 이윤율의 변화를 추동하는 평균적 유기적 구성이 변화한 경우, 기술발전으로 생산량 증가에도 가격이 일정하게 유지되는 경우, 일반적 이윤율의 저하를 상쇄하는 경향이 작동하는 요인들은 총잉여가치와 총이윤을 증가시켜 이윤율을 상승시키게 된다. 여기서 다른 조건이 동일하다면 이윤율 상승의 조건이 바로 총이윤량(총잉여가치량)의 증가다. 새로운 투하자본 없이, 자본의 가치구성의 변화 없이 총이윤이 증가한다면 잉여가치가 새로 생겨난 경우뿐이다.

기술발전으로 노동량을 줄이게 되고 남아 있는 노동의 노동강도를 강화해 생산되는 상품량을 동일하게 유지한다. 다만 총노동량의 감소로 상품에 내재한 필요노동시간을 단축시키고 잉여노동시간을 늘린다. 이때의 잉여노동시간은 상대적이므로 유기적 구성이 다른 자본의 잉여가치를 이전받게 되어 총잉여가치는 변하지 않는다. 만약 노동량을 줄이지 않고 유지하면(이 경우 유기적 구성이 변했으면 불변자본에 대한 투자가 늘어야 한다) 생산량이 늘어난다. 이때에도 상품의 개별가치는 축소되고 시장가치도 하락한다. 늘어난 생산량에도 불구하고 낮아진 시장가격 때문에 모두 팔린다. 이 상황에서는 이 상품의 총잉여가치는 변하지 않고 개별 상품의 개별가치가 변화한다.

그러나 경쟁과 생산량 증대에 따른 시장가격 하락에 맞춰 또는 더 큰 비율로 사회적 수요가 증대해 시장가격이 기존의 개별가치 이상으로 유지되면 이는 새로운 잉여가치가 늘어난 것이 반영된다. 이때 경쟁하는 자본들 간의 가치구성(여기서는 기술 수준이 일정하므로 유기적 구성과 같다)은 동일하고 노동량도 일정해서 개별 상품에 내재한 잉여가치율이 유지되면, 사회적 수요의 증가와 상품 총량의 증가로 잉여가치량과 이윤율이 상승한다. 다시 말해 자본구성의 가치변동 없이, 사회적 수요의 증가로 가격변동이 개별가치 이상으로 유지되면 이때의 생산량 증가는 새로운 잉여가치의 증가로 이뤄진 것이다. 이처럼 특별잉여가치, 초과이윤, 독점이윤을 획득하는 자본은 가치를 이전받는 것만이 아니라 조건에 따라 새로운 잉여가치를 만들어 일반적 이윤율을 끌어올리는 역할을 한다. 물론 또 다른 생산성 발전이 일어나거나, 경쟁 자본들 간의 가치구성이 변하거나, 불변자본과 가변자본의 가치변화가 있으면, 총이윤량이 증가하지만 투하자본량도 증가한 것이므로 새로운 잉여가치를 늘렸다고 할 수 없다.

따라서 특별잉여가치와 초과이윤 등의 존재는 개별자본에 잉여가치를 증가(이전)시키는 동력이자, 사회적 총자본의 총이윤량을 증가시키는 출발점이 된다. 특히 새로운 잉여가치가 생산되는 조건에 자본의 가치구성이 변하지 않아야 한다는 조건을 고려하면, 무급노동(수탈)의 존재야말로 자본의 가치구성의 변화를 낳지 않으면서 생산성을 증대시키는 요술지팡이와 같다. 가치를 생산하지만 필요노동시간이 없는 무급노동의 존재는 노동생산성 증가로 나타나고 잉여가치율을 높여서 이윤율 상승에 기여한다. 여기서 하나 더 강조할 점은, 모든 노동이 잉여가치를 낳는 생산적 노동이 아니듯, 모든 수탈이 잉여가치를 생산하거나 생산성을 높이는 것도 아니다. 자본 간 경쟁에 의한 자본의 수탈과 비생산적 노동을 대신하는 무급노동은 새로운 잉여가치를 창출하지 않는다. 다만 일반적인 비생산적 노동과 마찬가지로 생산된 총잉여가치에서 해당 자본이 더많은 잉여가치를 분배받는 데 기여한다.

또한 특별잉여가치와 초과이윤, 독점이윤의 존재는 노동착취도를 설명할 때도 필요하지만 자본의 수탈을 반영한다는 점에서도 분석될 필요가 있다. 특별잉여가치가 경쟁 자본의 잉여가치를 이전받는 것은 그 자체로 자본의 집적과 집중의 기반이 되고 자본 수탈의 근거가 된다. 자본은 특별잉여가치 획득을 위해 노동생산성을 증대(착취의 강화)하며 다양한 독점적 요인을 확대하면서 중소자본을 수탈한다. 무급노동과 생산 외부에서 노동자에 대한 수탈은 자본의 생산성을 향상시키는 것으로 나타나며, 특별잉여가치를 획득하기 위한 자본의 욕망을 더욱 키워 이런 수탈을 강화한다. 특히 독점이윤은 특허 등 기술적 장벽으로 인해 자본 간 이동이 되지 않고 사회적 수요를 독점하는 것이기 때문에, 높은 독점가격으로 인한 독점이윤의 실현도 마찬가지로 수탈을 확대한다. 만약 1개의 독점기업이 시장을 모두 장악한 경우 높은 독점가격에도 수요가 유지된다면, 이는 평균이윤을 초과하는 독점이윤이 생성된 것이다. 1개의 기업이기 때문에 이 부문에서 자본의 가치구성의 차이나 기술적인 차이도 없이 총이윤의 증가를 낳으며, 2개 이상의 기업이 경쟁한다면 특별잉여가치와 같은 경로를 그리게 된다. 자본에 의한 자본의 수탈은 독점이윤이나 독점기술로 이윤경쟁을 벌이면서 나타난다. 낮은 생산가격을 바탕으로 독점자본이 이윤경쟁을 통해 중소자본을 도산시키며 자본을 집중시켜 더 독점적인 시장으로 잠식해 들어간다.

다른 한편, 자본주의 생산에서 이런 수탈의 존재는 필연적이지만, 자본 간 경쟁에 따라 수탈 영역을 자본주의 생산(착취관계)에 직접 편입시켜 나간다. 자본에 대한 수탈의 확대는 그 자체로 생산양식의 도약을 의미하는 것으로 그 경향 – 자본의 집적과 집중 – 을 지속하지만, 노동자에 대한 수탈은 수탈 영역을 확대함과 동시에 자본주의적 생산양식으로 포획하고 재편해 왔다. 수탈이 덜 인간적이고 비양심적이어서가 아니라 자본축적에 덜 기여하기 때문이다. 자본의 집적과 집중을 통해 자본투하량을 계속 늘리는 것이 더 많은 이윤 획득을 위한 조건이 되며, 노동자 임금에 대한 수탈보다 착취관계로의 편입이 자본축적에 더 유리하다(특히 임금은 가변자본이기도 하다). 시초축적 과정에서 농민에 대한 수탈을 통해 임금노동자로 재편했듯이 현재 수탈도 끊임없이 자본주의적 관계로 전환해 나가고 있다. 예컨대, 가사노동은 노동력에 대상화되고 은폐된 수탈 영역에 존재하며 일정한 가치 이상 노동력 재생산 비용이 올라오지 못하게 조절해 왔다. 하지만 자본투하가 늘면서 가사노동을 다양한 방식으로 생산영역 내부로 끌고 들어왔는데, 가령 세탁기와 냉장고 같이 가사노동의 일정 부분을 상품화하여 자본축적 과정에 직접 편입시켰다. 이 결과 무급의 가사노동이 대신하던 일에서 새로운 임금재(세탁기, 냉장고)의 구성으로 노동력 가치를 높이는 요인을 만들었다. 하지만 가사노동시간을 단축하여 노동력 공급과 잉여노동의 풀을 늘려 노동력 가치의 하락요인도 같이 형성했다. 궁극적으로 수탈관계의 자본주의적 재편(시장화)은 노동력 가치 상승과 하락요인의 모순적 대립의 결과로 나타나고, 기술 발전 속에 노동력 가치 하락요인이 더 클 때 이루어진다. 이때 은폐된 수탈관계는 가시적인 착취관계로 전환된다. 자본 간 경쟁에 따라 존재하지 않던 상품을 개발해 다양한 무급노동을 유급화하거나 임금노동관계는 아니라 하더라도 유사한 형태의 고용관계를 이루며 수탈을 착취관계로 재편한다.

노동력 포섭과 포획

전前 자본주의에서 자본주의로 넘어오면서 농노에 대한 착취는 노동자에 대한 착취로 전환되었다. 이 전환은 예속적이고 강제적인 것에서 자유의지를 통한 계약관계로의 전환을 의미했다. 또한 노동일 연장과 같은 절대적 잉여가치의 수취에서 노동강도를 강화한 상대적 잉여가치의 확대도 노동관계의 발전이면서 동시에 더 고도화된 착취를 의미한다. 농노에서 노동자로, 절대적 잉여가치에서 상대적 잉여가치로, 경쟁자본주의에서 독점자본주의로 그리고 신자유주의 금융화와 세계화로 발전하면서, 착취와 수탈의 외형은 생산관계의 발전과 더불어 더 세련되고 합리적이고 심지어 양심적인 것으로까지 보이기도 한다. 그러나 이 발전은 착취와 수탈을 강화하면서 더욱 고도화시켜 나가는 과정이기도 하다. 여기에는 매 시기의 착취와 수탈을 정당화하는 고유한 포섭양식이 작동한다. 농노에서 노동으로의 전환으로 신분적 예속을 벗은 자유계약이 포섭양식으로 등장했고, 독점자본주의에서는 더 열심히 일하면 더 높은 임금과 자산축적으로 노후가 보장될 것이라는 생산력주의 전략이 들어 왔다. 신자유주의에서는 노동자도 자산시장에서 이자와 금융수익을 획득할 수 있다는 금융적 포섭이 형성되었다. 최근 디지털경제에서 사용자에 대한 수탈은 자신의 서비스(페이스북의 이용)를 무료로 이용하는 대가로 수탈을 정당화한다.

전 자본주의적인 관계에서 수탈은 노동수단과 노동생산물에 대한 일방적 수취, 즉 약탈과 약탈량 그 자체에 집중되었다면, 자본주의적 수탈은 자본의 생산 및 유통과정과 연계를 맺고 노동착취와 직접적으로 연결되어 존재한다. 자본에 대한 수탈은 자본의 집적과 집중의 직접적 결과이며, 노동에 대한 수탈은 은폐된 착취이자 생산과 유통과정으로의 편입을 의미한다. 따라서 노동착취와 수탈, 포섭은 노동력과 노동생산물에 대한 자본의 통일된 대응이며 자본 운동과정에서 병렬적으로 나타난다. 이러한 착취-수탈-포섭을 노동력에 전반에 대한 '포획'capture으로 정의한다. 생산과정에서 잉여가치의 수취뿐 아니라 유통과정에서 노동생산물과 임금자산에 대한 수탈과 이를 통한 노동력의 포섭을 '포획'으로 표현한다. 신자유주의 자본축적에서 노동에 대한 금융적 포섭은 수탈과 착취의 전제조건이며, 노동유연화와 생산의 세계화를 통한 착취의 강화는 포섭과 수탈의 조건 아래에서만 현실화할 수 있다. 포섭 과정이 없으면 수탈은 노동생산물에 대한 일방적 약탈로만 나타나게 되며, 포섭과 수탈이 존재하지 않으면 노동착취도의 증가는 노동일(노동시간)의 증가로만 나타나게 되어 노동계급의 직접적인 저항을 초래할 것이기 때문이다.

2. 신자유주의와 수탈

금융화

신자유주의 금융화financialisation는 다양하게 정의된다. 일반적으로 "국내경제 및 국제경제의 작동에서 금융적 동기, 금융시장, 금융행위자, 금융제도의 역할이 증대하는 것"(Epstein, 2005, p. 3), 또는 "금융시장, 금융거래, 금융제도의 규모와 중요성이 증대하는 것"(Orhangazi, 2008, p. 5)을 지칭한다. 크립너는 금융화를 "이윤창출이 무역이나 상품생산보다는 점차 금융적 채널을 통해 이루어지는 축적양식을 의미하며, 여기서 '금융적'이란 유동자본의 공급·이전을 통해 미래의 이자, 배당, 자본소득을 얻으려는 활동"으로 규정한다.(Krippner, 2005) 이런 금융화가 자본축적에 어떤 역할을 하는지는 여전히 논쟁적이다. 특히 금융 주도 축적finance-led regime of accumulation은 주로 아글리에따, 셰네 등 조절이론 진영에서 강조된 것으로, 셰네는 '산업자본의 금융그룹화'를 통한 금융이득의 수취, 독점자본의 중소자본 수탈, 노동유연화 등 임노동관계 변화에 따른 착취율의 심화로 금융 주도 축적전략을 설명하고 있다.(조복현, 2004) 이에 대해 금융화 비판론자들은 금융부문이 독자적인 가치나 부를 창출하지 못하며, 금융산업의 이윤은 이자, 배당 등을 통해 산업자본의 이윤에서 강탈 또는 분배된 것이라 본다. 자본 간 이윤의 분배에서 더 많은 몫을 금융자본이 수취했을 뿐 새로운 잉여가치를 낳는 것이 아니기 때문에 비생산적인 부문이라고 강조한다.(정성진, 2004; 김창근, 2006; 뒤메닐·레비, 2006; 하비, 2007; Foster, 2007)

여기서 핵심은 금융소득, 즉 '이자'의 성격에 대한 문제다. 이자는 (마르크스적 의미에서) 이윤에서 분배되는 것으로 잉여가치량이나 이윤량의 증가를 의미하는 것은 아니다. 아무리 금융소득을 증가시킨다고 하더라도 그 본질이 이윤의 일부로서 '이자'인 한에서는 이윤(잉여가치)의 절대량이 증가하지 않는다. 금융소득의 증가는 이윤의 분할(산업이윤과 이자) 비율 변화를 나타낼 수 있을 뿐이다. 특히 산업자본이 금융그룹화되어 금융소득이 증가했다는 것은 개별 자본의 이윤율이 상대적으로 올라갔다는 것을 의미할 수는 있다. 하지만 그 반대급부로 수탈당하는 중소자본의 이윤율이 하락해 전체 이윤율에는 변화가 없다. 만약 대자본이 산업 생산을 줄이고 금융소득의 비중을 더 높였다면 산업 생산을 위한 설비가동률이 줄어 전체 잉여가치량도 줄어 일반적 이윤율은 하락해야 한다. 그런 점에서 (자본 대출만 존재하는) 마르크스적 추상에서 금융화는 자본축적체제로 기능할 수 없다. 자본축적이란 생산된 잉여가치를 자본가가 덜 소비하고 생산과정에 더 많이 투자하는 것인데, 금융화를 통해 잉여가치가 더 많이 생산되거나 자본가가 소비를 더 줄인다는 어떤 보장도 없기 때문이다. 오히려 금융화가 확장될수록 실물 투자율은 정체되거나 점점 더 떨어지고 있다. 실질임금 인상율도 정체 내지는 하락을 부추기기 때문에 금융화는 자본축적을 방해하는 요인으로 볼 수 있을 것이다.

이처럼 『자본론』의 추상 수준에서 금융화는 자본축적과 관련이 없다. 그러나 라파비차스는 금융화의 문제를 임금소득으로부터 얻는 금융적 수익의 추구를 생산과정에서 이루어지는 본원적인 착취 과정과 구분하여 '금융적 수탈'로 개념화한다. 소비자신용을 통한 가계소득의 직접적 수탈을 당대 금융화의 주요한 특징 중 하나로 규정하면서 신자유주의 금융화의 가장 큰 특징은 노동자 가계에 대한 소비신용의 확대이고, 이것은 전통적인 대부자본의 역할 외에 새로이 나타나는 현상으로 자본 간 이윤의 분배를 둘러싼 문제와는 다르다는 것이다. 따라서 노동자 소비신용이라는 점에서 금융화를 임금에 대한 수탈로 규정하며 자본축적 관계를 살펴야 한다. 이에 따라 금융기관과 노동자 간의 비대칭적인 사회적 관계를 고려했을 때, 금융화는 "금융시스템의 고전적인 약탈적 전망의 부활을 의미"한다고 주장한다.(Lapavitsas, 2009)

이자의 원천과 노동자 소비신용

『자본론』에서 다루는 화폐는 모든 화폐의 형태를 분석한 것이 아니라 자본으로 전화되는 화폐의 각 형태에 대해 분석하고 있다. 화폐의 대부와 신용에 대해서도 마찬가지로 자본으로 대부되는 영역을 분석하며 소비로 지출되는 화폐에 대한 대부, 즉 소비신용에 대해서는 언급하지 않고 있다. 은행의 대부에 대해서도 『자본론』에서는 은행업자가 산업가와 상인에게 행하는 화폐대부(마르크스, 2004b, 30쪽), 즉 화폐자본으로 대부되는 것만을 분석 대상으로 삼았다. 마찬가지로 노동자 대출이나 가계부채에 대한 언급도 없다. 『자본론』은 문자 그대로 '자본'에 대한 분석이며 화폐 소비에 대한 분석이 아니기 때문이다. 게다가 『자본론』에서는 '국가신용'에 대해서 다루지 않았다. 당시에 이미 일부 국가에서 법정화폐가 등장했고 주식시장은 물론 다양한 자산시장이 발생해 이른바 '가공자본'의 존재도 보아 왔지만 주요한 분석대상으로 삼지는 않았다.(마르크스, 2004b)

그러나 마르크스가 정당하게 예견했듯이, 자본의 집적과 집중에 따른 독점과 신용제도의 발달 그리고 그것이 가져오는 파괴적 양상에 대한 일반적인 고찰에 오류가 있었던 것은 아니다. 앞서도 얘기했듯이 『자본론』은 현실 경쟁 관계와 국가, 세계시장 등을 추상한 이념적 평균으로서 자본을 다루고, 그 전제하에서 자본의 일반적 운동을 분석한다.(김성구, 2018)『자본론』에서 나타나는 제한들은 자본의 본질적인 이해를 위해 일부는 의도적으로 축소하거나 단순화시킨 것이지만, 자본의 운동이 발달하면서 과거에 부차적이거나 무시할 만큼 소소했던 것들이 중요한 요소로 등장하면서 문제가 복잡해지기 시작했다. 대표적으로 노동자 가계에 대한 소비신용 문제다.

화폐자본으로 대부되거나 자산시장에 참여하는 자본의 경우 '이자'는 모두 잉여가치의 일부 또는 실현된 잉여가치를 분배받는 것이다. 즉 이때 이자는 모두 생산된 잉여가치의 일부다. 그러나 소비신용의 경우 소비주체에 따라서 이자의 원천이 달라진다. 확대재생산 표식에서 소비재인 2부문 생산물의 소비는 자본가 소득(잉여가치의 일부)과 노동자 소득(임금=가변자본)으로 구성이 된다. 때문에 소비대출은 발생 원인에 따라 구분된다. 소비신용은 미래의 소득(자본가 소득과 노동자 소득)을 현재의 소비로 연결시키는 행위다. 즉 부채가 앞당겨 받는 미래의 소득이라면, 이자 지급의 원천 또한 미래 소득의 일부다. 자본가 소비대출은 자본가 소득, 다시 말해 잉여가치 중 재생산에 투여되고 남은 것이므로 잉여가치에서 보전된다. 만약 자본가가 개인 소비가 아니라 생산시설 확대나 추가 노동력 구매를 위한 대출을 할 경우 '자본'으로 참여하게 되므로 이 경우 발생하는 이자도 잉여가치에서 분배된다. 그러나 노동자의 소비대출은 노동자 임금에서 이자가 지급된다. 이 대출금으로 주식이나 펀드 같은 자산시장에 투자하는 경우에도 투자 수익이나 손실과 무관하게 대출 이자의 원천은 임금이다.

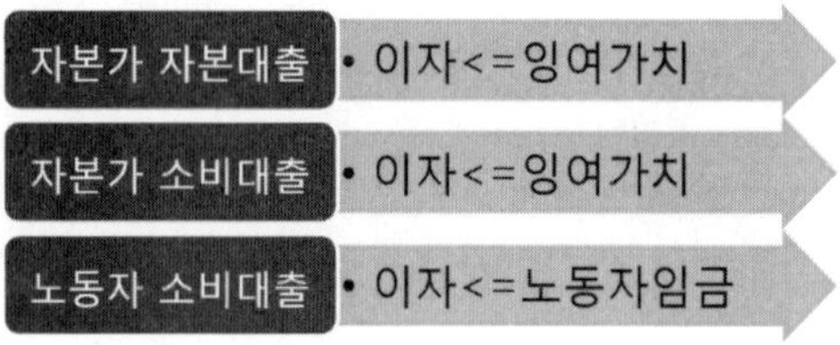

〈도표 1〉 대부자본의 세 가지 형태와 이자의 원천

따라서 대부된 화폐상품에 포함된 이자의 원천은 서로 다르며 두 가지로 구분된다. 자본가에 대한 대부는 자본으로 대부되건, 자본가의 소비를 위해 대부되건 이자와 수수료는 모두 잉여가치에서 분배된다. 그러나 노동자에 대부된 신용의 이자는 노동자의 (미래)임금 또는 노동자 임금의 축적자산(주택)에서 수취된다. 이처럼 이자의 원천이 잉여가치의 일부일 뿐만 아니라 노동자 임금의 일부이기도 하다는 것은 이자를 통한 '수탈'이 가능하다는 것을 의미한다. 이 때문에 금융은 자본의 확대재생산 과정에서 발생한 이윤(잉여가치)의 일부를 분배받는 기능을 넘어 임금에 대한 수탈구조로 확장될 수 있었다.

신자유주의 금융화 ; 금융 수탈과 자본축적

자본(가)에 대한 대부, 화폐거래 자본의 역할 등 자본축적에 있어서 자본에 대한 금융과 화폐의 특별한 역할은 없다. 여기서는 노동자 임금(자산)을 기반으로 한 노동자 가계의 신용만 고려하면 된다. 미국의 경우 가계대출과 가계부채의 확대는 신자유주의가 시작된 1980년대 이래로 폭증하기 시작했다. 이때까지 형성됐던 노동자 임금의 축적된 자산(주택), 현재 자산보유에 대한 대출(주택 구입용 담보대출, 자동차 론), 미래 임금을 담보로 한 소비대출(신용카드, 할부구매, 학자금) 등이다. 이것들은 모두 가계대출을 구성하는 주요 항목이며, 그 성격은 노동자 임금 축적 자산 또는 임금을 담보로 한 대출이다. 즉 노동자 가계에 대한 소비신용은 임금 축적 기금(자산)이나 임금을 담보로 하고 그곳에서 이자의 수취가 이루어졌다.[8]

이러한 금융수탈이 가능했던 것은 전후 경제 복원이 이루어지면서 사회적 수요가 폭증했고, 생산이 증대하면서 노동자 임금 자산도 축적되었기 때문이다. 1950년대와 60년대에 걸쳐 미국경제의 골디락스(고성장-고임금-저실업) 속에서 이윤율 상승과 임금상승이 동반했고, 노후를 대비한 노동자 가계의 자산이 쌓여 왔다. 저축뿐 아니라 주택 보유가 증가했고 1970년대 이후로는 주식과 채권 등 각종 금융자산을 포트폴리오 형태로도 축적했다. 이를 바탕으로 대부자본의 새로운 가공화도 촉진되었다. 이미 마르크스 시대에도 국공채나 회사채는 상품화된 가공자본으로 주식처럼 투기대상이 되었지만, 이것도 자본 간 관계에 따른 가공자본의 확대이다. 노동자의 자산으로서 일반 가계의 주택에 대한 담보채권(MBS) 등이 가공자본 형태로 상품으로 전환된 것은 신자유주의가 낳은 새로운 가공자본이다.[9] 새로운 형태의 가계신용 및 증권상품화로 인

---

8. 미국 가계부채 총액은 2018년 4분기에 13조 5,400억 달러에 달한다. 주택담보대출(모기지 포함)은 8조 8,600억 달러이고 자동차론 1조 2,300억 달러, 신용카드 8,300억 달러, 학자금 대출 1조 4,400억 달러, 기타 3,000억 달러로 나타났다. 1970년대 중반 1조 달러에 불과했던 가계부채는 1980년대부터 폭증하기 시작해서 1990년대 중반 4조 달러를 초과했고 금융위기 직전인 2007년 13조 달러에 육박했다. 자세한 내용은 https://www.newyorkfed.org/microeconomics/hhdc.html 참조.

9. '가공자본'이란 마르크스의 개념으로 어음·채권·주식 등으로, 특정 자산에 대한 청구권을 뜻한다. 그리고 이 청구권은 가격을 가진 상품으로 전화되기도 한다. 모기지론의 상품화는 '채권에 대한 채권의 상품화'이자 '가공자본에 대한 가공자본'이라는 점에서도 신자유주의

한 금융투기시장의 확장은 신자유주의 금융화와 세계화에 따라 가속화되었다. 나아가 이러한 투기시장은 새로운 신용과 결합하여 버블로 치달으면서 불가피하게 버블의 붕괴로 인한 새로운 공황 형태를 잉태하게 된다.(곽노완, 2008)

한편 생산영역에서 자본의 과잉은 유휴자본을 늘려 당연하게도 대부자본의 경쟁과 과잉을 부추기게 된다. 이에 따라 여기서도 대부자본의 '가공화'가 촉진되고 가공자본도 더 많은 이자를 놓고 서로 경쟁하게 된다. 생산에 기초한 각종 채권만이 아니라 부동산 등 자산과 채권의 위험률 등을 평가한 파생금융상품으로 가공화가 확장됐다. 그 결과 가공자본은 지구적 규모로 확대돼 자본 간 경쟁은 더 심화했고 투기화했다. 이것이 신자유주의 금융화의 본질적 속성이라 할 수 있다. 또한 생산영역의 과잉자본(필연적으로 동반되는 과잉생산)은 일반적으로 착취율을 더욱 강화시킨다. 노동강도를 강화하고, 임금을 낮추고 노동절약적인 새로운 기술 도입을 촉진하면서 생산을 더욱 자본집약적인 구조로 바꾼다. 그럴수록 자본의 과잉은 더 부추겨지는데 이에 따라 자본은 잉여가치 추출에 새로운 방식을 추가하게 된다. 금융화가 자본축적에 가지는 의미는 노동자 가계에 대한 소비신용으로 노동자 임금과 임금자산에 대한 수취를 확대시켜 나갔다는 점이다. 금융화를 통해 노동자 임금에 대한 수취를 늘려 이윤량을 증가시켰으며, 노동력 가치를 하락시켜 잉여가치율을 높이는 데에도 기여한다.

또한 미국 등 선진자본주의 국가에서의 금융화와 달리 한국, 중국 등 신흥국의 금융화는 금융종속의 성격을 지니고 있다.[10] 금융세계화는 지

시대의 새로운 가공자본형태라 할 수 있다.

10. 정성진은 한국에서 금융자립화 또는 금융 주도 축적체제 및 금융화 자체를 부정하면서

배적 금융의 세계화이며, 금융수탈구조와 질서를 세계화하는 것에 다름 아니다. 금융종속은 산업 등 실물부문과 연계하여 수탈구조를 갖는 것이며 신자유주의에서는 생산의 세계화와 맞물려 금융세계화가 구성되었다. 또한 노동자의 임금자산과 임금을 대상으로 MBS 등 새로운 가공자본의 유통과 순환 질서를 구축함으로써 금융세계화가 달성됐다. 지구적 수준에서 노동소득분배율 하락이 금융세계화와 금융종속의 문제를 설명해 준다. 금융적 수탈과 금융세계화가 전제되지 않는다면, 노동소득분배율 하락은 해당 국가에서 실질임금의 하락을 의미해야 하지만 현실은 그렇지 않았다. 실질임금은 단지 정체되었을 뿐 하락하지 않았다. 특히 중국의 경우 임금상승률이 매우 높았음에도 노동소득분배율은 계속 하락했다. 노동소득분배율의 끌어내린 가장 큰 원인은 바로 금융화다. 선진국 경제와 마찬가지로 중국을 포함한 신흥국의 노동분배율도 하락했는데, 가장 큰(압도적인) 원인으로 국제통화기금 〈IMF〉는 중국과 신흥시장국의 금융통합 즉 금융화를 들고 있다.

한편 신자유주의 금융화를 특징짓는 소비신용은 광범위한 수탈에 기초하지만, 이것은 전 자본주의적인 고리대와는 전혀 다른 동학에 따라 작동하고 있다. 고리대는 노동수단 등을 소유한 직접생산자에게 대부하여 그의 소유권을 수탈했다. 그러나 현대적인 대부업은 저렴한 금리로 자본을 조달한 후, 이를 노동자에게 높은 이자로 대부하는 이자 낳는 자본이다. 나아가 소비자신용 기관은 대출을 한 후 이러한 채권을 보유하는

1997년 외환위기 이후 금융개방을 통해 한국의 금융종속이 심화되었다고 주장한다. 금융적 종속의 심화는 "① 상장주식 시가총액에서 외국인 지분의 급증, ② 외국인 직접투자의 급증, ③ 가치의 국외 유출 증대 등의 지표에서 확인된다"며 외환위기 이후 금융종속을 강조하고 있다.(정성진, 2004)

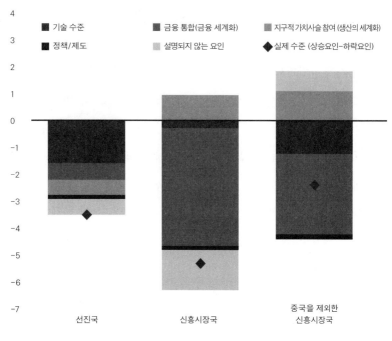

〈도표 2〉노동소득분배율 저하의 요인. 기술과 세계화(global integration)가
노동소득 분배율 하락의 주요 원인이다. (출처 : IMF)

것이 아니라 증권화하여 글로벌 자본시장의 투자자들에게 판매한다. 애
초에 노동자에게 대부를 해줬던 은행이나 대부업체 등은 더 이상 채무상
환의 연체나 부도에 대한 리스크를 짊어지지 않아도 되며, 그러한 리스크
는 이제 전 세계의 투자자들에게 분산된다. 이러한 증권에 대한 투자자
는 대부분 다른 금융기관들이지만 노동계급의 저축도 직간접적으로 포
함되어 있다. 따라서 채무자들이 정상적으로 원금과 이자를 상환하는 것
에 대해 금융기관만이 아니라 노동자계급도 동일한 이해관계를 가지게
된다.(최철웅, 2016) 금융수탈은 이 같은 금융적 포섭과 안전망 아래에서
진행됐다.

신자유주의 국가독점자본주의의 수탈

신자유주의는 노동유연화나 생산의 세계화와 같은 노동착취도를 증가시키는 것뿐만 아니라, 금융 수탈 및 다양한 수탈구조를 통해 이윤율 상승을 꾀했다. 여기에는 신자유주의 국가독점자본주의에 기반한 국가를 통한 수탈이 존재한다. 첫째, 신자유주의의 대표적인 정책인 공공부문 민영화privatization는 국가독점 부문을 민간자본에 넘겨주는 것으로, 그 자체로 자본의 이윤 확대 장소로 기능하지만 대자본의 국민에 대한 수탈의 성격도 가지고 있다. 국가에 의해 무상 또는 저렴하게 제공되던 공적 서비스를 민영화 후에는 별도의 추가 비용을 지불하고 이용하게 했다. 대다수 민영화는 요금 폭등, 서비스 제공 범위와 질의 축소를 불러와 세계적인 수준에서 노동자와 서민의 반발을 일으켰다. 비시장 영역의 공공서비스를 제공하던 국가가 소유한 생산수단을 사유화(자본주의화)하고 국민들을 공적 서비스에서 내쫓아 비용을 지불해야 하는 수탈의 대상으로 탈바꿈시켰다. 또한 민영화는 수익구조 개선이라는 명목으로 노동력 축소를 단행해 노동자를 일터에서 내쫓고 노동강도를 강화시켰다. 설사 노동력을 축소하지 않고 자본구성을 그대로 유지한다 하더라도 자본의 수익성 개선을 위해 서비스 요금을 인상했다. 자본의 구성과 착취율, 노동생산성과 투여된 가치 등이 모두 그대로라 하더라도 국민들에 대한 수탈을 증가시켰기 때문에 높은 이윤을 실현할 수 있다.

둘째, 신자유주의에 내재한 고유한 불안정성 때문에, 국가는 일상적인 경제 개입을 통해 수탈을 확대함으로써 신자유주의 체제를 유지한다. 민영화도 국가의 지배적인 개입 없이는 불가능하다. 변동환율제 아래에서 국가의 환율 개입, 중앙은행을 통한 이자율의 관리와 통화량 수급을 전제로 해서만 이 불안정한 체계는 유지될 수 있다. 특히 위기 시의 국가에 의한 손실의 사회화, 복지예산을 삭감한 긴축 정책 등은 국민들이 낸 세금을 바탕으로 대자본과 금융자본에 대해 직접 지원하는 것이라 일종의 수탈로 볼 수 있다. 2008년 위기 이후 국유화를 포함한 손실의 사회화와 전무후무한 양적완화를 통해 금융시장을 떠받치고 MBS와 파생금융상품의 손실을 중앙은행이 직접 보전해 줌으로써 위기를 유예시켜 왔다.(김성구 외, 2017) 국가의 일상적인 경제 개입이 간접적 수탈이라 한다면, 양적완화, 손실의 사회화, 긴축정책은 국가의 (화폐)자원을 자본에게 직접적으로 공급해 준다는 점에서 직접적인 수탈이라 할 수 있다. 국가에 의한 수탈이 더 직접적이고 드라마틱하게 나타난 것이 2010년 남유럽국가들의 국가부채 위기 때이다. 국제통화기금IMF과 유럽중앙은행ECB, 유럽연합EU 등 트로이카는 국가부채 위기를 겪는 그리스에 재정 삭감과 긴축, 복지예산 축소는 물론이고 예금 삭감까지 단행해 그리스와 유럽의 금융자본을 살리는 데 모든 자원을 쓸어 넣었다. 위기를 빌미로 한 대규모 수탈이라 할 수 있다.(홍석만·송명관, 2013)

국가독점자본주의의 신자유주의적 변용으로서 존재하는 이러한 수탈체제는 민영화를 통한 시장지배 영역의 확대, 생산과 금융의 세계화를 통한 노동비용의 절감과 노동유연화의 실현 및 제국주의적 착취의 확대, 그리고 금융화를 통한 노동자 자산에 대한 직접적인 수탈과 국가의 위기관리가 결합된 체제라고 볼 수 있다. 국가적 수탈 없이 신자유주의의 고유한 위기를 관리할 수 없으며, 자본의 이윤율 회복에도 영향을 미친다.[11]

---

11. 정부는 수소경제와 친환경 경제를 활성화를 위해서 전기차 충전소를 2019년에 1,200개 구축하고, 수소차 수소충전소는 2040년까지 1,200개를 건설하기로 했다. 수소충전소에만 대략 3조 6천억 원이 넘는 자금이 들어간다. 이 충전소를 이용할 수소차를 생산하는 곳은 현

3. 디지털 전환과 노동력 포획 ; 새로운 자본축적 경향

디지털경제의 가치형성과 자본축적

　페이스북의 자본축적 방식은 디지털경제에 속하는 기업들의 자본축적 방식을 대표한다. 페이스북과 구글 등 디지털경제 기업은 수익의 상당 부분이 광고 수입이라는 점에서 광고 회사와 동일하게 취급받고 비생산적 자본으로 분류된다. 이들의 이윤도 정보지대 형성에 따른 지대수입이나, 지적재산권에 따른 독점이윤으로 높은 수익(이윤)을 설명하기도 한다.[12] 페이스북 등이 광고를 통해 수익을 올리는 것은 사실이다. 그러나 이 때문에 이 기업들이 모두 비생산적 노동이 이뤄지는 비생산적 자본이거나 지대 추구적인 기업은 아니다. 가령 버스 회사가 운수 노동자를 고용해 버스를 운행하고 승객들에 버스요금을 받아 이윤을 남겼지만, 광고 단가가 올라 버스요금을 무료로 하고 광고비로 유지 운영을 한다고 해서 버스회사가 광고회사가 되는 것은 아니다. 여전히 버스회사는 운수 노동자를 통해 가치와 잉여가치를 생산하고 광고상품과 교환가치를 형성하여 이윤을 실현하는 생산적인 기업이다. 전통적으로 하나의 상품은 하나의 시장에서 가치실현이 이루어졌다. 하지만 자본주의 생산관계의 발달로 원래 상품 시장과는 다르게 이 상품의 가치실현을 위해 또 다른 시장이 존재하게 되었다. 이를 양면시장이라고 한다[13]. 페이스북은 이 양면시

재 한국에서는 현대기아차 외에는 없다. 수소차를 개발하는 곳도 전 세계적으로 일본과 중국 정도다. 게다가 정부는 수소차를 구입하는 데 최대 3,600만 원을 현금 지원하고 전기차는 1,900만 원을 지원하기로 했다.

12. 이 문제는 정보재 가치논쟁을 참고할 필요가 있다. 정보재 가치논쟁에 대한 평가는 김창근(2008), 강남훈 외(2007) 참조.

13. 서로 외부경제를 발생시키는 두 집단을 이어주는 시장을 양면시장(two-sided market)이라고 부른다. 2개 이상의 고객 그룹과 접하는 시장으로 신용카드사는 카드회원들에게 여러 혜

장을 바탕으로 가치를 실현하는 기업이다.(Fuchs, 2015)

그렇다면 페이스북은 누가 어떤 상품을 생산하고 어떤 이윤을 남기는가? 다른 예를 하나 더 들어보자. 어떤 농업자본가(여기서는 토지 소유주라 해도 같다)가 땀과 노동의 의미를 일깨우고 아이들에게 흙의 소중함을 느끼게 하기 위해 주말농장을 무료로 사람들에게 임대해 줬다. 그리고 농업자본가는 주말농장 참여자들이 생산한 농산물을 시장에 내다 팔아 이윤을 남겼다. 이때 농업자본가의 이윤은 지대가 아니라 전형적인 산업이윤이다. 페이스북도 이와 같다. 자신의 서비스를 사용자들에게 무료로 개방하고 버스회사와 같이 광고와 교환하거나 사용자들이 직접 만들어내는 각종 데이터를 판매해 수익을 벌어들이고 있다. 이때 이 데이터는 주말농장 참여자들이 만들어낸 농산물처럼 페이스북이 획득하는 노동생산물이다. 페이스북이 광고기업과 같은 비생산적 기업이고 여기서 나오는 이윤이 (잉여가치를 생산하지 않는) 지대라는 주장은 페이스북에 고용된 노동력의 절대적인 수가 작고, 이들 노동자가 수행하는 노동이 페이스북의 실제 이윤창출과 구조적으로 연결되지 않는 듯 보이기 때문이다. 그런데도 페이스북이나 구글 등은 일반적인 제조업 이윤(5~10% 내외)보다 몇 배나 많은 매출의 30%를 순이익으로 남긴다. 그러므로 이 이윤은 (사용자들의 무급노동을 배제하고 나면) 초과이윤인 지대이거나 독점이윤이 되어야 한다.

이런 결론에 도달한 것은 페이스북 사용자들의 무급노동(수탈)이 은

택을 주고 회원을 모으고 이를 바탕으로 다수의 가맹점을 모아 카드 수수료를 받는다. 배달앱도 이용자들에게 무료배달을 이용하게 하고 수수료를 가맹점에게 받는다. 무가지는 구독자에게 무료로 신문을 제공하고 광고업체의 광고 수입으로 유지한다. 양면시장에 대한 가치론적 접근은 박지웅(2011) 참조.

폐되어 있기 때문이다. 수탈이 이루어지는 과정을 보지 않거나 인정하지 않기 때문에 발생하는 문제다. 지대에는 토지, 광산, 수자원 등 글자 그대로의 자연에서 저절로 생성되는 자연력에 의한 높은 생산성이라는 개념이 전제되어 있다(차액지대). 페이스북 이윤이 지대라는 것은 온라인 공간(페이스북)이 마치 자연력과 같이 엄청난 데이터가 자동으로 펑펑 쏟아지는 공간이라는 의미다. 사용자들의 활동(무급노동)을 지워버리고 나면, 이 특수하고도 생산성 높은 온라인 공간은 생산성 높은 토지의 차액지대와 같이 지대를 만들어주는 공간이 된다. 앞에서 살펴본 대로 사용자의 무급노동은 페이스북의 불변자본(고정자본)에 대상화된 형태로 나타나며, 이것이 페이스북 이윤을 '지대'로 오해하게 만든다. 페이스북은 사용자의 존재 또는 사용자가 생산한 데이터를 상품으로 판매하고 이를 통해 자본을 축적하는 전형적인 자본주의 기업이다. 페이스북과 디지털경제의 기업들은 대부분 이 같은 형태로 잉여가치를 창출하고 사용자들의 무급노동에 기반해 특별잉여가치를 형성한다.

이런 생산관계의 변화에서 주목해야 할 점은 자본이 디지털 전환을 통해 커뮤니케이션과 인간의 두뇌노동을 상품화하여 생산에 참여시키고 있다는 점이다. 댈러스 스마이드는 상품이나 서비스는 수용자에게 판매 selling될 뿐만 아니라, 수용자 자체가 상품으로 생산되고 거래된다는 '수용자 상품론'theory of audience commodity을 주장했다.[14](Smythe, 1977) 스마

---

14. "독점자본주의하에서 물질적 실재는 사람이 잠자지 않는 모든 시간이 대부분 노동시간이 다…. 취업시간 이외의 노동시간 중 가장 큰 부분은 수용자의 시간으로 광고주에게 판매된 다…. 광고주에게 팔려나간 '그들의 시간'에서 노동자는 (a) 상품 생산자로서 필수적인 마케팅 기능을 수행하고 (b) 노동력 생산 및 재생산을 위해 일한다."(Smythe, 1977) 스마이드는 수용자의 노동력은 생산, 판매, 구매 및 소비되기 때문에 가격이 책정되어 상품이 된다고 주장한다.

이드에 따르면, 수용자의 시간은 노동시간이 되며 수용자들은 무급노동 시간을 헌신하고 실제 TV 프로그램을 보는 것과 광고를 통해 교환한다. 디지털 전환 이후 ICT와 정보통신공간에서 오늘날의 수용자는 사용자 user로서 직접 반응하고 데이터를 생성한다. 크리스티안 푹스는 '디지털 노동가치론'digital labor value theory을 주장하며, 인간의 커뮤니케이션 능력은 그 자체로 생산수단이자 노동수단이며, 따라서 인간의 두뇌활동 즉 두뇌노동은 상품으로 팔려 나갈 뿐만 아니라 잉여가치를 창출한다고 본다. 다시 말해 페이스북이나 트위터와 같은 인터넷 플랫폼은 (소프트웨어) 액세스 또는 컨텐츠를 상품으로 판매하지 않고 커뮤니케이션 수단에 대한 액세스를 제공하지만, 외부의 상품 형태가 아니라 (두뇌 노동의 결과인) 사용자(수용자)의 데이터를 상품화한다. 데이터의 상품화에 대한 대가로, 페이스북과 트위터는 (공장에서 노동자에게 노동수단을 제공하듯이) 사용자에게 커뮤니케이션 수단을 제공한다.(Fuchs, 2015)

사용자와 플랫폼 간의 관계가 현대 임금 관계의 형태로 조직되어 있다면, 사용자들은 디지털 노동력을 제공한 대가로 돈을 받을 것이다. 그들은 이 돈을 다양한 생존 수단을 사기 위해 사용할 수 있다. 이러한 금전적 지불과의 차이점은 페이스북과 트위터 사용자는 보편적인 교환 매체(화폐)가 아니라 오히려 하나의 특정 커뮤니케이션 수단을 받는다는 것이다. 페이스북과 트위터는 사용자가 플랫폼에 액세스할 수 있게 함으로써, 일반적인 생존 수단을 제공하지 않고 대신 자신의 이익을 위해 특정 커뮤니케이션 수단에 액세스 할 수 있게 한다. 이를 통해 페이스북은 사용자의 데이터를 상품화하고 이를 광고와 교환한다. 결국 지대처럼 보이는 이 이윤은 바로 사용자들의 무급노동의 결과이며 페이스북은 사용자들을 수탈함으로써 이를 실현하고 있다.

동료생산과 공유경제 ; 노동 외 시간의 포섭

디지털경제에서 위와 같은 사용자의 무급노동(노동 외 시간의 수탈)은 새로운 포섭양식의 하나가 되었다. 이러한 포섭은 신자유주의 금융화를 통해 이자 수취(임금 외 자산 형성)에 대한 기대로 노동자들에 대한 금융적 포섭을 확대한 것과 같이 공유가치, 민주주의의 확대, 혁신적 참여라는 가치를 전면화하면서 이루어졌다. 그 출발이 동료생산peer produc- tion이다. 동료생산은 시장논리나 조직의 위계로부터 자유로운 개인들이 서로 공유할 수 있는 재화의 생산을 위해 각기 동등한 위치에서 자발적으로 협력하는 생산 모델을 가리키는 말이다. 리눅스, 위키피디아, 파이어폭스 같은 동료생산 방식의 프로젝트들은 윈도우즈 같은 상업적인 소프트웨어에 대항하면서 개인의 집단적 노력을 모아 개별적인 성공을 거두기도 하면서 주목을 끌었다. 이때 동료생산의 이점을 알아차린 기업들은 동료생산이 창출하는 영역을 자신들의 독점적 수익의 원천으로 삼는 전략을 본격적으로 도입했다. 이것이 바로 '웹 2.0'이다. 동료생산을 더 확대하여 인터넷 공간을 보다 집단적이고 공개적이며 민주적으로 이용한다는 '웹 2.0'은 집단지성, 위키노믹스, 크라우드 소싱과 같은 구호를 내세우며 등장했고 구글, 페이스북, 트위터 등은 웹 2.0을 이끌고 디지털경제를 대표하는 기업들로 성장했다.(이항우, 2013) 구글, 페이스북, 트위터의 사용자는 집단지성을 대표하고 커뮤니케이션의 민주화를 추구하며 가치를 공유하는 사람이 되었다. 사용자들이 많아질수록 이 기업의 수익은 폭발적으로 증가했고 기업가치도 치솟았으며 투자도 휩쓸었다.

한편 이런 동료생산의 가치를 집약시킨 공유가치를 바탕으로 한 공유경제의 확장도 두드러졌다. 공유경제는 한번 생산된 제품을 여럿이 공유해 쓰는 협력소비를 기본으로 하는 경제 방식으로 소유보다는 공유, 개인보다는 공동체의 가치를 추구한다고 알려졌다. 이 공유경제의 핵심 원리에도 동료생산이 자리잡고 있다.(벤클러, 2015) 동료생산과 마찬가지로 공유경제가 '가치 있음'이 드러나면서 이에 대한 자본주의적 전용이 일어났다. 공유경제의 대표주자인 우버Uber와 에어비앤비Airbnb 같은 기업들이 나타나자 비시장, 비독점 경제라 일컫던 공유경제는 더 이상 남는 자원을 타인과 함께 사용하는 순진한 것을 의미하는 게 아니었다.

민주적, 자발적 참여자로서 사용자의 포섭은 커뮤니케이션의 민주적 가치, 공동체의 가치, 공유적 가치를 중심으로 이뤄졌는데, 이를 통해 사용자들의 활동 시간(노동 외 시간)을 수탈하여 이윤창출의 도구로 삼았다. 최근에 이러한 포섭의 자본주의적 전환이 이루어지기도 하는데, 대표적으로 유튜브 크리에이터, 스팀잇 등을 들 수 있다. 이는 '무료노동의 금전적 보상' 형태로 이 역시 평판, 조회수 등 동료생산 방식을 통해 광고 수익을 분배하며 참여자가 많을수록 더 많은 수익을 남긴다. 공유경제의 우버와 에어비앤비도 사실상 같은 방식인데, 노동자의 임금자산인 자동차, 집 또는 방을 생산수단으로 삼아 수익을 거둔다. 주류경제학에서는 이를 네트워크 효과를 통한 효용증대로 설명하고 있으나, 이런 방식은 사용자의 노동력 또는 임금자산을 직접 끌어다 쓰는 수탈이다. 구글, 페이스북, 네이버 등에 돈을 벌어다 주는 것은 사용자들이 생산한 데이터이며, 우버는 자기 소유의 택시 한 대 없이, 에어비앤비는 자기 소유의 방 한 칸 없이 노동자의 생활수단(임금자산)을 토대로 돈을 벌어들였다. 유통업체인 아마존과 넷플릭스도 온라인으로 유통을 매개하며 세계적인 수준에서 유통시장 독점을 이뤘다. 2008년 금융위기를 보면서 은행의 화폐 독점을 비판하며 등장한 비트코인 역시 투기의 온상이 된 현실도 마찬가지다. 비트코인이 제도적으로 인정된다 하더라도 목표로 했던 화폐 독점을 해소하기는커녕 알트코인 같은 변종으로 암호화폐가 늘어나면서 내부의 독점적 거래는 더 심화했고 투기화했다.

신자유주의에서 가계신용과 MBS, 자본시장 등을 통해 노동의 금융적 포섭을 확대했다면 현재는 '노동 외 시간의 포섭'이라고 할 수 있다. SNS 사용의 사회적 강제, 주류미디어를 대신하는 온라인 미디어의 창출과 확산, 게임에 대한 몰두 등 사용자로서 노동 외 시간에 이들의 소비를 위해 참가해야 하고 이 참가 시간에 비례해서 자본은 잉여가치를 증가시키고 있다. 인간의 하루 시간은 노동시간과 여가 시간으로 구분되었지만, 이 노동 외 시간이 다시 자본의 잉여가치 생산을 위한 시간으로 강제되며 이 시간을 수탈당한다. 물론 이 과정은 누군가의 협박과 강요에 의해 이루어지지 않고 자유의지에 따라 이루어진다. 노동계약도 자유의지에 따라 이뤄지지만 어디선가 일을 하지 못하면 자본주의 사회에서 살 수 없는 것처럼, SNS를 통한 커뮤니케이션이 필수재로 구성되고 페이스북을 사용하지 않거나 접근하지 못하면 사회적으로 고립되고 소외된다. "독점자본주의하에서 인간은 잠자지 않는 모든 시간이 노동시간"이라는 스마이드의 주장은 이제는 "잠자는 시간까지도 수탈당하는 시간"이라고 정의할 수 있을 것이다. 스마트폰의 수면 앱은 우리가 자고 있는 동안에 수면 상태를 체크해 데이터를 생성한다.

이제까지 노동시간은 어쨌든 생산의 시간이고 임금을 받고 돈을 버는 시간이라면 '노동 외 시간'은 대부분 여가나 생활을 위한 소비의 시간으로 돈을 쓰는 시간이었다. 이런 '노동 외 시간'의 포섭은 이 시간을 소비의 시간이 아니라 돈을 버는 시간으로 전환함으로써 포섭을 강화하고 확대시키고 있다. 많게는 수백억 원을 벌 수 있다는 유튜브 크리에이터에 대한 사회적 과몰입, 컴퓨터 프로그램만 돌려도 채굴이라는 이름으로 생성되는 비트코인에 대한 투기, 좋아서 즐기며 하던 게임이 어느덧 프로게이머가 등장해 사실상 임노동관계를 형성하고 볼거리를 제공하며 게임에 몰입시킨다. 커뮤니케이션 수단을 수탈당한 사람들은 페이스북과 유튜브 사용자로 전환되고, 줄어든 임금을 보충하기 위해 카페나 블로그에 글을 올려 '좋아요'를 더 많이 받아 광고 수입에 의존하거나, 유튜브 크리에이터로 사실상의 임금노동자와 같은 처지로 재편되고 있다. 이제 노동시간에는 착취당하고 노동 외 시간에는 수탈당한다.

노동력 재편

산업의 디지털 전환digital transformation은 인간노동을 기계로 바꿔나가는 과정으로 가변자본(노동)을 불변자본(기계)으로 만들거나 대체한다. 예를 들어 스마트 팩토리smart factory는 수요의 파악과 주문, 재고 확인, 물품 배송의 모든 과정이 자동화된 기계, 인공지능으로 진행된다. 이 같은 생산의 제 경향은 노동력 감축과 기계 대체, 불변자본(고정자본) 중심의 생산으로 모아지고 있다.

불변자본 중심의 생산은 좁게는 기계와 자본집약적인 생산을 의미하지만 넓게는 생산과정의 수탈의 결과를 반영하는 것이기도 하다. 디지털화된 상품생산(정보재) 또는 플랫폼 산업의 생산방식은 타인의 노동과 타인의 노동생산물 또는 생산수단(노동수단)을 자기 자산처럼 이용한다. 즉 타인의 노동력과 노동수단을 자신의 고정자본으로 이용한다. 앞서도 얘기했듯이 사용자들의 활동을 바탕으로 구글과 네이버의 블로그, 지식인은 물론 웹사이트 검색 결과까지 생산의 재료로 이용한다(사용자들의 활동 결과는 고정자본에 대상화된 노동으로 나타난다). 또한 우버와 에어비앤비, 아마존, 쿠팡이나 위메프 등 플랫폼 업체들도 타인의 노동수단과 노동생산물을 자신의 고정자본화하여 돈을 벌고 있다. 사용자들의 활동과 임금자산에 대한 수탈은 자본에 대상화된 노동으로 투사되지만 그 자체로 자산이 되어 자본의 생산성을 증가시켜 주는 것으로 반영된다. 또한 생산의 스마트화와 기계 대체와 함께 불변(고정)자본 중심의 생산은 자본의 유기적 구성을 고도화시켜 자본 간 독점 경쟁을 확대한다. 이러한 생산과정의 변화는 노동관계의 변화를 초래한다.(홍석만, 2017.10.13.)

첫째, 노동시간과 노동 외 시간에 대한 경계가 흐려지면서 노동과 생산을 무매개적으로 구성한다. 노동력, 노동대상, 노동생산물이 하나의 목적적인 과정을 이뤘었다면, 노동력과 노동대상의 결합력과 목적성이 옅어지면서 노동생산물도 다소간 무목적적인 생산이 이뤄진다. 대표적으로 사용자들의 다양한 사용 데이터는 어떤 것이 상품이 될지 정확히 알 수 없고 가공 방식과 형태에 따라 다양하게 존재할 수 있다. 게다가 사용자들의 활동이 임금노동이 아니기 때문에 더욱더 이것이 생산과정에 존재하는 것인지도 불투명하게 놓여진다.

둘째, 고용관계를 해체 또는 재구성한다. 임금노동(계약노동)의 약화와 함께 여가 시간과의 경계도 흐려지면서 노동유연화에서 한 발 더 나아가 기존의 고용관계를 해체하며 생산과 소비의 경계도 허물고 있다. 분배된 이윤에 대한 수탈(부채화), 계약된 노동력에 대한 착취 강화(노동유연화)는 물론, '계약의 유연화'(노동관계의 변화)를 통한 착취도의 강화, 임금자산에 대한 수탈을 확대해 나가고 있다.

셋째, 디지털 전환의 확대로 과잉노동인구를 형성하고 노동시장을 저임금 경쟁으로 몰고 가 불안정 노동을 심화·확산시킨다. 플랫폼 산업의 발달과 디지털경제의 확대에 따라 임시직 고용이 일반화된 형태가 출현하고 있다. 이른바 긱 경제gig economy다. 긱 경제에서는 디지털 플랫폼을 이용해 노동대중 가운데 일할 사람을 선별하거나 집단적으로 조금씩 나눠 일하는 형태의 크라우드 워크crowd work가 확산하고 있다. 이런 크라우드 워크는 클라우드 워커cloud worker와 클릭 워커click worker와 같이 임시직 고용 형태로도 번져나가고 있다. 이들은 하나의 기업에 정규적으로 고용될 수 없어 생계를 위해 여러 다른 기업의 프로젝트에 결합해 벌이를 충당한다. 더욱 극단적으로 유연화된 형태의 노동을 강제 받고 있는데, 긱 경제는 활용 가능한 인력 풀을 확대함으로써 노동복지와 인건비를 낮추고자 하는 자본의 의도를 반영하고 있다. 우버, 에어비앤비, 태스크래빗 등과 같은 온라인 일자리 거래소는 많은 사람들이 동일한 일을 놓고 경쟁하도록 만들기 때문에 임금이 하락할 수밖에 없는 구조다. 대부분 상대적으로 낮은 임금을 받고 있으며 전통적인 고용 형태에서 노동자가 받는 권리를 누리지 못한다. 이런 클라우드 워커나 클릭 워커는 임시직일 뿐 아니라 유연화된 노동 형태와 결합되어 있다. 정해진 노동시간도 없고, 고정된 사무실도 없이 오직 정해진 시간까지 작업을 완수해야 한다.(Friedman, 2016)

넷째, 계약노동을 약화시키고 독립생산자를 확대한다. 우버와 에어비앤비 등 공유경제 기업들은 타인의 노동수단을 자기 자산으로 만들어 노동자가 아니라 자영업자로서 계약 관계를 맺고 있다. 디지털경제의 발전과 서비스업의 확대에 따라 노동수단을 보유한 독립생산자가 생산과정에 직접 결합한다. 이에 따라 기존 노동계약이 약화되고 충돌이 일어나고 있다. 우버는 택시를 공급하는 계약자들을 자영업자로 규정하지만 우버 택시 드라이버들은 우버와 고용관계가 존재하는 노동자로 스스로를 규정하고 노동자로서 권리를 쟁취하기 위해 계속 투쟁하고 있다. 독립생산자, 자영업자들이 양산되는 가운데 이들은 대부분은 대자본의 플랫폼 속에 종속된다. 블록체인이 아무리 발전하더라도 오늘날의 구글과 아마존, 넷플릭스, 네이버와 같은 상위 플랫폼이 정보를 매개하는 한 이들의 하위 플랫폼을 구성한다. 그 결과 독점은 더 강화되며, 구글과 페이스북 등의 사용자들도 노동도구를 수탈당한 독립생산자와 같은 위치에 서게 된다.[15]

4. 소결

대공황 이후 세계자본주의가 2차 세계대전을 통해 생산영역에서는 포디즘적인 축적을 가속화하고 케인스주의적인 국가개입과 노동타협을 통한 안정적인 시장질서 구축으로 이윤율 상승을 도모했다면, 신자유주의에서는 생산성과 이윤율의 정체 속에서 한편에서는 노동유연화와 생산의 세계화를 통해 '착취'를 강화하고 다른 한편에서는 금융화(부채화)와 국가독점의 민영화와 위기관리 체제를 통해 '수탈'을 확대했다. 자본의 이윤율 회복을 위한 '착취와 수탈'로서 신자유주의 체제는 시스템적인 파산과 전세계 노동자 민중의 저항에 직면해 좌초했다.

현재 자본축적에서 신자유주의를 대신하는 것이 디지털 전환digital transformation이다. 이는 기술혁신을 통해 생산성의 무한한 발전을 담는 이데올로기적인 성격이 강하지만, 신자유주의를 넘어선 '착취와 수탈'을 구조화하는 수단으로 기능하고 있다. 신자유주의가 자본운동의 자유화를 목표로 금융화, 세계화, 노동유연화와 민영화 등의 정책 조합으로 구성되었듯이, 새로운 자본주의적 전환은 생산성 회복(이윤율 회복)을 목표로

---

15. 프로게이머와 같이 놀이로 시작했다가 임금노동과 결합된 플레이버(play+labor=plabor), 생산자이자 소비자인 프로슈머(producer+consumer=prosumer)도 독립생산자의 한 단면을 형성한다.

지식정보재의 전면화, 산업의 디지털 전환(스마트화와 로봇 대체), 디지털 공유경제(임금자산의 수탈) 및 고용관계의 해체를 통한 노동유연성 극대화로 구성되고 있다. 생산과 고용은 2차 산업에서 3차 산업으로의 전환이 빠르게 이어지고 있다. 자본주의 생산이 시작된 초기에 농업인구의 비중이 컸지만, 자본주의의 생산력 발전의 전개로 기계제 대공업인 제조업 중심으로 이동했다. 현재에는 제조업의 고용비중이 계속 줄고 있고 서비스업 중심인 3차 산업으로 전환되고 있다.[16] 제조업에서 기계 대체가 확대되면 노동력은 더욱더 3차 산업으로 쏠리고, 그에 따라 부가가치(잉여가치) 생산도 3차 산업에 더 집중해서 발생한다. 최근의 산업 전환은 이러한 전 산업에서 자본의 유기적 구성의 고도화와 가치 생산의 전환을 의미한다. 또한 정보통신공간의 발달에 따라 상품생산도 두뇌노동의 산물인 지식재, 정보재 형태의 재화 생산이 확대되고 있고 이에 따른 노동력 포획 방식도 금융적 포섭 등을 뛰어넘는 다양한 방식으로 전개되고 있다.(홍석만, 2018.10.1.)

현재의 산업 재편은 임금노동의 착취 강화와 더불어 타인(독립생산자, 사용자 등)의 노동수단이나 임금자산을 수탈함으로써 자본의 이윤율 상승을 도모하는 체제로의 이행을 의미한다. 신자유주의가 주로 금융화(부채화)로 금융적 수탈을 확대해 자본의 수익성을 회복하기 위한 체제였다면, 이 새로운 체제는 분배된 이윤이나 계약된 노동력보다는 노동생산물 그 자체에 대한 수탈을 확대해 나갈 것이다. 노동에 기반한 더 많은 서비스업의 일자리가 계약 노동을 포함한 독립생산과 자영업의 형

---

16. 미국과 유럽의 선진자본주의 국가들의 노동인구 기준 산업별 점유율을 보면 1차 산업은 1~2%에 불과하고 제조업인 2차 산업은 10~20% 정도다. 나머지 80%를 서비스업인 3차 산업이 담당하고 있다. 한국도 3차 산업의 고용비중이 70%를 넘어섰다.

태로 나타나고 이들의 노동생산물에 대한 전취, 수취, 수탈과 착취를 둘러싼 자본 간 경쟁과 갈등이 폭발할 것이다.

따라서 생산의 디지털 전환과 노동력 재편으로 과잉자본화 경향은 꺾이지 않고 오히려 더 과잉된 형태로 존재한다. 주기적 공황 속에 과잉자본의 청산과 이미 생산된 가치에 대한 파괴가 충분하지 않다면 공황과 이후 지속될 불황은 지난 10년보다 더 크고 깊게 남겨질 것이다. 기술이 발전할수록 노동생산성은 하락하고 제조업이 축소된 만큼 서비스업의 생산성이 그에 따라가지 못하면서 생산성 위기도 더 고조되며, 디지털 전환이 촉진될수록 일자리 이동과 함께 생산성 감소는 더 두드러질 전망이다. 구호처럼 외쳐지는 4차 산업혁명은 포화상태에 달한 자본주의 생산체제 내에서 '생산성 향상 없는 산업혁명'으로 끝날 가능성이 높다. 새로운 자본축적의 경향은 신자유주의 금융수탈을 넘어 노동자의 노동시간 이외의 시간을 수탈하고 노동관계의 약화 및 해체까지 몰아붙여 노동의 불안정성을 극대화하기 때문에 생산의 불안정성도 증폭된다. 이미 미국과 유럽 등 선진국에서 정치체제의 변화―비주류의 부상, 브렉시트, FTA 등 세계화의 약화, 미중 간 대결 심화―는 이러한 불안정의 정치적 표현으로 현상하고 있다. 더불어 약화된 노동조합운동의 현실과 해체되고 있는 노동관계 속에서 노동자의 계급적 재구성과 조직화의 문제는 어느 때보다도 절실하게 나타난다.

:: 참고문헌

국내 자료

강남훈 외. (2007). 『정보재 가치논쟁』. 한신대학교출판부.

강내희. (2014). 『신자유주의 금융화와 문화정치경제』. 문화과학사.

곽노완. (2008). 서브프라임 붕괴와 마르크스주의 공황론의 새로운 지평. 『마르크스주의 연구』, 5(3).

_____. (2010). 착취 및 수탈의 시공간과 기본소득 ─ 맑스의 착취 및 수탈 개념의 재구성. 『시대와 철학』, 21(3).

김공회. (2012). 경제위기와 복지국가. 『정치경제학의 대답 : 세계대공황과 자본주의의 미래』. 사회평론.

김도균. (2013). 한국의 자산기반 생활보장체계의 형성과 변형에 관한 연구 ─ 개발국가의 저축동원과 조세정치를 중심으로. 서울대학교 대학원 사회학과 박사학위논문.

김성구. (2018). 『마르크스의 정치경제학 비판과 공황론』. 나름북스.

김성구·박하순·류승민. (2017). 『금융 위기 이후의 자본주의』. 나름북스.

김수행. (2006). 『자본주의 경제의 위기와 공황』. 서울대학교 출판부.

_____. (2011). 『『자본론』의 현대적 해석』. 서울대학교출판문화원.

김정주. (2004). 시장, 국가, 그리고 한국 자본주의 모델. 『박정희 모델과 신자유주의 사이에서 : 산업화 이념의 재고찰과 대안의 모색(II)』. 함께읽는책.

김창근. (2006). 1997년 경제위기 이후의 한국자본주의의 축적구조의 변화. 『진보평론』, 27.

_____. (2008). 정보재 가치 논쟁에 대한 비판적 평가. 『마르크스주의 연구』, 5(1).

뒤메닐, 제라르·도미니크 레비 (Dumenil, Gérard & D. Lévy). (2006). 『자본의 반격 : 신자유주의 혁명의 기원』 (이강국·장시복 역). 필맥. (원서 출판 2000).

_____. (2014). 『신자유주의의 위기 : 자본의 반격 그 이후』 (김덕민 역). 후마니타스. (원서 출판 2011).

마르크스, 칼 (Marx, Karl). (2002). 『자본론』 1권 (김수행 역). 제2개역판. 비봉출판사. (원서 출판 1867).

_____. (2004a). 『자본론』 2권 (김수행 역). 제1개역판. 비봉출판사. (원서 출판 1893).

_____. (2004b). 『자본론』 3권 (김수행 역). 제1개역판. 비봉출판사. (원서 출판 1894).

박상현. (2012). 『신자유주의와 현대 자본주의 국가의 변화』. 백산서당.

박지웅. (2011). 정보재 가치와 플랫폼 : 양면시장을 고려한 정보재 가치논쟁의 검토. 『경제학연구』, 59(1).

벤클러, 요하이 (Benkler, Yochai). (2015). 『네트워크의 부』 (최은창 역). 커뮤니케이션북스. (원서 출판 2008).

셰네, 프랑수아 (Chesnais, François). (2002a). 『금융의 세계화: 기회, 비용 및 노림』 (서익진 역). 한울. (원서 출판 1996).

_____.(2002b). 금융주도 축적체제론 논쟁. 『시민과세계』, 2. (원문 출판 2001).

아글리에타, 미셸 (Aglietta, Michel). (2009). 『위기, 왜 발발했으며 어떻게 극복할 것인가?』 (서익진 역). 한울. (원서 출판 2008).

이지웅. (2014). 1997년 경제위기 이후 주택 금융화에 관한 연구: 주택담보대출의 증권화를 중심으로. 고려대학교 대학원 사회학과 석사학위논문.

이항우. (2013). 동료 생산(peer production)과 시장. 『경제와사회』, 99.

전창환. (2011). 1997년 한국의 외환·금융위기 이후 구조조정과 증권화. 『동향과전망』, 81.

전희상. (2010). 정보상품 독점가격론 비판. 『마르크스주의 연구』, 7(3).

정강산. (2019). 생산 혹은 재생산을 위한 인지적 지도 그리기 – 가사노동 논쟁과 사회재생산 이론을 중심으로. 2019년 2월 맑스코뮤날레 포럼 자료집.

정성진. (2004). 1997년 경제위기 이후 한국자본주의의 변화. 『경제와사회』, 64.

_____.(2013). 가사노동 논쟁의 재발견: 마르크스의 경제학 비판과 페미니즘의 결합 발전을 위하여. 『마르크스주의 연구』, 10(1).

조복현. (2004). 금융주도 축적체제의 형성과 금융자본의 지배. 『사회경제평론』, 23.

주은선. (2009). 신자유주의 시대의 연금개혁 – 노후보장의 시장화, 개별화, 금융화. 『경제와사회』, 84.

지주형. (2011). 『한국 신자유주의의 기원과 형성』. 책세상.

최철웅. (2015). 가계의 금융화와 일상의 정치. 『마르크스주의 연구』, 12(2).

_____.(2016). 아시아 금융위기 이후 한국사회 금융화의 문화정치경제학 – 개인과 가계의 금융적 포섭을 중심으로. 중앙대학교 대학원 문화연구학과 박사학위논문.

클라이먼, 앤드루 (Kliman, Andrew). (2012). 『자본주의 생산의 실패: 세계대침체의 원인』 (정성진·하태규 역). 한울아카데미. (원서 출판 2012).

피케티, 토마 (Piketty, Thomas). (2014). 『21세기 자본』 (장경덕 외 역). 글항아리. (원서 출판 2013).

하비, 데이비드 (Harvey, David). (2007). 『신자유주의: 간략한 역사』 (최병두 역). 한울아카데미. (원서 출판 2005).

_____.(2014). 『자본의 17가지 모순』 (황성원 역). 동녘. (원서 출판 2014).

헨우드, 더그. (2004). 『신경제 이후』 (이강국 역). 필맥. (원서 출판 2003).

홍석만·송명관. (2013). 『부채전쟁』. 나름북스.

홍석만. (2017.10.13.). 디지털 전환과 노동의 미래. 『참세상』.

_____.(2018.10.1.). 혁명적으로 노동하라?!. 『참세상』.

Friedman, Gerald. (2016). 사용자 없는 근로자: 그림자 기업과 긱 이코노미의 부상. 『국제노동브

리프』, 14(9). 한국노동연구원.

외국어 자료

Acemoglu, D, and P Restrepo. (2018). Artificial Intelligence, Automation and Work, mimeo.

Dos Santos, Paulo. (2009). At the Heart of the Matter : Household Debt in Contemporary Banking and the International Crisis. *Research on Money and Finance*. Discussion Paper, 11.

Epstein, Gerald A. (2005). *Financialization and the World Economy*. Edward Elgar.

Federici, Silvia. (2014). From Commoning to Debt : Financialization, Microcredit, and the Changing Architecture of Capital Accumulation. *The South Atlantic Quarterly*, 113(2).

Fine, Ben. (2010). Locating Financialisation. *Historical Materialism*, 18(2).

_____.(2013). Financialization from a Marxist Perspective. *International Journal of Political Economy*, 42(4).

Foster, J. (2007). The Financialization of Capitalism. *Monthly Review*, 58(11).

_____.(2008). The Financialization of Capital and the Crisis. *Monthly Review*, 59(11).

Fuchs, Christian. (2015). *Digital Labour and Karl Marx*. Routledge.

Krippner, G. R. (2005). The Financialization of the American Economy. *Socio-Economic Review*, 3(2).

Lapavitsas, Costas. (2009). Financialised Capitalism : Crisis and Financial Expropriation. *Historical Materialism*, 17(2).

_____.(2011). Theorizing Financialization. *Work, Employment & Society*, 25(4).

_____.(2014). *Profiting Without Producing : How Finance Exploits Us All*. Verso Books.

Moseley, Fred. (2003). Marxian Crisis Theory and the Postwar US Economy. *Anti-Capitalism : A Marxist Introduction*. Pluto Press.

Orhangazi, Özgür. (2008). Financialisation and capital accumulation in the non-financial corporate sector. *Cambridge Journal of Economics*, 32(6).

Smythe, D. W. (1977). Communications : Blindspot of Western Marxism. *Canadian Journal of Political and Society Theory*, 1(3).

3부

한국사회와 포퓰리즘

막다른 길의 포퓰리즘,
하지만 새로운 사회적 투쟁의 출발점

서영표 | 제주대 사회학과 부교수

1. 뿌리를 잃어가는 우리의 삶

깊이가 없는 세상이 되어 버렸다. 사람들은 뿌리를 잃고 당장의 이익과 탐욕에 따라 행동한다. 곧 도래할 10년 후도 생각하지 않는다.[1] 그것만이 '합리적'이라고 칭송받는다. '나'를 지탱하고 '나'에게 의미를 부여하는 바로 옆의 동료 인간들에 대한 유대와 연대는 비효율적인 것으로 치부된다. 그들과의 관계가 '자본'으로 활용될 때에만 가치를 가질 뿐이다. 사회적 자본social capital이라고 불려야 한다. 인간도 자연도 오직 '나'에게 효용utility으로 계산될 뿐이다. 자연도 '자연자본'natural capital이 되고 화폐적 기준으로 계산 가능한 대상이 된다. 노동하는 힘뿐 아니라 지식과 교양조차도 인간자본human capital으로 관리되고 있다. 오랜 세월 동안 인류가 종교, 예술, 철학을 통해 고심했던 '사회'의 존재 자체가 붕괴되는 조짐이 곳

---

[1] 이 글은 학술적 글쓰기의 규칙과는 조금 어긋나는 방식으로 작성되었다. 이미 발표된 필자의 논문들을 〈맑스코뮤날레〉의 주제에 맞게 다시 편집하면서 원래 있었던 자세한 참고문헌 표시는 생략했다. 글의 마지막에 이 글의 바탕이 된 논문 목록과 참고했던 자료들을 제시했다.

곳에서 드러나고 있다.

삶의 깊이가 없다는 것은 가치의 상실을 의미한다. 억압과 착취를 정당화하고 기존질서를 강변하려 했던 모든 시대의 보수주의자들조차 삶의 가치와 의미에 대해서 천착했다. 그것이 없이는 그들이 유지하려 했던 '공동체'가 붕괴될 수밖에 없었기 때문이다. 비록 매우 폭력적이고 파괴적인 방식이었지만, 파시즘조차 의미와 가치를 찾으려는 시도로 읽힐 수 있다. 사람들은 전쟁과 파시즘의 광기를 체험하면서 좌절하고 비관했지만 그 와중에도 '우리'의 의미를 찾으려 노력했다. '우리'의 연대를 방해하는 '적'을 인종적 증오와 혐오에서 찾는 파시즘을 비판하면서 자본주의적 질서를 넘어선 '자유로운 개인들의 연합'을 꿈꾸기도 했다. 그런 꿈이 또 다른 형식의 전체주의로 치달으면서 다시 한번 좌절을 겪을 때조차 사람들은 다양성과 차이를 놓치지 않는, 그러나 시장의 힘에 압도되지 않는 새로운 운동을 고민했었다. '그들'과의 적대를 통해 구성되는 '우리'라고 할지라도, 그 근저에는 언제나 연대와 유대를 만들 수 있는 가치와 의미가 놓여 있었다.

지금 우리가 맞닥뜨리고 있는 상황은 매우 다르다. 의미와 가치 자체가 포기되고 있는 시대다. 19세기의 위대한 사상가들은 그들 시대에 가치와 의미가 상실되고 있음을 걱정했다. 오직 존재하는 것을 긍정하는 실증주의positivism가 불러들인 천박한 대상인식과 공학적이고 기계적인 세계관에 불안해했다. 하지만 같은 시대의 비판적 지성들은 이러한 얕은 세계인식이 비판과 반성을 통해 극복될 수 있다는 낙관도 가지고 있었다. 낙관까지는 아닐지라도 인간의 실천을 통해 성취될 '아름다운' 미래를 포기하지는 않았다. 20세기의 세계적 재난과 학살도 그것을 넘어설 수 있는 거대한 인류의 여정을 잉태하고 있다는 점에서 극복되어야 할 시련이었을 뿐이었다. 비록 상당수의 지식인들이 수용소와 홀로코스트의 충격으로부터 역사적 비관으로 침잠하기도 했지만 그때도 희망은 있었다.

지금 우리 시대는 19세기 사람들의 '우려'와 20세기 사람들의 '비관'이 극단으로 폭주하는 것을 목격하고 있다. 폭주하고 있는 이유는 19세기에 우려와 공존했던 희망, 시대가 겪고 있는 진통을 진단하고 치유하려 했던 희망이 얕은 실증주의와 공학적 세계관에 압도당하고 있기 때문이다. 20세기의 총체적 위기 속에서도 굳건히 남아 있었던 '현실'을 넘어선 사회를 향한 실천이 질식당하고 있기 때문이다. 19세기에 만개했던 시대를 넘어선 통찰과 혜안도 기대하기 어렵다. 학문은 '직업'이 되었고 표준으로 자리 잡은 '짧고 얕은' 실증적이고 실용적이며, 공리주의적인 세계관에 동의하지 않는 연구는 '효용'이 없기에 '가치 없는' 것으로 주변화된다. 마르크스처럼 대학 바깥의 지식인의 영향력이 생겨날 가능성도 사라졌다. 대학이 학문적 담론을 독점하고 그러한 독점을 자본이 뒷받침하는 고리가 공고하게 자리 잡은 지 이미 오래다. 대학 안의 연구자들은 대학이 요구하는 기준에 맞추어야만 그 자리를 유지할 수 있고, 대학 바깥의 연구자들도 거기서 멀리 떨어져 있지 않아야 '안'으로 진입할 수 있는 기회를 잡을 수 있다.

근대 초기 유럽의 지성 중 몇몇이 기대했던 것처럼 관료들은 가치중립적이지 않았다. 그럼에도 소위 신자유주의라는 이름의 시장맹신주의가 맹위를 떨치기 전에 관료들과 정치인들은, 심지어 그들이 독재정권에 봉사하고 있을 때조차, '사명감'은 가지고 있었다. 비록 그 결과가 억압하고 착취하는 질서의 유지일지라도 최소한 그들은 국가의 미래를 걱정하고 계획해야 한다는 (잘못된) 책임감을 가지고 있었다. 그런데 '뿌리 뽑힌 시대', 오직 개인의 이익만이 '선'인 시대의 관료들과 정치인들은 4년 이상의 미래를 내다볼 수 있는 능력을 상실했다. 그들에게 권력도 '자본'이며, 자본은 활용되어 개인의, 또는 그들이 속한 파당의 이익을 극대화시키는 방식으로 활용될 뿐이다. 이렇게 극단적인 상황이 도래하기 전 정치가 고민해야 했던 '정당성'legitimacy 따위는 중요하지 않다. 정당성의 토대가 되는 소위 대중의 동의와 지지는 여론 조작과 이데올로기적 동원에 의해 관리되어야 할, 마케팅과 다름없는 일이 되어버렸기 때문이다. 그리고 대중은 이미 원자들로 파편화되어 생존 투쟁에 여념이 없다.

이렇게 생존투쟁에 내몰린, 그 이외에는 생각할 겨를조차 없는 대중, 평범한 사람들은 불안하다. '우리'를 지켜주던 보수적 공동체는 와해되었고, 끝이 없는 경쟁, 불안, 좌절의 연속이다. 먼 미래라도 절망의 구렁텅이 속에서 탈출할 길은 보이지 않는다. 오직 앞을 보고 달려야 한다. 그리고 집을 사고, 차를 사고, 옷을 사고, 소비를 부추기는 광고의 속삭임에 답하면서 순간적인 환각을 맛본다. '나'는 '내가 소비하는 것'을 통해 '나임'을, 곧 '정체성'을 찾는다. 그러나 '나'의 정체성은 곧 스스로를 화폐적 가치로 용해하여 부채 위에 올라탄 위태로운 인간으로 만든다. 소비자-채무자는 정치적으로 의미 있는 '시민'이라는 정체성, '노동자'라는 정체성을 녹여 뿌리 없는 인간들로 전락시키고 있는 것이다.

'불안정한 노동자'로 항상 긴장하고 살아야 하며, 소비자-채무자로 뿌리 뽑힌 채 자신을 지탱할 방법을 찾을 길이 없어졌다. 인간은 애초부터 고립된 '나'로 '내'가 될 수 없는 존재다. 삶은 뿌리 뽑혔고 삶의 의미와 가치를 회복할 통로는 모두 차단당한 것처럼 보인다. 나의 존재 이유는 도대체 어디 있는 것인가? 여기가 바로 일상의 파시즘, 혐오와 증오의 감정의 출처다. '나'를 보듬어줄 '유대'가 사라졌을 때 '나'는 '그들'을 적으로 삼고 혐오하고 증오하면서 어딘가 닻을 내리고 있다는 '착각'에 빠진다. '시대정신'으로 고취되고 있는 개인주의와 소비주의에 잘 어울리는 '정체성'이지만 독특함을 상실한 원자들은 고통스럽다.

이대로 비관과 절망의 나락으로 계속 떨어져야 하는 걸까? 날개가 없이 추락하고 있다는 좌절감으로부터 벗어날 방법은 없는 것일까? 19세기의 희망과 20세기의 실천을 21세기에 다시 되살려 낼 수 있는 길은 없는 것일까? 이 질문은 그 자체로 비관적이다. 이렇게 주장하자. 반성과 비판은 여전히 우리들 삶 속에서 꿈틀거리고 있다고 말이다. 그리고 꿈틀거리고 있는 반성과 비판은 저 멀리 있는 것이 아니고 우리들의 몸에 새겨져 있고 기억 속에 잠재되어 있다고 말이다.

2. 신자유주의 40년 : 체계의 위기, 그리고 전환

우리의 시대적 상황을 조금 더 들여다보자. 우리를 절망 속으로 밀어 넣고 있는 조건, 하지만 거기로부터 다르게 살 수 있는 여지를 찾을 수 있는 '위기'를 진단해 보자. 신자유주의 40년은 자본의 질서를 당연한 것으로 받아들이게 만들고 상품과 화폐의 논리를 일상 속으로 촘촘히 스며들게 하여 삶의 의미와 가치를 마모시켰다. 시간과 공간마저도 효용과 화폐가치의 극대화를 위해 구획하고 배치함으로써 사람들의 몸과 마음에 감당하기 어려운 스트레스를 부과했다. 사람이 생존하기 위해 필요한 감정적 유대와 정서적 공감은 효율성과 경제성의 논리 앞에 속절없이 무너져 내리고 우리의 무의식은 공포, 혐오, 불안으로 가득 차게 된다.

하지만 신자유주의적 40년의 노골적인 '계급정치'는 대의민주주의의 허약함도 분명하게 드러냈다. 신자유주의는 정치가 돈과 권력에 의해 좌우되는 것을 굳이 숨기려 하지 않았다. 시장과 자유를 등치시키면서 시장의 독재를 민주주의로 호도하려 했을 뿐이다. 이러한 이데올로기와 일상의 체험 사이의 작은 엇나감'들'이 쌓이면서 사람들은 선거를 통해 선출된 정치인들이 결코 유권자들의 대표가 될 수 없음을 깨닫기 시작한다.

신자유주의가 대의민주주의의 한계를 폭로한 것처럼, 신자유주의와 대의민주주의의 한계에 의해 드러난 전문가들의 타락은 근대적 지식패러다임의 한계까지 우리를 이끈다. 복잡하고 주름투성이의 세계를 매끈한 평면으로 만들고 거기서 두 점을 찾아 그 사이에 직선을 그어 연결할 수 있을 때에만 과학으로 인정하는 근대적 과학관이 붕괴하고 있다는 것이다. 사람들의 삶을 통계, 함수, 그래프 안으로 찍어 눌러 맞추어 경제학이라는 지배적 담론을 생산한 후, 결코 거기에 맞추어질 수 없는 세상을 전문가의 이름으로 좌우하는 '비합리적' 관행만이 과학으로 받아들여지는 것이 우리의 현실이다.

문제는 이러한 기존 패러다임의 위기가 정치적인 대안 형성으로까지 나가지 못한다는 것이다. 신자유주의는 자본주의 체제를 막다른 길까지 밀어붙이면서 동시에 사람들의 마음으로부터 가치와 의미를 효과적으로 몰아냈다. 서두에서 밝힌 바대로 어느새 경쟁과 생존의 논리는 일상이 되어 버렸다. 소위 반성과 비판을 통해 희망을 제시하고 실천의 길을 열어 주어야 하는 정치세력도 이러한 무력화에서 예외가 아니라는 사실이 상황을 더욱 어렵게 만들었다. 대안을 '제시해야만 하는' 정치 세력은 스스로를 자기검열하고 '현실적으로 허용 가능한', 그래서 '충분히 비판적이지 못한' 위치에 자리 잡기 시작했다. 신자유주의 시대 '뿌리 뽑힘'에서 생겨난 불만 에너지는 방향을 잡지 못한다. 좌파적 분출의 통로가 막힌 조건에서 불특정 다수를 향한 분노와 공격으로 드러날 가능성이 높아진다. 자기와 다른 정체성을 가진 집단에 대한 혐오는 막연한 만족감과 존재이유를 가져다주는 것으로 오인된다. '환상'과 '착각'에 의해 주어진 정체성으로의 유혹은 '아주 가까이에 있는' 선택이다. 종종 사회적 공분을 불러일으키는 사건과 마주쳤을 때 집합적인 의사표출로 발전할 수도 있다. 혐오와 공격이 아닌 비판과 공감일 수 있는 것은 일시적이지만 광장과 거리에 '원자'로 고립시키는 장벽을 넘어 함께 할 수 있는 공간이 마련되기 때문이었다. 그런데 이렇게 일시적으로 만들어진 집합적 열정은 모두가 당연한 것으로 '받아들이고 있는' 질서에 대한 집착으로 인해 분해되어 제자리로 돌아간다. 지속적으로, 잠시 동안의 강력한 '열정'의 공유를 넘어서 정치적으로 행동하는 것은 계산하는 경제적 주체들에게는 얻는 것에 비해 비용이 너무 큰 것으로 받아들여진다. 껍데기만 '합리적인' 이러한 선택은 낡은 정치질서를 그대로 방관하도록 이끈다. 앞으로 나가기보다는 진보와 보수의 역할을 나눠가진 기성세력의 소란스러운 다툼에 현혹되어 변화를 가능하게 하는 에너지를 낡은 제도의 틀로 되돌려 넣는다. 남겨진 것은 어떤 정당을 선택할 것인가라는 질문뿐이다. 결코 낡은 제도 안에서는 상실한 존재이유, 가치와 의미를 회복할 수 없을 것이다. 그 제도가 그렇게 만든 원인이기 때문이다.

3. 포퓰리즘의 토대 : 원자화된 개인을 향한 대중영합주의 정치

신자유주의 '이후' 시대 기득권집단은 대중의 정서, 정념, 체험과 유리된 세계 속에 산다. 대중의 삶과 엘리트 집단에 의해 독점되고 있는 정치

사이의 이러한 간극은 '말뿐인' 정치적 구호와 약속들로 채워진다. 소위 정치가적 포퓰리즘이 득세하고 있는 포스트모던한 상품소비사회는 자본의 논리가 형식적으로나마 보장되었던 민주주의를 질식시킨다. 이런 세상에서 정치는 마케팅에 다름 아니다. 그래서 항상 대중의 귀에 달콤한 이야기들이 넘쳐난다. 하지만 동시에 정치는 대화와 소통이 부재한 극한적 대립이다. 모두가 '정치'라는 그럴듯하게 포장된 '물건팔기'에 전념하지만 '내'가 아닌 '저들'의 상행위는 항상 '사기'라고 공격해야 한다. 마케팅으로서의 정치에는 물건의 질에 대한 설명과 이해는 중요하지 않다. 무조건 상대방의 것은 질이 떨어진다고 이야기해야 하기 때문이다. '국민'을 대표하고, '국민'을 위한다고 말하지만 결국 민주주의는 실종되고 '국민'을 대상으로 한 '광고'만 남게 되는 것이다. 이것이 포퓰리즘이라고 불리는 대중영합주의의 실체다.

좌파와 우파를 넘어서 모든 정치세력이 대중영합주의에 빠져 있다. 그리고 그 대중영합주의는 상품소비사회가 불러온 욕망의 기호로 신자유주의 40년이 초래한 불만과 저항을 덮어 버린다. 그렇게 부추겨진 욕망은 마케팅 정치에 동원될 뿐 해소될 수도, 다른 정치적 에너지로 발전할 수도 없다. 그런 기미가 보이면 곧바로 체제에 반하는 시대착오적인 '좌빨'로 낙인찍히게 된다. 욕망의 기호는 대중이 겪고 있는 최소한의 기본적 필요 충족의 부재에 대해 언급하지 않고는 그들을 동원할 수 없다. 대중을 수동적인 동원의 대상에 머물게 해야 하지만 최소한의 동원을 위해서는 지금의 사회구조가 초래한 사회적 문제들을 지적하지 않을 수 없다는 것이다. 이것은 정치 엘리트들에게 건드려서는 안 되는 대중의 불만을 건드려야만 하는 역설이다.

이러한 역설은 '보수'의 역할과 '진보'의 역할을 나누어 가진 정치세력들 사이의 잘 만들어진 파트너십에 의해 극복되고 있다. 파트너십의 전제는 기득권의 공유와 이러한 '공유'의 질서를 깨뜨리려는 세력에 대한 배제 전략이다. 이것은 제도가 정해 놓은 게임의 규칙을 벗어나지 않는다는 암묵적인 '협약'에 근거한다. 하지만 이러한 협약은 '합이 잘 맞는' 겨루기 없이는 제대로 유지되기 어렵다. 모두가 정치를 마케팅으로 생각한다. 달콤한 말들을 흘리고, 서로를 포퓰리즘적 선동정치를 하고 있다고 손가락질하고 견제한다. 그 겨루기의 정도가 때로는 과장되어 그들 사이의 골이 정말 보수-진보의 건널 수 없는 강처럼 보이기까지 한다.

이러한 파트너십은 민주주의를 질식시킬 뿐만 아니라 당연히 보장되어야 할 기본권에 대한 언급조차도 포퓰리즘으로 낙인찍어 버리는 상황을 초래한다. 정치 엘리트 집단 사이의 정치는 '말 겨루기'일 뿐이다. 이 말 겨루기로부터 대중은 철저히 소외되지만 그들의 말 겨루기는 언제나 대중을 소환하고 호명한다. 그렇게 소환되고 호명된 대중은 사회집단도 사회계급도 아니다. 원자화된 개인의 합일뿐이다. 이제 계급으로 분할되어 서로 다른 이해관계를 가진 사람들은 사라지고 뭉뚱그려진 통치와 동원의 대상만이 남는다. 그리고 그들에게는 대규모 도시개발, 도시재생, 공항, 컨벤션센터, 체육시설 등의 토목사업을 통한 지역경제의 활성화라는 달콤한 약속이 전달된다. 한 발 더 나아가 각종 사회복지에 대한 아름다운 이야기들이 전해진다. 그다음 수순은 서로를 대중영합주의로 공격하면서 복지에 대한 약속은 무로 돌리고 대형개발사업의 추진과정에서 생겨나는 이득은 나눠 가지는 것이다.

이런 조건에서 평등주의적 열망은 좌절과 원한의 순환 속에 갇힌다. 이 순환 속에 개발과 성장에 대한 약속과 복지 확대의 약속이 섞여든다. 그 약속은 다시 좌절로 돌아오지만 이 좌절로부터 생겨나는 원망은 엉뚱

한 상대를 찾는다. 이미 약육강식과 우승열패의 자본의 논리를 잘 내면화하고 있기에 우리는 강자와 그들을 지탱하고 있는 구조에 대해 비판하고 저항하기보다는 우리보다 약한 자들에게 원한의 칼끝을 돌리는 것이다. 때때로 (노무현과 그 지지자들이 그랬던 것처럼) 강자에게 비판의 칼끝을 겨누기는 하지만 원인에 대해 무지하기는 매한가지였다. 이미 준비된 무대 위에서 좌절과 원한의 정치적 사이클의 한쪽 역할을 담당하고 있었다.

시장주의자들과 우익 기회주의자들의 '합을 맞춘' 대결과 소위 진보정당의 제도화로 자본축적과 경쟁의 논리는 삶의 구석구석 스며들었다. 정치의 의미가 완전히 달라진 것이다. 정치의 이름으로 '탈정치화'depoliticization가 진행되었다. 끊임없는 경쟁만이 유일한 생존방식으로 허용된 지구화된 경제조건에서 정치란 자본의 논리와 시장의 논리가 정치적 논리에 의해 침해받지 않도록 보호하는 것, 나아가 이렇게 좁게 해석된 정치마저 자본의 논리와 시장의 논리를 따르도록 만드는 것이다. 정치적 선택, 예산편성, 장관의 정책 결정까지 모든 선택이 슈퍼마켓에서 물건을 구매하는 것과 동일한 논리로 설명될 수 있다고 주장한다. 공공성을 보장하는 정부 또한 사적 이익을 추구하는 공무원들의 결정에 따라 운영될 수밖에 없기 때문에 정부의 정책결정과 추진에도 시장의 원리가 도입되어야 한다는 것이다. 이윤을 기준으로 실적을 평가하는 다양한 수행평가performance assessment가 이루어진다. 사회적 필요social needs와 공공성은 고려될 여지가 없다. 이러한 논리는 공적 결정과정에 시장논리를 도입하는 것을 넘어 공공서비스를 사적 시장에 넘기는 사유화privatization로 연결된다. 이 과정에서 정치마저 상품화시키는 것이 정치의 탈정치화이다.

결과적으로 국민의 주권을 주기적으로 확인하는 선거는 상품 구매 행위로 전락한다. 정당들 사이의 차이는 점점 사라지고 멋들어진 공약과 정치인들의 외모, 연설, 스타일이 대중매체를 가득 채운다. 진지한 토론과 검증 절차는 없다. 주기적인 여론조사가 민의를 대변하는 것처럼 호도된다. 여론조사는 시장조사와 다르지 않다. 똑같은 엔진에 겉모양만 달리한 자동차들이 시장에서 판매되고 있는 것처럼 내용이 대동소이한 정치인들이 겉포장만 달리한 채 상품진열대에 놓여 있는 것이다. 엔진에 대한 정보는 제공되지 않는다. 꼼꼼히 따져보고 의견을 교환할 기회가 주어지지 않는다. 그렇게 하는 것은 이미 게임의 규칙을 어기는 것이다. 이렇게 선출된 정치인들이 유권자들을 '배신'할 때 그들을 통제할 어떤 수단도 없다. 투표는 상품소비 행위이고 특정한 상품 선택에 따른 책임은 개인에게 있는 것이기 때문이다.

다른 한편으로 보다 확장된 민주주의가 진척되고 있는 듯한 착시 현상이 나타나기도 한다. 정부 또는 통치government가 아닌 거버넌스governance가 민주주의의 새로운 형식으로 제시된다. 집합적 책임과 개인적 책임 사이의 새로운 균형을 이루어야 한다고 말하지만 거버넌스는 기득권을 가진 엘리트 집단 사이의 이해 조정 과정에 다름 아니며, 민주주의는 시장에서 소비와 투자를 선택할 수 있는 만큼의 개인적 자율성에 불과하다. 이러한 탈정치화는 곧 정치의 내용을 대형 개발사업을 둘러싼 경제엘리트와 정치엘리트 사이의 이해관계 조정으로 한정한다. 주기적으로 치러지는 선거는 정책과 이념의 대결이 아니라 미디어에 의해 만들어진 이미지의 대결이 되어 버린다. '그들'의 정치는 협잡과 기득권 동맹 사이의 거래이며 우리에게 남겨진 정치는 선거라는 백화점에 진열된 상품 중에 하나를 고르는 것이다. 문제는 유권자는 그렇게 구매한 상품의 소유권을 주장할 수 없다는 데 있다.

정치의 탈정치화와 그에 따른 저항적 에너지의 왜곡된 표출은 민주화 과정의 뒤틀림에서 연원한다. 권위주의적 정권과 사회적 불평등에 대한 밑으로부터의 저항에서 시작된 민주화는 그 저항이 체제전환적인 단계로 발전하는 것을 저지하는 지배블록 내부의 타협으로 끝나게 된다. 이로 인해 아시아와 라틴아메리카의 여러 나라를 휩쓸었던 1980년대 민주주의의 제3의 물결 이후 생겨난 '민주주의' 정권들이 우리가 '이념적'으로 생각하는 민주주의를 실현하기보다 과두제적인 성격을 띈다. 같은 맥락에서 필리핀, 인도네시아에서 아르헨티나와 칠레까지 민주화 과정은 대체적으로 민주주의의 급진적 발전을 저지하는 선에서 타협이 이루어진 것 외에 큰 차이가 없었다. 필리핀과 인도네시아보다는 조금 더 민주화가 진행되었다고 하지만 대만과 한국도 여기서 크게 벗어나지 않는다.

이러한 타협적 체제가 권위주의적 정권에 의한 '권력독점'에서 시장 중심의 체제, 즉 자본의 권력독점 체제로의 이행이라는 더욱 심각한 결과를 초래했다. 정치적으로 민주주의의 외피를 쓰지만 권력은 사적 자본으로부터 나온다. 이제 민주주의는 시장에서의 자유와 동일시되고 국가로부터 간섭받지 않는 것을 개인의 자율성과 등치시킨다. 서구에서조차 복지국가적 타협 시기에 성립된 사회통합의 기초인 기본적 필요와 욕구 충족을 위한 도덕적 합의는 깨지고 있다. 사람들이 이념적으로 동의했던 '인간다운' 삶을 위한 근거가 되는 사회적 필요와 욕구 충족이 침식당했다.

이러한 시장의 자유를 민주주의와 동일시하는 신자유주의적 민주화의 결과는 민주주의에 대한 회의와 불신이었다. 한국의 경우 민주화 운동의 결실로 등장한 김대중-노무현 정부는 앞장서서 신자유주의적 물결을 수용하고 그것을 민주주의로 선전했다. 하지만 그 결과 모든 사람을 무한 경쟁으로 내몰고, 사회적 유대를 파괴하며, 모든 사람들을 피곤하게 하는 사회였다. 정권들은 생존을 위해 달려야 하지만, 계속 달리는 것 말고는 성취할 것이 없는 그런 사회를 민주주의라고 강변했다. 김대중-노무현 정부 편에 섰던 사람들은 자신들의 모순적인 언사와 행동을 반성하기는커녕 자신들을 진보라고 우겨댔고 사람들의 마음속에 진보는 곧 경제적 파탄을 초래하고 빈부격차를 악화시킨 무능력의 상징으로 남았다. 민주주의는 삶의 질에 아무런 도움도 되지 못한다고 느끼게 된다. 사람들이 민주주의보다 경제적 성장이 더 중요하다고 생각하게 되는 것은 어쩌면 당연한 결과였다.

민주주의에 대한 열망은 식어버리고 민주화 세력을 '무능한' 집단으로 인식하게 되었다. 민주화 세력의 대안으로 선택한 보수 기득권층은 '민생이 우선'이라는 구호와는 달리 민중의 의사를 대변하지 않는다. 기득권 집단은 다시 한번 '녹색성장'과 '창조경제' 같은 멋있는 구호들 뒤에서 부와 권력을 나누어 가졌고, 자본이 사회를 주무르지만 그 자본의 힘은 과거의 권위주의적 권력 구조와 포개지면서 사람들을 점점 더 조작과 동원의 대상으로 간주한다. 민주주의란 '돈을 주고 살 수 있는 것'이 되며 흥정을 위한 규칙으로 전락했다. 그 끝은 국정농단이었고, 광장의 촛불은 이를 응징했다. 하지만 최종결과는 여전히 '합이 잘 맞는' 연기였을 뿐이었다. 문재인 정부가 들어선 지 1년 반이 넘어가면서 사람들은 이러한 현실을 체험하고 있다. 정권의 친재벌적 성격은 보다 분명해지고 긴 안목의 경제 정책은 찾아볼 수 없다. 단기적인 경기부양책만 고심했고 토건공화국의 기본 성격은 그대로인 채로 남아 있다. 불만은 그대로이고 정치는 여전히 텅 비어 있다.

불만의 에너지는 짓눌려지고 그만큼 압력은 더욱 강해질 수밖에 없다. 폭발하지 않기 위해서는 아주 작은 틈이라도 찾아야 한다. 이렇게 축적된 에너지가 곧 포퓰리즘의 토대이자 비이성적인 파시즘적 운동의 근원이 된다. 대중이 대중에게 칼을 겨누는 자기 파괴적인 방식으로 표출되지 않기 위해서는 이 억압된 에너지가 새로운 정치의 통로를 찾아야 한다.

4. 원자화된 개인, 그러나 여전히 '인간'이어야 한다

위기에 봉착한 자본주의 체계가 만들어내는 일상의 위험과 불안, 그것으로부터 생겨나는 공포는 지금까지 살펴본 거시적인 요소들에서 훨씬 더 강력하다. 불안은 '저기 바깥'에서 오는 것이 아니라 우리 마음속에서 싹트고 자라난다. 하지만 억압된 에너지가 혐오와 증오가 아닌 비판과 저항으로 '조직화될' 가능성을 찾아야 한다. 일상에서, 사람들의 몸과 마음에서 출발하지 않는 비판과 저항은 성립되기 어렵다. 위기가 발생하는 바로 거기로부터 비판과 저항을 이끌어 내지 않는다면 사람들은 계속해서 정치적 객체로 남아있게 되고 그들의 정치적 행동은 단속적인 외침들로 무력화되는 악순환을 반복하게 된다.

일상에서 불안과 공포가 생겨나는 원인을 진단하기 위한 몇 가지 전제는 다음과 같다. 첫째, 우리 모두는 '생물학적으로 취약한 존재'biologically vulnerable being이다. 근대적 담론체계는 인간의 생물학적 취약성을 부정하는 것처럼 보인다. 일관된 유물론적 사고는 인간을 자연의 일부로 간주한다. 하지만 근대의 과학주의적 태도는 자연을 기술적으로 통제 가능한 대상으로 생각한다. 과학주의적 태도가 주름과 부피를 부정하고 매끈한 평면으로 대상을 환원하여 설명하게 되면 모든 대상은 상호 연관성이 부정된 고립된 연구대상이 되어 버린다. 인간이 자연에 깊이 연루되어 있기 때문에 이러한 취약성을 부정하게 되면 생존에 필수적인 자연을 인간과 분리시켜 기술적으로 통제하려 함으로써 존재 조건을 위태롭게 한다. 실재와 괴리된 '관념적' 과학의 세계, 과학주의적 태도가 지배하는 근대적 담론체계 안에서 인간의 예외적 존재로서의 우월함이 과장되고 인간존재의 생물학적 취약성은 무시되므로, 그 결과 위험은 커진다. 그 위험은 보험과 같은 상품들로 땜질된다. 하지만 위험을 예방하기 위해 위험의 정도를 더욱 크게 하는 얄팍한 과학주의와 소비주의가 만났을 때, 한편으로 취약함이 극대화되지만 다른 한편으로는 그것이 상품의 논리에 의해 부정될 때, 사람들은 그 극단 사이에서 진동하면서 불안감을 느낀다. 불안감을 줄이는 방법은 한편으로는 더 팽팽한 기술적 통제라는 전문가 체계에 의존하는 것이며, 다른 한편으로는 더 많은 상품의 소비에 개별적으로 탐닉하는 것이다.

둘째, 인간은 심리적으로 미완성된 상태로 세상에 나온다. 우리 모두는 나를 타자, 대상으로부터 구분하고 경계 짓는 생존을 위한 투쟁의 결과로서만 존재할 수 있다. 이러한 투쟁은 생의 초기에 집중되지만 평생 동안 결코 중단되지 않는다. 그래서 우리 모두는 '심리학적으로 불안한 존재'psychologically unstable being라고 할 수 있다. 근대적 지식이 기정사실화한 고립된 원자로 존재하는 합리적 주체는 심리학적으로 불안한 존재인 인간에 대한 이해를 심각하게 왜곡한다. 합리적 주체는 독립적인 개체이며 생존하기 위해 투쟁하는 존재이어야 한다. 누군가의 보살핌을 받아야 하고 정서적 교감을 해야 하는 인간 삶의 기본적 필요를 부정하도록 교육받고 길러지고 있다. 특히 신자유주의 시대의 교육은 어렸을 때부터 승자독식의 논리를 강요함으로써 사회 구성원 모두의 심리적 불안을 극대화함으로써 서로 상호 의존해야 하는 존재들을 적대적인 관계로 몰아넣고 있다. 보살핌과 돌봄이 없이는 '인간'일 수 없지만 보살핌과 돌봄을 요청하는 것은 '기생하는 것'으로 간주된다. 능력 없는 자로 낙인찍히게 되는 것이다. 삶의 과정을 통해 수없이 찾아오는 예상치 못한 사건들과, 거기에 동반되는 사소한 좌절들은 스스로의 생명을 파괴할 수 있을 만큼 가공할 압박으로 작용한다. 그 압박이 밖을 향할 때 사람들은 특정 대상에게 '혐오'의 감정을 쏟아 내게 된다.

세 번째로 생물학적 취약성과 심리학적 불안정성이라는 인간의 특징은 상호의존적인 사회적 관계를 통해서만 완화될 수 있다. 취약하고 불안정한 상태는 사회적 상호작용 안에서만 관리되고 조정될 수 있다. 심리적으로 불안정하게 태어난 인간 삶의 첫 번째 단계는 부모와의 의존과 상호관계이고, 이를 통해 인간은 사회적 존재의 길에 들어선다. 우리의 일상은 정확히 이러한 상호의존의 반대편에 있다. 잘게 나누어져 관리되는 시간과 공간은 타자와의 정서적 교감을 어렵게 하고, 사회적 관계를 상품화하여 고객과 소비자로 정형화하는 것은 상호 의존성의 원리를 부정한다. 그 결과 고립된 개인들의 심리적 불안정이 높아진다. 타자가 가지는 생물학적 취약성에 대해 둔감해지고 타자의 고통과 슬픔에 대해 공감하지 못한다. 사람들이 공동체를 갈망하고 마을을 만들려 하며, 협동조합에 참여하려고 하는 것은 심리적 불안정성과 생물학적 취약함이 커지고 있다는 방증일 것이다. 이제 우리는 인간이 가지는 또 하나의 특징인 '사회적 상호의존성'(사회적으로 상호의존적인 존재socially inter-dependent being)으로서의 특징을 정치의 주제로 삼아야 하는 것이다.

네 번째로 생물학적으로 취약하고 심리학적으로 불안정한 존재로서의 인간은 사회적으로 상호의존적 존재이기에 생존할 수 있지만, 역설적이게도 '실존적으로 자기중심적인 존재'existentially self-centered being이다. 세상은 인간 의식 바깥에 '언제나–이미' 실재하지만 인간은 실존적으로 자기의식을 중심으로 세계를 인식하고, 해석하고, 반응한다. 인간의 삶은 바깥세상이 가지는 압도적 힘 앞에 무력화되어 산산이 부서지지 않기 위한 '투쟁'의 연속이다. 살고 있는 세상에 대해 정확히 인식할 수 없지만 내가 그 세상을 해석하고 인식하는 중심이라는 '의식'이 없이는 단 한 순간도 살아남을 수 없다. 상호의존적이지만 동시에 자기만의 개성과 독특성을 가진 존재일 수밖에 없는 것이다. 이러한 개별적 독특성은 '차이들'로 정의될 수 있다. 상호의존적인 사회적 관계와 공적인 장이 개인을 압도할 때 저마다의 존재의미는 희미해진다. 외적으로 주어진 규범과 규칙에 자기를 맞추고 사회의 부속품처럼 살아간다. 사회적 상호의존성의 토대를 허물어 버릴 정도로 '나'의 이기적 이익만을 추구하는 것을 미덕으로 간주하는 사회에서는 정작 '내'가 누군지 알지 못하는 사태가 초래될 수밖에 없다. 모두가 경쟁적으로 대학을 가고, 좋은 직장을 향해 달려가지만 정작 '내'가 좋아하는 것, '나'의 행복과 만족은 사라져 가고 있다. 우리 모두는 다시 한번 뿌리 뽑힘의 위기에 노출되는 것이다.

네 가지 인간존재의 특징을 정치의 주제로 삼는다면 인간은 더 이상 고립된 개인들의 합으로 간주될 수 없다. 인간은 그 자체로 집합적인 존재이기 때문이다. 여기에 더해 집합적 존재로서 인간은 역사적으로 제한되어 있는 존재라는 특징을 갖는다. 개인은 100년을 넘기지 못하고 소멸하지만 역사적 존재로서의 인간은 시간한계를 넘어 문화를 발전시킬 수 있다. 그래서 인간은 시간적으로 제한되어 있지만 제한된 시간 지평 안에서 과거에 대해 반성하고 미래를 걱정하는 존재라는 측면에서 '제한적'이라는 말은 이중적 의미를 갖는다. 즉 역사적으로 제한된 존재이기에 시간의 한계를 넘어 집합적으로 반성하고 걱정할 수 있게 되는 것이다.

자본주의적 논리가 맹위를 떨치고 있는 지금 당장의 이윤만을 추구하는 자본의 논리는 문명이 성립된 후 인류를 지탱해 왔던 과거에 대한 반성과 미래에 대한 걱정을 위한 여지를 말살하고 있다. 1년 단위의 평가를 중심으로 하는 자본의 논리는 이미 투자되어 고정된 자본의 가치를 아직 도래하지 않는 미래의 재난보다 우선시하고 있다. 과거로부터 전승된 문화와 역사적 흔적은 화폐적 가치 앞에 속절없이 무너지고 있기도 하다. 인간의 시간감각을 훨씬 넘어서 존재하는 자연적 환경도 무자비하게 파괴되고 있다. 역사적으로 제한되어 있는 인간 존재의 특징을 망각하면서 우리 세대는 문명의 토대 자체를 파괴하고 있는 것이다. 그러나 정확히 '생물학적 취약한', '심리적으로 불안정한', '사회적으로 상호의존적인', '실존적으로 자기중심적인' 역사적 존재로서의 인간의 특징은 부정될 수 없다. 비록 문화적으로, 그리고 역사적으로 다양한 형태로 드러나고 해석된다고 하더라도 지워질 수 없는 '실재' 그 자체로 자본주의를 극복하는 사회적 투쟁이 근거가 될 수 있다.

5. 불만과 탈구, 그리고 연대

앞서 확인했듯이 인류는 '생물학적으로 취약하고', '심리적으로 불안정한 존재'이기 때문에 '사회적으로 상호의존적'일 수밖에 없다. 그럼에도 불구하고 세계와 타자들로부터 끊임없이 위협받지만 '나'라는 정체성을 확인, 유지, 갱신하지 않으면 삶을 지탱할 수 없다. 이 모든 측면을 아우르고 관리하는 방식이 삶의 형식으로서 문화다. 문화는 균질적이지 않다. 빈틈이 있고 그 안에 갈등이 존재한다. 이러한 빈틈과 갈등은 세대에서 세대로 삶의 방식이 변화하면서도 인간을 역사적 존재로 위치시킨다. 신자유주의에서, 그리고 신자유주의의 파탄 이후에도 여전히 관철되고 있는 시장 맹신주의는 이 모든 측면을 위기에 빠트리고 있다. 신자유주의가 정책적으로 파탄 났음에도 여전히 이데올로기로 작동하고 있는 이유가 이러한 '인간'의 위기에 의해 원자들로 산산 조각난 '삶의 양식' 때문인지도 모른다. 신자유주의 이후 문화는 내용을 상실한 껍데기뿐인 '텅 빈' 문화인 것이다.

하지만 현재를 사는 우리 모두는 여전히 인간이다. 수많은 우연과 굴곡에 의해 형성되었지만 진화적으로 현재의 출발은 우리의 '몸'이었다. 그리고 우리의 몸에는 수많은 세대에 걸쳐 누적된 문화적 역량이 새겨져 있다. 때로는 집합적 기억으로, 또 때로는 무의식을 통해 남아 있다. 아무리 자본의 논리가 공간이 가지는 두께와 부피를 평평하게 만들어 조각을 내고 상품을 만든다 하더라도 우리의 몸은 그렇게 분절화되고 평면화된 공간의 폭력을 온전히 받아들일 수 없다. 몸은 의식보다 더 예민하게 시-공간의 폭력에 반응한다.

몸과 함께 우리의 기억, 아마 집단적 무의식이라고 부를 수 있는 집합적 기억도 자본의 논리를 불편해한다. 원시시대 나약한 인간이 거친 환경과 맹수들 사이에서 생존하고 진화할 수 있었던 것은 '협동'의 힘이었을 것이다. 아마도 인간이 가진 가장 큰 힘인 언어조차도 그러한 협동의 산물이었을 것이다. 인간은 이런 방식으로 진화해 왔다. 진화의 역사를 관통하는 것은 유대와 상호부조의 흔적이다. 이것이 무의식 속에 저장된 집합적 기억을 형성하는 것은 아닐까? 그리고 집합적 기억은 서구사회가 성취했던 복지국가처럼 좀 더 생생한 체험으로 지금의 현실에 저항하기도 한다. 바로 사람들이 성취한 보편적 '인간다움'에 대한 기억으로 남아 있다.

몸과 기억을 둘러싼 떨림은 신자유주의적 행위자에게는 분열증으로 경험된다. 한편으로 강박적으로 이기적이고 경쟁적인 '나'에 집착하지만 다른 한편으로는 연대를 갈망하고 몸의 리듬을 회복하기를 갈구한다. 분열증은 항상적인 불안을 초래한다. 문제는 불안이 해소될 수 있는 기회가 거의 없다는 것이다. 그러나 떨림과 진동은 필연적으로 엇나감을 초래한다. 아주 짧고 단속적이어서, 그래서 오래 지속될 수 없지만 하루하루는 한숨과 욕설, 원망과 분노의 순간으로 점철되어 있다. 짧고 강렬한 광고가 펼쳐놓는 삶을 향해 미친 듯이 달려가고 있지만 결코 그곳에 도달할 수 없다는 현실을 자각하는 순간이 있을 수밖에 없다.

정치철학자 에르네스토 라클라우Ernesto Laclau는 이러한 엇나감을 탈구dislocation라고 정의했다. 당연한 것이라고 생각했던 것이 당연하지 않은 것으로 자각되는 순간, 자연스럽다고 믿었던 것이 자연스럽지 않은 것으로 느껴지는 순간이다. 그리고 그것은 실존적이고 감정적인 떨림의 한가운데서 체험된다. 떨림은 곧 몸과 기억의 저편에 쌓여 있지만 뭐라고 표현해야 할지 모를 막연한 불만과 좌절이라는 진앙을 가진다.

엇나감 또는 탈구의 순간을 계속 유지하는 것은 엄청난 비용이 드는 위험한 선택이다. 앞을 향해 달리기 바쁜 사람들로부터 도움의 손길을 기대할 수 없는 조건에서 낙오자 또는 패배자로 전락할 것이 분명하기 때문이다. 개별적으로 고립된 저항은 낙인을 초래할 뿐이다. 그럼에도 일상에서 그러한 탈구의 순간을 공유할 수 있는 다양한 마주침의 순간들도 제공한다. 마주침의 계기들은 우발적일 수 있다. 계획되지 않은 시위현장이나 파업현장에 참여하는 것은 좌절과 불만이 결코 개인적인 것이 아니라는 공감대를 형성한다. 밀양, 강정, 성주, 그리고 광화문에서 그러하듯이 말이다. 고통스러운 세월호의 경험처럼 예기치 않게 겪게 되는 사고와 재난은 의식의 전환을 촉발하기도 한다. 탈구 경험들의 연대는 때때로 계획된 노력에 의해 성취되기도 한다. 협동조합과 마을은 불만과 좌절을 공감하고 함께 치유하기 위한 노력이라고 할 수 있다.

떨림이 탈구를 경과하고, 탈구의 계기들이 공유되어 사회적 저항과 투쟁으로 발전하는 과정에서 시간과 공간이 정치적 의제로 떠오른다. 신자유주의의 물결은 사람들이 '지금과 다른 세상'을 상상할 수 있는 시간을 빼앗는다. 끊임없이 일자리를 걱정해야 하고 바로 다음 주, 다음 달의 삶을 고민해야 하며, 쉼 없이 러닝머신 위를 달리는 사람처럼 앞만 보고 뛰어야 하기 때문이다. 가끔씩 옆을 힐끔거리지만 그것은 타자와의 비교로부터 오는 좌절을 더할 뿐이다. 탈구는 이런 맹목적인 달리기를 회의하게 하고, 탈구의 공유는 그러한 회의가 함께 모여 논의되고 숙의될 수 있는 시간과 공간에 대한 요구로 진화한다. 자본의 리듬으로부터 몸의 리듬을 되찾고 '상상'의 여유를 쟁취하는 '시간투쟁'은 모이고 이야기하고 '놀이할 수 있는' 공간을 쟁취하는 투쟁이기도 한 것이다.

자본과 화폐의 도구적 합리성을 내면화한 고립된 원자로 존재하는 개인들의 합리적인 선택이 사회 전체적으로는 생존 자체를 위한 조건을 갉아 먹는 비합리적인 결과를 초래한다. 토지의 가치를 극대화하기 위한 난개발은 노동보다는 투자(더 정확히 말하면 투기)를 통한 지대와 이자라는 불로소득을 추구하는 합리적 선택에 따른 것이다. 하지만 이러한 합리적 선택은 도시가 품고 있는 두터운 역사와 문화를 파괴한다. 토지의 교환가치를 극대화하는 과정에서 역사의 흔적과 숨결은 고려대상이 아니다. 신체적 리듬보다는 상품의 유통과 소비를 위해 계획된 도시경관은 사람들의 자연스러운 이동과 마주침을 방해한다. 서로와 서로를 연결해주는 골목은 사라지고 공간과 공간을 절단하는 도로가 도시를 할퀴고 지나간다. 자동차라는 철갑으로 보호받는 개인들은 동료인간(보행자)을 장애물로 간주한다. 아이들이 뛰어놀고 사회성을 훈련할 공적 공간은 자동차로 가득 차고, 자동차가 내뿜는 매연과 소음은 우리의 몸을 병들게 한다. 백화점과 할인매장, 멀티플렉스에 모인 사람들은 같은 장소에 있을 뿐 융합되지 못한다. 지하철 역사驛舍 안을 떠밀려 가는 수많은 사람들은 좌절과 불만을 공유하지만 서로를 밀치고 떠미는 '몸뚱이들'일 뿐이다. 백화점의 사람들은 멋들어진 포장지에 싸인 채 소비주의적 욕망을 소곤거리는 상품진열대 사이를 헤집고 다니지만 서로 이야기하지 않는다. 바코드로 찍힌 이미 결정된 가격은 그 어떤 흥정도 허용하지 않는다. 그들이 지금의 삶과는 다른 무엇을 공유하고 소통하려면 '불법적으로' 도로를 점거하거나 거대한 도시 한 귀퉁이의 '합법적으로' 허용된 광장에서만 만나야 한다. 떨림과 탈구를 공유할 공간을 갖는 것은 매우 비싼 대가를 치르지 않고서는 얻을 수 없는 일이다. 그래서 저항과 비판은 공간, 즉 각자가 정서적으로, 그리고 실존적으로 체험하는 충족되지 않은 필요를 공론의 장에서 논의할 수 있는 공간을 창출하는 것을 목표로 해야 한다.

자본주의적 체계의 불가피성을 주장하는 지배계급의 논리는 허술하지 않다. 자본과 화폐의 논리를 내면화하기 오래전부터 우리 의식에 스며들어 있는 근대적 합리성의 맹목성은 매우 강력하기 때문이다. 무엇보다도 우리는 '자연과학적 태도'를 우월한 것으로 교육받아왔다. 이런 입장에 서면 매일의 삶에서 느끼는 감정처럼 원인과 결과를 명확하게 구분할 수 없는 생각들은 '비과학적'이다. 국가의 관료들과 기업에 고용된 전문가들이 제시하는 경험적으로 입증 가능한 변수들 사이의 관계만이 과학적인 것이다. 여기에 '경제학적 논리'가 더해진다. '과학주의적 태도'가 제시하는 명확성은 숫자로 표현되었을 때만 성취될 수 있다고 믿어진다. 도시의 공간, 일상의 시간, 사람들 사이의 유대조차 비용과 편익으로 계산되어 숫자로 제시된다. '과학주의적 태도'와 '경제학적 논리'는 우리 삶의 방향을 결정하는 힘을 소수 엘리트의 손에 맡기게 한다. 그들의 사고방식은 경험적 명확성과 수학적 확실성 바깥(사실 우리 삶의 대부분은 이 바깥에 위치한다)을 무시한 채 자신이 통제하고 관리할 수 있는 문제들을 기술적으로technical 해결하려 한다.

자본과 화폐의 논리는 이러한 지배적 이데올로기와 공모관계에 있다. 이것에 저항하는 것은 쉬운 일이 아니다. 그러한 저항은 불가능한 것, 실현 가능하지 않은 것, 유토피아로 비난받는다. 지배적 이데올로기는 자본과 화폐의 논리가 평평하게 만들어 찢어발긴 공간이 우리 몸과 기억을 불편하게 한다고 해도 시장경제의 대안이 없는 한 받아들일 수밖에 없다고 주장할 것이다.

하지만 역사는, 비록 힘겨운 투쟁의 결과로 얻어지기는 했지만, 유토피아가 현실이 되는 드라마를 여러 번 연출했다. 실현 가능성 여부는 계급투쟁의 결과이며 힘 대결에 따라 달라질 수 있다. 이런 관점에서 '현재'는 공적인 필요충족 기제를 보장받으려는 시민들의 지속적인 투쟁으로 성취되어 왔다고 할 수 있다. 평범한 사람들은 노동의 가치를 인정받으려 싸워왔고 때때로 그 목적을 성취해왔다. 국가의 관심 바깥에 있었던 도시 차원의 위생, 보건, 교육, 주거의 문제 해결이 노동하는 절대다수 민중의 정당한 요구로 받아들여지기도 했다. 복지국가 시절처럼 기본적 필요가 집합적인 형태로 충족되어야 한다는 것은 유토피아이기는커녕 당연하고 자연스러운 사실이었다.

신자유주의적 반격은 그 당연하고 자연스러운 것을 유토피아라고 사납게 몰아붙였다. 탈상품화되었던 기본적 필요충족은 다시 상품의 세계로 내던져졌다. 계급 간 힘 관계가 달라졌고 '정상'과 '비정상'을 가르는 기준 자체가 역전된 것이다. 그러나 그것은 새로운 드라마의 예고편일 뿐이었다. 그렇게 주어진 새로운 정상과 비정상의 틈바구니에서 일상을 가로지르면서 느껴지는 몸과 기억의 떨림이 생겨난다. '자연스러움' '당연함' '정상'은 끊임없이 몸의 체험과 집단적 기억 앞에 소환된다. 자본의 거대한 힘 앞에 무력해진 것처럼 보이는 사람들이 다시 한번 필요충족을 탈상품화해야 한다는 열망을 분출한다. 하지만 이번에는 공적인 것the public과 국가의 통제를 혼동하지 않으려 한다. 민주주의와 참여가 결핍된 공적인 것은 필요충족에 대한 독재dictatorship on the needs에 다름 아니기 때문이다. 촘촘히 작동하고 있는 자본의 논리, 교환가치의 논리에서 벗어나 몸의 리듬을 회복하고 근대적 인간다움의 기준을 충족하면서도 맹목적 근대화 과정에서 상실된 연대의 유대를 되살려내려는 실천, 동시에 개인의 자율적인 공간과 시간을 확보하는 새로운 도시혁명을 향한 사회적 투쟁의 시대가 열리고 있다.

6. 반대anti가 아닌 '그 무엇'

뿌리 뽑힌 삶, 가치와 의미의 상실이 몰고 온 극우적인 광풍이 전 세계를 휩쓸고 있다. 외국인 혐오를 공공연히 조장하는 인종주의자 도널드 트럼프Donald Trump가 미국 대통령이 되었으며, 영국은 극우적인 선동의 소란 속에 유럽연합 탈퇴, 브렉시트Brexit를 선택했다. 무솔리니가 다시 영웅 대접을 받는 위험한 시대가 된 것이다. 하지만 극우적 선동의 다른 한편에 자본주의를 벗어나고자 하는 몸부림들이 존재한다. 시장맹신주의의 지배적 이데올로기가 뿌려 놓은 거대담론의 거부라는 중화제를 덥석 삼켜 버림으로써 고립된, 국지적 사례들로만 보고하고 있지만, 많은 비판적 지식인들은 수많은 탈자본주의적, 반자본주의적 삶의 양식들과 실천들을 찾아냈다. 신자유주의 시대에 부정된 '계급(투쟁)'이라는 개념과 파괴된 '조직화된 운동' 때문에 출구를 찾지 못하는 젊은 세대의 불만이 새로운 '좌파'에 대한 지지로 표출되기도 한다.

호들갑 떨며 과장하는 사람들에 의해 담론적으로 소비되고 있기도 하지만 스페인, 영국, 그리스에서 나타난 좌파의 목소리는 사소한 사건이 아니다. 〈포데모스〉Podemos가 포퓰리즘적 지지를 제도정치 안으로 끌고 들어가지 못하고 있을 지라도, 제레미 코빈Jeremy Corbyn의 〈노동당〉이 아직은 80년대 사회민주주의의 좌파의 틀을 완전히 벗어나고 있지 못하고 있을 지라도, 그리고 그리스의 〈시리자〉Syriza는 유럽의 거대 자본이 가하는 압력에 굴복했을지라도 사람들은 '다른 삶'을 열망하고 있다는 현실은 부정될 수 없다.

좌파가 주목해야 하는 것은 이렇게 '좌파적'으로 드러난 목소리만이 아니다. 극우적 선동에 휘둘리고 있는 사람들의 마음을 읽어야 한다. 트럼프에게 표를 던진 백인 노동자들이 좌파의 적일까? 좌파는 일자리를 걱정하면서 외국인에 대한 혐오 감정을 노골적으로 드러내고 있는 영국의 백인노동자들은 마음을 투쟁의 대상으로만 생각할 수 있을까? 태극기를 들고 박근혜를 외치며 자유한국당 전당대회를 소란스럽게 하는 '그들'의 마음속에 깊이 자리잡고 있는 불만과 좌절을 읽지 못한다면, 그들의 고통과 접속하지 못한다면 도대체 진보란, 사회주의란 무엇이란 말인가?

이제 우리는 '추방된', 아니 '스스로 버린' 이름 사회주의를 다시 불러내야 한다. 그리고 그 사회주의는 신자유주의를 인정하고 시장맹신주의가 짜놓은 체계가 허용한 귀퉁이에서 산발적인 비판에 자족하거나 끊임없이 '반대'를 외치는 소수의 분파이기를 그쳐야 한다. 사회주의는 일상에서, 사람들의 몸의 떨림에서, 집합적 무의식의 긁힘으로부터 '자유주의'가 주장했던 인권, 정의, 민주주의를 요구하는 것이어야 한다. 신자유주의가 막 득세하기 시작하던 그때 브라질 노동자당이 내세웠던 '행복해지는 것을 두려워하지 말자'는 구호를 다시 꺼내 들어야 한다. 그리고 행복해지기 위해서는 맞서 싸워야 하는 '적'이 있다는 것을 말해야 한다. 신자유주의가 '이데올로기의 종언'과 계급투쟁의 소멸이라는 주장을 통해 관철시켰던 노골적인 계급전략을 역전시킬 수 있는 적대antagonism를 통한 정치적 헤게모니의 구성이 시도되어야 한다.

과거의 협소하고 고정된 계급정치를 복원하자는 것이 아니다. 사람들의 마음속에 깊이 자리 잡은 불만과 좌절을 불규칙적인 집단행동을 통해 증발시키지 않을 수 있는, 즉 다양한 위치와 장소에서 체험되고 있는 충족되지 않은 필요들needs이 결코 지금의 체계와 공존할 수 없다는 자각이 모아져 '그들'에 맞서 '우리'가 정치적으로 구성될 수 있는 사회주의가 요청되고 있는 것이다. 샹탈 무페Chantal Mouffe가 좌파포퓰리즘left populism라고 부른 것 말이다. 먼 미래나 또는 가상의 이념 속에서가 아니라 지금 바로 여기서 '뛰어야 한다.'

:: 참고문헌

국내 자료

무페, 샹탈 (Mouffe, Chantal). (2019). 『좌파 포퓰리즘을 위하여』 (이승원 역). 문학세계사. (원서
  출판 2018).

서영표. (2009a). 소비주의 비판과 대안적 쾌락주의. 『공간과 사회』, 32.

_____.(2009b). 『런던코뮌 : 지방사회주의의 실험과 좌파 정치의 재구성』. 이매진.

_____. (2012). 도시적인 것, 그리고 인권?. 『마르크스주의연구』, 9(4).

_____. (2013). 인식되지 않은 조건, 의도하지 않은 결과. 『진보평론』, 58.

_____.(2014a). 포퓰리즘의 두 가지 해석. 『민족문화연구』, 63.

_____.(2014b). 당연한 것을 낯설게 하는 실천, 불가능한 것을 가능하게 하는 정치. 『진보평론』,
  60.

_____.(2016a). 라클라우가 '말한 것'과 '말할 수 없는 것'. 『마르크스주의연구』, 13(1).

_____.(2016b). 몸과 기억의 반란. 『창작과 비평』, 44(3).

_____.(2016c). 기후변화 인식을 둘러싼 담론적 투쟁 : 새로운 축적의 기회인가 체계 전환의 계
  기인가. 『경제와 사회』, 112.

_____.(2016d). 브렉시트(Brexit), 우리네 세상을 들여다보는 창. 『진보평론』, 69.

_____.(2017a). 변화를 향한 열망, 하지만 여전히 규율되고 있는 의식 : 2016년 촛불시위에 대한
  하나의 해석. 『마르크스주의연구』, 14(1).

_____.(2017b). 우리가 잃어버린 사회주의, 우리가 만들어야 할 사회주의. 『진보평론』, 74.

_____.(2017c). 『불만의 도시와 쾌락하는 몸』. 진인진.

테일러, 찰스 (Taylor, Charles). (1988). 『헤겔철학과 현대의 위기』 (박찬국 역). 서광사. (원서 출판
  1979).

_____.(2001). 『불안한 현대 사회 : 자기 중심적인 현대 문화의 곤경과 이상』 (송영배 역). 이학사.
  (원서 출판 1991).

호네트, 악셀 (Honneth, Axel). (2016). 『사회주의 재발명 : 왜 다시 사회주의인가』 (문성훈 역). 사
  월의책. (원서 출판 2015).

_____.(2017). 『비규정성의 고통 : 헤겔의 법철학을 되살려내기』 (이행남 역). 그린비. (원서 출판
  2001).

외국어 자료

Craib, Ian. (1989). *Psychoanalysis and Social Theory*. University of Massachusetts Press.

_____.(1998). *Experiencing Identity*. Sage Publication.

Dickens, Peter. (2004). *Society and Nature : Changing Our Environment, Changing Ourselves*. Polity Press.

Laclau, Ernesto. (1990). *New Reflections on the Revolution of Our Time*. Verso.

_____.(1996). *Emancipation(s)*. Verso

_____.(2005). *On Populist Reason*. Verso.

Seo, Young-Pyo. (2017). Reading Korean Society through Stuart Hall's Cultural Theory : Constructing A New Paradigm for Socialist Politics in the 21st Century. *Inter-Asia Cultural Studies*, 18(2).

뉴미디어와 포퓰리즘
포스트트루스 시대 소셜 미디어의 반격

김상민 | 문화사회연구소 소장

1. 들어가며

　언제부터인가 현실의 정치는 점점 사라지고 모든 정치적 논쟁과 의견의 교환은 오로지 온라인에서만 이루어지고 있는 것이 아닌가 하는 생각이 든다. 물론 온라인에서의 정치도 정치임이 분명하고 현실의 정치라는 것이 사라질 리가 없지만, 온라인에서 이루어지는 정치의 현실이라는 것은 어딘지 모르게 신뢰하기 어렵다는 인상을 받는다. 하지만 이미 지구상의 상당수의 사람들이 인터넷으로 소통하고 온라인 커뮤니티에 상주하며 소셜 미디어 혹은 소셜 네트워크 사이트[SNS]를 통해서 세상을 이해하는 시대에, 현실 정치라는 것이 온라인 바깥에서만 이루어진다고(이루어져야 한다고) 생각하는 것은 우리의 정치적 현실에 대한 오해이거나 이해의 부족일 것이다. 어디 정치뿐이겠는가. 인터넷 이후의 새로운 미디어가 구성하는 기술적 문화는 삶의 모든 방식에 대한 재설정과 이에 대한 전면적인 새로운 사고를 요구한다.

　새로운 미디어와 테크놀로지와 더불어 재구성되고 있는 삶과 소통의 방식, 나아가 정치의 방식은 흔히 그렇다고 여겨지듯이 인터넷 이후의 젊은 세대들에게만 해당되지는 않는다. 세대와 국가, 인종과 성별에 상관없이 지구상에서 하나의 어떤 보편적인 삶의 방식이 네트워크를 통해 형성되고 유통되며 소비되고 있는 셈이다. 세계 어디서든 누구든 동일한 소셜 미디어 플랫폼인 페이스북, 트위터, 유튜브, 인스타그램을 동일한 방식으로 사용하고, 어딜 가나 거의 유사한 모양의 채팅 앱과 메신저 앱을 사용하여 친구들과 밈meme을 공유하고 뉴스를 구독하며 '좋아요'를 누른다.

온라인 혹은 네트워크에서 보편적 형태로 이루어지는 이러한 새로운 커뮤니케이션의 방식들은 21세기에 접어들면서 전 세계적으로 유행처럼 번지고 있는 어떤 정치적 유행과 동시에 일어나고 있다. 다양한 현상을 가리키겠지만, 포퓰리즘populism이라는 하나의 이름으로 불리는 정치적 유행이다. 2008년의 세계적 경기 침체 이후로 각 지역에서 발생한 여러 정치적 사건들, 예컨대 영국의 유럽연합 탈퇴(브렉시트Brexit) 국민투표 통과, 미국의 트럼프 대통령 당선은 대표적인 정치적 포퓰리즘의 사례로 언급되곤 한다. 대중들의 보수화된 정치적 선택에서뿐만 아니라 자유주의적이거나 진보적인 진영의 등장에도 포퓰리즘이 작용하기도 했다. 그리스의 〈시리자〉, 스페인의 〈포데모스〉, 이탈리아의 〈오성운동〉Five Star Movement, 영국 〈노동당〉의 제레미 코빈의 정치적 부상과 성공도 좌파 포퓰리즘의 사례로 자주 언급된다. 세계 곳곳에서 대중적인 인기에 영합하여 정치적 권력을 획득하고 권한을 행사하는 데 성공한 포퓰리즘의 경향이 진보와 보수를 가리지 않고 등장하고 있다.

이와 같은 정치적 국면은 샹탈 무페가 "신자유주의 헤게모니 시대에 보인 정치적이고 경제적인 전환들에 대한 다양한 저항의 표현"으로 나타난 '포퓰리즘 계기'populist moment라고 할 수 있다. 무페는 이 계기를 통해 당대의 정치적 상황은 "평등과 대중주권popular sovereignty이라는 민주주의 이상의 두 축이 침식되는 상태"(2019, 26쪽)인 '포스트 민주주의'post-democracy로 전환되었다고 본다. 이 국면은 "자유민주주의를 구성하는 자유주의와 민주주의 원리들 사이의 경합적 긴장이 최근 몇 년 동안 신자유주의 헤게모니가 만든 결과에 의해 제거되어"온 상황에서 "시민들은 자신들의 민주주의 권리를 시행할 가능성을 박탈"당하고 "자유시장을 수호하는 경제적 자유주의가 점점 중심을 차지하고 있고, 정치적 자유주의의 다양한 측면들의 제거되어 버리거나 뒷자리로 떠밀려져 나가"(2019, 31쪽)버린 정치적 현실을 의미한다.

국내의 정치적 현실은 과연 이러한 전 세계적 '포퓰리즘 계기'로부터 자유로울까? 어떤 면에서 우리는 이미 지난 2008년 이후 두 번의 보수 정권의 집권과 신자유주의 헤게모니 구축이라는 일종의 포퓰리즘 계기를 통과하여 왔다고 할 수 있지 않을까? 현재는 촛불이라는 국민 권력을 통해 그 계기를 극복하고 그로 인해 파괴되었던 정치적 현실을 복구하는 과정은 아닐까? 그러나 그 복구의 과정은 무페가 '탈정치'post-politics라고 부르는 "좌우 세력 간의 정치적 경계가 흐릿하게 되"고 "의회와 제도들의 역할은 급속히 축소되"(2019, 32쪽)어버린 상황, 이미 지난 20여 년간 글로벌한 정치경제 체제 내에서 민영화와 탈규제, 비정규직화와 같은 신자유주의적 명령들을 수용한 결과, 노동의 조건이 전반적으로 불안정해진 상황을 마주하는 과정이 아닌가?

경제적 조건뿐만 아니라 다른 여러 사회·문화적 지표들도 탈정치적[1] 특

---

1. 탈정치적 혹은 포스트-정치적이라고 할 때, '탈-' 혹은 '포스트-'의 의미는 단지 그것을 벗어난다는 것을 강조하는 나머지 몰정치나 비정치적 상황으로 이해하기보다는, 더 이상 기존의

성을 띠고 있다는 점은 우리가 현재의 포퓰리즘 현상을 이해하는 데 직접적인 도움을 줄 것이다. 예컨대 페미니즘이나 미투운동에 대한 백래시, 성소수자, 장애인, 그리고 난민에 대한 적극적인 혐오 등은 일부의 극단적 보수주의자들과 종교 집단의 영향력 아래에서 대중매체를 통해서가 아니라 소셜 미디어나 SNS 혹은 개인적 소통의 도구들이 이어준 촘촘하고 내밀한 네트워크를 통해서 공유되고 배포된다. 물론 혐오적 발언들은 단순히 소수의 리더들로부터 탑-다운의 방식으로 대중들에게 전달되기보다는, 자발적으로 대중들에 의해 은밀하게 혹은 실명을 내걸고 네트워크의 구석구석에서 이루어진다. SNS나 각종 미디어 플랫폼을 통해 전파되는 혐오 발언이나 사실의 왜곡은 단순히 (매스미디어에 의한) 대중 선동의 방식이 아니라 대중들로 하여금 적극적이고 자발적으로 그 행위(혐오 및 왜곡)에 참여하도록 하는 혹은 참여할 수 있도록 만드는 소셜 플랫폼들의 특정한 형식에 기인한다고 할 수 있다.

그렇다고 한다면 지금의 포스트 민주주의 시대의 탈정치적 상황은 새로운 미디어 플랫폼의 기술적이고 소통적인 형식에 힘입어 정치와 경제, 사회와 문화의 전반적인 영역에서 포퓰리즘적인 계기들이 지배적인 현실을 열어내고 있는 것이다. 포퓰리즘은 또한 많은 학술적 연구에서도 상당히 뜨거운 논쟁의 주제가 되고 있으며, 현재의 '포퓰리즘 계기'에서 미디어의 역할, 특히 가짜 뉴스나 대중적인 담론의 유통에 대한 관심이 증가하고 있다(Kavada, 2018).

이 글은 전 세계적인 현상일 뿐만 아니라 우리의 정치적·문화적 현실에서도 특징적으로 나타나는 뉴미디어 포퓰리즘, 혹은 새로운 미디어

'정치'라는 것과 같은 정치가 존재하지 않는다는, 이제는 정치를 이전의 정치와는 완전히 달라진 '정치 이후의 정치'로 이해해야 한다는 의미가 내포되어 있겠다.

를 통해 생산·유통·소비되는 포퓰리즘에 대한 이해를 위해 다음과 같이 구성될 것이다. 첫째, 전 세계적으로 나타나기 시작한 포스트트루스의 현상과 포퓰리즘의 관계, 그 과정에서 소셜 미디어의 역할을 짚어볼 것이다. 둘째, 한국사회에서 이루어져 왔던 혹은 진행되고 있는 미디어 포퓰리즘의 과정을 되짚어보고 한국적 미디어 포퓰리즘의 특성을 파악할 것이다. 셋째, 가짜 뉴스가 제작되고 유통되는 자동화된 플랫폼이 어떻게 혐오를 유포하고 있는지 살펴볼 것이다. 마지막으로, 이후에 전개될 수 있을, 따라서 미리 점검하고 준비해야 할 기술적/커뮤니케이션의 문제들, 예컨대 플랫폼과 알고리즘 지배 사회에서 포퓰리즘에 대한 질문을 제기할 것이다.

2. 포스트트루스, 미디어 포퓰리즘

소셜 미디어가 처음 등장한 이후 이에 대한 대중들과 대다수의 학계 거물들의 인식은 거의 기술낙관론에 기반한 긍정적 반응 일색이었다. 2000년대 초중반에는 '웹 2.0'의 시대가 열어젖힐 새로운 사회적, 정치적, 문화적 가능성들에 열광했고, 2010년대 초반에는 소셜 미디어가 각 지역에서 서로 다른 방식으로 진화하면서 전 세계적으로는 마치 거대한 어떤 흐름을 촉발시키는 것으로 보였다. 북아프리카와 중동의 여러 독재 국가들에서 민중들의 민주화 열망이 폭발되어 나온 '아랍의 봄'Arab Spring, 그리고 소셜 미디어 기술과 플랫폼의 심장인 미국에서 벌어진 '월가점령'Occupy Wall Street 시위의 성취는 전 세계의 혁명적 열기를 들끓어 오르게 만들고 민주화를 성공적으로 쟁취할 수 있었던 것이 오로지 SNS가 가진 기술적 역량 덕분이었다고 생각하도록 만들기에 충분했다.

2016년 트럼프의 등장은 그러한 기술-정치적 낙관론에 찬물을 끼얹는 듯이 보였다. 트럼프의 선거운동은 전통적인 혹은 상식적인 방식을 거부하고 원색적이고 노골적인 포퓰리즘의 형태를 띠었다. 한편으로는 사소한 의견부터 허황된 주장까지 개인의 트위터에 쏟아내면서, 마치 선거 후보가 소셜 미디어를 통해 투표권자들과 직접적으로 대면하고 상호소통하는 것처럼 보이는 착각을 만들어 내었다. 다른 한편, 수많은 루머와 거짓 정보, 나아가 음모론까지 동원되어 상대 후보를 깎아내리는 데 사용되었다. 문제는 이 거짓 정보들이 그 자체로 네트워크를 형성하고 유사 미디어 아울렛들, 가령 인터넷 신문사에 의해 뉴스의 형태로 재가공되고 다시 소셜 미디어를 통해 확산되면서 뉴스 내용의 진위 여부에 대한 검증의 과정이 사라지고 말았다. 물론 여러 기존 미디어에서 팩트 체크를 하고 그 결과를 알렸지만 이미 대중들의 뇌리에서 그것의 진위 여부란 관심의 대상이 아니었다. 이미 대중들의 의견, 여론은 에코체임버echo chamber 안에 갇혀 확대재생산되면서 그 강도가 증폭되어버리고 질적인 변화를 가져왔기 때문이다.

트럼프와 그의 지지자들은 온라인에서 힐러리 클린턴을 속된 말로 조리돌림 하는 데 동참하거나 방조하면서 일종의 무한한 쾌를 느꼈고, 그것은 더 이상 사실인지 아닌지는 상관없는 놀이가 되어버린 셈이다. 프란치스코 교황의 트럼프 후보 지지나 클린턴의 이슬람 국가에 대한 미국 무기 판매와 같은 가짜 뉴스들에 유권자들을 손쉽게 현혹되었다. 심지어 선거운동의 마지막 기간에는 힐러리가 어린 소녀들을 납치해 워싱턴 디씨 근방의 한 피자가게 지하에서 성매매 조직을 운영하고 있다는 가짜 뉴스가 '피자게이트'라는 이름으로 확산되었고, 그것을 믿은 한 남성은 해당 피자가게에서 총기를 난사해서 체포되기도 했다.

야스차 뭉크(2018)는 이러한 가짜 뉴스와 그것의 창구인 소셜 미디어가 현재의 민주주의에 대한 위협으로 변화하고 있다는 점을 다음과 같이 경고한다.

그런 말 같지도 않은 이야기들이 그렇게 쉽게 신뢰를 얻는 까닭, 그것은 다대다 의사소통의 새로운 가능성이 계속해서 좁아지는 반향실의 등장과 만났기 때문이다. … 몇 년 내내 구원자로 여겨지던 소셜 미디어가 이제는 죽음의 천사처럼 보였다. 디지털 기술의 해방 가능성에 대한 숨 막히는 주장을 숨 막힐 듯한 미래의 운명에 대한 증거로 바꾸어 놓은 소셜 미디어는 이제 자유민주주의의 가장 위험한 적으로 선언되었다.(2018, 189~190쪽)

공교롭게도 트럼프가 대통령에 당선된 2016년 말 그 해를 대표하는 단어로 옥스퍼드 사전은 '포스트트루스'post-truth를 선정했다. 옥스퍼드 사전에 따르면 '포스트트루스'는 "감정emotion과 개인적 소신belief에 호소하는 것보다 객관적인 사실들facts이 여론을 형성하는 데 덜 영향을 미치는 상황에 관련되거나 표현되는 것"이라고 정의된다. 다시 풀어 보면, 객관적 사실보다는 개인의 감정이나 믿음이 여론을 형성하는 데 더 큰 영향을 미치는 상황을 의미한다. 어째서 이 시대의 대중 여론은 사실보다 감정이나 믿음에 더 의존하게 되었을까?

어떤 정보에 대해서, 그것이 진실이나 사실에 기반한 객관적 내용을 담고 있는가라는 점보다는, 그것이 각 개인들에게 어떤 감정 상태를 제공하고 어떤 정서상의 변화[흔히 '정동'이라고 일컫는]를 가져오는지가 그 정보에 대한 신뢰도를 증가시킨다는 것으로 이해할 수 있겠다. 그렇다고 해서 지금껏 전통적인 언론이나 미디어가 그와 같은 방식으로 독자나 시청자의 감정을 왜곡하거나 정서상의 충격을 전혀 이용해오지 않았다고 할 수는 없다. 마찬가지로 포스트트루스의 상황이 모두가 사실을 무조건 왜곡하고 훼손하는 방식으로 정보를 전달한다는 것을 의미하는 것도 아니다.

문제는 왜 사람들이 사실이 아닌 가짜 뉴스와 같은 잘못된 정보를 사실인 것으로 곧잘 믿게 되는지에 있다. 잘못된 정보를 오정보misinformation와 허위정보disinformation로 (비록 동전의 양면이지만) 구분해서 보자면, 오정보는 불완전한 정보 혹은 불확실하고 모호한 정보라면, 허위정보는 의도적으로 거짓된 정보를 퍼트리는 것을 의미한다(Cooke, 2017). 그런데 지금의 포스트트루스 시대에는 이 둘을 구분할 수 있는 시간적 여유도 부족하고(SNS를 통해 너무나 빨리 전파되므로) 잘못된 정보 뒤에 어떠한 의도가 숨겨져 있는지 파악하는 것도 사실상 불가능하다. 잘못된 정보가 네트워크상에 등장해 대중들의 마음을 얻고 재빨리 확산되어 나가고 나면 다시 그것을 고쳐 놓는 일은 엎질러진 물을 다시 담는 것만큼 어렵다.

2016년 미국 대선에서 트럼프의 당선을 직간접적으로 도운 소셜 미디어를 통한 가짜 뉴스들의 생산과 유포, 그리고 대중들에 의한 소비와 향유에 대해서 포퓰리즘이라는 라벨을 붙일 수 있을까? 내용상의 진실 혹은 사실이 더 이상 문제가 아니라, 진실된 것 같음truthiness, 즉 대중들의 감정에 호소해서 더 믿을 만한 것으로 여겨진 정보가 진실로 믿어지는 포스트트루스의 상황은 일종의 '미디어 포퓰리즘'이라고 부를 수 있을 것이다. 왜냐하면 대중들 스스로가 구축한 미디어 네트워크를 통한 포퓰리즘적 계기들이 현실 정치에서 실질적인 영향력을 미치고, 심지어 그러한 계기들을 이용한 정치적 권력의 장악도 가능하다는 것을 전 세계가 목도하고 있기 때문이다.

포퓰리즘은 21세기의 가장 중요한 정치 용어들 중 하나임이 분명하다. 포퓰리즘은 대체로 순전히 정치적인 용어로, 특히 정치인들의 특성을 나타내기 위해 사용된다. 그렇지만 단 한 가지 특성을 지칭하지는 않는다. 나라마다 지역마다 정치인들의 다른 어떤 특성들을 가리키기도 한다는 점은 우리를 혼란스럽게 만든다. 남미에서는 좌파 대통령을, 유럽에서는 우파 야당을, 그리고 미국에서는 좌·우파 대통령 후보 모두를 가리킨다(Mudde & Kaltwasser, 2017). 또한 포퓰리즘은 특정한 정치인들(정치적 리더들)의 특성을 가리키기도 하겠지만 그들이 대중들(시민들)과 상호작용하는 방식이거나 대중들이 열광하(거나 비판하)는 어떤 특성들을 가리키기도 할 것이다.

그럼에도 포퓰리즘은 늘 완전히 다른 것을 가리키고 있는 것은 아니며, 어떤 공통점을 가지고 있다. 얀 베르너 뮐러에 따르면, "2016년 미 대선 경선 과정에서⋯ 언론은 도널드 트럼프와 버니 샌더스를 각각 우파 포퓰리스트와 좌파 포퓰리스트로 묘사했다. 두 인물 모두 시민의 '분노' '절망' '르상티망'을 추진력 삼아 부상한 '반기득권 반란 세력'이라는 공통점을 공유한다"(2017, 21쪽). 여기서 우리는 대체로 현재의 포퓰리즘이 가지는 두 가지 공통적 특성을 요약할 수 있다 : 시민들(국민들)의 분노, 절망, 르상티망이 정치적 지도자가 되고자 하는 이들에게 어떤 추진력을 제공했다는 점, 그리고 시민들(국민들)은 기득권에 대한 일종의 반란을 위해 이들 정치적 지도자들을 자신들의 정치적 대리인으로 삼았다는 점. 밀레니얼 이후 시민들이 기존의 전형적인 정치적 지도자들을 기득권 엘리트 세력으로 간주하면서 그들에 대한 분노의 감정을 표출하거나 타도하는 매개체는 우리가 다들 알고 있듯이 다름 아닌 SNS와 같은 소셜 미디어다. 이렇게 대중들이 일상적인 관계의 네트워크를 통해 가짜 뉴스와 같은 자극적인 정보들을 유통하면서 왜곡된 대중적 여론을 형성하는 현상이 바로 '미디어 포퓰리즘'이다.

그러나 과연 소셜 미디어와 같은 관계의 네트워크들이 포퓰리즘의 — 전적이지는 않더라도 부분적인 — 원인이라고 할 수 있을까? 포스트트루스 시대에는 그렇다고 인정할 이유와 사례들이 무수히 많다. 우선 우리는 아마도 트럼프의 대통령 당선과 관련해서 다시금 소셜 미디어와 포퓰리즘의 인과관계를 생각해볼 수 있을 것이다. 당시의 대선 캠페인 과정에서 발생하고 이후 밝혀진 바에 따르면, 트럼프의 당선에는 러시아가 상당히 깊숙이 개입되어 있으며 특히 정밀한 타게팅을 자랑하는 페이스북의 광고 포스팅[2]을 통해 유권자들의 (후보자에 대한) 감정과 (투표장에 가는) 행위에 상당한 영향을 미쳤다는 것이 인정된다(Mayer, 2018.9.24.). 2017년 가을에 열린 상하원의 청문회에서 페이스북의 최고경영자 마크 주커버그는 소셜 미디어에 확산된 러시아의 콘텐츠는 문제가 될 만큼 많지 않다고 답했으나, 실제 상원의 해당 위원회에 제출된 증거자료에 따르면 러시아(의 정보기관)에서 만들어진 것들이 1억 2천6백만 명에 이르는 미국 페이스북 사용자들에게 도달했다. 이는 실로 가공할 사이버 공격이 아닐 수 없다.

---

2. 광고라고는 하지만 그 포스팅이 광고인지, 일반적인 정보인지, 아니면 공식 언론에 의한 뉴스인지 대부분은 알기 어렵게 되어있다. 광고라고 부르는 이유는 특정인이나 기업 등의 단체가 그 포스팅이 더 많은 사용자들에게 닿을 수 있도록 페이스북에 비용을 지불했기 때문이다. 그런 면에서 홍보나 정보라고도 부를 수도 있겠지만, 거대한 광고 시장에서 차지하는 페이스북의 위상이나 페이스북의 수익에서 광고가 차지하는 비중을 볼 때, 광고로 부르는 것이 적합하다고 보인다.

규모의 거대함뿐만 아니라 디테일 또한 놀랍다. 지역이나 인종, 성별이나 정치적 성향에 따라서 투표를 독려하게도 할 수 있고 투표장에 나서지 않을 마음을 먹도록 만들 수도 있는, 아주 정밀하게 타겟을 정한 온라인 광고들이 만들어지고 유통되었다. 예컨대 클린턴을 지지하는 흑인 여성들에게는 특정한 (포스팅의 형태를 띤) 광고가 전달되고, 그 광고를 본 사람들은 그저 그 내용을 트위터에 올리거나 SNS에서 공유하는 데 만족하면서 오히려 실제 투표를 덜 하게 만드는 효과를 이끌어 낸 것이다.

기존의 일반적인 정치 포퓰리즘은 유권자들의 감정에 호소하거나 기득권 엘리트(나아가 난민이나 외국인과 같은 소수자)를 공공의 적으로 삼는 과정에서 언론 미디어와 결탁하는 방식, 예컨대 특정 후보에게 우호적인 방송을 하거나 비판적인 사설을 싣는 등의 방식으로 전반적인 여론에 영향을 주는 것이었다. 그러나 뉴미디어와 SNS를 통해 이루어지는 지금의 미디어 포퓰리즘은 그것과 달리, 공식적인 언론의 미디어가 아닌 일상의 온라인 관계망(소셜 미디어)에서 광고와 같은 방식으로 혹은 친구의 추천이나 영향에 의해서 개인에게 맞춤된(타겟화된) 내용이 전달되면서 구체적인 개인의 의견이나 결심(나아가 집합적으로는 여론이 된다)에 영향을 주는 것을 목표로 한다. 미리 수집되어 파악된 개개인의 특성에 알맞은 콘텐츠(정보)를 적절하게 제공함으로써 개별적으로 보자면 포퓰리즘이라고 깨닫기 어렵다. 하지만 네트워크를 통해 형성되는 수량화된 형태의 결과(좋아요, 리트윗, 공유 등이 얼마나 이루어졌는가)가 집단적인 여론의 형성으로 이어진다는 점에서 포퓰리즘의 형식을 갖춘다.

이외에도 포퓰리즘과 소셜 네트워크 사이의 연결점들을 더 찾아볼 수 있다. 우선 포퓰리즘이 발흥하는 것과 SNS라는 미디어 기술이 발전한 것은 그저 역사적으로 우연히 일치한 사건들이라고 볼 경우다. SNS가

90년대 후반 이후 시작되었는데 포퓰리즘 운동이나 포퓰리스트 지도자들의 등장이 증가하기 시작한 것도 그 시기부터라고 할 수 있다. 포퓰리즘 자체는 요즘의 현상이라고 말하기 어렵지만, SNS는 2010년대 초반의 '아랍의 봄'에서 보았던 것처럼 대단한 확산력을 지닌 대중들의 저항의 도구로도 사용되고 또 대중적 인기에 영합하는 포퓰리스트 정치인과 지도자들에 의해서도 활발하게 사용되었던 점은 분명하다.

그러나 포퓰리즘과 소셜 네트워크가 어떻게 연결되었는지에 대한 보다 더 설득력 있는 해석은 소셜 네트워크의 작동 방식과 그 구조와 관련이 있다. 즉 소셜 네트워크의 단순화된 구조simplistic structure가 현재의 포퓰리즘을 가능하게 만드는 핵심적인 원리와 조건을 이룬다(Dans, 2018.12.3.). 소셜 네트워크 내에서 우리의 행위는 단순하게 읽은 것에 대한 반응으로 이어진다. 읽은 것이 마음에 들면 '좋아요'를 누르고 공유하고 짧은 코멘트를 단다. 마음에 들지 않으면 반대로 무시하거나 공격적인 코멘트(흔히 '악플'이라고 부르는 것)를 달기도 한다. 그것으로 끝이다. 그리고 앞서 보았던 미국 대선에서의 사례에서처럼, 주어진 정보에 대한 즉각적인 반응만으로 의미 있는 활동/실천이 이루어진 것으로 착각한다. 따라서 이러한 과정이 누적되었을 때 사용자는 일종의 '필터 버블'filter bubble(Pariser, 2011)에 갇히게 되고 그 버블 안에서 자신(들)만의 확증 편향confirmation bias에 빠진 나머지 자신(들)의 믿음을 재확인하는 데 그친다.

또한 소셜 네트워크에서 사용자의 반응/소비 행위의 단순화는 곧 콘텐츠의 형식의 단순화와 직접적인 관련이 있다. 사용자는 네트워크상에서의 커뮤니케이션 방식에 익숙해진 이후에는 더 이상 길거나 복합적이거나 모호한 메시지에 흥미를 느끼지 않는다. 마치 중립적으로 보이고 복잡한 문제에 대해 매우 간단한 해법을 제시해주는 듯한 명확한 유명인(정치인)의 짧고 간명한 메시지에 자연스럽게 끌린다. 트럼프 대통령이 당선 이후에도 지금껏 계속 280자라는 한계[3]에도 불구하고 트위터로 국민들(혹은 전 세계인들)과 소통하고 있는 이유를 생각해보면 쉽게 이해가 가능하다. 그런 이들이 제시하는 간단한 답변, 간편한 해법은 아무리 중대한 문제에 대한 것이라 해도 그 자체로 통한다. 물론 모두에게 통하지 않으며 많은 이들에게 비판을 받는다 하더라도 그렇다. 더 깊이 생각하고 고민해야 하는, 이해하기 어렵고 불확실한, 긴 메시지는 읽히지 않는다. 핵심만 짚어서 전달하고 명쾌하게 해법을 제시하는 짧은 메시지, 친구들에게 손쉽게 공유하고 전달하여 퍼트릴 수 있는 밈의 형태를 띠는 메시지들만이 읽히고 통한다.

이러한 미디어의 기술적 체제하에서 포퓰리즘 계기들은 매우 성공적인 방식으로 드러난다. 대중들에 빠르게 접근하고 널리 퍼지고 강력하게 임팩트를 남긴다. 비록 SNS라는 미디어 자체가 바로 문제의 근원이라고 말할 수는 없다 하더라도, 포퓰리즘이 작동할 최적화된 조건을 마련해주고 있다. 그리고 그 미디어의 기술적 메커니즘은 더 이상 우리의 현실에서 통제가 쉽지 않다. 이미 그 자체가 현실의 정치권력 이상의 권력을 가지고 있는 셈이다. 따라서 문제는 이 포스트트루스의 시대에 미디어 포퓰리즘이 펼쳐내는 새로운 (그러나 여전히 오래된) 정치적 위기에 있다. 바로 민주주의의 위기다.

그러나 민주주의의 위기로 직결되는 미디어 포퓰리즘의 현상은 소셜미디어와 네트워크의 특성과 마찬가지로 한 국가나 지역에만 한정되지는

---

3. 원래는 140자 제한이나, 2017년 11월부터는 한국·중국·일본을 제외하고 280자 입력이 가능해졌다.

않을 것이다. 요컨대 우리 시대의 무시할 수 없는 어떤 보편적인 정치적 위기, 민주주의의 위기가 미디어 포퓰리즘과 더불어 세계 곳곳에서 솟아오르고 있다.

3. 한국사회에서의 미디어 포퓰리즘

무페는 "다양한 포퓰리즘들 사이에 '가족유사성'family resemblances이 있긴 하지만, 이 포퓰리즘들은 그것을 특징짓는 국면과 결합되어 있기 때문에 각각의 포퓰리즘마다 다양한 맥락에서 이해되어야 한다"(2019, 22쪽)고 강조한다. 어느 지역 혹은 나라의 어떤 역사적·정치적 상황에서의 포퓰리즘인지에 따라서 완전히 다른 의미를 가질 수 있기 때문이다. 따라서 우리나라에서의 포퓰리즘이나 포퓰리즘적 국면은 일반적인 혹은 서구의 포퓰리즘과 유사성이 있을 수 있으나 그 맥락은 다를 수 있음을 분명히 이해해야 할 필요가 있다. 그럼에도 불구하고 국내 상황에서의 미디어 포퓰리즘의 측면과 그 맥락에 대한 분석이라는 것은 (네트워크의 규모나 영향력의 면에서) 매우 한정적이라는 점에서 외국의 사례와 일대일로 비교하거나 대응시키기에는 어려움이 존재한다.

글로벌한 국면에서의 미디어 포퓰리즘의 논의가 주로 미국의 트럼프 대통령 당선과 영국의 브렉시트 국민투표 통과를 주요한 사례로 든다면, 한국에서의 포퓰리즘에 대한 논의는 대체 어떤 사안으로부터 시작할 수 있을까? 한국사회에서 서구 사회와 동일하거나 유사한 포퓰리즘의 형태나 사례가 존재하는지도 의문이다. 지난 이명박이나 박근혜 정권에서라면 아마도 사대강 사업이나 초등학교 무상 급식과 같은 문제를 논의 지점으로 시작해볼 수도 있을 것이다. 그러나 지금처럼 박근혜 탄핵과 트럼프 당선 이후에는 어떤 종류의 포퓰리즘을 이야기할 수 있을지도 불분명하다. 어쩌면 우리는 2016년 미국에서의 트럼프 대통령 당선 이후의 글로벌한 정치적 상황을 이미 2008년 이후의 이명박 정권과 2014년 이후의 박근혜 정권을 통해 미리 우리식으로 경험했는지도 모른다.

역사적으로 한국에서의 포퓰리즘이라는 명칭은 대체로 우파가 좌파(자유주의 혹은 진보 세력)의 정책을 공격할 때 사용되어 왔다. '좌파 포퓰리즘'이나 '복지 포퓰리즘'과 같은 용어들은 흔히 진보 정권(혹은 정당)이 국민의 세금 등을 소수자나 소외된 서민들을 위해 사용하거나 그들을 고려한 정책을 펼 경우에 보수 세력이 사용하는 것이었다. 특히 '퍼주기'와 같은 표현과 더불어 포퓰리즘의 딱지가 붙기 일쑤였다. 요컨대 좌파 혹은 진보 성향의 정당이나 정부가 국민 혹은 대중들의 환심을 사기 위해 그들이 좋아할 법한 법률을 제정하거나 정책을 수행한다는 식의 비난을 하기 위해 포퓰리즘이라는 용어가 도입되었다. 그러나 그러한 방식의 포퓰리즘 정책은 전통적으로 박정희나 전두환의 개발독재 시기에 국민들의 환심을 사기 위해 전형적으로 펼쳐진 것이기도 하다. 사실상 포퓰리즘에는 좌우가 없는 셈이다. 그리고 늘 미디어는 때로는 동원의 도구가 되고 때로는 방해의 그물이 되면서 포퓰리즘과 짝패를 이루어 왔다.

앞서 논의를 진행해 왔듯이 이 시대의 포퓰리즘은 단순히 제도적 정치 내에서 이야기 할 수 있는 것을 훨씬 넘어선다. 입법 및 행정부를 통한 제도 수립이나 정책 실행이 여전히 원칙상 포퓰리즘이 수행되는 장소라는 점에는 변화가 없다. 그러나 이제는 정치권과 제도 정치보다는 미디어와 일상이 사실상 포퓰리즘이 형성되고 구성되는 실질적인 영역이라고 할 수 있다. 2018년 11월부터 포퓰리즘에 관한 특집 기사들을 연속으로 기획한 영국의 『가디언』지는 특히 소셜 미디어가 오늘날의 포퓰리즘의 발흥에 기여하는 바가 크다고 진단하는데, "소셜 미디어 플랫폼은 극단적인 의견을 선호하고 뉘앙스[미묘한 의미상의 차이]를 부정하는 완벽한 장소이며, 우리는 그 플랫폼에 걸려 들었다hooked on"(Bartlett, 2018.11.29.)고 본다.

포퓰리즘의 전형적인 특징들은 소셜 미디어를 통해 확대재생산된다. 매우 복잡한 사회적 문제에 대해 단순하고 명쾌한 그러나 사실상 뻔한 해법을 제시하면서 반대되는 의견을 가진 상대방을 공격한다. 그리고 부패하고 대중들(국민들)과 거리를 둔 엘리트 그룹에 대항하여 억압받는 다수의 사람들로 자신들을 재현한다. 그러나 동시에 자신들이 재현하는 그 다수의 사람들에서 실제로 사회에서 소외된 소수자들(여성, 동성애자, 장애자, 청소년, 외국인노동자, 난민 등)은 제외된다.

복잡한 사회적 문제에 대해 언급하면서 포퓰리스트들은 항상 '팩트'를 자신의 주장을 정당화하는 근거라고 주장한다. 물론 이때 팩트란 정확하고 분명하게 발생했던 사태 그대로의 (아무런 왜곡이나 주관적 해석이 가해지지 않은) 것을 의미하는 것이겠지만, 세상에 그런 것은 없다. 진실이든 사실이든 이제 어떤 것도 정해진 것은 없으며, 개인들의 믿음이 진리를 각각 형성한다. 앞서 언급한 포스트트루스 혹은 포스트팩트post-fact의 현실이다. 우연인지 모르지만 우리나라의 경우도 언젠가부터 자신(들)의 주장이 팩트에 기반한다고 말하면서, 그렇기 때문에 자신의 주장은 논박의 대상이 될 수 없는 것처럼 생각하는 사람들이 공론장에 등장했다. 주로는 무언가를 곡해하거나 다른 사람들과 불화하면서 특히 특정 사건들의 피해자나 소수자들을 조롱하기를 즐기는 젊은 보수주의자들이었다. 흔히 '일베'라는 온라인 커뮤니티에 소속감을 느끼거나 즐겨 방문하는 이들이었다고 평가된다. 가장 사실을 극단적으로 왜곡하고 가짜 뉴스를 만들어내곤 하던 이들이 가장 열성적으로 팩트를 찾고 언급한다는 점은 아이러니다.

국내 정치 현실에서 인터넷이나 온라인 커뮤니티를 통해 본격적인 포퓰리즘이 활성화되기 시작한 것은 아마도 2000년대 초반으로 간주해야 할 것이다. 하지만 당시로서는 지금과 같은 포스트트루스 상황의 포퓰리즘의 계기들이 눈에 띄지는 않았고, "상대적으로 진보적인 성향의 네티즌들이 초기 혁신 이용자층을 이루면서 인터넷을 진보적 사회운동의 도구로 활용"(백욱인, 2012, 132쪽)하는 정도였다. 다양한 정치적 성향을 띤 온라인 커뮤니티들이 만들어지고 사라졌지만 대체로 진보적인 성향의 커뮤니티들의 사용자 수나 영향력이 컸다고 할 수 있다. 노무현 대통령의 당선이나 당시 개혁국민정당 창당 멤버인 유시민의 정계 진출은 '참여민주주의'의 기치를 내건 온라인 정치 활동이나 일상적인 커뮤니티 활동의 활성화가 배경이 되었다.

이후 계속 온라인과 네트워크상의 정치에서는 늘 진보/좌파가 우세하였고, 그런 만큼 진보적 정치권에서도 온라인 참여정치나 전자민주주의와 같은 이슈에 대해서도 다소 열린 시각을 보여주었다. 반면 보수/우파 세력은 가상의 혹은 비물질적인 공간에서의 정치적 활동이나 여론이 물리적 현실의 정치와 반드시 일치할 것이라고 당시에는 간주하지 않았던 듯하다. 그러나 2010년대 중반 이후부터는 보수/우파 세력은 계속해서 네트워크상에서의 약화된 정치적 입지를 그대로 두고 볼 수는 없었다. 네트워크의 현실 파급력을 인정하지 않을 수 없었을 것이다. 그리하여 그들은 열린 공간으로서의 네트워크에 친화적이기 어려운 태생적 한계를 뛰어넘어 온라인에서 정치적 입지를 강화할 수 있는 방법을 찾았으나 여의치 않았다. 그러한 조급함은 선거 국면이나 일상 정치 상황에서 여러 방식으로 (주로 국가기관을 동원하여) 온라인에서의 여론 조작이나 어뷰징을 물밑에서 실행하도록 만들었다.

2000년대 중반 이후 보수 세력은 본격적이라고 할 수는 없으나 대선 캠프 내에서 여론 조작팀을 운영하고, 정권을 잡은 이후에도 국정원과 기무사와 같은 국가기관을 활용해 여론 조작과 댓글 조작을 기획하고 시도했다. 네이버, 다음, 네이트와 같은 각종 포털 사이트의 카페, 블로그, 커뮤니티 등에서 대중들이 공유하는 뉴스나 신문 기사들에 수많은 댓글을 달아서 그 내용을 공격하거나 반대로 옹호하는 여론과 분위기를 형성해내려고 했다. 이를 위해서는 (인터넷 실명제 때문에) 실존하는 타인의 명의를 도용하거나 차용하여 여러 개의 아이디를 개설한 후, 한 사람 혹은 소수의 사람이 여러 개의 아이디를 운용하여 동일하거나 유사한 내용의 댓글과 포스팅을 반복적으로 올리는 방식이 사용되었다. 악성 댓글이 무슨 의미가 있을까 싶지만, 회원 수나 방문자 수가 실제보다 더 많이 부풀려진 특정 정치적 성향을 가진 그룹이 혐오담론을 쏟아내는 방법 등으로 커뮤니티 내 여론을 장악하고 마치 특정한 정치 성향이나 의견이 다수를 차지하는 것과 같은 효과를 내는 것은, 장기간에 걸쳐 네트워크상의 모든 행위자들에게 미세하나마 어떤 변화를 가져왔으리라고 추측할 수 있다.

2000년대 말과 2010년대 초반에 이르면 SNS 혹은 소셜 미디어가 급속도로 성장하고 스마트폰이 광범위하게 사용되면서 이전과는 다른 국면이 형성된다. 국내에서는 다음의 아고라나 카카오톡, 그리고 네이버의 뉴스 서비스 등이 정치 여론 형성에서 차지하는 비중이 커졌다. 국외의 플랫폼으로는 초반에는 트위터가, 이후에는 페이스북이 가장 첨예하게 여론 전쟁이 펼쳐지는 곳으로 대두되었다. 특히 중대한 사건으로는 2012

년 대통령 선거 기간 중 국정원이 심리전단 사이버팀을 운영하고 인터넷 댓글 공작 혹은 여론 조작을 직접 해왔던 것이 밝혀진 것이 있다. '오늘의 유머'나 '일베'를 포함한 대형 온라인 커뮤니티 사이트에 국정원 직원이 직접 회원으로 등록하고 여러 개의 허위 계정을 이용해 특정 후보에게 우호적인 여론을 조성하고 타후보를 비방했던 불법 선거운동의 정황이 현장에서 발각되었던 것이다. 2013년에는 국군사이버사령부 직원들이 2012년 당시의 대선에 개입을 했으며 국정원 심리전단 사이버팀에서는 트위터를 통해 대선과 정치에 심각하게 개입을 했던 정황 또한 파악되었다. 당시 여당과 청와대에서도 소위 '십자군알바단(십알단)'이라는 조직을 운영하면서 SNS로 대선 여론 조작을 일삼았다. 한 가지 더 주목할 만한 것으로는, 2012년 박근혜 당시 후보가 대통령에 당선되는 과정에서 중장년층 유권자들이 주축이 되어 조작-왜곡된 정보를 카카오톡 단체톡방에서 무분별하게 확산하고 재배포함으로써 여론을 움직인 사례가 있다. 당시 트위터나 페이스북과 같은 소셜 미디어가 청년층에 의해 과대하게 자유주의적(진보적) 성향을 띠었던 것에 대한 반작용으로 보수적 중장년층이 카카오톡을 자신들의 미디어로 채택하여 점령한 것으로 해석되기도 했다.[4]

이로써 2010년대 중반 이후에는 소셜 미디어는 완전히 일상적 여론 전쟁터로 변한다. 1990년대 이후 인터넷 자체가 그러했던 것처럼, 2010년대 중반 이후에는 소셜 네트워크와 소셜 미디어가 공적인 발화와 사적인 발화 사이의 경계를 허물고 일상적 정치의 새로운 공론장을 형성했다. 소

---

4. 당시의 대선 결과에 대한 몇몇 신문 기사에 따르면, 진보 성향의 2030 엄지족들에 비해 70만 명 이상이 많은 5060 중장년의 검지족들이 스마트폰과 SNS(주로 카카오톡)로 무장하여 투표를 전략적으로 독려하는 등 새누리당 박근혜 후보에게 표를 몰아주었다는 분석을 내놓았다. 또한 보수 일색인 종합편성채널의 각종 시사·정치 프로그램의 역할도 한몫했다는 분석도 있다.(김기현·박창규, 2012.12.21.)

셜 네트워크의 광범위한 일반적 사용은 전 세계적인 현상으로, 국내 정치도 앞서 보았던 포스트트루스와 포스트팩트의 국면으로 접어들게 되었다. 소셜 미디어와 네트워크상에서의(를 통한) 여론 형성이나 조작과 같은 정치적 개입을 위한 시도들은 대중들이 인지하지 못하는 사이 은밀하게 혹은 손쉽게 할 수 있는 어떤 것이 되었다.

가장 최근에는 '드루킹 사건'으로 알려진, 진보/민주 세력에 의한 여론 조작의 시도가 있었다. 대체로 지난 기간에는 보수 세력에 의한 온라인 여론 조작의 시도들이 주를 이루었지만, 이제 포스트트루스의 시대에는 어느 쪽도 선의를 믿거나 손쉽게 가능한 미디어 포퓰리즘의 정치적 테크닉의 유혹을 포기하기 어렵게 되었다. 이 사건은 자신의 온라인 조직에 기반한 드루킹이 지난 대선에서 문재인의 지지자를 자처하며 그에게 유리한 댓글 공작을 펼치다가, 대선 후 자신의 청탁이 거절되자 이번에는 문 대통령에 불리한 댓글을 달아 여론을 호도하려던 것이다. 이 사건은 주로 네이버 댓글의 추천 수를 조작함으로써 여론을 조작한 방식으로, '매크로 프로그램'[5]을 사용하여 자동으로 손쉽게 특정 댓글의 추천 수를 높여 눈에 띄도록 하거나 네이버의 메인화면에 기사가 오르도록 만드는 작업이 주요한 내용이다. 여러 매크로 프로그램을 동시에 돌려 대규모로 작업을 하기 위해 사설 서버를 사용한다든가, 포털에서 소수의 아이디에 의

---

5. 매크로 프로그램은 컴퓨터에서 특정한 소프트웨어의 작동(네이버 뉴스 사이트에 접속하여, 특정한 다수의 아이디를 통해 로그인하기 등) 순서나 선택 사항(추천하기, 비추천하기) 등을 미리 지정해둠으로써, 복잡한 일의 절차(여기서는 댓글의 추천 수를 높이는 것)를 일일이 수작업으로 하지 않고 한두 차례의 클릭으로 신속하게 실행할 수 있도록 만든 자동화된 프로세스를 내장한 사설 프로그램을 말한다. 대단한 전문가가 아니라 해도 어렵지 않게 만들 수 있으며, 실제로 우리 일상에서 매크로 프로그램을 활용한 사례들은 알게 모르게 많이 존재한다. 유명 가수들의 콘서트 예매, 온라인 게임, 대학 수강신청 등의 경우에 상당수의 사람들이 매크로 프로그램을 이미 활발하게 사용하고 있다고 한다.

한 여러 개의 동일한 포스팅이나 댓글 작성(소위 '도배')을 금지하는 것을 회피하기 위해 가상사설망VPN을 통해 아이피IP를 우회하는 방법도 사용되었다.

그런데 과연 과거 보수 세력처럼 댓글을 조작하고 드루킹처럼 댓글의 추천 수를 조작하는 방식이 어째서 여론에 영향을 미치는 것일까? 왜 이러한 방식의 여론 개입이 문제가 되는 것일까? 우선은 네이버나 다음과 같은 포털 사이트를 통해서 정보나 뉴스를 소비하도록 역사적으로 구성된 우리나라의 인터넷 플랫폼의 현실적 문제가 있다. 다양한 종류의 서비스를 한데 모아두는 종합 플랫폼으로서 네이버는 많은 사용자와 트래픽의 유입을 위해서는 양질의 콘텐츠를 필요로 한다. 그렇기에 뉴스도 부동산도 웹툰도 더 많은 사용자의 트래픽을 만들어 내기 위해 포털의 내부에 위치하도록 설계되었다. 예컨대 네이버는 뉴스 콘텐츠를 직접 생산하지 않고 회사 바깥의 계약상 위임된 생산자(즉 언론사)에게 맡긴다. 다양한 뉴스와 정리된 정보를 찾아온 사용자들이 포털에서 더 많은 시간을 보내고 더 높은 트래픽을 만들며 더 많은 클릭을 하게 된다. 언론사의 입장에서도 자체 뉴스 사이트에서보다 네이버에서 뉴스 기사의 조회수가 훨씬 많기에 네이버 인링크 방식을 따르지 않을 수 없다. 또한 네이버는 뉴스의 댓글이 어떤 역할을 하는지 잘 알고 있다. 더 많은 사람들이 공감하거나 비공감할수록 특정 뉴스에 대한 주목도가 높아지고 더 많은 사용자 트래픽을 유발한다. 그 과정에서 사용자 데이터와 트래픽은 곧 네이버 광고 효과를 높이는 역할을 하고 네이버 광고료를 높이는 효과를 낸다.

이것이 결과적으로 이 과정의 핵심이다. 악플이건 조작이건 더 많은 사람들의 감정을 움직이고 주목을 끌어내는 것은 바로 미디어 포퓰리즘의 첫 번째 원리가 아니던가. 이 과정에서 미디어 플랫폼은 더 많은 수익을 거둘 수 있기에 이러한 여론 조작의 활동들은 인지하고 있었더라도 적극적으로 개입하지 않는 방식으로 활성화시키는 데 일조해왔다. 드루킹과 같은 정치 브로커가 자신의 회원 수와 매크로 프로그램 등의 운용 테크닉을 가지고 정치인들에게 접근을 했다면, 네이버는 포털 전체 사용자 수와 클릭 수를 가지고 대중들을 끌어들인다. 드루킹이 댓글 추천 수를 대규모로 조작함으로써 자신의 여론 형성 능력, 정치적 영향력을 거짓으로 만들어 냈다면, 네이버는 댓글 추천이나 실시간 검색 순위 등의 플랫폼 메커니즘을 통해 이용자들이 감정적으로 반응하거나 주목할 수 있도록 함으로써 자신의 상업적 영향력을 확대해왔다.

4. 가짜 뉴스, 자동화된 혐오의 플랫폼

이제 인터넷에서 페이크fake가 아닌 채로 남아 있을 수 있는 것은 거의 없다. 소셜 미디어와 네트워크의 생태계 자체가 만들어 내는 비즈니스의 방식은 모든 것을 집어 삼키며 어떤 것도 그 메커니즘 속의 한 요소로 환원되지 않은 채로 남겨두지 않는다. 인터넷을 통해 이루어지는 모든 측정 기준, 사용자, 사업 방식, 콘텐츠, 정치, 심지어 우리들 자신도 가짜[일 수 있]다(Read, 2018.12.26.). 광고를 중심으로 돌아가는 미디어 산업은 한쪽에 수많은 사용자들을 보유한 소셜 미디어 기업들과 다른 한쪽에 그 수많은 사용자들의 주목을 얻고자 하는 기업들로 나뉘고 중간의 광고 중개업자들을 통해 서로가 이어진다. 그러나 이 연결이 얼마나 실제로 이루어지는지 혹은 가짜로 이루어지는지는 알기 어렵다. 인간 사용자의 클릭이나 마우스 움직임도 조작되고 소셜 미디어의 계정도 조작 가능하다. 웹

사이트 방문자 수나 유튜브 클릭 수는 봇[bot]이라 불리는 자동화된 컴퓨터 스크립트[6]를 통해 충족된다(Keller, 2018.8.11.). 중국 어디에서는 수백 수천 대의 스마트폰과 컴퓨터가 연결되어 동시에 하나의 비디오를 보거나 앱을 다운로드하는 클릭농장[click farm]이 성업 중이다. 인공지능 알고리즘에 의해 만들어진 가짜 콘텐츠는 어떤가. 세상에 존재하지 않는 사람의 얼굴 이미지를 만들어 내고 실존 인물의 목소리를 완벽하게 재현하는 것도 가능하다. 이러한 상업적 인터넷의 특성은 그대로 정치적인 영역에서의 다양한 포퓰리즘 계기들을 가능하게 한다. 지난 미국 대선에 개입한 가짜 뉴스들, 가짜 사용자들, 가짜 트래픽과 소셜 봇들은 미디어 포퓰리즘의 능력을 제대로 보여주었다고 해도 과언이 아니다.

지금까지 국내에서의 인터넷 여론 개입, 조작, 왜곡은 대체로 커뮤니티 등에서 댓글을 대량으로 달거나, 트래픽 수를 높여 실시간 검색 순위(검색어, 뉴스 등)를 높여 대중들에게 노출 빈도를 높이거나, SNS상의 공감(좋아요, 리트윗, 공유 등) 수치를 조작하는 등의 방식, 나아가 매크로 프로그램과 같은 도구를 써서 이러한 과정을 자동화하여 편리하고 대규모의 개입이 가능하도록 만드는 방식이었다. 그러나 국내의 뉴미디어 포퓰리즘의 상황은 이제 여기에서 또 다른 방향으로 전개되고 있다. 지금껏 콘텐츠를 통한 여론 개입보다는 다소 원시적인 수준의 수치의 조작(댓글 수, 방문자 수, 추천 수)에 미디어 포퓰리즘이 집중되어 왔었다면, 이제 스스로 콘텐츠를 만들고 유통하는 수단(플랫폼)을 통해 대안적인 팩트[alternative fact]를 생산하는 단계에 이르렀다.

미국이나 서구 사회에서는 이제 주로 가짜 뉴스의 제작과 배포가 포

---

6. 봇은 결국 앞서 설명한 매크로 프로그램을 의미한다.

스트트루스 시대의 일반적 미디어 포퓰리즘 현상으로 자리 잡았다. 우리나라에서도 일종의 가짜 뉴스의 생산과 배포가 유사 (인터넷) 언론이나 일베와 같은 보수 온라인 커뮤니티의 일부 선동가들을 통해서 이루어져 온 기간이 꽤 되었다. 그러나 우리나라에서는 지금까지 그러한 혐오 콘텐츠의 외피를 둘러쓴 가짜 뉴스의 대중적 영향력이 어느 정도였는지 제대로 평가되어 본 적이 없다. 이제 우리 사회에서도 단순히 사진 조작이나 왜곡된 뉴스 기사를 넘어서 진짜 같은 가짜 뉴스(혹은 선동적 시사평론)를 본격적으로 제작하고 유포하는 일이 점점 늘어나고 있다. 아니, 진짜 같을 필요도 없다. 그저 대중들이 원하는 재미나 혐오와 같은 감성적 요소들과 만들어진fabricated 팩트를 적절하게 잘 섞은 동영상 콘텐츠를 저비용으로 제작하고 효율적으로 유포하기만 하면 되기 때문이다.

특히 극우 보수 세력과 극우 기독교 세력의 연결은 혐오를 확산할 목적을 가진 가짜 뉴스의 대규모 생산과 유포로 이어지고 있다. 예컨대 2018년 상반기 제주도로 입국한 예멘 출신 난민들에 대한 수용과 반대의 의견이 대립하고 있을 때 수많은 가짜 뉴스들이 생산·유포되었다. 한 언론사(김완 등, 2018.9.27.)의 추적 결과 한 기독교 우파 운동단체의 누리집 게시판이 그 근원지로 밝혀졌다. 그 단체는 이슬람 난민, 아프리카 이민자, 동성애 등 여러 소수자들에 대해 허위의 정보와 꾸며진 내용을 마치 진실인 양 유포했는데, 이 가짜 뉴스들은 온라인 커뮤니티 게시물과 유튜브 채널들을 통해서 널리 퍼져나가면서 독자나 시청자들로 하여금 그들에 대한 혐오를 생성해내도록 구조화되어 있었다. 기존의 SNS나 온라인 커뮤니티 등에서의 영향력이 늘 수세에 있던 보수 세력은 유튜브 플랫폼을 통해 적극적으로 앞서 나가고 있는 형국이다.

우리 사회의 여러 현상들은 대체로 동일한 미디어 테크놀로지를 어떻게 활용하는가에 따라서 각 영역에서 다르게 나타난다. 정치적 포퓰리즘이 유튜브 플랫폼과 연결되리라는 것을 10년 전에는 어떻게 알 수 있었겠는가. 그리고 인간의 개입이 최소화된 자동화된 프로세스와 봇이 인터넷 트래픽의 상당 부분을 차지할 줄 상상이나 할 수 있었겠는가. 의사 결정을 돕는 스마트폰 앱(플랫폼)을 통해 대중정당이 조직되고 의회에까지 진출하리라고 누가 예상할 수 있었겠는가. 하지만 뉴미디어와 인터넷 이후post-Internet의 시대는 결과적으로 포스트트루스, 포스트팩트, 포스트휴먼의 시대로 이어진다. 정치적 포퓰리즘이든 문화의 포퓰리즘(대중문화)이든 동일한 기술과 그 기술의 원리가 후경에서 작동한다. 더불어서 인간의 인지와 믿음과 감성도 그 원리들을 따른다. 유튜브를 통해 정치적 포퓰리스트의 메시지를 읽는 것도, 케이팝 가수의 음악을 듣는 것도, 1인 크리에이터의 먹방과 게임방송을 보는 것도 모두 일종의 미디어 포퓰리즘의 원리가 작동한다. 언론이나 과학적 지식의 차원도 예외는 아니다. 전문가나 엘리트에 대한 불신에 정보의 과잉과 확증 편향의 심리가 더해지면서, 그동안 칭송되어 오던 전문가 시민의 시대는 이제 반지성주의 음모론의 시대로 넘어왔다(윤태진, 2017). 지식에서의 포퓰리즘이다.

대중들의 믿음과 표상의 체계는 점점 더 깊이 미디어 플랫폼의 작동 방식에 맞추어 변화해 나간다. 데이터 사회를 살아가는 대중들의 믿음의 체계는 사태들 사이의 인과관계가 아니라 데이터의 상관관계correlation가 만들어 내는 허구적 진실에 더 설득된다. 새로운 미디어 플랫폼들은 심지어 비과학적인 사실이나 허황된 음모론적 이야기를 진실로 믿도록 돕거나 (믿지는 않더라도) 재미로 확산시킬 수 있게 만든다. 유튜브에서 지구는 평평하며 지구가 둥글다는 것은 음모론이라고 주장하는 이들이 점점 늘어나고 있다는 소식도 반지성주의적 미디어 포퓰리즘의 전형적인 사례다(Sample, 2019.2.17.).

5. 나가며

포퓰리즘은 늘 민주주의를 위협하는 것으로 인식되어 오고 있고, 지금의 뉴미디어를 통한 포퓰리즘의 계기들에서도 여전히 그렇다. 소셜 미디어나 SNS와 같은 도구 자체가 민주주의의 위협이 되는 것은 아니다. 그리고 그런 경향이 생겨났다 하더라도 우리는 그 반대의 방향으로 작동하는 방식에 대해서도 잘 알고 있기에 민주주의의 위기로 이어지지는 않을 것이라고 본다. 하지만 인터넷과 SNS의 현실 여론에의 영향력에 대한 염려보다는 오히려 아직 눈에 띄지 않는 기술적 요소들이 가져오는 위험성이 앞으로 더 고민해보아야 할 문제다.

만일 인공지능이나 알고리즘이 대중들 개개인의 정치적 무의식을 읽어내고 정치적 소통방식을 결정하며 대중들을 대신하여 대의민주주의를 가능하게 하는 상황이 온다면 어떤 문제가 발생할 것인가? 아즈마 히로키(2012)는 '일반의지 2.0'이라는 개념으로 정식화했듯이 개개인의 트윗이나 구글 검색, 특정 장소의 체크인과 같은 소셜 미디어상에서의 수많은 데이터를 축적하고 분석하면 (알고리즘을 통해) 그로부터 개인들의 의도를 뛰어넘는 무의식적 욕망의 패턴을 추출하는 것이 가능하며 이것으로 현대사회의 '일반의지'를 만들어 낼 수 있다고 본다. 이 일반의지를 통해 복잡하고 번거로운 소통이나 개인들의 한계를 극복하는 새로운 정치가 열릴 것이라고 본다. 심지어 새로운 포퓰리즘의 강화로 이어질 위험을 지적하는 이들에게 이 흐름은 막을 수 없으며 그렇기 때문에 차라리 빨리 제도화하는 것이 낫다고 주장한다.

아즈마 히로키의 주장은 얼핏 기술지배에 대한 과잉된 긍정으로 비치기도 하는데, 현재의 정보통신기술은 어느새 그러한 정치적 지형에 대한 구상이 단지 상상에 그치지 않는다는 것을 조금씩 보여주고 있다. 지금의 미디어 포퓰리즘적 방향은 소셜 미디어나 네트워크를 통해 대중들의 정치적 성향에 영향을 미칠 수 있는 댓글 조작이나 추천 수 조작과 같은 방식을 넘어서고 있다. 대중들 스스로 플랫폼이 내포하고 있는 블랙박스화된 알고리즘의 논리, 즉 알고리즘이 지닌 정치적이고 사회적인 어떤 편향성을 내면화함으로써 무의식적으로 알고리즘 체제algorithmic regime의 이데올로기에의 종속을 심화시키는 방향으로 나아가고 있다. 기계학습을 통해 구축된 알고리즘은 그 설계자마저도 내적인 작동 원리를 파악하기 어려울 정도로 자율적인 증식을 하고 있으며, 인공지능을 이용해 만들어지는 다양한 기술들이 사회적으로 야기할 윤리적 문제들에 대해서 우리는 아직 어떠한 대안도 내놓지 못하고 있다.

새로운 미디어 포퓰리즘에 기반한 포스트트루스 시대에 대중들의 정치적 신념이나 정치 참여에의 의지는 과연 어떤 방식으로 강화될 수 있을까? 투표장에 직접 나가 자신들을 대신해 정치를 실현할 대리인들을 선출하는 근대적 대의민주주의의 방식이 언제까지 유지될 수 있을까? 이미 자동화된 정치 봇과 소셜 미디어를 통한 자동화된 여론 조작의 수단들이 인간의 실질적인 정치 활동에 직접적인 영향을 미치고 있다면 이들에 대한 제도와 규제는 어떻게 마련되어야 할까? 알고리즘이 대중들의 감정과 무의식의 패턴을 발견하고 정치에 반영하지만 포퓰리즘으로 환원되지 않는 새로운 형식의 민주주의가 과연 가능할까? 새로운 미디어가 확산되면서 제기되는 새로운 포퓰리즘의 문제들은 아직 우리의 대답을 기다리고 있다.

:: 참고문헌

국내 자료

김기현·박창규. (2012.12.21.). 5060 '검지족'이 2030 '엄지족' 눌렀다. 『동아일보』.

김완·박준용·변지민. (2018.9.27.). 동성애·난민 혐오 '가짜뉴스 공장'의 이름, 에스더. 『한겨레신
    문』.

무페, 샹탈 (Mouffe, Chantal). (2019). 『좌파 포퓰리즘을 위하여』 (이승원 역). 문학세계사. (원서
    출판 2018).

뭉크, 야스차 (Mounk, Yascha). (2018). 『위험한 민주주의』 (함규진 역). 와이즈베리 (원서 출판
    2018).

뮐러, 얀 베르너 (Müller, Jan-Werner). (2017). 『누가 포퓰리스트인가 : 그가 말하는 '국민' 안에 내
    가 들어갈까』 (노시내 역). 마티. (원서 출판 2016).

백욱인. (2012). 모바일 소셜 네트워크 서비스와 사회운동의 변화 : 대안 공론장과 네트워크 포퓰
    리즘. 『동향과 전망』, 84.

아즈마 히로키 (東浩紀). (2012). 『일반의지 2.0 : 루소, 프로이트, 구글』 (안천 역). 현실문화. (원서
    출판 2012).

윤태진. (2017). '시민의 시대'와 반지성주의. 『문화/과학』, 91.

외국어 자료

Bartlett, Jamie. (2018.11.29.). Why is populism booming? Today's tech is partly to blame. *The
    Guardian*.

Cooke, Nicole A. (2017). Posttruth, truthiness, and alternative facts : Information behavior and
    critical information consumption for a new age. *The Library Quarterly : Information, Com-
    munity, Policy*, 87(3).

Dans, Enrique. (2018.12.3.). Did social networks cause populism? *Forbes*.

Kavada, Anastasia. (2018). Editorial : media and the 'populist moment'. *Media, Culture & Soci-
    ety*, 40(5).

Keller, Michael Henry (2018.8.11.). The flourishing business of fake YouTube views. *The New
    York Times*.

Mayer, Jane. (2018.9.24.). How Russia helped swing the election for Trump. *The New Yorker*.

Mudde, Cas. & C. R. Kaltwasser (2017). *Populism : A very short introduction*. Oxford University
    Press.

Pariser, Eli. (2011). *The Filter Bubble : What The Internet Is Hiding From You*. The Penguin

Press. [프레이저, 엘리. (2011). 『생각 조종자들』 (이현숙·이정태 역). 알키.]

Post-truth. (2019). *Oxford English Dictionary Online*.

Read, Max. (2018.12.26.) How much of the internet is fake? Turns out, a lot of it, actually. *Intelligencer*.

Sample, Ian. (2019.2.17.). Study blames YouTube for rise in number of Flat Earthers. *The Guardian*.

한국 정치

신자유주의 포퓰리즘인가 신자유주의 대의 정치-포스트포퓰리즘 균열인가

정병기 | 영남대학교 정치외교학과 교수

1. 신자유주의, 포퓰리즘, 신자유주의 포퓰리즘

문제는 포퓰리즘인가 신자유주의인가? 우리 사회에서 포퓰리즘은 김대중/노무현 정권 시절에 시작해 크게 회자되다가 한동안 잠잠했지만 선거철마다 거르지 않고 다시 대두되고 있다. 신자유주의도 〈IMF〉 외환위기 이후 우리 사회에서는 그 위세를 잃지 않고 있다. 다만 미국의 트럼프 정부 등장 등 세계화 방향에 반대되는 보호 무역주의가 등장하면서 과거와 같이 맹위를 떨치지는 못하고 있다. 세계적으로 신자유주의가 사위어 가며 그 빈자리를 포퓰리즘이 채워 가는 듯한 인상이다.

특이하게도 우리나라에서 포퓰리즘은 신자유주의와 함께 강화되었다. 신자유주의 도입 시기에 대해서는 논란이 많지만 〈IMF〉 외환위기를 전후해 본격화되었다는 점에서는 대부분 동의한다. 그리고 포퓰리즘도 바로 1997년 대선을 전후한 시기 김대중과 관련해 본격화되었으며, 이후 신자유주의 강화와 함께 더욱 크게 회자되었기 때문이다.

그렇다면 우리나라에서 문제는 신자유주의 포퓰리즘인가? 서유럽 국

가들의 경우는 1970/80년대 이래 극우주의와 포퓰리즘이 결합해 이른바 서유럽 신포퓰리즘neopopulism을 형성했다. 하지만 오스트리아의 자유당처럼 신자유주의 정책과 결합하는 경우도 없지 않다. 이와 달리 라틴 아메리카에서는 신자유주의 정책을 옹호하는 정당들이 포퓰리즘 전술을 선택하는 것이 더 잦다. 이러한 경우를 고려한다면, 우리나라에서 포퓰리즘이 신자유주의와 결합하는 것이 아주 드문 사례에 해당한다고 볼 수는 없다. 게다가 사회 복지가 아직 걸음마 단계에 있는 우리나라 현실에서 복지의 확대는 필수 불가결하며, 그런 만큼 복지 정책을 둘러싼 포퓰리즘 공방은 지속될 것으로 보인다.

하지만 우리나라에서 포퓰리즘 논쟁은 주로 보수 진영에서 진보 진영을 공격하기 위한 수단으로 사용되었고, 실제 논쟁 대상은 대개 김대중/노무현 정권이었다. 그리고 이 정권의 성격은 자유주의 진보 혹은 자유주의 보수로서 지극히 애매하게 인식되고 있는 것도 사실이다. 그리고 이 정권의 성격에 대한 논쟁이 가장 뜨거웠던 시기도 노무현 정권이 신자유주의 경향을 강화한 때와 맞물렸다. 그러므로 우리나라 포퓰리즘은 아주 드문 사례는 아니지만 포퓰리즘 논쟁이 가장 심한 서유럽과 라틴 아메리카에 비해 상당한 특수성을 띤 것은 분명한 사실이다.

이 글은 이러한 특수성에 주목해 우리나라 포퓰리즘의 성격을 다른 나라 사례들과 비교하면서 고찰한다. 더 나아가 기존 포퓰리즘 논쟁의 범위를 넘어 남부 유럽의 새로운 포퓰리즘 양상도 염두에 두고 우리나라 포퓰리즘 논쟁의 전망을 살펴본다. 이탈리아의 〈오성운동〉M5S과 스페인의 〈포데모스〉, 그리스의 〈시리자〉가 그 대표적 현상이다.

이 정당들은 라틴 아메리카 좌파 포퓰리스트와는 또 다른 의미에서 좌파 내지 중도 좌파에서 등장한 신생 포퓰리스트라는 점에서 새롭다.

또한 이들은 대의 민주주의 정치의 본질적 결함을 파고들어 새로운 정치를 모색하고 있을 뿐 아니라, 급성장해 집권하기까지 했다. 포퓰리즘이 현대 정당 체제에 새로운 사회 균열로 나타나 정당 균열로까지 등장할 가능성을 보이고 있다고 할 수 있다.[1] 따라서 이러한 새로운 균열의 가능성이 우리나라에서는 어떻게 작용할지에 대해 함께 전망해본다.

2. 신자유주의와 포퓰리즘의 의미

신자유주의는 말 그대로 케인스주의가 실패한 이후 고전적 자유주의를 다시 불러내 시장 자유주의를 극대화하려는 경향을 말한다. 고전적 자유주의가 자본주의 초기 절대 왕정과 봉건 사회를 탈피해 자본주의를 형성해내는 것을 목적으로 했다면, 신자유주의는 케인스주의와 복지 국가를 다시 축소해 시장의 자유를 회복하되 발전된 자본주의를 더욱 팽창시키는 것을 목적으로 한다. 그에 따라 고전적 자유주의는 '작은 정부'를 지향한 반면, 신자유주의는 '작지만 강력한 정부'를 요구한다. 신자유주의는 국가와 노동조합의 시장 개입을 차단해 더 확대된 자본의 이익을

---

1. 이 글에서는 사회 균열, 정치 균열, 정당 균열을 구분해서 사용한다(정병기, 2018, 39쪽 참조). 사회 균열은 고유한 사회적 특징에 따른 갈등 잠재력을 가진 사회 집단이 사회적 갈등 차원에서만 구분되거나 형성된 균열을 말하고, 정치 균열은 이 사회 집단이 정치적 갈등 집단으로 결집되고 전환하지만 정당으로까지 발전하지는 않은 균열을 의미한다. 그리고 정당 균열은 정치적 갈등 집단이 집단적 이해관계에 근거하여 의미 있는(relevant) 정당으로 발전한 균열을 지칭한다. 이때 균열은 반드시 사회 균열, 정치 균열, 정당 균열이라는 순서로 단계적 발전을 하지는 않는다. 사회 균열이 충분치 않은 상태에서 과잉 정치 균열이 생길 수도 있으며, 충분한 정치 균열 없이 사회 균열이 정당 균열로 발전할 수도 있다. 또한 동원된 균열이나 왜곡된 정당 구도에서는 사회 균열이나 정치 균열이 충분치 않은 상태에서 정당 균열이 생겨날 수 있다. 이때 '충분하지 않다'는 것은 전혀 없다는 의미가 아니며 균열들 간 상대적 심화 정도를 나타낸다.

지키기 위해 강력한 국가 개입이 필요할 수밖에 없는 상충되는 상황에 처해 있기 때문이다. 따라서 신자유주의 시기에 국가는 자본을 위한 개입을 전면화하는 한편 이를 세계적으로 확산하기 위해 세계화를 동시에 추진하는 방향으로 전개되어 왔다.

전진영(2018, 90쪽)은 브라운(Brown, 2005, pp. 37~59)을 인용해 이러한 신자유주의의 특성을 다음과 같이 네 가지로 잘 설명했다 : ① 인간의 본질을 '경제적 인간'homo oeconomicus으로 규정함으로써 인간 생활의 모든 측면이 시장 합리성의 관점에서 조명돼야 한다고 믿는다. ② 국가나 사회가 시장을 규제하는 것이 아니라, 거꾸로 시장이 국가와 사회를 조직하고 규제하는 원칙을 내세운다. ③ 비경제적 영역과 제도에까지 경제적 합리성 논리를 확장시킴으로써 개인들이 신자유주의 질서의 '신민'subject으로 생각하고 행동하게 만든다. ④ '좋은 사회 정책의 범주'를 근본적으로 협소하게 설정함으로써 사회 정책들은 수익성 검증을 받아야 하고 경쟁을 촉진시켜야 하며, 합리적 신민을 만들어 기업가 원칙에 복종하게 만들어야 한다고 설파한다.

신자유주의가 포퓰리즘과 엮여 문제가 되는 지점은 정치의 영역을 축소시키는 탈정치화의 위험이다(Mounk, 2018, p. 60 ; 전진영, 2018, 91~93쪽). 시장에 대한 규제를 철폐하고 개인의 삶에 대한 국가 책임을 축소하려는 것이 신자유주의의 핵심 내용이기 때문이다. 이것은 필연적으로 기술 관료적 지배를 강화해 국민 대표성을 약화시킬 뿐만 아니라 사회 경제적 불평등을 심화시킨다. 그에 따라 신자유주의는 대의 기구들에 대한 국민들의 신뢰를 약화시키고 시장에서 사회적 열패자를 양산해 사회적 분열을 조장한다.

현대 포퓰리즘은 구포퓰리즘과 신포퓰리즘으로 나눌 수 있는데,

1920/30년대 경제 공황 시기에 등장한 서유럽 포퓰리즘과 1940년대 경제 위기 당시 라틴 아메리카에서 등장한 포퓰리즘을 구포퓰리즘이라고 한다면, 1970/80년대에 새로운 경제 위기와 신자유주의 정치 경제적 토양에서 등장하거나 강화된 포퓰리즘을 신포퓰리즘이라고 한다. 물론 2차 세계대전 이후에도 구포퓰리즘의 성격을 가진 정당이나 단체가 없는 것은 아니지만, 이들은 적어도 정치 사회적으로 유의미하게 성장하지는 못했다.

포퓰리즘의 기원은 19세기 말 러시아 사회를 풍미했던 나로드니크 narodnik의 계몽 운동(이 말의 영어 번역이 populism임)과 1890년대 미국 농촌 사회의 인민당 중심의 농민 운동에서 찾을 수 있다(서병훈, 2006, 205쪽). 고전적 포퓰리즘으로 불리는 이 포퓰리즘은 농민, 즉 대중이 강력한 영향력을 행사하는 농촌 민주주의의 복원을 시도한 사회 운동이었다. 따라서 포퓰리즘은 지배 집단이나 엘리트 계층에 대립되는 보통 사람들에게 최고의 가치를 부여하는 인민 혹은 대중 중심의 이념 그리고(혹은) 그에 기반을 둔 사회 운동이라는 개념을 포함한다(정병기, 2012).

고전적 포퓰리즘이 좌파적 성향을 띠었다면, 구포퓰리즘은 우파 경향으로 시작해 좌파 경향으로 확대되었다. 1920/30년대 서유럽의 독일과 이탈리아에서 발흥한 나치즘과 파시즘이 우파 포퓰리즘이며, 1940년대 라틴 아메리카의 아르헨티나에서 등장한 페론주의가 좌파 구포퓰리즘이다. 이들은 언술적으로 인민과 대중을 내세우지만, 민족주의 및 국가주의로 표출되는 강력한 집단주의 사상과 결합해 대의 민주주의를 부정하는 경향으로 나아갔다. 그중 우파 포퓰리즘인 나치즘과 파시즘은 제국주의로 전개됨과 동시에 유기체적 집단주의를 내세웠으며, 특히 나치즘의 민족주의는 인종주의로 치달았다.

이와 달리 신포퓰리즘은 더 이상 농촌 중심의 사회 운동도 아니며 대의 민주주의(의회 민주주의)를 부정하지도 않는다(주정립, 2006, 64쪽). 대부분의 구포퓰리즘(특히 극우 포퓰리즘)이 유기체적 집단주의 사고에 따라 카리스마적 지도자에 의존해 그 지도자와 운명을 같이하는 반면, 신포퓰리즘은 지도자와 인민의 직접적인 관계를 중시한다는 점에서 여전히 지도자의 정치적 비중이 크지만 그 지도자는 카리스마적일지라도 교체 가능한 수준에 머문다.

포퓰리즘의 공통적 핵심은 엘리트와 인민(대중)을 대립시켜 후자에 대한 전자의 특권과 착취를 강조한다는 점이다. 이것은 비단 정치 영역뿐 아니라 경제와 사회, 문화 등 공동체 생활 전반에 걸쳐 구조적으로 이루어지고 있다고 주장된다. 캐노반(Canovan, 1999, p. 3)이 서유럽 포퓰리즘을 두고 대의 민주주의의 기술적·운영적 한계가 존재하는 한 사라지지 않는 '민주주의의 그림자'a shadow cast by democracy itself라고 비유한 것은 이 점을 지적한 것이다.

신포퓰리즘도 이러한 성격을 공유하고 있는데, 구포퓰리즘과 가장 중요하게 다른 점은 대의 민주주의의 테두리 안에서 그 한계를 보완할 수 있는 대안을 주장한다는 점이다. 특히 최근 남부 유럽에서 등장한 좌파 포퓰리즘은 직접 민주주의적 대안을 더욱 강조하면서 파격적 성장을 하고 있어 더욱 주목된다. 물론 직접 민주주의적 대안이 반드시 진보적이라고 할 수는 없다. 서유럽 극우 포퓰리즘의 경우는 더 이상 대의 민주주의를 부정하지는 않더라도 과거의 특정한 시기(나치즘이나 파시즘)에 정치적 고향을 두면서 여전히 최고 통치자의 직접적 대중 동원을 지향하기도 하기 때문이다.

한편 우리나라에서 포퓰리즘 개념은 김영삼 정권 말기부터 회자되기 시작해 정당이나 정치인들 간에 주로 공격용 개념으로 사용되고 있다(정병기, 2012, 139~140쪽). 심지어 2011년 10월 재보선과 복지 논쟁 시기에는 '복지포퓰리즘추방국민운동본부'라는 단체가 생겨났을 정도다. 그런데 우리나라에서 일반적으로 사용되는 포퓰리즘 개념은 대중 인기 영합주의라는 포퓰러리즘popularism의 의미로 잘못 사용되고 있다. 몇몇 학자들이 이 잘못된 용어 사용을 지적해 왔지만 크게 주목받지 못했다.[2]

물론 포퓰리즘 개념 사용의 오류는 우리나라에서만 나타나는 현상은 아니다. 영어를 사용하는 미국에서조차 대중 인기 영합주의라는 비난의 의미로 포퓰리즘을 사용하고 있다. 의도적이라고도 볼 수 있는 이러한 오류에는 포퓰리즘 개념이 실현 불가능한 정책을 남발하며 대중들을 현혹해 정치적 이익을 얻으려 한다는 비난의 수단으로 사용된다는 공통점이 있다.

어떠한 의미로 사용되든 포퓰리즘은 대의 민주주의의 한계에서 비롯되며, 현실 정치에서 그와 같은 두 가지 측면, 즉 부정적 측면과 긍정적 측면을 함께 가지고 있다. 그렇다면 혹자들이 주장하듯이 포퓰리즘은 대의 민주주의의 현실적 한계에서만 기인한다고 할 수 있는가? 현실적으로 작동되는 제도적 한계를 해결할 수 없다면 그것은 본질적 한계와 다를 바 없는 것이다. 특히 현대 사회에서 근대 대의 민주주의는 올바른 작동을 위한 사회적 토대를 상실해가고 있다. 따라서 포퓰리즘은 현대에 작동하고 있는 근대 민주주의로서의 대의 민주주의가 가진 본질적 한계를 극복하는 문제와 밀접하게 연관되는 현상이다.

---

2. 대중 인기 영합주의(포퓰러리즘)의 의미에서 포퓰리즘을 제일 먼저 사용한 것은 유근일 논설 주간이 1997년 3월 15일자 『조선일보』에 기고한 「이(회창)·고(건)·강(경식) 과도 체제」라는 칼럼이다. 이후 잘못된 용어 사용에 대해 홍윤기(2004)와 이성형(2004)이 지적한 바 있다.

3. 신자유주의 포퓰리즘의 논쟁과 현실

신자유주의와 포퓰리즘은 결합할 수 있는가? 이 물음에 대한 답변은 이미 오래전에 제출되었다. 1990년대 이전에는 신자유주의와 포퓰리즘이 양립하거나 결합하기 어렵다고 보았다. 포퓰리즘은 대개 보호주의, 국가 개입주의, 재정 팽창 등을 주장하기 때문이었다. 하지만 1990년대 이후 라틴 아메리카와 동유럽에서 포퓰리스트 지도자가 신자유주의적 개혁을 추진하는 현상이 나타남으로써 이러한 인식은 깨졌다. 페루의 후지모리, 아르헨티나의 메넴, 멕시코의 살리나스, 폴란드의 바웬사 등이 그 대표적 인물이다.

포퓰리즘은 민족주의와 유사하게 어떤 사상과도 쉽게 결합할 수 있는 유연한 성격을 가졌다. 민족주의가 좌파와 우파에 동시에 나타나듯이 포퓰리즘도 좌파와 우파 심지어는 중도파와도 결합할 수 있기 때문이다. 그러므로 포퓰리즘이 신자유주의와 결합하는 것이 이상한 일은 아니다. 엘리트와 대립되는 인민(대중) 중심 사상이라는 점에서 포퓰리즘은 엘리트주의에 대한 대응이나 저항으로 나타난다.

김일영(2004a)에 따르면, 우리나라 경제 위기에는 오랜 국가 개입주의의 부작용이 도사리고 있었다. 과거 한국의 억압적 권위주의 정권은 국가 개입주의와 재정적 수단의 동원을 경제 정책의 기조로 삼았는데, 이것은 빠른 경제성장을 가져오는 한편 부작용도 적지 않아 1997년에 결국 한계에 봉착하고 말았다. 이로 인해 우리나라에는 라틴 아메리카와 같은 좌파 구포퓰리즘(특히 대중 인기 영합적 팽창 재정 및 경제 정책)은 생겨나기 어려웠다(김일영, 2004a, 204쪽).

억압적 권위주의 엘리트에 대항하는 대중의 대응은 복지 정책의 확대를 요구하는 한편 민주주의와 더불어 정경 유착을 해소하는 자유주의 경향과도 결합했다. 물론 노동 운동을 비롯한 민중 운동 진영에 사회주의를 지향하는 진보 세력이 없지는 않았다. 하지만 분단 상황에서 이 세력은 명시적으로 활동하기 어려웠을 뿐만 아니라 레드 콤플렉스가 작용하는 대중의 정서를 지배하기는 더욱 어려웠다. 결국 한국의 포퓰리즘은 독재-민주의 구도에서 자유주의 진보의 경향을 띠게 되었고, 〈IMF〉외환위기를 겪으면서 신자유주의 세계화를 수용하는 방향으로 흘러 신자유주의 포퓰리즘이 가능한 토양이 형성되었다. 김대중/노무현의 민주주의(자유주의) 정당이 집권했음에도 불구하고 잔존하는 독재-민주 구도에서 이들은 엘리트층에 편입하기보다 민주주의라는 이름으로 진보와 인민(대중)을 대변하는 세력으로 인식되었다(물론 진보 좌파 진영에서 볼 때 김대중/노무현 정권은 자유주의 진보가 아니라 자유주의 보수로 인식된다.)

김일영의 또 다른 논문(2004b, 123~124쪽)에 따르면, 포퓰리즘 정치와 신자유주의 경제가 결합하는 신자유주의 포퓰리즘은 두 가지 경우, 즉 ① 심각한 경제 위기가 존재하고, ② 선거가 다가오거나 정당과 같은 매개 조직이 제대로 발달하지 못한 경우(집권한 경우에는 의회 다수파를 장악하지 못한 경우)에 가능하다. 김대중/노무현 정권[3]은 심각한 경제 위기에 등장한 정권일 뿐 아니라 여소야대 정국을 겪고 있었다는 점에서 위의 조건이 충족되었다.

김일영이 말하는 두 번째 조건은 기존 대의제에서 불리한 조건에 처한 정부가 대의 제도를 우회하는 방식과 관련된다. 하지만 앞에서 언급했

---

3. 김대중 정권과 노무현 정권이 각각 '국민의 정부'와 '참여 정부'로 불렸다는 점도 포퓰리즘 논쟁으로 연결되었다.

듯이 신포퓰리즘은 대의 제도를 부정하지 않는다. 게다가 서유럽의 사례를 볼 때 신포퓰리즘은 라틴 아메리카에서처럼 정당 정치의 저발전으로 인해 대의 제도가 제대로 정착하지 못한 데에서도 기인하지만, 정당 혐오증(정당에 대한 국민들의 신뢰가 크게 상실됨)이 회자될 정도로 정당 정치가 과잉 발전함으로써 대의 정치가 왜곡된 데에서도 기인한다.

김대중 정권은 신자유주의 관치 경제에서 포퓰리즘 전술을 선택적으로 구사했다(김일영, 2004b, 125~135쪽). 특히 2000년 총선에서 제시한 생산적 복지 정책(정부가 시민의 근로 능력과 필요에 따라 최적의 복지를 제공한다는 것이 핵심이다. 즉 정부가 ① 식량과 의복 같은 기초 생필품을 보장하고, ② 근로 능력을 제고하기 위하여 교육 및 직업 훈련을 제공하며, ③ 직업을 창출한다.)은 실현 가능성을 충분히 담보하지 못한 채 제시된 부정적 의미의 포퓰리즘(포퓰러리즘 ; 대중 인기 영합주의) 공약으로 공격받았다.

김대중 정권은 기존 정당 구도를 재편하고, 시민 단체를 외곽 지지 세력으로 동원하는 전술을 구사했다. 김일영에 따르면, 이것은 궁극적으로 원내 다수당 창출을 목적으로 한 것으로서 대의 제도를 우회하려는 것이 아니었기 때문에 포퓰리즘과 무관하다. 하지만 신포퓰리즘은 반드시 대의 제도를 우회하려 하지는 않으므로 김대중 정권의 비非포퓰리즘 성격은 보다 본질적인 측면, 즉 대중과 엘리트를 대립시켜 대중 정치를 추구하지는 않았다는 점에서 찾아야 한다. 김대중 정권의 원내 다수당 창출 노력은 기존 엘리트 정치를 전복하려는 것이 아니라 〈새천년민주당〉이 주도하는 방향으로 전환하는 시도였기 때문이다. 또한 우리나라에서 정당 정치는 정당 혐오증으로 불릴 정도로 과잉 발전한 상태가 아니라 민주화 이후 일정하게 성장했지만 아직 충분히 정착하지는 못했다는 점에서도 서유럽 신포퓰리즘적 조건과 거리가 멀다. 그러므로 김대중 정권은 전술적 차원에 한정된 제한적 의미에서만 포퓰리즘적이라고 인정할 수 있을 뿐이다.

노무현 정권은 김대중 정권에 비해 국민을 더 강조하면서 인민 중심성을 강화했다. 노무현 정권은 김대중 정권에 비해 지지 기반이 지역적으로도 넓고 특히 온라인을 중심으로 형성된 지지층은 매우 열정적이고 참여적일 뿐 아니라 오프라인으로까지 연결될 수 있었다. 그에 따라 집권 초기 노무현 정권은 '디지털 포퓰리즘'으로 공격받았는데, "열세인 대의제도를 우회하여 대중과 무매개적 관계를 맺는 수단으로 사이버 공간을 적극 활용함으로써 인류 역사상 처음으로 디지털 포퓰리즘의 가능성을 보여주었다."는 것이다(김일영, 2004b, 139쪽).

그러나 이것은 집권 초기에 한정된 판단이었을 뿐, 이후 〈열린우리당〉이 창당되어 의회 다수를 장악한 점을 볼 때 대의 제도 우회라는 지적은 맞지 않다. 게다가 앞서 말했듯이 대의 제도 우회 여부는 현대 포퓰리즘(신포퓰리즘)과는 무관하다. 노무현 정권이 포퓰리즘적이라면, 그것은 적어도 포퓰러리즘(대중 인기 영합주의)이라는 의미보다는 대의 민주주의의 한계를 극복하고자 하는 긍정적 의미의 포퓰리즘의 성격이 더 짙었다고 할 수 있다. 또한 노무현 정권 시기도 정당 정치가 과잉 발전한 상태가 아니라 오히려 〈열린우리당〉과 〈민주노동당〉의 국회 진입으로 정당 정치가 적절한 방향으로 더 성장하는 시기였으므로 서유럽의 신포퓰리즘과도 성격이 다르다.

4. 포퓰리즘 공방의 빈도와 의미 연결망

위에서 본 것처럼 김대중/노무현 정권은 대단히 제한적으로만 포퓰리 즘적이었거나 적어도 포퓰러리즘과는 거리가 멀다. 그럼에도 이 두 정권 과 그 후계 정당에 대해 포퓰리즘이라는 비난은 계속되어 왔다. 최근 연 구 자료(강원택 외, 2011)[4]를 통해 이명박 정권기까지 포퓰리즘 논쟁이 일 어난 의미 연결망(네트워크) 구조를 살펴봄으로써 그 논쟁의 본질에 대 해 한 걸음 더 들어가 보자.

우선 정권 시기별로 포퓰리즘 논쟁이 일어난 빈도를 보면, 전체 논쟁 612건 중 김대중 정권기에는 28건, 노무현 정권기에는 189건, 이명박 정 권기에는 385건이었다. 그리고 정책별로는 정책 기조가 30.9%로 가장 많 았고, 그다음이 경제(20.8%), 복지(18.1%), 지방 자치 및 행정(8.3%), 교육 (7.7%), 북한 및 외교 안보(5.1%), 정치 기타(4.1%), 노동 및 농어민(3.8%) 그리고 언론 및 통신(1.3%)으로 나타났다(아쉽게도 연구 시기상 문제로 박근혜 정권기에 대해서는 분석을 수행하지 못했다. 박근혜 정권기에는 상대적으로 논쟁 빈도가 다시 줄어들었으나 정책별로는 유사한 경향이

---

4. 이 자료에서 한국 포퓰리즘에 대한 경험 연구는 도묘연 박사가 수행했다. 이 연구는 한국 언론진흥재단에서 운영하는 KINDS에서 '포퓰리즘'을 검색어로 하여 10개 매체(『경향신 문』, 『국민일보』, 『내일신문』, 『동아일보』, 『문화일보』, 『서울신문』, 『세계일보』, 『한겨레』, 『한국일보』, 『아시아투데이』)로부터 뉴스 기사 총 612개를 수집하여 분석한 결과다. 이 글 의 612개 기사 선정 기준은 다음과 같다 : ① 한국사회의 포퓰리즘 논쟁의 객관적 정치 현 실을 포착하기 위해 사설, 기획 연재, 칼럼과 같이 신문의 이념적 성향을 드러낼 수 있는 장 르는 제외하였고, 뉴스 기사만을 대상으로 자료를 수집하였다(이것은 한국사회에서 포퓰 리즘 논쟁이 보수 신문과 진보 신문들 간의 이념적 공세, 특히 주류 신문들에서 출발하였 다는 점을 배제해 포퓰리즘의 객관적 규정과 이해에 더 근접하기 위함이다. 주류 신문들 의 포퓰리즘 보도에 대한 대표적인 분석은 김동민, 2006). ② 뉴스 기사는 정치 사회와 시 민 사회에서 특정한 정책 혹은 이슈를 두고 정치 사회와 시민 사회 간에 포퓰리즘 공방 이 있었던 기사만을 선택적으로 수집하였다. ③ 같은 내용의 기사가 다른 신문에 중복 게 재된 경우를 제외하여, 총 612개의 기사만을 분석 대상에 포함시켰다. 분석 시기는 김대중 정권기(1998.02.24.~2003.02.25.), 노무현 정권기(2003.02.24.~2008.02.25.), 이명박 정권기 (2008.02.25.~2011.10.31.)로 구분했다.

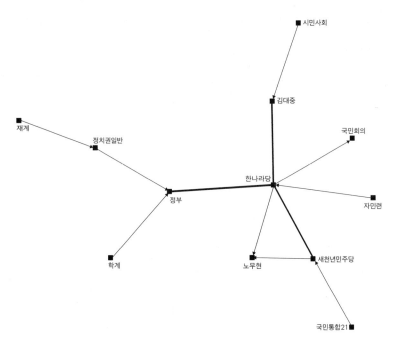

시민사회

김대중

재계

정치권일반

국민회의

한나라당

정부

자민련

학계

노무현

새천년민주당

국민통합21

〈도표 1〉 김대중 정권기 포퓰리즘 논쟁 의미 연결망 (출처 : 강원택 외, 2011, 102쪽.)

반복되었을 것으로 추측된다). 이것은 정책 기조를 중심으로 논쟁이 일어나되 그중에서도 경제와 복지 정책을 둘러싼 논쟁이 가장 많았음을 의미한다.

의미 연결망에서 중심성은 공격 주체를 외향 중심성으로, 공격 대상을 내향 중심성으로 분석하였다(소프트웨어 Ucinet을 이용). 외향 중심성 분석은 포퓰리즘 공격을 주도적으로 하는 행위자를 파악하는 것이고, 내향 중심성 분석은 포퓰리즘으로 공격받는 행위자에 초점을 두고 고찰하는 것이다. 더불어 파당 분석clique analysis을 통해 핵심적인 포퓰리즘 논쟁의 하부 의미 연결망 구조를 파악했다.

〈도표 1〉에서 보듯이 김대중 정권기에 포퓰리즘 공격을 가장 많이 한 행위자는 〈한나라당〉이었고, 공격을 가장 많이 받은 행위자는 〈새천

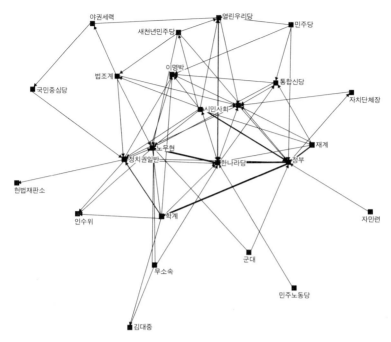

〈도표 2〉 노무현 정권기 포퓰리즘 논쟁 의미 연결망 (출처 : 강원택 외, 2011, 104쪽)

년민주당〉, 정부 및 김대중 대통령이었다. 즉 〈한나라당〉, 김대중 대통령, 〈새천년민주당〉을 중심으로 한 정부 및 정치 사회가 포퓰리즘 논쟁을 생산·확대하는 주체였다는 것이다. 파당clique 구조는 확인되지 않은 것으로 보아, 포퓰리즘 논쟁의 전체 의미 연결망 및 하부 의미 연결망이 구조화되어 있지 않았다.

　노무현 정권기에 포퓰리즘 공격을 주도한 세력에는 시민 단체와 학계 등 시민 사회, 〈한나라당〉을 포함한 정치권과 국회가 두루 포함되었다(〈도표 2〉 참조). 포퓰리즘의 공격 대상은 노무현 대통령과 정부, 〈한나라당〉을 위시한 정치권과 국회였고, 논쟁의 핵심 의미 연결망은 〈열린우리당〉-〈한나라당〉-국회였다. 포퓰리즘 공방의 핵심 생산지는 여전히 정부 및 정치 사회이며, 공방도 정당 정치를 중심으로 진행되었다는 것이다.

논쟁이 재계와 시민 사회 및 학계로까지 확산되었으나, 파당 분석 결과 포퓰리즘 논쟁의 치열한 공방은 〈열린우리당〉-〈한나라당〉-국회를 중심으로 이루어져 정치 사회, 특히 정당 정치에서 주로 전개되었음을 알 수 있다.

이명박 정권기에 정부 혹은 정당 정책에 대한 포퓰리즘 공격의 주된 행위자는 학계와 시민 사회 그리고 〈한나라당〉과 야당을 포함한 정치권이었다(〈도표 3〉 참조). 그중 공격을 가장 많이 받은 대상은 〈한나라당〉과 정부, 〈민주당〉 등 야당을 포함한 정치권 및 국회였다. 과거와 달리 대부분 〈민주당〉 진영으로 집중되었던 공격이 다양한 영역에서 여러 방향으로 분산되어 전개되는 것으로 나타났다. 파당 분석 결과에 의하면 공방의 핵심 행위자 연결망은 1) 〈한나라당〉-정부-〈민주당〉, 2) 〈한나라당〉-〈민주당〉-자치단체장, 3) 〈한나라당〉-정치권 일반-야당 전체, 4) 〈한나라당〉-〈민주당〉-야당 전체, 5) 정부-〈민주당〉-국회, 6) 정부-〈민주당〉-시민 단체로 6개의 파당이 확인되었다. 노무현 정권기 정당과 국회로 이루어진 하나의 파당은 6개로 확장되었으며, 파당의 패턴도 다양해졌다. 이는 공방의 핵심 세력이 다양해지고 하부 의미 연결망을 중심으로 다층적 중첩 구조를 갖는다는 것을 의미한다. 하지만 포퓰리즘 논쟁의 가장 치열한 공방은 이 시기에도 마찬가지로 정당에서 생산되고 있었다.

이상에서 살펴보았듯이 한국에서 포퓰리즘 논쟁은 정치권에서 시작되어 학계와 언론 및 시민 사회로 확산되었다. 하지만 그 논쟁은 정치권을 중심으로 언론과 시민 사회에서 정책과 관련된 포퓰러리즘의 의미로 상대방을 비난하는 수단으로 계속 사용되고 있었음을 확인할 수 있다.

빈도와 의미 연결망만으로 포퓰리즘 공방의 본질을 규명할 수는 없다. 하지만 앞 장에서 살펴본 한국 포퓰리즘의 논쟁과 현실을 함께 고려

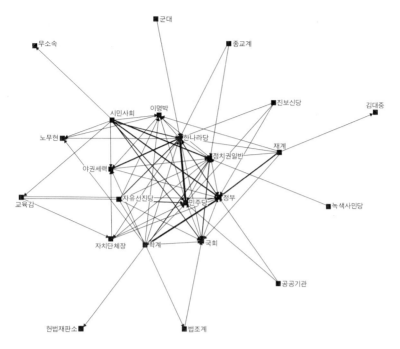

〈도표 3〉 이명박 정권기 포퓰리즘 논쟁 의미 연결망 (출처 : 강원택 외, 2011, 107쪽)

하면 그 본질을 어느 정도 파악할 수 있다. 앞 장에서 본 것처럼 김대중/노무현 정권에 대한 포퓰리즘 논쟁은 주로 보수 진영에서 적극적으로 제기한 정치적 공격의 하나였다. 이광일(2017, 289쪽)에 따르면, 보수 진영이 가한 포퓰리즘 공격은 '대중적 요구에 대해 최소한도로 반응하고자 한다는 점에서 자신들보다 더 개혁적이고 진보적인 정치 세력들의 정책과 주장을 모두 포퓰리즘적 성격을 지니는 것'으로 간주한 데에서 출발한다. 보수 진영에서 볼 때 자신들의 왼쪽에 존재하는 모든 사회 정치 세력은 포퓰리즘 세력이고, 이때 이들이 인식하는 포퓰리즘은 '빨갱이'나 '좌파'와 다르지 않다는 것이다.

물론 진보 진영에서 제기한 포퓰리즘 비난은 특히 노무현 정권의 공약 실현 불가능성에 주목하기도 했지만, 이것은 노무현 정권의 신자유주의 정책이 인기몰이식으로 국민을 현혹하는 측면을 비판한 것이었다. 하지만 앞에서 보았듯이 주요 발화자는 보수 정치권이었음을 볼 때, 한국에서의 포퓰리즘 논쟁도 (적어도 김대중/노무현 정권기에는) 보수 세력이 '엘리트에 의해 지배되는 공적 영역의 (확대)재생산을 자신들의 이상으로 삼고 있기에 대중의 사회적 요구와 기대들이 정치 세력화되는 것을 두려워하는 것'에서 발원했으며(이광일, 2017, 292쪽), 논쟁의 포퓰리즘적 본질은 매우 제한적이었다.

이명박 정권기 포퓰리즘 논쟁은 정치권에서 주로 이루어지기는 하지만 공격의 행위자와 대상이 다양하게 확산되었다. 정치 및 사회의 다양한 행위자들이 기성 정치권을 공격하고 기성 정치권 내부에서도 상호 비난하는 방식으로 확대된 것이다. 이것은 포퓰리즘이 기성 정치권 전반에서 상호 비난하는 용어로 사용되기 시작한 것을 의미한다. 하지만 앞에서 언급했듯이 이것은 현재 한국 정치에서 포퓰리스트가 의미 있는 정치 세력으로 등장했느냐는 질문과는 무관하다. 오히려 김대중/노무현 정권의 제한적 포퓰리즘의 의미조차 약화되어 포퓰리즘은 비난의 수단으로 회자되는 양상으로 변했다고 할 수 있다.

5. 신자유주의 대의 정치와 포스트포퓰리즘의 가능성

한국에서 신포퓰리즘의 토양은 신자유주의와 포퓰리즘의 결합을 가능하게 하지만 그것은 비난 수단이나 전술적 차원에 한정될 뿐 포퓰리즘 자체가 성장하고 강화될 정도는 아니라고 할 수 있다. 무엇보다 포퓰리즘이라고 공격받은 김대중/노무현 정권과 그 정당들은 엘리트와 인민을 이

원화해 집단적 적대 관계로 설정하지 않는다는 점에서 포퓰리즘의 본질과 거리가 멀다.

다만 안철수와 이재명의 등장은 포퓰리즘의 불씨를 지피는 듯했고, 실제 이들의 행보는 포퓰리즘의 본질에 근접했다. 하지만 안철수의 정당 행보는 다시 기성 엘리트 대의 정치의 틀 속으로 흡수되었고, 이재명의 앞날 행보는 아직 예측이 어려운 상태지만 적어도 눈에 띌 정도로 부각되지는 못했다. 하지만 이 두 정치인의 등장은 앞으로 우리나라에서도 포퓰리즘이 중대한 정치 사회적 현상으로 부상할 수 있음을 보여주었다.

그렇다면 비록 약한 수준이기는 하지만 한국 정치의 포퓰리즘은 신자유주의 포퓰리즘인가 아니면 신자유주의-포퓰리즘 균열인가? 후자에서 신자유주의는 신자유주의 대의 정치를 말하며 포퓰리즘은 대중 직접 정치를 말한다. 김대중/노무현 정권은 신자유주의 포퓰리즘의 전술을 구사하기는 했지만 본질적으로 포퓰리즘으로 규정하기에는 정치 행위자들의 포퓰리스트 인식과 정당 정치의 정치 사회적 배경이 크게 부족했다. 이후 이명박(/박근혜) 정권기에 포퓰리즘 논쟁은 더 커졌으나 새로운 대상은 나타나지 않아 사실상 포퓰리즘 정치의 실체는 없었다고 할 수 있다.

우리나라 정당 제도는 서유럽에서처럼 과잉 발전하지도 않았고 라틴 아메리카 수준의 저발전 상태에 머물지도 않았다. 하지만 정치에 대한 혐오나 실망은 정당에 대한 혐오나 환멸과 크게 구분되지 않는다. 정당은 유명 정치인에 의해 창당·해산되는 양상을 반복해왔고 사회 집단의 공동 이익에 기초한 이념 정당의 기반은 취약하다. 정당에 대한 국민들의 일체감은 유명 정치인에 대한 충성심이나 기대 혹은 지역주의 감정에 의해 유지되는 측면이 강하다.

물론 2004년 〈민주노동당〉이 의회에 진입한 이후 이념 정당과 제도권 진보 정당 정치의 가능성을 열어 보인 것은 사실이다. 현재에도 진보 세력의 다수는 정당 세력화에 큰 기대를 걸고 있다. 위와 같은 정당 정치적 조건에서 진보 진영의 커다란 정당 정치적 기대는 오히려 예외적이라고 할 정도로 특이한 현상일 수 있다. 정당 정치의 틀을 벗어나 새로운 진보 정치의 가능성을 모색하는 노력이 아쉬울 수밖에 없다.

이러한 정당 정치적 조건은 유명 포퓰리스트 정치인이 등장하고 그가 창당한 정당이 성공할 수 있다는 전망을 가능하게 한다. 그러나 독재 콤플렉스가 완전히 소멸되지 않은 상태에서 기존의 자유주의 세력이 진보의 이름으로 정당 정치에 자리 잡은 현상도 아직 사라지지 않았다. 이것은 기존 자유주의 세력이 정치를 발전시키고 새로운 민주주의의 가능성을 열어줄 것이라는 기대가 크다는 것의 방증이다. 게다가 지역주의 균열도 약화 추세를 보이기는 하지만 여전히 정당 구도에 막대한 영향을 미치고 있어 엘리트와 인민의 대립 구도가 자리 잡기는 어렵다.

서유럽에서 최근 강화된 포퓰리즘은 양대 정당의 중도화 수렴과 신자유주의 세계화를 겪은 후에 일어난 현상이다. 2차 세계대전 이후 1970년대까지 중도-우파 정당이 사민주의 정당과 양대 정당으로서 케인스주의 동의 정치를 구사했으나 1980년대 이래 신자유주의 우파 및 중도-우파 세력이 다시 집권해 케인스주의 동의를 철회하고 신자유주의 세계화를 주도했다. 그럼에도 사민주의 정당들은 새로운 진보적 대안을 제시하지 못하고 신자유주의와 케인스주의의 절충인 제3의 길로 권력을 재장악해 시장을 확대하고 노동 시장을 파편화시키는 등 사회적 열패자를 양산하는 신자유주의 기획을 이어갔다.

정당 정치적으로도 서유럽에서는 양대 정당을 중심으로 한 기성 정치

세력들이 케인스주의를 통해 중도로 수렴하면서 정당들 간 차이가 사라져갔고(포괄 정당catch-all party화), 신자유주의 세계화를 거치면서 시장 중심의 테크노크라트 엘리트 정치를 전면화하는 데 행동을 같이했다. 이러한 과정에서 기성 정당들은 자신들의 독자적 이해관계를 형성해 득표 기계와 같은 선거 전문가 정당으로 변하고 자신들 간 상호 이익을 도모하며 새로운 세력의 등장을 가로막는 카르텔 정당 체제를 구축했다. 이 일련의 과정이 정치 혐오증과 일치되는 정당 혐오증을 유발했으며, 이것이 최근 신포퓰리즘과 포스트포퓰리즘 발흥의 주요 원인이 되었다.

라틴아메리카 포퓰리즘의 경우는 로버츠Roberts가 잘 지적했듯이 취약한 정당 제도와 약한 시민 사회 및 제도적 견제와 균형의 부재가 주요 발생 원인으로 꼽힌다(김원호, 2011, 114~115쪽에서 재인용). 다시 말해 하층 계급이 광범위하게 존재하고 정치적 동원이 가능함에도 불구하고 기존 정당들이 이들을 효과적으로 대표하거나 정치적 의사 표현이 제도적 절차를 통해 표출될 수 있는 경험을 하지 못했다는 설명이다. 서유럽의 경우는 그러한 경험이 있었으나 이후 크게 약화되거나 사라짐으로써 생겨난 실망과 환멸로 신포퓰리즘이 강화되었다면, 라틴 아메리카의 경우는 그러한 경험이 전무하거나 아주 약한 상태에서 국민들이 처음부터 포퓰리즘 정당이나 정치인에게 쏠려갔다는 것이다. 서유럽에서 대부분의 신포퓰리즘 정당이 극우주의와 결합해 주도 정당으로까지 성장하지 못한 반면, 라틴 아메리카의 포퓰리스트들이 대중과 효과적으로 결합해 집권까지 한 것은 이러한 차이를 반영하고 있다.

하지만 서유럽에서도 남부 국가에서 나타난 포퓰리즘은 이들과 또 다른 현상으로 주목받고 있다. 그리스의 〈시리자〉와 이탈리아의 〈오성 운동〉이 집권하고 스페인의 〈포데모스〉도 강력한 정치 세력으로 등장했기 때문이다. 게다가 이 정당들은 좌파 정치 세력으로서 중북부 유럽의 신포퓰리즘 정당들과는 반대되는 이데올로기를 갖고 있다. 특히 이 정당들은 권위주의 정치를 부정하고 집단화하지 않은 개인들이 분출하는 정치 사회적 분노를 대변하면서 사회 운동에 토대를 두고 창당되거나 성장했다(정병기, 2018). 이것은 집단주의에 기반을 둔 포퓰리즘의 전통적 성격을 벗어나는 아주 새로운 현상으로서 포스트포퓰리즘이라고 할 수 있다.

구포퓰리즘이 카리스마적 지도자에 의존하는 집단주의에 기초해 대의 정치를 부정한다면, 신포퓰리즘은 지도자 중심주의와 집단주의를 버리지는 않았지만 지도자는 카리스마적일지라도 교체 가능하며 집단주의는 대의 정치를 수용한다. 두 포퓰리즘의 공통점은 집단주의에 토대를 둔다는 것이다. 하지만 포스트포퓰리즘은 더 이상 집단주의에 머물지 않고 개인주의까지 수용한다. 당연히 지도자 중심주의도 크게 약화되어 개방적 조직 구조를 갖추고 대의 정치도 수용하면서 비판한다. 하지만 포퓰리즘이라는 개념을 뗄 수 없는 것은 엘리트와 대중을 분리시켜 엘리트 대의 정치를 비판하면서 대중 직접 정치를 구사하고자 한다는 점에서 기존 포퓰리즘과 동일하기 때문이다. 집단주의를 탈피하는 반면 대중주의를 고수한다는 점에서 단절성과 연속성을 두루 포괄하는 '포스트'post 개념으로 수식되는 것이다.[5]

---

5. 포스트포퓰리즘(postpopulism) 개념에 대해서는 아직 학술적으로 논의되지 않았다. 다만 2011년 필크(Filc, 2011)가 이스라엘 네타냐후(Netanyahu) 총리와 아르헨티나 메넴(Carlos Menem) 대통령의 사례처럼 신자유주의 정책을 펴는 포퓰리즘을 포스트포퓰리즘이라고 처음 규정한 이후 세 번에 걸쳐 다른 맥락에서 개별적으로 포스트포퓰리즘에 대한 언급이 있었다. 2017년 프레이저(Fraiser, 2017)가 〈잠비아애국전선〉(PF : Zambian Patriotic Front)의 2000년대 중후반 선거에서 크게 성공한 사례를 분석하면서 막대한 당원 수, 폭력, 권위주의를 포스트포퓰리즘적 유산(post-populist legacy)이라고 묘사했으며, 같은 해 안셀미(Anselmi, 2017)가 차베스(Hugo Rafael Chávez Frías) 사후 베네수엘라의 상황, 즉 포퓰리즘의 창시자인 카리스마적 지도자가 사라진 상황을 묘사하기 위해 포스트포퓰리즘 개념을

특히 서유럽에서 신포퓰리즘과 포스트포퓰리즘이 급성장한 토대이자 그 포퓰리스트들이 직접 공격하는 대상은 신자유주의 대의 정치다. 상대적으로 부유한 중북부 유럽 국가(독일, 프랑스)에서는 유럽 통합이라는 작은 세계화를 통해 발생한 기득권을 지키려는 대중들을 배타적 민족주의로 동원해냄으로써 신포퓰리즘 현상이 강화되었다. 반면 상대적으로 낙후된 남부 유럽에서는 대다수의 대중이 신자유주의 세계화(특히 유럽 통합)로 인해 사회적 열패자의 처지로 내몰리게 되고 엘리트는 이 과정을 통해 이익을 보고 이를 지켜내려 함으로써 기성 정치에 대항하는 사회 운동과 포스트포퓰리즘이 형성되었다.

한국의 상황은 어디에 속하는가? 한국은 중북부 서유럽 국가들처럼 사회 복지를 경험하지 못했지만 동남아 여러 국가들에 비해서는 우세한 처지에 있다. 이 국가들보다 남부 유럽 국가들에 더 가깝다고 할 수 있다. 곧, 신자유주의 세계화로부터 동남아 등지의 개발도상국보다는 상대적으로 이익을 보지만 산업 선진국들보다는 상대적으로 손해를 보는 처지라는 것이다.

그렇지만 남부 유럽 국가들과 달리 한국은 (포스트)포퓰리즘이 발흥할 수 있는 토대가 매우 약하며 실제 큰 정치적 의미를 갖지 못한다. 그것은 작은 세계화(유럽 통합)라는 보다 직접적인 외부 요인이 존재하지 않는 가운데 앞에서 말했듯이 정당 정치 역사의 특수성과 지역주의 등이 작용하기 때문이다. 게다가 분단이 지속되는 상황에서 레드 콤플렉스와

동원했다. 그밖에는 인터넷 언론 운동인 *Opendemocracy*에 올려진 한 글에서 탈포퓰리즘적 포퓰리즘(de-popularising populism)을 포스트포퓰리즘이라고 지칭했다. 이 논의들은 연속과 단절을 동시에 의미하는 '포스트'의 개념을 올바로 파악하지 못해 한쪽에 치우쳤거나 포퓰리즘의 본질보다는 정책적 특징에 한정해 적용한 것으로 보이며, 이 글에서 사용하는 포스트포퓰리즘(대중 정치의 연속과 집단주의의 단절)과는 결과 맥을 달리한다.

독재 콤플렉스가 완전히 사라지지 않았다는 점도 주요 요인이다. 하지만 한국에서도 이미 엘리트 대의 정치의 한계가 속속 드러나고 있으며, 신자유주의 정치가 양대 정당을 통해 보편화되면서 그 한계는 신자유주의 대의 정치의 한계로 구체화하고 있다. 이러한 배경은 다른 제약 조건들이 약화됨에 따라 포스트포퓰리즘이 강화될 것이라는 예측을 가능하게 한다. 그것은 근대 대의 정치를 지속하려는 신자유주의적 엘리트주의와 대중 직접 정치를 추구하는 포스트포퓰리즘의 대립이라는 새로운 사회 균열이 새로운 정치 균열과 정당 균열로 등장할 가능성을 말하는 것이기도 하다.

6. 포스트포퓰리즘과 진보 정치의 전망

서영표(2017, 221~222쪽)에 따르면, 전 세계적 수준에서 포퓰리즘이 강화된 것은 좌우 균형이 무너지고 자본에 의한 착취를 제어할 정치 세력과 담론이 부재한 상황을 반영한다. 현대 사회에는 민주주의와 평등을 염원하는 시민 사회 운동이 존재하지만, 다른 한편으로는 이 시민 사회의 역동성과는 어울리지 않을 정도로 전근대적이고 비민주적인 정치 문화가 존재한다. 그리고 이 모순 속에서 진동하는 대중, 즉 평등주의 열망으로 가득 차 있지만 성공을 향해 돌진하는 대중이 존재한다. 그런데 시민 사회는 대중의 평등주의 열망을 사회 변혁으로 전화시킬 능력을 가지고 있지 않으며, 정치 제도는 대중의 정치적 에너지를 순화시켜 수용할 포용력을 갖고 있지 못하다고 서영표는 지적한다(2017, 225~226쪽). 그래서 평등주의 열망은 그만큼 깊은 좌절을 동반하는데, 이 '열망'과 '좌절'이 축적하는 에너지가 인종주의, 성차별주의, 동성애 혐오 등 예기치 못한 틈새를 비집고 나와 폭발하면서 부정적 의미의 포퓰리즘의 토대가 된다는 것이다.

이와 같이 서영표는 포퓰리즘이 극우주의와 결합하는 원인을 잘 분석했다. 그가 '부정적 의미의 포퓰리즘'이라고 말한 것은 포퓰러리즘의 의미이기도 하지만 배타적 민족주의와 결합하는 극우 신포퓰리즘도 지칭하는 것으로 이해된다. 그러나 남부 유럽 등지의 좌파 포스트포퓰리즘은 여기에 해당하지 않는다. 좌파 포스트포퓰리즘은 오히려 긍정적 의미의 포퓰리즘을 통해 대중들의 평등주의 열망을 정치적으로 표출하고 그 정치적 에너지를 흡수하는 사례를 보여주고 있기 때문이다. 한국의 진보 세력들도 전통적 정당 세력화에 대한 미련을 버리고 대중과 호흡하고 그들의 새로운 흐름을 수용하는 방식을 눈여겨볼 필요가 있다.

하지만 포퓰리즘은 민족주의처럼 취약한 이데올로기thin ideology여서 어떠한 이념과도 결합할 수 있다(Stanley, 2008). 구포퓰리즘과 신포퓰리즘이 그러했듯이 포스트포퓰리즘도 우파 이념과 다시 결합할 수 있다는 것이다. 특히 '자유'와 '자율'을 명분으로 하는 (신)자유주의 이념은 집단주의를 벗어난 포스트포퓰리즘과 쉽게 결합할 수 있는 근거를 가지고 있다. 오히려 진보 세력이 집단주의를 탈피하지 못한다면 포스트포퓰리즘의 장점을 흡수할 수 없게 된다. 그것은 엘리트 대의 정치에 환멸을 느낀 대중들이 개인적 정동affect을 정치적 에너지로 분출할 때 진보 세력이 이들로부터 고립될 수 있다는 의미가 된다. 새로운 정치 균열에서 대중들의 투표 행태는 집단적 소속감(계급, 지역, 종교 등)에서 개인적 정동으로 변해갈 가능성이 크다. 이것을 어떻게 흡수해 진보 정치로 전환시켜낼 것인가를 깊이 고민할 때다.

:: 참고문헌

국내 자료

강원택·이성형·정병기·도묘연. (2011). 한국 정치에서 포퓰리즘에 관한 진단과 대책 연구. 특임장관실 연구보고서.

김동민. (2006). 여론의 본질과 포퓰리즘의 사례 연구. 『시민사회와 NGO』, 4(1).

김원호. (2011). 포퓰리즘(Populism)의 사례 : 라틴아메리카. 『포퓰리즘과 대한민국의 장래』 (굿소사이어티 편). 영림카디널.

김일영. (2004a). 민주화, 신자유주의적 포퓰리즘, 그리고 한국 : 김대중 정권과 노무현 정권을 중심으로. 『디지털 시대의 민주주의와 포퓰리즘』 (철학연구회 편). 철학과현실사.

_____. (2004b). 참여 민주주의인가 신자유주의적 포퓰리즘인가 : 김대중 및 노무현 정권과 포퓰리즘 논란. 『의정연구』, 10(1).

서병훈. (2006). '포퓰리즘 구하기' : 개념 규정을 위한 시도. 『철학연구』, 72.

서영표. (2017). 포퓰리즘의 두 가지 해석 ─ 대중영합주의와 민중 민주주의. 『포퓰리즘과 민주주의』 (진태원 편). 소명출판.

이광일. (2017). 신자유주의시대 한국의 포퓰리즘 ─ 김대중, 노무현정권에 대한 논의를 중심으로. 『포퓰리즘과 민주주의』 (진태원 편). 소명출판.

이성형. (2004). 민중주의. 인기 영합주의로의 해석은 국적 불명의 편의적 용법. 『신동아』, 신년호 특별 부록.

전진영. (2018). 세계화와 자유민주주의 위기의 두 얼굴 : 신자유주의와 포퓰리즘의 정치적 동학. 『한국정치학회보』, 52(4).

정병기. (2012). 서유럽 포퓰리즘의 성격과 특징 : 프랑스, 이탈리아, 오스트리아, 벨기에, 노르웨이의 네오포퓰리즘 정당을 중심으로. 『대한정치학회보』, 20(2).

_____. (2018). 민주화 이후 그리스의 균열 구조 변화와 포퓰리즘 균열. 『지중해지역연구』, 20(4).

주정립. (2006). 포퓰리즘에 대한 이론적 검토. 『시민사회와 NGO』, 4(1).

홍윤기. (2004). 『디지털 시대의 민주주의와 포퓰리즘』 (철학연구회 편). 철학과현실사.

외국어 자료

Anselmi, Manuel. (2017). Post-populism in Latin America : On Venezuela after Chávez. *Chinese Political Science Review*, 2(3).

Brown, Wendy. (2005). *Edgework : Critical Essays on Knowledge and Politics*. Princeton University Press.

Canovan, Margaret. (1999). Trust the People! Populism and the Two Faces of Democracy. *Political Studies*, 47(1).

Fraser, Alastair. (2017). Post-populism in Zambia : Michael Sata's Rise, Demise and Legacy. *International Political Science Review*, 38(4).

Filc, Dani. (2011). Post-populism : Explaining Neo-liberal Populism through the Habitus. *Journal of Political Ideologies*, 16(2).

Mounk, Yascha. (2018). *The People vs. Democracy : Why Our Freedom is in Danger and How to Save It*. Harvard University Press.

Stanley, Ben. (2008). The Thin Ideology of Populism. *Journal of Political Ideologies*, 13(1).

Tekdemir, Omer. (2018). Turkey : The Organic Crisis of a Post-populist Moment. *OpenDemocracy*. https://www.opendemocracy.net/omer-tekdemir/turkey-organic-crisis-of-post-populist-moment

4부

한반도의 평화와 동북아시아의 미래

한반도의 평화

6·12 싱가포르선언 이후 북미협상의 교착과 한국외교

이삼성 | 한림대학교 교수

1. 북한 핵무장과 그 기원을 바라보는 시선

1990년대 초의 한반도는 냉전체제 해체의 희망으로 부풀어 있었다. 남북한이 유엔에 동시 가입했다(1991.9.18.). 미국과 소련의 전술핵 폐기 선언이 있었다(1991.9.28./1991.10.5.). 남북기본합의서(1991.12.31.)가 타결되었고, 한반도비핵화공동선언(1991.12.31.)이 있었다. 이런 분위기 속에서 한미 팀스피리트 군사훈련 중단 발표(1992.1)도 이루어졌다.

다만 북한 핵프로그램이 한국과 국제사회의 우려를 낳고 있었다. 당시 북한이 내세운 명분은 공산권 해체로 국제적 고립에 처한 결과 심각해진 경제난과 에너지난 해결을 위한 핵의 평화적 이용이라는 것이었다. 그런가 하면 미국이 유일 초강대국으로 남은 가운데 걸프전을 통해 '첨단 전쟁 능력을 과시하고 있었다. 이와 함께 남북 간 재래식 군사력에서 확대되어가는 격차를 의식할 수밖에 없었던 북한에게 핵의 군사적 이용을 향한 유혹이 공존하였을 것으로 추정할 수 있다.

장차 북한의 핵 프로그램이 평화적 이용에 머물 것인가, 아니면 핵무장으로 내달릴 것인가는 모두 잠재적 가능성으로 존재하는 것이었다. 북한의 선택을 결정하는 것은 결국 남북관계와 북미관계의 전개 양상일 것이었다. 그로부터 4반세기가 흐른 2017년 북한은 마침내 핵무장을 완성하기에 이르렀다. 북한 핵무장 완성이라는 오늘의 현실, 그 원인을 바라보는 시각은 크게 둘로 대별할 수 있을 것이다. 본질주의essentialism는 북한이 처음부터 근본적으로 핵무장을 목표로 했다고 보는 관점이다. 그 반대편에 상호작용주의interactionism의 시각이 있다. 이것은 북한 핵 프로그램의 궁극적인 진로는 한국과 미국을 포함한 주변 사회들과의 상호작용 패턴이 중요한 결정요소였다고 보는 것이다.

2017년에 이르기까지 미국과 한국 보수정권의 인식과 정책을 지배한 것은 이 문제에 미국과 한국이 어떻게 대응하든 북한은 애당초 핵의 군사적 이용을 추구했다는 본질주의 관점이었다. 본질주의 관점은 자기충족적 예언self-fulfilling prophesy의 결과를 낳게 될 우려를 처음부터 안고 있었다. 불행하게도 실제 역사의 전개는 그렇게 귀결되고 말았다.

갈등의 상대편을 본질주의적으로 인식한다는 것은 그 상대방이 나와의 관계의 성격 때문이 아니라 그 존재 자체의 성질로 말미암아 우리와 공존이 본질적으로 불가능한, 그래서 양립할 수 없는 타자로 인식한다는 것을 말한다. 극우파와 극좌파의 인식론적 공통분모라 할 수 있다. 한편 인식론과 존재론으로서의 상호작용주의는 갈등하는 상대방을 공존하며 같이 변화해갈 수 있는 존재로 인식하는 것을 뜻한다. 상대방의 존재방식이 우리와의 관계 속에서 재구성될 수 있는 것으로 인식할 때 상호작용주의가 성립한다. 우리의 사유와 행동이 상대방의 존재와 행동에 의미 있는 영향을 미칠 수 있음을 인정하는 것이다. 북한의 핵무장 과정을 진지하게 들여다보면 그것은 잠재성에 불과했던 것이 남북관계와 북미관계

의 전개의 결과로서 현실화되고 촉진되었다는 사실을 파악할 수 있다.[1]

현재의 시점에서 미래를 전망함에 있어서도 북한 핵무장 상태의 지속 여부 그리고 그 팽창 혹은 평화적 해소의 여부는 열려 있는 가능성이라고 보아야 한다고 믿는다. 북한이 가진 어떤 본질에 의해서 미리 결정되어 있는 것이 아니다. 우리 그리고 미국을 포함한 국제사회와의 관계 속에서 결정될 것이다.

북한 핵무장 완성을 촉진한 또 하나의 인식론적 요소는 북한 조기붕괴론의 역할이다. 북한 붕괴론과 그것에 기댄 군사적 압박 위주의 전략적 사고가 북한이 핵무장에 의존하지 않아도 되게 만들어줄 평화공존의 해법을 대신하였다. 1994년 〈제네바합의〉 타결 이래 미국과 한국이 그 합의가 내포한 한미동맹의 의무사항들을 이행하는 것을 방해한 중요한 인식론적 근거가 북한 조기붕괴론이었다. 2002년 부시 행정부가 〈제네바합의〉를 공식 폐기할 때 기댄 논리의 하나도 북한 붕괴론이었다. 이 관점을 취하는 미국 강경파가 보기에 〈제네바합의〉 이행은 북한의 수명을 연장해줄 뿐인 것이었다. 2010년 3월 천안함 침몰 사건에 대해 한미동맹은 서둘러 '폭침론'으로 결론을 내렸는데, 이는 2009년 말에서 2010년 초에 걸친 김정일 정권의 화폐개혁 실패로 존망의 위기에 처했던 북한의 조기붕괴에 대한 기대와 맞물려 있었다.

2. 2017년 북한 핵무력 완성과 2018년 한반도의 봄

---

1. 북한 핵 프로그램이 2017년 핵무장의 완성으로 귀결되는 역사적 과정에 관해서 근본주의가 아닌 상호작용주의의 시각에서 바라볼 때 왜 더 사실에 부합하는가에 대해 필자는 다음 책에서 그 논증을 시도했다. 이삼성, 2018의 4장 '한반도 핵문제의 위기와 기회의 역사'(175~283쪽), 5장 '제네바합의는 어떻게 파기되었나'(285~343쪽), 6장 '북한 핵무장의 시작과 완성을 재촉한 또 하나의 10년'(345~387쪽).

2017년 북한은 미국의 동아태지역 핵심 군사기지로서 평양에서 3,400킬로미터 거리에 있는 괌을 타격할 수 있는 중장거리급 탄도미사일IRBM 시험발사에 두 차례 성공하고, 9월 3일에는 수소폭탄 실험에 성공했다. 또한 미국도 도달할 사거리를 가진 것으로 평가된 대륙간탄도미사일ICBM의 시험발사도 세 차례 성공했다. 2017년 11월 29일 대륙간탄도미사일 화성-15형의 발사에 성공한 후 김정은 국무위원장은 '국가핵무력 완성'을 선포한다. 이와 함께 한반도의 전쟁 위기는 고도화되었고, 한미동맹에 의한 선제타격론과 참수작전론이 절정에 달했다. 아이러니한 것은 선제타격도 참수작전도 더욱 실행불가능해진 잠꼬대가 된 상황에서 그러했다는 점이다. 선제타격론이 잠꼬대라 하더라도 핵무기 탑재가 가능한 미국의 전략무기들이 대규모로 한반도 주변을 배회하는 조건에서는 전쟁 위기가 일상화될 수밖에 없다. 상호 오인과 오판 가능성이 높아져 누구도 실제는 원하지 않는 전쟁의 참화가 벌어질 가능성이 높아질 수밖에 없기 때문이다.

북한 핵문제의 평화적 해법은 사실상 중국이 수년 전부터 제기해온 정식화에도 담겨 있었다. 다만 한미동맹이 2017년 말까지도 거부하고 있었을 뿐이다. 그 비근한 예가 중국 외교부장 왕이王毅가 2017년 3월 한반도 평화의 장기적인 근본 해결책半島长 治久安的根本之策으로 "쌍궤병행"双轨并 行을 제시한 것이었다. 쌍궤병행은 한반도 비핵화 실현을 한반도 평화체제와 결합해 추진한다는 발상을 가리킨다. 왕이는 또한 그 출발점으로서 "쌍잠정"双暂停(쌍중단)을 제안했다.(人民网, 2017.3.9.) 북한은 추가적인 핵과 미사일 활동을 중단하고 대신 미국과 한국도 대규모 군사훈련을 동시에 중단하는 것이었다. 양측이 대등하게同步对 等地 해결에 임해야 한다는 것을 뜻했다. 왕이의 제안은 쌍잠정과 쌍궤병행을 한 세트로 묶어 정식화한 해법을 제시한 데 그 의미가 있었다.

한반도에 봄이 오려면 그러한 "쌍잠정＋쌍궤병행"의 정식에 미국이 동의해야만 했다. 그 전제조건은 말할 것도 없이 북한 지도부가 '핵·경제 병진 노선'을 철회하고 비핵화 의지를 천명하는 일이었다. 북한의 '비핵화 의지 표명'은 남북관계-북미관계 변화 그리고 북중관계 복원, 이 모든 것의 결정적 전제조건이라고 할 수 있었다. 2018년 3월 5일 김정은 위원장은 평양을 방문한 정의용 특사단에게 "비핵화는 선대의 유훈"이라며 비핵화 의지를 천명하기에 이른다. 그 결과가 2018년 4월 27일 남북 정상의 판문점 선언, 그리고 6월 12일 북미 정상 간의 싱가포르 공동선언이었다. 이 두 선언은 "평화협정체제의 구성을 통한 북한 비핵화 구현"이라는 방법론에 한국과 미국의 정상들이 각각 공식 동의한 문서였다. 이것은 당시로서는 한반도 정세의 대전환이라 할 만한 것이었다. 이 전환은 어떻게 왔는가.

3. 변화의 동력 : 행위자 속성 변수들major actor variables

변화의 근본적 동력은 한반도 문제의 핵심 행위자들의 내적인 속성 및 조건의 변화에서 기인했다. 행위자 속성 변수들이라고 일컬을 수 있는 것들이다. 이 변수들은 서로 상호작용하면서 북한과 미국을 '평화협정체제 구성을 통한 비핵화'라는 틀에 동의하도록 이끌어내는 동력으로 작용했다. 첫째 변수는 북한의 핵무장 완성이었다. 이것은 힘의 균형에 변동을 일으키면서 심대한 정치심리적 충격을 주었다. 둘째, 한국이란 핵심 행위자의 속성에 발생한 변수였다. 한국에서 진행된 진보적 정권교체가 그것이다. 이 변동은 균형외교를 가능하게 했으며, 이로써 남·북·미, 한·미·중 사이의 새로운 상호작용의 구조를 만들어냈다. 셋째, 북한이 처한 경제적 조건이다. 핵무장 완성을 통한 자위적 안보수단의 확보 이후 북한 사회와 그 지도부가 지상과제로 삼은 것은 절대 빈곤 국가 극복이었고, 이를 향한 북한의 전 사회적 열망은 그 자체가 중대한 변수가 아닐 수 없다.

2017년 12월 14일 문재인 정부는 한중정상회담을 주도했다. 한국 내외의 보수 정치권과 언론의 강한 비판을 무릅쓰며 강행된 외교적 행보였다. 이 회담에서 나온 한중 공동선언의 제1항은 어떤 이유로든 "한반도 전쟁은 용납할 수 없다"는 것이었다. 마침 그달에 공개된 미국의 「국가안보전략 2017」은 대북 선제타격을 공식화한 상태였다. 한중 공동선언은 당시 트럼프 행정부가 연일 거론한 대북 선제타격론을 단호히 거부한 것을 뜻하였다.

12월 14일 한중정상회담의 또 하나의 근본적 의미는 한국의 진보정권과 중국이 북한 핵문제 해결의 궁극적 방법론으로서 쌍잠정과 쌍궤병행이라는, 즉 평화협정체제 구성에 의한 비핵화라는 대원칙에 공감대를 형성했다는 점이었다. 쌍잠정에 대한 북한 측 동의는 베이징 한중정상회담에서 중국 측이 노력을 약속했을 것이다. 미국을 설득하는 문제는 물론 문제인 대통령이 역할을 맡았을 것이다. 이것이 전제가 되어 12월 19일 문재인 대통령은 평창동계올림픽 기간 한미연합훈련을 중단할 것이라는 선언을 할 수 있었을 것이다. 이것은 이듬해 3월 5일 북한의 비핵화 의지 천명의 가장 중요한 배경이 되었다고 할 수 있다.

북한이 비핵화 의지를 천명하게 된 변화 그 자체도 위에서 제시한 세 가지 행위자 속성 변수들이 함께 작용한 결과였다. 첫째는 핵무력을 완성했기에 비핵화를 천명하게 된 아이러니를 지적할 수 있다. 제품이 완성된 다음에야 그 물건을 갖고 거래와 흥정을 할 수 있다. 미국을 상대로 북한 스스로 정한 목적과 조건에 맞게 비핵화를 협상 테이블에 올려놓을 수 있게 된 것이다. 둘째는 한국 진보정권의 균형외교와 이에 대한 북한의 신뢰였다. 쌍잠정과 쌍궤병행에 의거한 북미 간 협상 촉진의 진실한 중재자로서 한국의 역할에 대한 북한의 신뢰가 성립했던 것이다. 그 구체적인 남북 간 상호작용의 결정적인 계기는 평창동계올림픽 폐막식 즈음인 2월 25~26일 김정은 위원장이 〈노동당〉 부위원장 김영철을 서울에 파견해 두 가지 결정적인 문제에 대한 공감대를 형성한 데 있었다고 믿는다. 하나는 천안함 사태에 대한 것이었고, 다른 하나는 한반도 평화협정체제 구성에 의한 북한 비핵화 진행이라는 대원칙에 대한 공감대였다. 셋째는 북한이 처한 경제적 조건이었다. 절대빈곤이라는 경제적 조건에 더해, 미국의 군사적 압박으로 증대된 전쟁위기와 함께 중국까지도 동참한 경제제재로 극대화된 북한의 경제적 위기감도 간과할 수 없는 북한 비핵화 의지 천명의 배경이었다고 할 것이다.

미국이 (북미정상회담 포함한) 대북 협상에 나선 배경에 있어서도, 첫째는 역시 북한 핵무장 완성이라는 새로운 현실이었다. 북한 핵무장 완성은 '북한 조기붕괴론'을 침몰시켰다. 김정은은 '언제 권력을 잃을지 모르는 미숙한 애송이'에서 '결의에 찬 젊은 지도자'로 미국 언론과 정치권 안팎에서 극적인 인식의 전환이 이루어졌다. 트럼프 행정부 안팎에서 풍미하던 대북 선제타격론의 정치적 타당성도 북한붕괴론의 설득력과 함께 동반 침몰했다. 이런 조건 속에서 마이크 폼페이오 같은 협상파들의 등장이 촉진되었다. 트럼프 대통령은 2018년 3월 존 볼턴과 같은 강경파들을 또한 포진시켰지만 이들의 역할은 최소한 초기에는 그 역할이 조정되는 것처럼 보였다.

둘째는 한국의 단호한 균형외교 행보였다. 이것은 북한에 대한 미국의 군사적 옵션의 현실적 타당성에 심대한 제한을 의미했다. 2005년 콘

돌리자 라이스가 한반도 평화협정을 검토한 명분의 하나는 한국 진보정권이 중국과 함께 미국의 대북전략을 견제하면 미국 혼자 북한에 전쟁전략을 전개할 수는 없다는 딜레마에 있었다. 2018년 봄 트럼프 행정부의 강경파도 같은 딜레마에 빠진 것이었다.

셋째는 북한 김정은 위원장이 핵·경제 병진노선을 공식 폐기하고 경제발전에 대한 전 사회적 공감대를 드러낸 점이었다. 미국은 북한이 처한 경제적 조건을 바라보며 북한의 비핵화 협상 의지가 신뢰할 근거가 있다고 판단했을 것이었다.

넷째로 덧붙인다면, 트럼프의 세계관과 개성을 들 수 있을 것이었다. "기업인 현실주의자 트럼프"라는 점이 그것이다. 그의 현실주의는 가치가 아닌 힘power의 관점에서 국제관계와 대외정책을 사유하는 것이며, 그 중요한 요소로서 힘을 믿고, "힘을 가진 상대를 인정"하는 것이었다. 트럼프의 현실주의는 또한 자원 투입의 경제성에 초민감한 것이었다. 방위비 분담 문제와 연합군사훈련 비용 등에 특히 주목하는 것 등이 그러하였다. 그의 현실주의는 또한 전통적 현실주의와도 거리가 있었다. 이른바 "정치적으로 올바른"Politically Correct 관행적 사유와 행동에서 자유롭다는 점이었다.

한편 이러한 변화의 근본적 동력들은 상황적 변수들에 의해서 그 작용이 촉진될 수도 있고 지체될 수도 있었다. 2018년 봄 평창동계올림픽은 중요한 촉진적 상황 변수로 작용했다. 그것은 앞서 논의한 행위자 내적 속성 변수들과 상호작용하면서 중요한 촉진적 상황 변수로 작용했다. 상황적 조건을 변화의 계기로 활용할 의지를 가진 행위자의 선택과 결합함으로써 변화를 촉진하는 상황 변수facilitating circumstantial variables로 잠재력을 발현한 것이었다. 올림픽은 기존에 항상적恒常的으로 작동하는 국제적 제도와 규범이다. 그 제도가 한반도의 평화에 직접적인 의미를 갖게 된 것은 한반도가 결정적인 전쟁과 평화의 고비에 처한 2018년 초 바로 그 시점에 평창이라는 한국의 영토에서 이 행사가 예정되어 있었다는 역사적 상황이었다. 그 때문에 평창동계올림픽은 중요한 상황적 변수로서 그 역사적 역할을 담당했다.[2] 이 요소는 한국의 균형외교에 국제적 대의와 국내 정치적 명분을 제공했고, 트럼프 행정부의 협상파에게 힘을 실어주었으며, 선제타격을 주장하지만 실행할 수 없는 딜레마에 빠질 수밖에 없는 강경파들에게도 일 보 후퇴의 명분을 제공해주었다.

그 결과가 6·12 싱가포르 북미정상회담 및 공동성명이었다. 이 성명의 의의는 이제 비로소 북한이 미국에게 처벌 대상인 '불량국가'가 아니라 '조약 체결'도 가능한 대화상대로 되었다는 사실이었다. 북미공동성명의 핵심은 그것이 전문前文에서 "새로운 북미관계와 한반도의 지속적이고 굳건한 평화체제a lasting and robust peace regime on the Korean Peninsula의 건설을 앞세운 사실에서 시작한다. 그다음 평화체제의 구체적 내용을 명기했다. "미국의 대북한 안전보장 제공"과 북한의 "한반도의 완전한 비핵화에 대한 확고하고 흔들리지 않는 공약"을 교환하는 것이었다. 이 성명은 이어서 네 개 사항을 명기했다. 그 안에서 제1항은 "새로운 북미관계 구축"을 일차적인 과제로 앞세웠다. 제2항은 "한반도의 항구적이고 안정적인 평화체제"a lasting and stable peace regime가 그러한 새로운 북미관계 구축의 실질적 내용임을 확인하였다. 이를 전제로 하여 이 성명은 제3항에서 "북한이 4·27 남북 정상 간 판문점선언을 재확인하면서 한반도의 완전한 비핵화를 향해 노력할 것을 공약"했다. 요컨대 이 공동성명의 요점인 "평화체제" 건설을 통한 북

---

2. 구갑우 교수는 2018 평창동계올림픽에 '평창 임시평화체제'라는 이름을 붙였다. 구 교수는 그렇게 함으로써 평창올림픽에 더 큰 인과적 역할을 부여한 것으로 이해할 수 있다(구갑우, 2018).

한 비핵화 실현이라는 큰 틀에 미국 대통령이 동의한 것을 의미했다.

북미 간 6·12 선언이 "평화협정 체결을 통한 북한 비핵화"라는 대원칙에 대한 트럼프 행정부의 동의였음을 말해주는 증거는 또 하나 있다. 2018년 5월 27일 미 상원의 한 청문회에서 국무장관 마이크 폼페이오의 증언이 그것이다 : "김정은과 나는 우리가 그에게 어떤 보장들을 해줄 것인지에 대해 얘기했다. 북한의 비핵화에 대해서 영구적이고, 불가역적이며, 검증 가능할 것을 우리가 요구하듯이 우리가 북한에 제공할 보장들 역시 마찬가지 조건을 갖추어야 되는 것은 명백하다. 그래서 우리 계획은 협정을 타결해서 미국 상원에 회부하는 것이다. 그게 우리 목표다.[3] 김정은이 이해하는 6·12 공동선언의 요체는 2019년 1월 1일 신년사에서 밝힌 그의 발언에서 되짚어볼 수 있다 : "6·12 조미(북미)공동성명에서 천명한 대로 새 세기 요구에 맞는 두 나라 사이의 새로운 관계를 수립하고 조선반도(한반도)에 항구적이며 공고한 평화체제를 구축하고 완전한 비핵화에로 나가려는 것은 우리 당과 공화국 정부의 불변한 입장이며 나의 확고한 의지입니다."

4. 6·12 이후 북미 협상 교착과 그 원인

6·12 북미정상선언 이후 수개월간 북미협상에서 최대 이슈는 핵 리스트를 신고하고, 나아가 핵무기와 탄도미사일을 먼저 제거하는 가시적인

---

3. 2018년 5월 27일 미 상원의 한 청문회에서의 마이크 폼페이오의 증언 : "He (Kim Jung Un) and I spoke about what assurances we are going to provide to him. These assurances would clearly have to be capable in the same way we are demanding him permanent, irreversible, verifiable denuclearization. It is our intention to achieve an agreement that would be put before the United States Senate. It's our goal."

조치를tangible steps 취할 것을 요구하는 데 있었다. 북한이 핵무력을 (일부라도) 먼저 내놓는, 이른바 '프런트 로딩' 조치를 취할 것을 미국이 요구한 것으로 알려져 있다. 그런데 이처럼 미국은 북한에게 일정한 비핵화 선행 조치들을 요구하면서도 그에 상응한다고 북한이 판단할 만한 조치들에는 부정적이었다. 선先 비핵화 요구라는 과거 패턴으로 복귀한 것이라 할 수 있었다. 6·12 싱가포르선언을 무효화하는 것에 다름 아니었다. 북한은 이를 "강도적 행태"ganster-like behavior라며 미국의 요구를 거부했는데, 이는 결코 예기치 않은 일이 아니었다.

이 과정에서 '종전선언'이 중요한 이슈로 떠올랐다. 종전선언은 적대 관계의 선언적 청산으로서 평화협정 교섭의 전단계라 할 수 있다. 그래서 긍정적으로 교환되면 외교관계 개선과 경제 제재 일부 해제의 근거가 될 수 있었다. 그런데 미국은 여기에 소극적이거나 부정적이었다. 미국이 소극적인 이유에 대해 『뉴욕타임스』가 분석한 것을 보면, 우선 미국의 당시 입장은 북한이 최소한 핵무기와 핵시설 그리고 미사일 리스트를 제출하지 않는 한 종전선언은 없다는 것이었다. 만일 종전선언에 응할 경우 트럼프 행정부 안의 강경파와 특히 군부 인사들은 주한미군을 포함한 동아시아 미 군사력의 위상과 명분이 약화될 것을 우려한다고 했다. 이는 "미국의 패권 대전략"에 관계되는 문제라고 보았다. 또한 한국 진보정권이 종전선언을 계기로 한미동맹과 주한미군의 지위 약화를 추구할 가능성도 우려한다고 했다. 이 언론에 따르면, 존 볼턴과 짐 매티스 국방장관이 종전선언에 가장 반대하고 있었다. 이들 강경파는 설사 북한이 핵리스트 제출에 응해도 "종전선언 전에" 엄격한 검증을 먼저 해야 한다고 주장하고 있다는 것이었다. 2002년 국무부의 군축 담당 차관으로서 북한과의 〈제네바합의〉를 공식 파기하는 데 중요한 역할을 하였고 그 바람에 북한 핵무장이 본격화되었다는 것 때문에 북한 정부 인사들 사이에서 볼턴은 "자기네들 핵무기의 아버지"the father of their nuclear program로 통한다.(Wit & Town, 2019.2.28.) 볼턴은 6·12 싱가포르선언까지는 방해하지 않았지만 그 선언이 담고 있는 새로운 대원칙의 실천을 가로막는 데 이미 다시 힘을 발휘하고 있었던 셈이다.[4]

미국이 6·12 선언의 대원칙에 충실한다면, 북한 비핵화는 평화협정으로 해결해야 할 일이었다. 그러나 평화협정 협상은 시작하지도 않은 채, 종전선언에 과대한 의미를 부여하면서 그것마저 "쉽게 내주어선 안 되는 것"으로 되어가고 있었다. 정치적 선언에 불과한 종전선언이라는 것을 하나의 중요한 단계로 격상시키고 그것을 평화협정 협상과 분리한 다음, 종전선언을 빌미로 북한의 비핵화 선행조치를 요구하는 모양새였다. 종전선언을 한미연합훈련 재개 위협과 엮어서 그 대가로 북한의 비핵화 선행조치들을 확보하기 위한 협상 수단으로 최대한 활용하는 "살라미 전술"을 구사하는 것으로 볼 수 있었다. 2018년 10월 6일 폼페이오가 그의 4차 방북 직전 일본에서 평화협정에 관한 입장을 밝혔다. "최종적, 검증 가능한, 불가역적 비핵화FVID가 완수되면 평화협정이 가능하다"는 것이었다.(SBS 뉴스 보도, 2018.10.6.) 이것은 6·12 싱가포르 북미공동성명의 정신을 정면으로 부정하고 무효화하는 발언이라고 할 수 있었다. 같은 무렵 북한 공식 매체는 "종전선언은 비핵화 흥정수단이 될 수 없다"고 선언하고 있었다.(Talmadge, 2018.10.2.)

2018년 9월 평양에서의 남북정상회담 직전에 미국 언론 CNN의 보도는 유의할 대목이 있었다. 이 언론과 인터뷰한 미국의 한 전문가는 "북한

---

4. 2018년 3월 트럼프 대통령이 존 볼턴을 국가안보보좌관에 임명했을 때, 『뉴욕타임스』는 사설을 통해서 강하게 비판한 바 있다(The Editorial Board, 2018.3.23.).

의 비핵화 의도에 관해 남한에서 나오는 모든 이야기는 핀트를 벗어나 있다."All the talks from South Korea about North Korean plans to denuclearize miss the point 고 말했다. 이 전문가에 따르면 미국이 실질적인 평화협정 협상을 회피하며 살라미전략을 구사하는 상황에서는, "북한이 이런 저런 작은 것들small things을 요구하는 협상을 할 수는 있지만, 북한이 사실상 비핵화 자체의 대가로 요구하는 것의 핵심은 평화조약a peace treaty이기 때문"이라는 것이다. 그는 "북한 비핵화를 위한 실질적 협상을 위해서는 이제 평화협정에 초점을 맞추어야 한다"고 말함으로써 문제의 정곡을 찔렀다. 미국 언론과 상당수 전문가들의 눈에는, 한국의 문재인 정부는 "평화협정" 문제를 정면으로 돌파하려 하지 않으면서, 그것을 우회하면서도 북한 비핵화를 이끌어낼 수 있다는 환상을 갖고 있거나, 그것이 아니라면 "허언"empty words을 일삼고 있는 것에 다름 아니었다.

2018년 8월 하순 폼페이오의 방북 계획을 트럼프가 취소한 원인이 된 북한 〈노동당〉 부위원장 김영철의 편지가 있었다. CNN 등 미국 언론은 김영철의 편지는 '평화협정' 협상으로 나아가지 않는 데 대한 불만을 토로했다고 지적했다. 반면 폼페이오 방북이 취소된 배경과 관련해 한국 대표 언론 KBS 9시 뉴스를 포함한 한국 언론사들의 보도들은 미국은 비핵화 선행을 요구하는 데 비해서 북한은 "종전선언"이 먼저라고 주장하고 있기 때문이라고 보도했다. 이것은 한국 정부와 함께 언론이 북한 비핵화를 위해서 미국과 한국이 정면으로 직시하고 감당해야 할 문제의 본질이 종전선언이 아니라 평화협정 협상의 본격화라는 사실을 외면하고 은폐하는 것처럼 보일 수 있었다. 4·27 판문점선언에서 "종전선언과 평화협정"을 명시했음에도, 한국 정부가 6·12 공동선언 이후 미국이 후퇴한 이래 "평화협정"이란 개념 자체를 거의 금기시하는 분위기까지도 존재했다고 생각된다. 한국언론은 그러한 정부의 태도를 투영하고 있었다.

5. 2018년 9월 평양정상회담과 그 후의 '평화협정 문제'

2018년 9월 19일 문재인 대통령과 김정은 위원장은 평양선언을 했다. 남북 간 군사적 긴장 해소에 의미 있는 역사적 진전을 이룬 선언이었다. 문제는 그다음이었다. 9월 20일 평양에서 돌아온 직후 문 대통령은 기자 회견에서, "평화협정은 완전한 비핵화 이후의 일"이라고 단호하게 말했다. 이 발언은 문재인 정부가 평화협정에 관해 "선 비핵화"라는 종래의 패턴으로 도돌이표한 것처럼 보이게 만들었고, 평화협정이 들어서야 할 자리를 멀리 뒤로 미루고 그 대신 종전선언을 앞세우는 것처럼 보였다. 그로써 한국 정부는 '종전선언'을 북한의 일정한 실질적 비핵화 조치를 이끌어내는 대가로 인식하는 점에서 미국의 살라미전략에 포박된 것처럼 보이게 되었다. 그럼으로써 문재인 정부는 북한의 실질적 비핵화를 위해 필요한 "평화협정 체제를 통한 비핵화의 비전"을 포기했거나 혹은 처음부터 결여했던 것은 아닌가 하는 북한의 의구심을 유발했을 가능성이 있다.

이에 대한 북한의 반응은 분명했다. 평화체제 구축 이전에 "(북한) 핵 무장의 일방적 해체는 없다"는 것이었다. 평양에서의 남북정상회담과 평양선언이 있은 지 불과 얼마 후인 2018년 9월 29일 리용호 북한 외상이 행한 유엔 총회 연설에서였다. 그는 이 연설에서 "(핵·대륙간탄도미사일 시험 중지와 핵실험장 폭파 등) 북한이 중대한 선의의 조치들을 먼저 취했다. 그럼에도 미국의 상응한 화답을 우리는 보지 못하고 있다"고 주장했다. 또한 "그(핵·탄도미사일) 시험들이 중지된 지 근 1년이 되는 오늘까지 제재 결의들은 해제되거나 완화되기는커녕 토 하나 변한 것이 없다"고 미국을 비판했다. 2018년 8월 남북 철도 공동 조사가 유엔사의 군사분계선MDL 통행 불허로 무산된 것과 관련하여, "유엔군사령부는 북남 사이의 판문점선언의 이행까지 가로막는 심상치 않은 움직임을 보이고 있다"고 지적했다. 그러면서 "(미국은) '선先 비핵화'만을 주장하면서 그를 강압적으로 실현하기 위해 제재 압박 도수를 더욱 높이고 있으며, 심지어 '종전 선언' 발표까지 반대하고 있다"고 주장했다. 아울러 "제재가 우리의 불신을 증폭시키고 있다. 미국에 대한 신뢰가 없이는 우리 국가의 안전에 대한 확신이 있을 수 없다"고 말했다. 그는 결론적으로 "우리가 일방적으로 먼저 핵무장을 해제하는 일은 절대로 있을 수 없다"고 선언했다. 그리고 "미군의 핵 위협도 제거해야 한다"고 주장했다(김진명, 2018.10.1.).

2018년 10월 유럽 순방길에 오른 문재인 대통령은 유엔 안전보장이사회 상임이사국인 프랑스와 영국 정상을 만났을 때, "돌이킬 수 없을 정도의 비핵화 진전"을 대북한 제제 완화의 조건으로 제시했다. 그런가 하면, 10월 18일 프란치스코 교황을 예방한 자리에서 문 대통령은 "종전선언과 평화협정 체결을 위한 한반도 평화 구축"을 언명했다. 그런데 2018년 12월 1일 부에노스아이레스에서 가진 한미정상회담에서 문 대통령은 다시 "완전한 비핵화" 뒤에 대북한 제재 해제를 대원칙으로 재확인했다. "한미 정상이 북한이 완전한 비핵화를 달성하기 전까지는 기존 제재를 유지하는 것이 중요하다는 데 의견을 함께했다"고 하였다.[5] 요컨대 미국을 비롯한 국제사회 및 한국 내 정치권과 국민을 향한 문재인 정부의 공식적인 대북정책 원리는 한편으로 혼란스러운 가운데서, 미국을 향한 공식 정책 천명에서는, 4·27 판문점선언과 6·12 싱가포르선언의 대원칙에서 공식적

---

5. 2018년 12월 1일 청와대 윤영찬 국민소통수석의 부에노스아이레스에서의 언론 브리핑.

으로 후퇴한 상태를 분명히 드러내고 있었다.

그렇다면 평화협정 문제에 관한 문재인 정부의 입장은 결국 무엇일까? 다음 셋 중의 하나일 것이다. 첫째, 4·27 선언의 취지대로 "평화체제 구성을 통한 북한 비핵화"를 내심 원칙으로 간직하면서도, 미국의 변화된 입장과의 직접적인 충돌을 피하고 북미 간 대화 지속과 남북관계 발전을 "실질적으로" 이끌어내는 데 집중하기 위해 고육지책으로서 "표면상 후퇴"한 것일 가능성이다. 둘째, 4·27 판문점선언 당시엔 "평화협정 체제 구축을 통한 비핵화"의 대원칙에 동의했지만, 이후 미국이 6·12 싱가포르 선언에도 불구하고 그 대원칙에서 후퇴하여 "비핵화를 전제한 평화협정" 입장을 고수함에 따라 문재인 정부도 스스로 후퇴하여 평화협정 문제에 관해 미국과 보조를 맞추고 있을 가능성이다. 셋째, 4·27 판문점선언에서 문재인 정부가 합의한 '평화협정'은 애당초 "완전한 비핵화를 전제한 평화협정"이었던 것으로서, 북한의 평화협정 개념에 실제는 동의하지 않았거나 애매한 상태로 두면서 서명했을 가능성이다.

위의 셋 가운데 어느 쪽인가를 한국 정부 주요 인사들의 말과 행동에 비추어 판단하면, 첫째일 가능성은 적어지고, 둘째도 아닌 세 번째일 가능성이 커 보인다. 평화협정에 관한 한국 정부의 인식에서 무엇이 문제인가. 평화협정은 "평화의 결과"가 아니라, "평화를 만들어내기 위한 문서"이며, "평화를 붙들어놓기 위한 제도적 장치"라는 의식이 부재하거나 분명치 않은 데서 생기는 문제이다. 진보 학계까지 포함하여 한국 전문가집단과 지식인사회에서 지배적이었던 사고방식의 결과라 할 수 있다. "평화협정은 평화의 입구가 아니라 출구"일 뿐이라는 사고방식이 광범하게 퍼져 있었다. 그러한 인식의 부작용이 현실화된 것이라고 생각된다.

어느 쪽이든 평화협정의 추진을 통한 북한 비핵화라는 대원칙을 공식적으로 포기함으로써, "안정적 평화체제 구축을 통한 북한의 진정성 있는 비핵화를 이끌어낼 수 있는 가능성"은 멀어져 가고 있다고 하지 않을 수 없었다. 그래서 북한 핵프로그램의 내면적인 진전과 확장의 가능성은 높아지는 것이었다. 문재인 정부가 목표로 하는 평화체제 구성도 남북 관계의 포괄적 진전의 가능성도 멀어지는 것이었다. 포괄적인 호혜적 평화협정 협상은 배제하거나 뒤로 미룬 채, 종전선언 및 "환상적 경제적 미래"fantastic economic future를 앞세운 미국의 살라미 전술을 뒷받침하는 효과가 우려되었다. 북한 비핵화를 위해 미국/한국이 받아들일 준비를 해야 하는 것의 실체가 무엇인가에 대한 인식을 왜곡하고 지연시킬 수 있었다. 문재인 정부의 이러한 평화협정 개념으로는 "평화체제를 통한 비핵화"를 위한 창의적 중재외교는 가능할 수 없었다.

문재인 정부의 '평화협정' 개념의 한계에 직면한 북한의 전략은 우선 평화협정과 비핵화는 북미 협상으로 푼다는 것이라 할 수 있었다. 북한은 평화협정 문제에 대한 문재인 정부 인식의 한계를 직시하고 평화협정 문제는 남한과의 협상 어젠다에서 분리하여 미국과의 협상에서 다룬다는 것이다. 남북대화 어젠다는 북미협상 어젠다에서 분리시킨다. 북미 간 협상에서 남북관계를 분리하여 독립적으로 활용한다. 남한과의 협상에서 주요 어젠다는 남북 간 군사긴장 해소와 남북 경제협력에 한정시킨다는 것이었다. 그런 가운데 북한은 대미 협상 유지와 '핵보유국 지위 확보'라는 두 가지 목표의 동시적 추구 방안을 모색할 가능성이 더 높아졌다. '핵무장 확장 능력' 포기(=영변핵시설 폐기)의 수준, 그리고 대미 타격 가능한 ICBM 폐기에 관한 협상을 수단으로 삼아서 미국의 대북 제재의 일정한 해체를 확보해내고, 기왕의 핵무장 수준은 유지하여 사실상의 핵보유국 지위를 획득하는 노선을 모색할 가능성이 있는 것이었다.

6. 한반도와 북한의 진로 : 세 가지 시나리오

6·12 싱가포르선언의 취지와 행정부 안팎의 강경파들의 북한 비핵화 선행조치론 사이에서, 그리고 트럼프 대통령의 좌충우돌과 보수적인 관료집단의 관성적인 대북정책 패러다임 사이에서 미국 정부의 대북 정책이 진동하고 있다. 이러한 상황에서 북한이 향후 선택하게 될, 또는 선택하지 않을 수 없는 진로는 어떤 것들이 있을 수 있는가.

북한은 어떤 길을 가게 될 것인가. 이 질문을 던지고 답하는 데에 있어서도 역시 본질주의적 설명을 경계하고 상호작용주의적 시각에서 바라볼 필요가 있다. 북한은 어떤 경우에도 핵무장을 유지하거나 확대하는 노선을 갈 것이라는 본질주의적 비관론이나 북한은 전적으로 비핵화를 준비하고 있다든가 하는 낙관론은 그 어느 것도 정확한 것이 아니며 현명하지도 않다고 생각된다. 북한이 앞으로 어떤 길을 걸을 것인가는 다른 무엇보다도 한미동맹이 북한과 어떻게 상호작용하는가에 의해서 판가름날 것이다. 그런 관점에서 향후 북한이 어떤 길을 갈 것인가는 역사적으로 열린 문제라고 생각되며, 북한의 선택지는 크게 세 가지로 대별할 수 있다고 생각한다.

(1) 안정적인 평화체제 : 조약 형태의 평화협정에 의한 한반도 평화체제 구축

북한이 4·27 판문점선언과 6·12 싱가포르 북미정상 공동선언 성립으로 기대한 최고치는 물론 쌍잠정(쌍중단) 상태를 출발점으로 삼아서, 북한의 핵리스트 제출 등 비핵화 초기조치들을 모두 평화협정 협상의 대상으로 삼아 북한 비핵화와 미국의 대북 안전보장 및 경제 제재 해제의 일정표를 '일괄 타결, 단계적 실천'을 골자로 한 동시 행동의 원칙에 따라 맞교환하는 평화협정을 체결해서 그 일정표에 따라서 비핵화를 진행하는 것이다.

이 경우의 평화협정은 미 의회가 조약으로서 비준함으로써 초당적 지속가능성이 확보되는 것을 말한다. 2018년 말까지 이러한 평화협정이 타결되어 미 의회의 비준을 획득하게 된다면, 지난 9월 5일 2차 정의용 특사단에게 김정은 위원장이 밝힌 희망처럼 평화협정의 이행에 의해서 북한 비핵화와 미국의 대북 안전보장을 불가역적인 것으로 공고히 하는 과정을 트럼프 행정부 1기 임기 안에 마무리 짓는 것도 불가능하지는 않을 것이다.

미국 트럼프 행정부 안팎의 대북 정책이 6·12 싱가포르선언을 존중하는 것으로 정리되어 일관성을 띠게 될 경우에 가능한 북한의 진로이다.

이 경우 북한으로서는 위험대비책hedging against risk의 유혹이 크지 않게 된다. 따라서 북한으로서도 진정한 비핵화 의지를 유지할 가능성이 높다.

한반도 평화체제 속에서 비핵화가 실현되면 동아시아 공동안보 질서 구축의 기반이 된다. 6자회담의 역할을 통해서 동북아시아 비핵무기지대 Nuclear Weapon-Free Zone in Northeast Asia의 구축도 그 가능성이 열린다. 한반도 비핵화와 일본의 비핵3원칙을 제도화하여 한반도와 일본 열도를 핵무기 개발 경쟁에서 자유로운 비핵무기지대로 묶는 것을 가리키는 동북아시아 비핵무기지대 건설은 또한 이 지역에서 미·중·러 3대 핵보유국들의 핵군비경쟁과 핵의 군사적 역할을 제한하고 축소시킬 수 있는 장치이다. 동아시아 공동안보 질서 구성의 일차적인 어젠다이자 그 시금석이 될 것이다.[6]

한미동맹과 북중동맹은 북한의 대외 경제 및 외교관계가 정상화되고 북한 비핵화를 포함한 평화협정 이행이 완료되는 시점에서 동시에 해소

---

6. 이삼성·우메바야시 히로미치 외, 2005 ; 우메바야시 히로미치, 2014 ; 이삼성, 2018, 15장 '대분단체제 너머의 동아시아를 위해'(805~880쪽, 특히 831~851쪽).

될 가능성도 열릴 것이다. 그러나 이런 조건에서도 한미동맹과 주한미군이 북중동맹과 함께 잔존할 가능성을 배제할 필요는 없다. 다만 한반도 평화체제가 구성되는 상황에서는 전시작전권이 한국에 완전히 회수되는 가운데, 주한미군의 동아시아적인 광역적 역할을 의미하는 전략적 유연성은 폐기될 것이다. 그런 조건에서 한미동맹이나 주한미군에 대한 미국의 유지 의사가 사라질 것이란 주장도 가능하다. 하지만 미국은 자신의 동아시아 전략의 주축인 미일동맹의 안정성과 한반도의 미래에 대한 일정한 통제력을 유지하는 데 깊은 이해관계를 갖고 있다. 따라서 한국 내 정치적 조건이 지속되는 한 미국도 동맹과 적어도 상징 수준의 주한미군을 유지할 가능성은 배제할 수 없다고 생각된다.

(2) 불안정한 평화체제 : 조약이 아닌 일련의 행정협정에 의한 평화체제 구성

미국 정부 안에서 6·12 싱가포르선언의 대원칙에 대한 일관성 있는 합의가 존재하지 않는다면, 미국 정치권 전체에서도 초당적인 비준을 기대할 수 있는 조약 형태의 평화협정을 기대하기는 어렵다. 이 경우 트럼프 행정부는 북한에 대해 평화체제에 의한 북한 비핵화라는 원칙을 존중하여 평화협정을 체결하는 데는 성공한다 하더라도, 그것을 미 의회에 상정하여 상원의 비준을 얻어내는 것을 포기할 가능성이 높다. 행정협정executive agreement으로 만족하게 될 것이다.

1994년 민주당 클린턴 행정부가 북한과 체결한 〈제네바합의〉는 의회를 장악한 공화당의 사보타주 속에서 표류하다가 공화당 정권으로 바뀐 후인 2002년 결국 미국에 의해서 파기되었다. 2015년 7월 14일 이란이 미국 오바마 행정부와 체결한 '이란 핵협정'은 2018년 5월 초 트럼프 공화당 정권에 의해서 폐기되었다. 둘 모두 의회의 초당적 비준을 받은 조약이 아닌 행정협정에 불과했다. 이 두 협정들은 지난 수십 년간 미국이 핵 프로그램을 가진 반미적인 약소국가들의 비핵화를 위해 이 나라들과 미국이 맺은 대표적인 '비핵화 협정'들이었다. 그런데 이 둘 모두 결국엔 미국에 의해 폐기되었다. 북한은 행정협정이라도 차선책으로 수용할 수밖에 없겠지만, 이런 협정체제는 북한에게는 '불안정한 평화체제'일 수밖에 없다.

불안정한 평화체제에서 북한의 선택은 조약에 근거한 안정적 평화체제에서와는 다른 행동과 선택을 할 가능성이 높아진다. 미국 또한 좀 더 쉽게 북한에 대해 협정 폐기를 위협할 수 있으며, 정권이 바뀔 경우에 그렇게 할 가능성은 더 높아진다.

북한으로선 자신이 비핵화 일정을 지키더라도 미국이 정치적 지형의 변화로 협정을 파기할 위험성이 상존하므로, 위험 대비책hedging against risk을 개발할 유인誘因이 커진다. 그만큼 상호 불신 속에서 협정 이행 자체가 좌초할 가능성이 적지 않다. 이로 인해 1994년 〈제네바합의〉 이후 그것이 마침내 폐기될 때까지 그러했던 것처럼 북미 사이의 군사적 긴장은 재연되기 쉽다. 그러한 상황은 북한으로 하여금 헷징hedging의 유혹을 강화시키고, 그러한 의심은 미국으로 하여금 북한을 더욱 불신하게 만들 수 있다.

이런 수준의 평화체제에서는 동북아시아 비핵지대 모색 등 동아시아 공동안보의 실현은 어려울 것이다.

또한 불안정한 평화체제에서는 한미동맹과 주한미군은 북중동맹과 함께 한국과 북한의 안보체제의 중심으로 남을 가능성이 높다.

미국은 군사적 위기의 지속이 내포한 장단점과 안정적인 평화체제가 미국의 동아시아전략에서 가질 수 있는 장단점을 두고 고민하다가 그 절충 내지 타협으로서 '불안정한 평화체제'를 선택할 가능성이 있다. 미국 내 강온파의 대립의 결과로서 혹은 강온파 간의 '견제와 균형'의 결과로서 '불안정한 평화체제'가 도출될 가능성이 있는 것이다.

(3) 미국의 군사적 압박 속에서의 북한 핵무장 강화

미국이 북한에 대해 외교관계 정상화를 포함한 실질적인 대북한 안전 보장과 경제관계 정상화를 담은 상응하는 일정표를 동시적으로 제시함이 없이 북한의 비대칭적인 비핵화 일정만을 일방적으로 재촉하는 상태가 지속되면, 북한은 미국과의 평화협상에 더 이상 연연하지 않게 된다. 비록 외견상 대화 국면을 이어가기 위해 노력하더라도 실질적으로는 핵무장 유지와 확대를 꾀하는 행동을 하게 될 것이다. 그것은 미국의 의심과 불신을 심화시키게 되고, 그 결과 북미 평화협상은 실종될 수 있다. 그 상황은 다시 북한으로 하여금 본격적인 핵무장 확대를 선택하게 만들 것이다.

2018년 9월 초순 현재 미국이 평화협정 협상에 본격 응하고 있지 않음에 따라, 북한은 종전선언이라도 확보함으로써 미국의 군사적 위협을 억지하는 가운데 유엔의 대북한 경제 제재의 부분적인 완화라도 확보하려고 노력하고 있다. 다만, 한국 균형외교 지속 남북정상회담, 남북연락사무소 개소 등의 진전이 희망의 일차적 근거가 되고 있다.

그러나 6·12 싱가포르선언에도 불구하고 이후 트럼프 행정부가 보여온 비일관성은 북한이 미국을 신뢰해야 할 이유를 부단히 축소시켜왔다. 이런 상태가 지속된다면 북한이 의존할 것은 1) 북한의 핵무장 상태; 2) 2018년 3월 5일 김정은 위원장의 비핵화 의지 천명 후 복원된 북중관계; 3) 6·12 싱가포르선언으로 미국 대통령이 국제사회에 공식 천명한 '평화체제에 의한 북한 비핵화'라는 대원칙이 될 것이다. 북한과 함께 중국과 러시아는 6·12 싱가포르선언에 따른 평화협상의 실패 책임을 북한이 아닌 미국에게 묻게 될 것이다. 이로써 유엔 대북 제재 이행에 저항할 수 있는 국제적 명분을 얻을 수 있다.

이러한 상황에서 북한은 핵무장을 은밀하게 강화하는 쪽으로 나아갈 수밖에 없다. 동창리 엔진시험장은 폐쇄했다고 하지만, 엔진시험장을 다시 건설하는 것도 불가능하지 않다. 굳이 그것을 재건하지 않더라도 북한은 이미 완성된 중장거리 미사일등과 신형 장사정포 대량생산을 지속함으로써 적어도 한반도와 그 주변에서 한미동맹 군사력을 상대로 (한국과 일본, 그리고 오키나와와 괌을 인질로 삼는) '공포의 균형'을 강화하는 길을 걸어갈 수 있다. 그럼으로써 미국도 북한도 원하지 않는 전쟁의 위험성은 증가할 것이다. 하지만 북한은 북한의 안전과 경제 관계 정상화가 동시적으로 보장되지 않는 북한의 일방적인 비핵화 조치들을 압박하는 협상에 응하기보다는 공포의 균형을 선택하게 될 것이다.

7. 2019년 2월 하노이 제2차 북미정상회담을 앞둔 시점에서

1994~2018년 기간에 북미 간 성립한 합의와 그 성격을 돌이켜볼 필요가 있다. 1994년 〈제네바합의〉, 2005년 9·19 선언, 2007년 2·13 합의, 그리고 2018년 6·12 싱가포르선언이 있다. 이들 합의 유형은 모두 일괄타결 및 단계적인 동시적 실천의 틀을 담고 있다고 할 수 있다. 북한은 어떤 상황에서도 미국의 대북한 안전보장과 제재 해제 이전에 먼저 실질적 비핵화를 진행하는 합의에 응한 적이 없다는 점은 분명하다. 한편 이들 합의의 공통된 한계는 미국의 행정부 수준의 협정 내지 합의executive agreement에 불과하다는 점이었다. 미국 정치권의 초당적 합의에 기초한 제도적 보장이 결여되어 있다. 동시적 행동의 원칙을 천명하거나 내포했지만, 구체적인 실행의 일정표를 결여하고 있던 것 또한 공통된 특징이었다고 할 수

있다.

이러한 합의들의 운명 역시 공통적이었다. 〈제네바합의〉는 미국 내 정권교체에 의해 파기된다. 9·19 공동선언은 미국의 동일 행정부 자신에 의해 번복된다. 2·13 합의는 북한 핵실험 이후, 북한의 판단에 의해 파기된 것으로 볼 수 있다. 한편 2018년의 6·12 싱가포르선언은 현재 진행형이지만 "미국의 동일 행정부 자신에 의한 번복"의 성격을 내포하고 있다.

이렇게 과거 북미 합의의 역사에서 유추 가능한 향후 북한이 응할 비핵화 합의의 요건은 다음과 같았다고 요약할 수 있다. 첫째는 일괄타결이다. 미국과 북한 각자의 핵심 요구 사안들의 포괄적 동시적 교환이자 단계적인 동시적 실천에 관한 합의이다. 둘째는 미국의 초당적 합의에 의한 제도적 보장이다. 미 의회의 비준을 받는 조약 형태의 평화협정을 의미한다. 셋째는 동시적 교환과 실천에 관한 구체적 일정표를 담는 것이다. 북한이 핵무장 완성 이후에 응할 '비핵화 합의'가 성립하기 위해서는 위의 조건은 절대 불가결하다고 할 것이다.

그런데 여기서 유의할 점은 북한이 원하는 일괄타결은 미국의 요구가 비대칭적으로 과도한 형태가 아닌 "호혜적, 대칭적 일괄타결"이라는 점이다. 만일 북한이 포괄적 일괄타결이 아닌, 9월 남북정상의 평양회담에서 김정은 위원장이 언급한 영변핵시설 폐기를 카드로 미국의 대북 제재 일부 해제를 교환하는 협상 시도를 한다면, 그것은 6·12 싱가포르선언 이후 미국과 한국의 '평화협정' 관련 개념적 한계에 직면하면서, "북한이 안심하고 비핵화를 진행할 수 있을 조약으로서의 형식과 내용을 갖춘 대칭적 일괄타결"로서의 평화협정 가능성에 비관적이 되었기 때문일 수 있다는 점을 유의해야 한다. 즉 6·12 싱가포르선언 이후 북한의 비핵화 협상 전략과 태도는 미국의 후퇴와 한국의 평화협정 개념의 한계라는 새로운 현실에 직면하여 김정은 위원장을 포함한 북한 최고 지도부에서 중요한 변화가 일어났을 수 있다는 것이다.

그 결과 문재인 정부의 "비핵화 협상 중재자 또는 운전자" 역할에 한계가 있을 수밖에 없었다. 비핵화 문제에 관해 한국 정부는 자신의 역할을 근본적으로 제한한 것이었다. 북한의 관점에서 비핵화는 평화협정 체제 구축을 통해서만이 실질적 진전이 가능했다. 평화협정을 견인하여 북한 비핵화를 이룩하는 협상과정에서 한국은 역할을 포기한 것이다. 다만, 한국은 남북관계 발전을 견인함으로서 미국의 대북한 전쟁불사 정책을 견제하고 제한하는 역할을 수행할 수 있을 것이었다. 그럼으로써 북미 협상 국면을 가능한 한 유지시키는 역할은 가능하다고 할 수 있었다.

2018년 7월 이후 한국외교의 핵심 문제와 숙제는 한국이 미국 내 강경파의 노선에 대한 적극적 견제 노력을 회피하고 그에 사실상 동조_{同調}한 데 있었다. 그렇게 함으로써 당장은 한미간 공조 유지라는 장점을 누릴 수 있었다. 한미 간 마찰 표면화를 최소화할 수 있었다. 그리고 국내 보수 세력의 공세와 남남갈등을 억제하는 데도 도움이 되었을 것이다. 반면에, 북한 핵문제의 근본적 해결의 주요 행위자 역할을 포기한 셈이었다. 북한의 핵보유국화를 받아들인 것이라면 문제가 없다. 그러나 북한 비핵화를 원하면서 그렇게 행동한다면 심각한 문제가 아닐 수 없다. 미국은 여전히 "북한 비핵화 달성 후 평화협정"이라는 "여전히 정치적으로 올바른 틀의 한계"를 벗어나지 않음으로써 북미 간 평행선을 유지하였다. 북미가 평행선을 벗어나 합류할 지점을 만들어내는 것이 필요했다. 그 하나는 북미 모두 윈-윈하는 지점이라고 해야 할 "호혜적이고 대칭적인 포괄적 일괄타결", 결국 평화협정 협상의 비전을 한국 정부가 지혜로운 방식으로 외교적 공론화를 하는 것이었다.[7]

8. 하노이 2차 북미정상회담과 그 실패의 구도

2019년 2월 27~28일에 하노이에서 개최된 북미 정상회담은 일반의 예상과 달리 어떤 합의도 낳지 못하고 결렬로 막이 내렸다. 합의 실패와 관련해 두 가지 가닥의 협상 구도가 드러났다. 하나는 트럼프도 밝힌 것과 같이, 미국은 북한에게 "영변핵시설과 알파(영변외 핵시설)의 폐기"를 요구하고, 미국은 대북한 제재를 해제하는 문제를 두고 벌인 협상이다. 다른 하나는 존 볼턴 국가안보보좌관이 추가적으로 밝힌 것으로서, 미국은 북한에게 핵무기뿐 아니라 생화학무기와 미사일을 포함한 모든 "대량살상무기"WMD, Weapons of Mass Destruction를 대상으로 한 포괄적 일괄타결"을 요구하였고, 대신 "엄청난 경제적 미래"를 북한에게 약속했다는 말에서 유추할 수 있는 이른바 '빅딜' 협상틀이다.[8]

여기서 볼턴이 말한 협상틀을 '일괄타결 방식'으로 본다 해도, 그것은 북한 관점에서 평화적 해결을 위한 "호혜적/대칭적 일괄타결"이 아닌 것은 분명해 보인다. "비대칭적 일괄타결"의 한 형태거나, 일괄타결이되 북한이 이행할 비핵화 일정과 미국이 그에 보상하는 의무 이행의 순서가 사실상 북한이 먼저 비핵화를 이행하면 미국이 그것을 평가해서 북한이 원

---

7. 2019년 1월 1일 김정은 신년사의 핵심을 한 미국 언론이 파악한 것을 보면, 그 실체는 결국 평화조약의 문제였다. Sanger, 2019.1.1.

8. 2017년 12월 공개된 트럼프 행정부의 '국가안보전략' 문건은 북한이 생물무기를 개발하고 있다고 주장했다. 북한은 이에 대해 대북한 제재를 정당화하기 위한 또 하나의 음해라며 반발했다. 한국 국방부는 북한이 화학무기를 4,500톤 정도 보유한 것으로 주장해왔고, 2018년 2월 미 국무부는 김정남 암살 사건을 근거로 북한이 화학무기를 개발 보유하고 있다고 발표했다. 그러나 『뉴스위크』 등 외신들이 지적하듯, 북한이 무기급 화학무기를 대량생산해 보유하고 있는지는 정확한 근거가 확보되지 않은 상태이다. 〈랜드(RAND)연구소〉가 2018년 1월 발행한 보고서도 북한의 생화학무기 보유를 주장하지만, 정보 부족으로 확실한 근거를 제시할 수 없음을 시인하기도 했다.

하는 바를 제공한다는 식의 "비핵화 선행"을 요구하는 것이었을 가능성이 농후해 보인다. 그렇다면 이것은 핵문제의 평화적 해법으로서의 대칭적 일괄타결이 아니라, 북한의 선 비핵화를 향한 전방위 압박외교로의 복귀를 말하는 것에 다름 아닌 것이 된다.

필자가 판단하기에, 북한이 선택할 수 있는 합의의 틀은 기본적으로 다음 두 가지이다.

① 첫 번째 협상틀은 호혜적이며 대칭적인 포괄적 일괄타결이다. 이 협상틀은 모든 것의 포괄적 타결과 단계적 대칭적인 이행 일정표를 담은 것으로서, 북한 비핵화의 단계적 이행과 각 단계마다 북미 외교 및 경제 관계에서 미국의 동시적인 약속이 이행되는 일정표를 담는다. 또한 미국 내 초당적인 비준에 의한 조약의 형태를 취함으로써, 북한이 안심하고 비핵화를 진행할 수 있게 하는 제도적 장치로서의 평화조약을 가리킨다.

② 두 번째 협상틀은 미래 핵(영변 핵물질 생산시설)의 폐기를 카드로 북한에 대한 미국과 유엔의 경제 제재의 주요 부분의 해제를 교환하는 것이다.

2018년 4·27 판문점선언과 6·12 싱가포르선언 때, 북한 김정은 위원장은 호혜적이며 대칭적인 포괄적 일괄타결로서의 ①의 가능성에 희망을 가질 수 있었을 것이다. 그러나 1차 정상회담 후 미국의 태도가 볼턴 등 강경파의 주도 아래 뒤로 후퇴하면서, 김정은은 그 희망을 거의 상실했을 것으로 생각된다. 북한은 대안을 모색해야 했을 것이다. 그 대안으로 북한이 고려할 수 있는 옵션이 ②의 방안이었을 것이라고 본다.

여기서 유의할 점은 ②의 방안의 전제는 ①의 실현 가능성이 비관적인 조건에서 선택한 차선이라는 점이다. 북한이 안심하고 비핵화 의지를 갖고 이행할 수 있게 하는 제도적 장치를 기대하기 힘든 상황에서 북한이 당면한 경제 제재의 일부 해제나마 모색하고자 할 때 북한이 취할 수 있는 협상틀인 것이다. 북한이 적어도 기존에 이미 만들어진 핵무기를 유지하면서 영변 핵시설 폐기만을 협상 대상으로 삼고 있다는 의심도 물론 가능하지만, 그러한 의심이 정당화되려면 미국이 북한에 제안했다는 '빅딜'이 내용상으로는 과거와 같은 '북한 비핵화 선행'을 조건으로 하는 비대칭적 일괄타결 방식이 아니라, 그 내용과 이행 절차에서 북한이 안심하고 받아들일 수 있는 수준의 단계적 동시 행동의 원칙을 반영한 '호혜적이며 대칭적인 포괄적 일괄타결로서의 평화조약'임에도 불구하고 북한이 이를 거부했다는 분명한 근거가 있어야 한다. 그러나 하노이 북미정상회담 과정에서 미국은 이 점을 명확히 드러내지 못했다.

2018년 6·12 싱가포르선언 이후 2019년 2월 말의 하노이 회담 직전까지 미국이 드러낸 대북 외교는 볼턴 등 강경파가 주도권을 가진 가운데 북한의 실질적 비핵화 조치 선행先行을 요구하는 양상에서 벗어나지 않음으로써 북한에게 대칭적인 평화조약을 통한 평화적 해결에 희망을 버리게 만드는 것에 가까웠다. 그리고 하노이 회담에서는 ①의 대칭적인 평화조약 가능성에 대한 기대를 버린 북한이 영변 핵시설 폐기를 대가로 중요한 제재 해재를 요구하고 나서자, 미국은 한편으로 영변 핵시설 외의 미국이 의심하는 추가 핵시설의 동시 폐기를 요구했고, 북한이 이를 거부하자 볼턴 등 강경파들이 심지어 생화학무기까지 거론하며 그것을 '포괄적 빅딜'로 포장했던 것이라고 해석할 수 있다.

북한으로선 6·12 이후 트럼프 행정부가 그 선언에서 천명된 대원칙, 즉 "평화체제 구축을 통한 비핵화"라는 틀로부터 후퇴한 상태가 반년 이상 지속된 상황에서 ①의 포괄적인 평화조약에 대한 미국의 전향적 자세를 기대할 수 없었고, 이런 상태에서는 일단 영변 핵 포기를 협상 대상으로 삼아 그 대가로 일정한 경제 해재를 얻고자 했을 것이다. 이런 조건에서 북한이 영변 핵 이외의 미국이 의심하는 핵시설까지 신고하고 폐기를 약속하는 이른바 '플러스알파'라는 미국의 요구에 응하기를 기대할 수는 없는 일이었다. 미국이 포괄적인 대칭적 평화조약의 협상틀을 수용하지 않는 한, 북한의 옵션은 사실상의 핵보유국 지위 유지를 모색하는 것을 전제한 지엽적 협상과 교환에 한정할 수밖에 없게 되는 것이다.

북한은 ①에 대한 희망이 사라진 상태에서 ②의 수준에서 비핵화 협상을 할 경우, 미국이 대북한 제재의 핵심부분들을 실질적으로 해제하는 사실상의 전면 해제를 해준다 하더라도 그 대가로 북한이 실행해도 좋다고 판단할 수 있는 비핵화 수준은 영변 핵 폐기와 ICBM 추가실험 포기 정도에 그칠 것이다. 평화조약과 같은, 미국 내 초당적인 법적 구속력있는 제도적 장치로 북미외교 및 경제관계 정상화가 보장되지 않는 한, 미국이 아무리 "환상적인 경제적 미래"fanstastic economic future를 약속한다 해도, 북한이 응할 수 있는 비핵화 수준은 한계가 있을 수밖에 없다는 것을 하노이 회담은 명확히 해주었다고 할 수 있다.

문재인 정부는 4·27 판문점선언까지는 잘 갔다. 그러나 이후 제대로 역할을 하지 못했다. 북핵문제 해결의 기본 틀과 관련해서 스스로 채택한 4·27 선언과 달리 미국 강경파의 프레임에 동조하거나 순응하면서, 북미를 함께 이끌 수 있는 포괄적인 '틀지우는 비전'framing vision을 결여했기 때문이다. 2018년 11월 미 중간선거 직후 트럼프는 기자들을 향해서 이렇게 말했다. "(한국 정부는) 우리가 승인하지 않으면 아무것도 하지 않는다."Without our approval, they do nothing!

2019년 9월 평양 남북정상회담과 평양선언에서 합의된 남북 군사적 긴장 완화와 철도로 연결과 같은 남북관계 개선의 중단기적 로드맵을 구상하고 추진하려 나름 충실하게 노력했다고 할 수 있다. 하지만, 북한이 진정한 비핵화 의지를 유지하게 하고, 미국을 진지한 포괄적 협상에 임하게 이끌 수 있는 진정한 중재 역할을 스스로 포기한 것은 아닌가 하는 의문을 불러일으켜 온 것이 사실이다. 중재를 자임하지만, 중재를 이끌어갈 자신의 비전이 미약하다고 할 수밖에 없다.

앞서 언급한 북한의 선택지 중 ①과 ②에서 모두 한국 정부는 북미관계의 돌파구를 촉진할 수 있는 역할의 동력을 상실하고 구경꾼의 위치로 전락했다. 그 결과가 무엇인지는 하노이 북미회담을 통해서 노정되었다. 한국 정부는 미국이 북한과 포괄적 빅딜의 가능성도 모색하고 있었다는 것을 몰랐다. 그 결과 한국은 북한이 수용 가능한 빅딜의 방식에 대해 미국에 중재할 기회도, 준비도, 능력도 없었다고 말하지 않을 수 없다. 북미가 현실적으로 부분적 교환을 모색하는 경우에도, 그에 대해 한국 정부가 할 수 있는 일은 멀리서 지켜보는 것밖에 없었다.

미국 강경파들에게는 2017년 12월 중국이 동의하여 결정된 강력한 유엔 제재라는 어렵게 확보한 대북 제재 장치로 북한을 압박하는 상태를 유지하는 것이 북한과의 어떤 비핵화 협상보다 더 귀중한 기득권인 것이 분명해 보인다. 그들은 제재 유지를 바탕으로 북한 경제발전을 저지하고 북한 붕괴를 촉진한다는 관념에서 여전히 자유롭지 않다. 2차 북미회담을 앞두고 미 군부 및 정보기관 수장들이 김정은의 비핵화 의지에 대해 부정적인 의견을 공개적으로 밝혔다. 2019년 1월 말, CIA 국장과 DNI(국가정보국장)는 의회 증언에서 "북한은 핵 완전 포기 않을 것"이라는 메시지를 던졌다. 2019년 2월 12일, 필립 데이비슨 인도-태평양지구Indo-Pacific 사령관도 상원 청문회에서 "북한은 핵무기 핵 생산시설 완전 포기하지 않을 것 같다"고 증언했다. 이들은 미국이 6·12 싱가포르선언 후, 그 선언의 대원칙을 무효화함으로써 김정은을 혼란과 "고뇌"에 빠뜨린 점에 대해서는 분명 언급하지 않았을 것이다. 트럼프식 대북 협상에 대해 견제하고 사보타주하는 볼턴을 중심으로 하는 연합전선이 작동한 셈이었다.

볼턴이 2018년 4월 부임한 이후 처음 두어 달은 폼페이오와 트럼프식 협상 전략을 방해하지 않은 것처럼 보였다. 하지만 6·12 공동선언에 따른 평화협정 협상을 차단하는 데 이미 성공하고 있었다. 그때부터 짐 매티스Jim Mattis 국방장관과 볼턴John Bolton이 주요 역할을 했다고 할 수 있다. 하노이 회담에 앞서 볼턴 중심으로 〈백악관-군부-정보기관〉 연합전선이 강화되었던 것이라고 보인다. 트럼프는 국내정치적 위기 국면에서 미국 군부와 연결된 볼턴 등 강경파 연합의 관점에 저항하기 어려웠을 것이라는 판단도 가능하다.

트럼프 행정부 안팎의 강경파 연합전선은 북한 핵문제와 관련해 트럼프식 협상이 계속될 경우 미국의 전통적인 동아시아 전략의 기반이 무너질 것을 크게 우려할 수 있었다. 특히 미일동맹의 동요를 우려했을 것으로 보인다. 향후 관건의 하나는 미국이 또다시 "북한 붕괴 가능성"을 어떻게 평가하느냐이다. 이를 둘러싼 미국 내 강온파 간 논리 경쟁이 있을 것이다. 당분간은 온건파가 유리해 보일 수 있다. 중국 대륙을 60여 시간에 걸쳐 유유히 횡단하며 하노이를 오간 김정은 위원장의 여행 루트는 무엇보다 북중관계 복원의 심도를 말해준다. 그것은 북한 조기붕괴론에 기대려는 미국 내 강경파들의 유혹을 제한하는 요소가 아닐 수 없다.

한국 정부가 미국 내 강온파 간 정책 경쟁에서 강경파를 견제하고 협상파에 힘을 실어주는 보다 적극적 비전과 역할을 추구하지 않는다면, 한국이 중심에 선 "한반도 평화체제 건설"과 그에 기초한 동아시아 평화에의 기여는 공염불에 그칠 것을 걱정하지 않을 수 없다.

10. 맺는 말

2018년이 한반도의 전쟁과 평화의 문제에 중대한 분수령이었던 것은 말할 것도 없다. 한반도의 봄이 왔고, 북미 정상회담이 이루어짐으로써 한반도 분단사에 한 획이 그어졌다. 4·27 판문점선언과 9월의 평양선언, 그리고 6월의 6·12 공동선언은 남북관계와 북미관계에서 모두가 함께 추구할 이정표를 세웠다. 문제는 그다음이었다. 실천은 역시 어렵다는 것을 그 이후의 사태들이 증명해주고 있다. 2019년은 2월 말의 하노이 북미정상회담으로 희망과 함께 그 한계를 노정하며 시작했다. 북한이 앞서 정의한 호혜적이며 대칭적인 일괄타결로서의 평화조약 체제 구성에 기꺼이 참여함으로써 진정한 비핵화를 향해 나아갈 수 있게 미국과 한국의 외교가 그 조건을 마련해낼 것인가, 아니면 북한이 그 가능성에 대한 희망과 신뢰를 버리고 결국 핵보유국 지위를 향해 분명하게 방향을 잡을 것인가. 2019년은 그 가닥을 잡는 해가 될 가능성이 높다. 또 하나의 역사적인 분수령이 될 수 있는 것이다.

북한은 1990년대 중엽 이래 적게는 수십만에서 많게는 수백만 명의 국민이 먹을 것이 없어 죽어 나가야 했던 역사적 경험을 했다. 지금도 수백만 명의 국민이 영양실조에 시달리고 있는 사회이다. 이러한 "절대빈곤 국가의 질곡"을 벗어나는 것이 이제 지상과제라는 북한 사회 전체의 공감대가 형성되어 있다. 김정은 국무위원장이 지난 2018년 봄 비핵화 의지를 천명한 직후 〈노동당〉 전원회의를 통해서 그때까지 북한 국가정책의 금과옥조였던 '핵·경제 병진노선'을 폐기하고 경제발전 우선 노선을 통과시킨 것은 그 상황을 반영한다.

다만 북한의 입장에서는 북중관계와 함께 핵무장이라는 상황을 미국과의 협상에서 최대한 그리고 효과적인 지렛대로 삼을 것이다. 미국으로부터 지속가능한 안전보장과 경제제재 해제 일정표와 동등하게 맞교환하고 그것을 미국 정치권에서 초당적 구속력을 가진 조약의 형식으로 확보해내는 한에서만 진정한 비핵화 일정표를 제시해 합의하고 그것을 진실하게 이행할 것이란 사실을 우리는 직시해야 한다.

다시 강조하지만 4·27 판문점선언과 6·12 북미정상 공동선언의 요체는 명백히 평화협정체제 건설을 통한 한반도 비핵화라는 대원칙이다. 이 대원칙이 구체적인 후속 협상에서 일관성과 신뢰성 있게 관철되지 않을 때 북한은 비핵화가 아닌 다른 길을 추구할 가능성을 배제할 수 없다. 후자의 불행한 상황이 되면 그 책임은 결코 북한에만 전가할 수 없게 될 것이다. 이 점 한미 양국 외교가 함께 명심해야 한다.

한국 정부는 4·27 판문점선언에서 "2018년 안에 종전선언"을 하고 이어 평화협정 체결로 나아간다는 비전에 동참했다. 그러나 문재인 정부는 6·12 북미정상회담 이후 그 원칙과 미국이 제기해온 다양한 형태의 북한 비핵화 선행조치론 사이에서 때로 스스로 입장이 불분명하거나, 때로 미국이 요구하는 북한 선행조치론에 동조하는 태도를 보이거나 함으로써 말 그대로 "가야 할 노선은 미국이 정하고 한국은 운전만 하는," 그래서 북한의 입장에서는 "북미 간 협상에 맡긴 채 방관하는" 것처럼 비치기도 했다.

북한 비핵화의 실질적인 진행은 북한과 미국이 서로 줄 것과 받을 것을 포괄적이고 동시적으로 규정하는 평화협정 체결을 필요로 한다는 것은 분명하다. 2018년 9월 정의용 특사단의 2차 방북 때 김정은이 재차 강조한 것 역시 그 점을 명확히 하는 것이었다. 전체적으로 보면 한국 정부는 협상 교착의 원인과 해법의 본질에 관해 정면으로 명확하게 언명하는 것을 회피해왔다. 이것은 한국 정부가 4·27 판문점선언과 6·12 북미정상

공동선언의 기본 취지가 "평화협정 체결을 통한 북한 비핵화"라는 대원칙에 대한 한국 및 미국 정상들의 동의였다는 사실을 한국 국민과 국제사회에 명확하게 밝히고 여론을 설득하려는 노력에 대한 소극성으로 비칠 수 있다.

이제 북한의 진정한 비핵화를 이끌어내기 위한 북미협상의 본질이 평화협정 협상의 본격화 여부에 있다는 사실을 명확히 하면서, 미국과 국제사회를 향하여 명분과 전략적 불가피성을 당당하게 밝히며 설득하는 더 적극적인 외교의 시급성을 더욱 강조하지 않을 수 없다. 그 핵심은 미국이 '막무가내식 빅딜'을 내세울 때, 한국은 포괄적이면서도 단계적 동시 행동의 일정표를 담은 일괄타결인 평화조약 형태의 '합리적인 빅딜' 비전을 제시하는 데에 있다.

북한의 핵무장 과정을 진지하게 들여다보면 그것은 잠재성에 불과했던 것이 남북관계와 북미관계의 전개의 결과로서 현실화되고 촉진되었다는 사실을 파악할 수 있다. 향후 북한 핵무장 상태의 지속 여부 그리고 그 팽창 혹은 평화적 해소의 여부 역시 현재로서는 모두 열려 있는 가능성이다. 그것은 북한이라는 존재의 본질에 의해서 미리 결정되어 있는 것이 아니고, 우리와의 관계 속에서 미국을 포함한 국제사회와의 관계 속에서 결정될 것이다.

:: 참고문헌

국내 자료

구갑우. (2018). 평창 '임시평화체제'의 형성 원인과 전개 : 한반도 안보딜레마와 한국의 '삼중모순 (trilemma)'. 『한국과 국제정치』, 34(2).

김진명. (2018.10.1.). 리용호 "핵무장 일방 해제는 없다". 『조선일보』.

우메바야시 히로미치(梅林宏道). (2014). 『비핵무기지대』 (김마리아 역, 정욱식 감수). 서해문집. (원서 출판 2011).

윤영찬. (2018.12.1.). 청와대 윤영찬 국민소통수석 부에노스아이레스에서의 언론 브리핑.

이삼성. (2018). 『한반도의 전쟁과 평화 : 핵무장국가 북한과 세계의 선택』. 한길사.

이삼성·우메바야시 히로미치(梅林宏道) 외. (2005). 『동북아시아 비핵지대』. 살림.

외국어 자료

人民網. (2017.3.9.) 中国外长王毅高'言值'应对中外记者提问. http://world.people.com.cn/n1/2017/0309/c1002-29133474.html

Sanger, David E. (2019.1.1.). Kim and Trump Back at Square 1 : If U.S. Keeps Sanctions, North Will Keep Nuclear Program. *The New York Times*.

Talmadge, Eric. (2018.10.2.) North Korea says peace declaration not a nuclear bargaining chip. *The Associated Press*.

The Editorial Board. (2018.3.23.). Yes, John Bolton Really Is That Dangerous. *The New York Times*.

Wit, Joel S. & Jenny Town. (2019.2.28.). What Happened in Hanoi?. *38 North*, Editor's Column.

'내 품 안'의 개방된 북한

미중 협조체제와 중국의 한반도 전략

박홍서 | 한국외국어대학교 정치학 박사

I. '포기할 수도 싸울 수도' : 한반도에 대한 중국의 두 가지 입장

2017년 4월 26일 한국이 고고도 미사일 방어체계THAAD, Terminal High Altitude Area Defense의 핵심 부품을 반입하자 중국은 강력하게 반발했다. 중국 외교부 대변인 경솽耿爽은 한국의 사드 배치가 "중국의 안보 이익을 심대하게 침해하고 지역의 긴장을 더 악화시킨다"면서 즉각적인 철수를 요구했다(中國外交部, 2017.4.26). 2016년 사드 문제가 불거진 이후 중국의 일관적인 주장이었다.

그런데 그로부터 8개월 후인 2017년 12월 미 국무부 장관 틸러슨Rex Tillerson은 미중 양국이 북한급변사태에 관해 협의하고 있다는 놀라운 발언을 한다. 북한급변사태 시 주한미군이 북한에 진주하더라도 작전을 마치고 다시 38선 이남으로 내려오는 문제에 대해 미중 양국이 협의를 진행 중이라고 밝힌 것이다(김연숙, 2017.12.18.). 중국이 북한을 도와 한국전쟁에 참전했고, 또 1961년 7월 상호우호조약을 맺은 동맹국이라는 사실에 비추어 보면, 미중 양국이 북한급변사태를 논의했다는 사실 자체는 분명 놀라웠다.

이 두 가지 사례는 한반도에 대한 중국의 양면적 입장을 보여준다. 즉 미국이 한반도를 활용해 중국의 안보에 위협을 가하는 상황을 용인할 수 없으며, 동시에 한반도 문제로 인해 초래될 미국과의 충돌 역시 원하지 않는다는 것이다. 대미 경계심과 협력 의지의 동시 표출이다.

사실 1994년 1차 북핵위기 시부터 지금까지 북핵문제에 대한 중국의 입장은 이러한 틀에서 벗어나지 않았다. 북핵문제에 대한 중국의 공식적인 입장인 "협상을 통한 평화적 문제 해결"과 "한반도 비핵화"만 봐도 그렇다. 협상을 통한 평화적 문제 해결에서는 북한을 두둔하는 중국의 속내가 드러난다. 미국의 군사력이 북한을 압도한다는 사실에 비추어 보면, 중국의 평화적 해결 주장은 동맹국 북한을 '안심'시키는 효과를 가진다. 실제로 중국은 한반도 위기 상황에서 벌어지는 한미 연합군사 훈련에 대해 "절대로 중국의 문 앞에서 전쟁과 난리가 나는 것을 받아들일 수 없다"고 비판하거나 "미군이 38선을 넘어 북한을 침공한다면 즉각 개입할 것"이라고 주장하고 있다(인교준, 2016.3.8.; 環球時報, 2017.4.22.).

대북 제재에 있어서도 중국은 미온적이다. 물론 중국은 국제사회의 '공식적'인 대북 제재에는 적극적이다. 유엔 안보리 상임이사국이고 또한 국제정치에서 스스로 '책임대국'임을 주장하고 있는 중국으로서는 당연한 행태라 할 수 있다. 그럼에도 중국의 대북 제재가 '실질적'이라고 말하기는 어렵다. 중국이 안보리 대북 제재 결의안 채택 과정에서 미국이 요구하는 원유금수와 같은 조치를 완강하게 거부하고 있는 사실은 이를 단적으로 보여준다. 중국은 "제재는 수단이지 목적이 아니다"라는 논리를 강조하면서 북한을 출구가 없는 궁지로 몰아넣으면 안 된다는 주장을 강조하고 있다. 북한의 대외무역에서 대중 무역이 차지하는 비중이 90%에

달하는 사실이나, 대북 원유 공급을 중국이 좌우하고 있다는 사실에 비추어 보면, 중국은 치명적인 대북 제재에는 분명 소극적이다(Friedman, 2017.8.9.).

2018년 들어 급반전된 한반도 안보 상황에서도 중국의 입장은 변하지 않았다. 6월 12일 개최된 역사적인 북미정상회담을 전후로 시진핑은 김정은과 3차례의 정상회담을 가지며 중국이 북한의 확고한 후견국임을 명확히 드러냈다. 특히, 중국은 급속한 북미관계 개선 국면에서 자국이 소외당할 가능성에 대해 경계심을 드러냈다. 중국 관영언론은 일각에서 제기되는 소위 '차이나 패싱'을 일축하고, 한반도 문제에 대한 중국의 영향력이 건재하다는 사실을 강조했다(環球時報, 2018.5.2.). 2017년 위기 상황에서 미국의 대북공격 가능성을 경계했던 중국이 이제 북미관계 개선과정에서 자국의 소외 가능성을 우려하고 있는 것이다. 이러한 행태들은 모두 중국이 얼마나 북한의 가치를 중요하게 간주하는지 암시한다.

문제는 중국이 북한의 가치를 중요하게 생각한다는 것이 곧 북한을 잃지 않기 위해 미국과의 충돌도 불사하겠다는 것을 의미하지는 않는다는 것이다. 중국에게 미국은 북한만큼이나 중요하기 때문이다. 강대국-약소국 관계인 중북관계와 강대국-강대국 관계인 중미관계를 동일선상에 놓고 보기는 어렵다. 대국관계의 '안정'이라는 큰 그림을 놓고 본다면, 중국에게 미국은 오히려 북한보다 더 중요할 수밖에 없다.

우선 미중 양국 모두 핵 반격능력second strike capability을 갖추고 있기 때문에, 중국은 미국과의 군사 충돌을 절대적으로 차단해야 할 필요성이 있다. 소규모 군사 충돌이라도 자칫 공멸을 초래할 핵전쟁으로 비화될 수 있다. 경제적으로도 중국은 미국과 떨어질 수 없을 만큼 결착되어 있다. 핵무기의 등장으로 강대국 간 전쟁 가능성이 희박해지면서 경제적 이익 확보는 강대국들에게 최고의 관심사일 수밖에 없다. 미중 양국 역시 예외가 아니다. 서로 최대 무역상대국인 미중 양국은 각각 자국의 경제발전을 위해서라도 상대방과의 안정적인 관계가 중요하다. 특히 개혁개방 이후 경제발전을 최고 국가목표로 상정하고 있는 중국에게는 더더욱 그렇다.

이러한 맥락에서 미중 양국 모두 한반도 문제가 양국 관계를 파국으로 몰아갈 수 있다는 점을 명확히 인식하고 있다. 미중 양국이 남북한과 각각 동맹관계를 형성하고 있다는 측면에서 그렇다. 한반도와 인접해 있는 중국의 우려는 특히 더욱 강할 수밖에 없다. 북한이 제3국에 의해 공격 받는다면, "즉시"立即 개입한다는 북중 동맹 조약의 조항이 삭제되지 않는 이상 중국의 이러한 우려는 사라질 수 없다. 이와 같기 때문에 중국 관영 언론은 미군의 38선 월경을 좌시하지 않겠다는 의지를 밝히면서도, 미군이 지상군 투입 대신 대북 공습만 할 경우 중국이 굳이 개입할 필요가 없다는 상반된 주장을 동시에 내놓고 있는 것이다(環球時報, 2017.4.22.).

사실 이러한 중국의 주장은 새삼스러운 것이 아니다. 1950년 10월 초 미군이 38선을 넘어 북진하는 상황에서 중국 총리 저우언라이周恩來는 동일한 주장을 한 바 있다. 당시 저우언라이는 한국군의 38선 월경은 개의치 않으나 미군이 38선을 넘을 경우 "좌시하지 않겠다置之不理"고 경고했다. 그러나 미군이 이를 무시하고 북진하자, 중국은 대규모 인민지원군을 파병해 '항미원조' 전쟁에 나서게 된다. 미중 양국은 한국전쟁에서 겪은 이러한 파괴적인 경험을 토대로 베트남전에서는 상반된 행태를 보였다. 베트남전 당시에도 저우언라이는 미군이 17도선을 넘으면 좌시하지 않겠다는 동일한 맥락의 경고를 했다. 이에 미군은 지상군 투입 대신 폭격만을 감행함으로써 한국전쟁 때와 같은 대규모 충돌을 회피할 수 있었다.

중국은 이처럼 한반도에 대해 양면적인 입장을 가지고 있다. 제3국이 한반도를 이용해 중국의 안보 이익을 침해하는 것을 용인하지 않으면서도, 동시에 한반도 문제로 인해 초래되는 제3국과의 군사 충돌을 차단하려 하고 있다. 중국의 대한반도 전략은 이러한 대전제 속에서 수립·조정되고 있다. 패권국 미국이 주도하는 한·미·일 군사동맹 구조가 한반도를 둘러싸고 여전히 공고한 상황에서, 중국에게 제3국은 미국이 될 수밖에 없다. 그렇다면 중국의 대한반도 전략을 이해하기 위해서는 중국의 대미관계에 대한 정확한 이해가 필수적이다. 미중관계의 핵심은 무엇인가? 이 글에서는 국제질서의 안정을 목표로 하는 강대국 간 협조체제concert system의 맥락에서 미중관계를 분석하며, 이를 토대로 중국의 대한반도 전략을 설명한다. 이 글은 중국의 대북 전략 목표가 '내 품 안의 북한'이 개혁개방을 통해 미국과 안정적인 관계를 수립하는 것이라고 주장한다.

II. 중국위협론은 현실화되었는가?

최근 미국 내 학계와 정계를 막론하고 미중관계를 논하는 자리에서 투키디데스 함정Thucydides Trap이라는 개념이 유행이다. 투키디데스 함정은 그리스의 역사가 투키디데스의 『펠로폰네소스 전쟁사』를 토대로 그레이엄 앨리슨(Allison, 2015)이 패권국-부상국 간의 전쟁을 분석하면서 내놓은 개념이다. 앨리슨에 따르면, 패권국이 부상국의 급속한 성장에 위협감을 느낄수록 전쟁 발발 가능성이 커진다. 실제로 16세기 이후 총 16번의 패권국-부상국 관계에서 열두 차례나 전쟁이 발발하기도 했다. 향후 미중관계도 전쟁으로 끝날 가능성이 있는 것이다.

사실 소련 붕괴 이후 유일한 슈퍼 파워로 자리매김해 온 미국의 입장에서 볼 때 중국에 대한 위협감은 자연스러운 것이라 할 수 있다. 미국 내에서 중국위협론은 이미 1990년대 초반 불거지기 시작했다. 냉전 시기 미국에게 중국은 소련을 견제하는 데 유용한 파트너였으나, 소련의 급작스런 붕괴로 중국의 전략적 가치가 감소하면서 중국위협론이 대두됐던 것이다. 이러한 구조적 상황 변화와 맞물려 1989년 천안문 사건은 미국의 대중국 여론을 급속히 악화시키는 상황변인이 됐다. 미국은 무기 금수조치를 발동하고, 최혜국 대우 지위 부여 문제와 인권문제를 연계시키면서 중국을 압박하기 시작했다. 냉전기 중국을 대소련 "유사 동맹국"으로 인식했던 미국은 이제 중국을 잠재적 적대국으로 간주하기 시작한 것이다.[1] 1995~96년 타이완 해협 위기는 미중 간 전쟁 가능성마저 증폭시켰다. 타이완 민선 총통 선거를 둘러싸고 중국 인민해방군이 대규모 상륙 훈련을 감행하자, 미국은 항공모함을 타이완해협에 급파함으로써 일촉즉발의 상황이 벌어지기도 했다.

미국 내 연구자들은 중국위협론을 정당화하기 위해 여러 가지 이론적 근거를 제시했다. 현실주의 이론가들은 주로 미중 간 세력관계의 변화라는 변인을 통해 중국위협론을 정당화했다. 세력균형balance of power 이론가들에 따르면, 중국의 급속한 성장으로 동아시아 세력균형이 깨져 지역 질서가 불안정해질 가능성이 증가한다. 반면 세력전이power transition 이론가들은 중국의 급속한 성장에 따른 미중 간 세력 격차의 축소가 미중 간 전쟁을 초래할 수 있다고 경고했다. 일단의 자유주의 이론가들은 민주평화democratic peace 이론에 근거해 중국위협론을 정당화했다. 민주주의 국가들은 상호 전쟁을 하지 않지만, 중국과 같은 비민주주의 국가와의 전

---

1. Kissinger (2011, pp. 275~293)는 1970년대 후반 미중관계를 유사동맹(quasi-alliance) 관계로 본다.

쟁 가능성은 크다는 것이다. 미중 양국의 문화적 차이를 들어 중국위협론을 뒷받침하려는 주장도 제기되었다. 대표적으로 새뮤얼 헌팅턴(2016)은 『문명의 충돌』*The Clash of Civilizations and the Remaking of World Order*에서 중국이 대표하는 유교문명은 서구 기독교 문명과 화합하기 어렵다고 충돌 가능성을 주장했다(박홍서, 2008).

1990년대 초중반 미국 내에서 불거졌던 이러한 중국위협론은 이후 현실과 부합되었는가? 그렇다고 보기 어렵다. 미중관계는 1990년대 후반을 기점으로 안정화됐으며 이러한 추세는 현재까지 이어지고 있기 때문이다. 미중 양국은 1997~98년 클린턴Bill Clinton-장쩌민江澤民 간 정상회담을 통해 양국 관계를 전략적 동반자 관계strategic partnership로 격상시켰다. 전략적 동반자 관계는 중국이 정립한 개념으로 국가 간 의무조항이 있는 동맹관계에 비해 상대적으로 느슨한 국가 간 관계라 할 수 있다. 상대국과의 갈등이 있는 문제에 얽매이기보다는 상호 이익이 되는 문제에 집중함으로써 '윈윈'하겠다는 것이다. 중국식 표현으로 소위 구동존이求同存異 정신에 기반한 국가 간 관계라 할 수 있다.

2000년대 들어서도 미중관계 발전은 이어졌다. 특히, 2001년 9·11 테러는 미중관계를 결착시킨 상황변인이 되었다. 신장 위구르 지역의 이슬람 분리주의 문제에 직면해 있던 중국은 미국의 대테러 전쟁에 적극적으로 협조하기 시작했다. 미국 역시 신장 위구르 지역의 동투르키스탄 이슬람 운동Eastern Turkistan Islamic Movement을 테러단체로 지정함으로써 중국과의 협력 의지를 명확히 했다. 경제 영역에서도 중국은 미국의 적극적 협조를 토대로 2001년 12월 〈세계무역기구〉WTO에 가입하였다. 중국의 〈WTO〉 가입은 중국이 드디어 미국 주도의 자본주의 세계체제의 공식적인 구성원이 되었다는 것을 의미했다.

이러한 상황에 맞춰 중국은 중국위협론을 일축하며 향후 미국에 도전하지 않을 것임을 반복적으로 표명하기 시작했다. 대표적으로 중국공산당 중당 당교 부교장이었던 정비젠鄭必堅(Zheng, 2005)은 미국의 유력한 외교잡지 『포린 어페어스』를 통해 화평굴기和平崛起 개념을 주장했다. 그 핵심 내용은 향후 중국이 20세기 초 독일이나 일본과 같은 현상 타파적 국가가 되지 않을 것이라는 점이었다. 미국은 이러한 중국의 유화적 수사에 화답했다. 2005년 9월 미 국무부 차관 졸릭Robert Zoellick은 미중관계를 이익상관자stake holder 관계로 규정함으로써 양국이 공동운명체임을 주장했다. 동일한 맥락에서 오바마 정권의 국무장관 힐러리Hillary Rodham Clinton도 반복적으로 미국과 중국을 "한배에 탄 운명"同舟共濟으로 묘사했다.

2013년 집권한 시진핑 정권이 내세우는 '신형대국관계'新型大國關係에도 안정적인 대미관계에 대한 중국의 희망이 담겨있다. 중국은 이 개념을 통해 상호 주권 존중이라는 전통적인 입장과 '공동번영'이라는 희망을 표출했다. 중국과 미국은 과거 패권국-부상국처럼 대립하면 안되며, 상호 협력할 때 각각의 이익을 극대화할 수 있다는 논리였다. 역시 구동존이 정신에 기반한 실용적인 개념이었다. 2019년 현재에도 중국은 안정적인 대미관계의 중요성을 강조하고 있다.

중국이 힘이 강해지면 패권을 도모할 것이고, 미국에 도전하거나 미국을 대체할 것이라는 미국 내 일부 시각은 엄중한 오판이다. 중국은 미국이 될 수 없으며 미국을 대체하지도 않을 것이다. 미중 양국은 구동존이의 정신에 기초해 이견과 민감한 문제들을 처리해 호혜 공영해야지 제로섬 게임을 해서는 안 된다. 일시적인 일 때문에 미혹되거나 방해받아서는 안 되며, 조율과 협력, 안정을 기조로 하는 중미 관계를 함께 추진해 양국과 전 세계에 이익이 되게 해야 한다(马小宁·管克江, 2019.1.17.; 심재훈, 2019.1.17.).

중국 외교부장 왕이가 2019년 1월 중미관계 40주년을 기념해 관영 『인민일보』人民日報와의 대담에서 밝힌 내용이다. 중국은 미국에 도전하는 현상 타파 국가가 되지 않을 것임을 명확히 강조하고 있으며, 중미 양국의 공동 번영에 대한 강력한 의지를 분명히 하고 있다.

물론 안정적인 미중관계가 반드시 양국 관계가 모든 영역에서 협력적임을 의미하는 것은 아니다. 예를 들어 트럼프 정권 이후 격화되는 미중 무역 전쟁이라든지, 타이완 문제, 그리고 남중국해 문제 등은 미중관계의 갈등적 측면을 드러내고 있다. 중국 국방부장 웨이펑허魏風和는 타이완은 "중국의 핵심 이익이기 때문에 누구라도 타이완을 대륙으로부터 이탈시키려 한다면 중국은 어떠한 대가를 치르더라도 저지할 것"이라고 경고하고 있기도 하다. 미국 내 일각에서도 10~15년 내에 중국과의 군사 충돌이 불가피하다는 우려의 목소리가 나오고 있는 실정이다(Aljazeera, 2018.10.25.).

그러나 문제는 미중 양국이 자국의 이익을 지키기 위해 과연 군사 충돌이라는 파국까지 불사할 의지가 있는가이다. 여러 측면을 고려하면, 그럴 가능성은 극히 희박하다. 미중관계의 파국이 야기할 비용은 상호협력할 때 얻을 수 있는 효용보다 '압도적'으로 크기 때문이다. 미중 양국 모두 그러한 파국을 불사할 '합리적' 이유가 없는 것이다.

III. 중국은 왜 미국에 협조하는가?

상술한 바와 같이, 핵 반격 능력을 갖춘 양국 간 전쟁은 더 이상 승자와 패자를 구분하기 어렵다. 공멸이다. 재래식무기를 동원한 국지 분쟁이라 하더라도 언제든지 핵전쟁으로 비화할 가능성이 있다. 따라서 애초부터 군사 충돌 자체를 차단하는 것이 미중 양국의 이익에 부합한다.

냉전기 미국과 소련이 일상적인 경쟁을 벌였음에도 직접적인 군사 충돌을 극도로 경계했던 것도 이러한 이유에 있었다. 한국전쟁 당시 미 대통령 트루만Harry Truman이 중국에 대한 핵 공격을 주장한 총사령관 맥아더Douglas MacArthur를 경질한 것도 소련과의 3차 세계대전을 차단하기 위한 합리적 결정이었다(Truman, 1951.4.13.). 미소 간 직접 충돌 가능성이 가장 컸다고 설명되는 1962년 10월 쿠바미사일 위기 당시에도 미소 수뇌는 다양한 방식의 의사소통을 통해 군사 충돌방지와, 쿠바의 소련미사일과 터키의 미국미사일을 동시에 철수하는 합의에 도달했다. 위기 직후에는 핫라인을 개설해 향후 우발적인 상호 충돌을 사전에 차단하려 했다(Allison, 2005.9.24.). 또한, 미소 양국은 1970년대 전략무기제한협정SALT을 통해 '핵전쟁은 곧 공멸'이라는 등식을 공식화하기도 했다. 전략무기제한협정은 공격용 핵미사일을 감축하는 것에 더해 요격 미사일마저 감축함으로써 미소 양국 모두 상대방의 핵 공격에 대한 취약성을 의도적으로 증가시켰다. 상호확증파괴mutually assured destruction 논리에 따라 그만큼 전쟁을 회피하게 만들자는 것이다.

현재의 미중관계 역시 다르지 않다. 중국이 한국 내 사드 배치에 반발하는 핵심 이유 중 하나는 사드가 상호확증파괴 논리를 훼손함으로써 미국으로 하여금 핵보복에 대한 우려 없이 선제 핵 공격을 감행할 수 있게 한다는 것이다. 그러나 미국의 미사일 방어체제가 완벽하지 않으며, 게다가 중국이 이를 무력화할 수 있는 극초음속 무기 기술을 확보했다는 주장(Keck, 2018.10.17.)에 비추어보면, 상호확증파괴 논리는 여전히 미중 안보관계에 강력히 작동한다고 볼 수 있다.

미중 간 경제적 상호의존은 양국 관계를 안정적으로 만드는 또 다른 핵심 토대라 할 수 있다. 월츠(Waltz, 1993, p. 59)가 지적하듯이, 핵무기 시대에 전쟁이 더 이상 무의미하다면 그만큼 경제 이익 확보는 국가들에게 더욱 중요해질 수밖에 없다. 미중 양국도 예외가 아니다.

개혁개방기 중국에게 안정적인 대미관계는 '사활적'이라 해도 과언이 아니다. 중국의 개혁개방 자체가 달러 경제권으로의 편승이었기 때문이다. 1978년 12월 중국공산당 11기 3중 전회에서 덩샤오핑鄧小平이 선포한 개혁개방은 1979년 1월 1일 미중수교로 상징되는 미중관계 발전과 동떨어져 이해될 수 없다. 중국은 대미관계 정상화를 통해 중국으로 유입되는 막대한 미국 및 서방 자본을 본격적으로 경제발전에 활용하기 시작했다. 이러한 해외 자본이 없었다면 개혁개방 전략은 마오쩌둥毛澤東이 시도했던 대약진운동처럼 실패할 수밖에 없었을 것이다.

마오쩌둥이 추진한 대약진운동(1958~60)은 중국이 미소 양국으로부터 고립된 상황에서 선택할 수밖에 없었던 자력갱생적 경제발전 전략이었다. 만약 한국전쟁으로 미국과 충돌하지 않았다면, 중국은 대미 수교를 통해 1950년대 초반부터 개혁개방 전략을 수행했을 가능성이 크다. 1949년 수립된 중화인민공화국이 사회주의 국가가 아니라 '신민주주의 공화국'이었다는 측면에서 특히 그렇다. 신민주주의 체제는 농촌의 지주와 도시의 매판자본가만을 배제하고 민족자본가와 소자본가들을 모두 신생 중국의 핵심 구성원으로 인정했다. 따라서 이를 연결 고리 삼아 중국은 미국 자본을 받아들여 자본주의적 경제발전 전략을 폈을 가능성이 충분히 있는 것이다.

그러나 한국전쟁으로 대미관계 개선이 좌절되자 중국은 경제발전을 위해 소련 자본에 의존할 수밖에 없었다. 중국의 소위 '대소일변도' 정책은 이렇게 시작되었다. 중국은 소련 자본을 토대로 1차 5개년 경제개발을 수행해 일정한 경제발전 성과를 거두기도 했다. 그러나 스탈린 사후 집권한 흐루쇼프Nikita Sergeevich Khrushchyov가 '평화공존'을 주창하며 대미관계 개선을 도모하자 중국은 동맹국 소련으로부터도 소외당하는 상황에 직면했다. 마오쩌둥이 불가피하게 농촌 노동력을 동원한 대약진운동에 나선 이유였다. 그러나 자본 없이 단순히 우공이산愚公移山 정신에 기초해 경제발전을 시키겠다는 것은 애초부터 연금술에 지나지 않았다. 자본이라는 하부구조가 뒷받침되지 않는 상황에서 십오 년 내로 미국을 따라잡겠다는 대약진운동의 목표는 허황된 자기 희망에 지나지 않았던 것이다.

개혁개방 전략은 대약진운동과는 분명히 다른 경제발전 전략이었다. 풍부하게 존재하는 값싼 노동력을 이용한다는 측면에서는 대약진운동과 다르지 않으나, 그러한 노동력에 이제 미국을 위시로 하는 서방 자본까지 결합시켰다. 이러한 차이로 인해 대약진운동과 달리 개혁개방 전략은 지난 40년 동안 괄목할 만한 성공을 이뤄왔다. 2018년 현재 미중 무역 총액은 무려 6,598억 달러에 달하고 있으며, 특히, 이 중 중국이 얻고 있는 무역흑자는 무려 4,192억 달러에 달하고 있다. 중국은 그만큼 미국과의 무역 거래에 있어 막대한 달러를 벌어들이고 있는 것이다.

주목할 만 점은 미중 간 무역역조가 오히려 양국을 경제적으로 더욱 밀착시켰다는 사실이다. 중국은 미국으로부터 벌어들인 달러를 다시 미국채 매입 등을 통해 미국으로 환류시키고, 미국은 그렇게 재유입된 '중국 달러'를 가지고 자국의 소비경기를 부양하고 있기 때문이다. 미국의 막대한 대중 무역 적자는 사실 미국에 손해라 할 수 없다. 오히려 미국에게 대중 무역 적자는 달러 패권을 공고히 하는 데 있어 유용한 측면이 있다.

1971년 브레튼우즈Bretton Woods 체제를 종결시킨 이후에 미국은 대외 경제 전략에 일대 수정을 가하기 시작했다. 브레튼우즈 체제는 달러-금 태환을 기반으로 2차 대전 이후 미국의 경제패권을 지탱해 오던 세계경제체제였다. 그러나 미국이 베트남전 패착에 따라 재정위기에 직면하고, 아울러 국제 제조업 시장에서 독일과 일본 등의 경쟁력이 강화되자, 미국은 경제전략에 일대 전환을 가했다. 달러로 상징되는 금융자본의 대외 확산에 공세적으로 나서기 시작한 것이다(하비, 2016, 72~74쪽). 미국은 자국 내 통화발행을 급격히 늘렸으며, 대외적으로 산업국들에 대해 막대한 무역적자 정책을 의도적으로 펴기 시작했다. 미중수교 이후 중국 역시 그 대상국이 되었다.

경제적 측면에서 보면, 막대한 대외무역 적자는 그 국가의 재정위기를 초래할 가능성이 크나, 미국은 예외라 할 수 있다. 미국이 발행하는 달러가 전 세계적으로 통용되는 기축통화이기 때문이다. 브레튼우즈 체제의 붕괴 이후에도 기축통화로서 달러의 위상은 변하지 않았다. 닉슨 정권이 금-달러 태환을 폐지한 것은 금이 부족했기 때문이지, 미국의 패권적 위상이 붕괴되었기 때문이 아니었다. 미국은 여전히 강력한 군사력을 토대로 경제, 정치, 문화 등 전 영역에 걸쳐 국제사회의 의제를 좌우할 수 있는 구조적 힘structural power을 가지고 있었다. 이러한 힘을 토대로 미국은 친미 중동국가들의 원유거래 대금을 달러로 결제토록 유도하고, 독일이나 일본 등에게는 안보 지원을 대가로 달러 가치를 부양하도록 했다. 이를 통해 브레튼우즈 체제 붕괴 이후에도 달러는 기축통화로서의 지위를 잃지 않은 것이다.(박홍서, 2016, 79~80쪽)

기축통화는 무엇인가? 기축통화는 화폐의 개념이라기보다는 기축통화를 발행하는 국가가 독점적으로 생산하는 '결제상품'이라고 간주하는 것이 적절하다. 따라서 미국의 막대한 대중 무역적자는 미국의 일방적인 손해라 볼 수 없다. 미국은 그만큼 달러라는 결제상품을 중국에 수출한 것이기 때문이다. 오히려 미국은 그만큼 중국을 달러에 옭아맬 수 있다. 미국은 중국에서 수입하는 제조업 상품을 반드시 중국에서 수입할 이유가 없다. 중국을 대체할 만한 제조업 강국들이 많기 때문이다. 반대로 중국은 달러를 수입할 국가가 미국 이외에는 없기 때문에 그만큼 미국 경제에 종속될 수밖에 없다. 결국 달러와 저부가가치 제조업 산품을 맞바꾸는 현재의 미중 경제관계에서 중국의 취약성이 훨씬 큰 것이다.

중국은 왜 달러 수급이 필요한가? 무엇보다 중국은 경제발전의 핵심 토대인 대외무역을 하기 위해서라도 달러가 필요하다. 달러가 확보되지 않으면, 중국은 산업품 생산에 필수적인 원료를 수입할 수도 없으며, 생산품의 무역 거래도 진행하기 어렵다. 현재 중국은 대외무역 결제 대금으로 위안화 결제를 확대하고 있지만, 문제는 무역 상대국들이 그 대금으로 달러를 요구한다는 데 있다. 2017년 현재 전 세계 무역 거래의 결제수단에서 달러가 차지하는 비중은 39.85%에 달하는 반면, 위안화의 비중은 1.61%에 불과하다.(SWIFT, 2018, pp. 12~13) 그뿐만 아니라, 대외 수출이 중국 경제를 떠받치고 있는 상황에 비추어보면, 중국은 달러에 투자함으로써 그만큼 위안화 가치를 절하시켜야 될 필요성도 있다. 이러한 상황은 결국 중국이 달러에 심각하게 '중독'되어 있다는 것을 의미한다.(Campanella, 2018.10.18.)

물론 중국은 자국 경제의 대미 종속성을 분명히 인지하고 있으며 이를 극복하기 위한 행태를 보이고 있다. 현재 중국이 수출시장의 다변화, 내수시장 육성, 그리고 위안화 국제화를 적극적으로 추진하는 이유라 할 수 있다. 최근 시진핑 정권이 의욕적으로 추진하고 있는 일대일로One Belt One Road 정책도 이러한 맥락과 닿아 있다. 일대일로는 육상과 해상 길을 따라 중국으로부터 중앙아시아, 중동, 아프리카, 유럽에 이르기까지 경제 협력 지대를 건설하려는 정책이다. 특히 위안화 국제화가 달러에 대한 취약성을 극복할 수 있는 근본 해결책이라는 측면에서, 중국은 일대일로 정책을 통해 참여국가들과의 무역 거래에서 위안화 결제를 적극적으로 확대하고 있다.(박홍서, 2016, 90~97쪽)

문제는 대미 경제 종속을 완화하려는 중국의 전략이 크게 효과를 보지 못하고 있다는 사실이다. 무엇보다, 중국은 미국 시장의 소비력에 맞먹는 시장을 확보하기가 어렵다. 일대일로 참여국 대부분이 소비력이 높지 않은 저소득 국가이다. 애초 일대일로에 의욕적으로 참여했던 일부 저소득 국가들은 현재 그에 따른 부채 증가 등으로 일대일로 참여를 포기하고 있기도 하다.(윤영숙, 2019.1.21.) 핵심 목표라 할 수 있는 위안화 국제화 역시 여러 난관이 존재한다. 무엇보다 위안화를 달러에 필적하는 국제화폐로 만들기 위해서는 중국의 국제적 위상을 높이는 것이 필수적이지만, 현 상황에 비추어볼 때 요원한 측면이 있다.

상술한 바와 같이, 달러가 기축통화로서 인정받는 것은 달러 발행국인 미국의 군사, 정치, 경제, 문화 등 구조적 힘이 압도적이기 때문이다. 그만큼 주변 국가들은 미국을 '신뢰'하기 때문에 달러를 매입하는 것이고, 반면 미국은 자신의 신용에 기반한 막대한 부채를 통해 자국 경제를 부양하고 있는 것이다. 2008년 금융위기는 미 경제에 대한 여타 국가들의 신뢰를 단적으로 보여준다. 비우량 담보대출로 인한 금융위기가 미국에서 시작됐음에도 불구하고, 전 세계 자본은 다시 미국으로 환류해 들어갔다. 글로벌 경제 위기 시 믿을 곳은 그래도 미국밖에 없다는 국제사회의 심리였다.

이와 같다면, 중국의 위안화 국제화 전략은 중국의 구조적 힘이 미국의 그것을 능가하고 주변국들이 그러한 중국의 종합국력을 신뢰할 때 비로소 성공할 것이다. 그러나 현재 미중 간 세력 격차를 놓고 보면 가까운 시일 내에 이러한 상황이 실제화될 가능성은 크지 않다. 중국은 현재 항공모함 건조 등 군사력 강화에 나서고 있으나, 여전히 미중 간 군사력 격차는 막대하다. 2017년도 미국의 국방예산은 6,100억 달러이며 중국은 2,280억 달러로 추산된다. 특히, GDP 대비 군사비 지출로 보면 2016년 현재 미국이 3.29%를 쓴 데 반해 중국은 1.9%에 머무르고 있다(Statista, 2018; CIA, 2018). 경제건설을 최고 국가목표라 상정하고 있는 중국이 향후 GDP 중 국방예산 비중을 무리하게 확대할 가능성은 크지 않다.

경제 영역에서도 달러의 패권적 지위는 확고하며, 첨단기술 부문에 있어서도 중국의 대미 기술 의존도가 큰 실정이다. 소프트파워 영역에 있어서도 중국이 미국의 위상을 넘을 가능성은 크지 않다. 공산당 일당 독재라는 경직된 정치체제 및 사회문화 역시 자유주의를 토대로 '매력공세'를 펼치는 미국에 비해 다른 국가를 유인할 가능성이 높다고 볼 수 없다. 무엇보다, 중국은 대내적으로 여전히 국가통합이라는 문제에서 큰 어려움을 겪고 있다. 도농 간, 지역 간 격차가 여전히 크며 신장 위구르 지역이나 티벳 지역 등의 소수민족 및 분리주의 운동도 중국의 발목을 잡고 있는 것이다.

이러한 맥락에서, 중국 내 일각에서는 중국의 대미 경제 종속이라는 현실을 인식하고, 이를 무리하게 극복하려는 행태를 비판하는 자성의 목소리가 나오고 있기도 하다. 경제학자 리샤오^{李曉}의 지적대로, 개혁개방기 중국의 경제적 성취는 미국의 달러 패권에 편승한 "달러 체제 내의 지위

상승"美元体系内的地位提升에 불과했으며, 그만큼 대미 경제 종속은 불가피했다는 것이다(鳳凰網, 2018.7.2.). 따라서 이에 대한 반성 없이 단순히 민족주의적 정서에 기반해 미국에 공세적인 태도를 보이는 것은 현실과 동떨어진 비이성적인 비난에 불과하다는 것이다.

IV. '내 품 안의 개방된 북한' : 중국의 북핵 해결 전략과 목표

중국이 대미관계를 안정적으로 유지하려는 의지는 당연히 한반도 문제에도 투영돼 있다. 특히, 한반도가 지정학적으로 미중 양국의 세력권이 만나는 접점이라는 측면에서 중국은 더욱 한반도 문제를 예의 주시해야 할 필요성이 있다. 한반도를 둘러싸고 한미동맹과 북중동맹이 제도적으로 대립되고 있는 상황에서 한반도 안보위기는 양국 간 전쟁이라는 최악이 상황을 초래할 수 있기 때문이다. 경제적인 측면에서도, 한반도 위기는 역내 달러 자본의 이탈을 야기해 중국 경제에 악영향을 줄 가능성이 크다.

이러한 맥락에서 중국은 한반도 문제를 다루는 데 있어 '안정'stability을 강력하게 주장해 오고 있다. 1990년대 1차 북핵위기 시부터 현재까지 중국은 한반도 정세에 대해 '한반도 안정,' '한반도 비핵화,' '협상을 통한 평화적 해결,' '북한의 합리적 관심사에 대한 이해' 등을 강조하고 있다. 이러한 목표들 중 한반도 안정은 중국의 최우선 관심사라 할 수 있다. 따라서 극단적인 경우 중국은 한반도 비핵화보다 한반도 안정을 선택할 가능성마저 있다. 한반도 안정을 위해서라면 북핵을 암묵적으로 용인할 수도 있다는 것이다.

문제는 북핵문제 해결 없이 이뤄지는 한반도 안정은 미봉책에 불과하며 중국이 이를 분명히 인지하고 있다는 사실이다. 중국은 애초 한반도 비핵화를 강조하면서도 실질적인 대북 제재에는 미온적인 태도를 보임으로써 현상유지를 통한 한반도 안정에 무게중심을 두는 듯한 행태를 보여왔다. 그러나 2015년 이후부터 "한반도 비핵화 없이는 한반도 안정이 달성되기 어렵다"는 인식을 명확히 드러냈다. 그만큼 북핵 폐기를 한반도 안정이라는 맥락 속에서 인식하기 시작한 것이다(Scobell, 2017, pp. 2~3).

중요한 점은 북핵 폐기 없이는 북미관계 개선이 어렵기 때문에 한반도 위기가 지속될 수밖에 없다는 사실이다. 미국은 북한을 '공식적인' 핵보유국으로 인정할 가능성이 희박하다. 북핵을 인정할 경우 동맹국 한국과 일본의 핵 개발을 차단할 명분을 잃어버리기 때문이다. 약소국-강대국 간 수립되는 비대칭 동맹에 대한 모로우(Morrow, 1991)의 설명에 따르면, 비대칭 동맹인 한미동맹과 미일동맹은 미국이 안보를 제공하는 대가로 한일 양국은 그만큼 자율성을 양보하는 관계라 할 수 있다. 따라서 미국의 북핵 용인은 한국과 일본의 핵 개발을 조장해 이러한 미국 주도의 동맹체제를 훼손할 가능성이 크다. 즉 핵무장을 한 한국과 일본은 그만큼 대미관계에서 공세적으로 자국의 이익을 확보하려 할 가능성이 큰 것이다. 미국은 이러한 상황을 용인할 수 없다. 동아시아에서의 패권적 지위가 심각하게 훼손되는 상황이기 때문이다. 미국이 반복적으로 북핵문제에 대해 "완전하고 검증 가능하며 불가역적 핵 폐기"Complete, Verifiable, Irreversible Dismantlement나 "최종적이고 완전하게 검증된 핵 폐기"final, fully verified denuclearization를 주장하고 있는 이유는 이와 같은 동북아 동맹체제와 동떨어져 이해될 수 없다.

미국과 마찬가지로 중국 역시 북한을 공식적인 핵보유국으로 인정할 수 없다. 무엇보다 역내 경쟁국가인 일본의 핵무장을 경계하고 있기 때문이다. 대미 전략이라는 차원에서도 중국은 북핵문제의 심화를 차단해야 할 필요성이 있다. 북핵문제가 심화될수록 미국은 이를 명분으로 한국과 일본과의 동맹을 강화할 것이며 이로 인해 중국의 안보 이익은 그만큼 침해될 가능성이 크다. 한국 내 사드 배치를 둘러싼 갈등은 이를 단적으로 보여준다. 북핵문제의 근본적 해결 없이는 이러한 상황이 향후에도 언제든 반복될 수 있는 것이다.

물론 중국이 북한을 소외시키는 방식으로 북핵 폐기가 진행되는 것을 용인할 가능성은 희박하다. 한반도 안정에 대해 미중 양국 사이에 확고한 공감대가 형성돼 있다는 사실이 곧 중국이 북한의 지정학적 가치를 포기할 수 있다는 것을 의미하지는 않기 때문이다. 중국 안보에 있어 완충지대로서 북한이 가지는 지정학적 가치는 '구조적'인 문제라 할 수 있다. 즉 한반도 북부에 대한 지정학적 이해관계는 단순히 대내외적 상황 변화에 따라 좌우될 문제가 아니라는 것이다.

역사적으로 반복된 중국의 대한반도 군사개입 사례들은 이러한 추론을 뒷받침한다. 중국은 한반도로 인해 자국의 안보가 위협을 받을 때마다 군사개입을 감행했다. 지난 5세기 동안만 국한시켜 보면, 임진왜란, 청일전쟁, 그리고 한국전쟁 시기에 중국은 각각 정치나 사회체계 등 매우 이질적인 주체들이었음에도 한반도 군사개입이라는 동일한 행태를 보였다. 서로 다른 '중국들'이 동일한 행동을 보였다면, 그 원인은 결국 구조의 문제일 수밖에 없다. '순망치한'이라고 표현되는 지정학 구조가 그것이다(박홍서, 2006a). 상술한 바와 같이, 중국이 2017년 한반도 위기 시 한미 연합군사 훈련에 대해 "중국의 문 앞에서 난리나 전쟁이 나는 것을 '절대' 허용하지 않을 것"이라든지, "미군이 38선을 넘는다면 반드시 개입할 것"이라고 주장한 것은 이러한 지정학적 논리가 여전히 작동하고 있음을 보여준다. 이뿐만 아니라, 2018년 한반도 정세가 극적으로 반전된 이후 네 차례의 북중 정상회담 개최가 보여주듯 중국이 북미 협상 과정에서 소외당하지 않으려는 것도 이러한 맥락과 닿아 있다.

중국에게 한반도 안정이 무엇보다 중요하고, 북핵 폐기가 이를 이루기 위한 필요조건이며 또 그 과정에서 북한에 대한 영향력을 잃지 않아야 한다면, 그 구체적인 대응책은 무엇인가? 2016년 2월 중국 외교부장 왕이가 제안한 소위 '왕이 이니셔티브'에 주목할 필요가 있다. 왕이는 평화협정 수립과 한반도 비핵화가 동시에 진행되어야 한다는 소위 '쌍궤병행'雙軌並行을 주장하면서 이러한 방식만이 관련 국가의 이해관계를 '균형' 맞추는 것이라 주장하였다(中國外交部, 2016.2.17.). 최우선 정책 목표를 미국은 북핵 폐기에, 북한은 평화협정 체결에 두고 있다는 사실에 비추어보면, 왕이의 정책 구상은 중미관계와 중북관계를 동시에 원만히 관리하겠다는 의지의 표현이라 할 수 있다(Philipp, 2016).

사실 한반도 비핵화와 평화협정 동시 추진은 새로운 정책 제안이 아니다. 1990년대부터 중국은 일관되게 한반도 비핵화와 협상을 통한 평화적 해결 원칙을 주장해왔으며, 2005년 9·19 공동성명도 이를 명시하고 있기 때문이다. 왕이의 정책 제안이 차별성이 있다면, 이러한 기존 합의를 실제화할 수 있는 구체적인 '방법론'을 제시했다는 데 있다. 특히 쌍궤병행의 전초단계로서 제안한 '쌍중단'雙暫停은 더욱 그렇다.

2017년 3월 왕이는 한반도 위기 해소를 위한 조치로 북한의 핵·미사일 도발과 한미 연합군사 훈련을 동시에 중지하자는 제안을 하였다(中國外交部, 2017.3.8.). 실제로 2018년 급반전된 한반도 정세는 왕이의 정책 구상과 크게 다르지 않았다. 실제로 현재 중국은 한반도 정세의 급반전이 자국이 제안한 문제 해결 방식의 유용성을 증명하는 것이라고 자부하고 있다. 왕이는 쌍중단 제안이 "남북한 관계 개선을 위한 최우선의 조건을 창출했다"고 강조했다(新華網, 2018.3.8.). 또한, 6·12 북미 정상회담 직후 중국의 관영언론들은 "중국이 제기한 쌍중단과 쌍궤병행 사고가 현실에 부합하고 실행 가능하다는 점이 확인됐다"며 중국의 접근방식이 타당했음을 주장했다(양정대, 2018.6.13.).

물론 중국의 쌍궤병행 접근은 북핵문제 해결을 위한 방법론이지 그것 자체가 목표일 수는 없다. 즉 쌍궤병행 전략은 한반도 비핵화와 한반도 평화체제 수립 이후 한반도 국가가 어떠한 모습이어야 하는가를 드러내고 있는 것은 아니다.

중국이 가지는 대한반도 전략의 '단기적' 목표는 상술한 바와 같다. 중국은 북핵(한반도) 문제로 인해 미국과 충돌하는 상황과 동시에 미국이 북핵문제를 이용해 중국의 안보를 위협하는 상황을 동시에 차단하려 한다. 경제건설이 최고의 국가목표인 상황에서 한반도 문제로 인한 미국과의 충돌은 절대적으로 피해야 할 상황이다. 그러나 그렇다고, 북한의 지정학적 가치를 포기할 수도 없다. 국제정치는 폭력을 독점한 중앙정부가 존재하지 않는 무정부 상태anarchy이기 때문에, 국가들은 여전히 세력균형balance of power 논리로부터 자유롭지 못하다. 월츠(Waltz, 2010, pp. 88~101)가 설명하듯이, 무정부 상태 아래서 국가들이 생존하기 위해서는 국가 간 세력 배분에 민감하게 대응할 수밖에 없다. 중국도 결코 예외가 될 수 없다. 대미 경제관계가 아무리 밀착되어 있다고 하더라도 중국은 여전히 무정부 상태에서 생존을 위해 자조self help할 수밖에 없는 행위자에 불과한 것이다.

이 모든 것을 종합하자면, 북핵문제에 대한 중국의 장기 목표는 결국 '내 품 안의 북한'이 개혁개방을 통해 미국과 관계 개선을 이뤄 평화체제를 수립하는 상황이라고 할 수 있다. 핵심은 그 과정에서 중국이 소외당하지 않는 것이다. 다시 말해 대한반도 전략에서 중국의 핵심 목표는 소위 '차이나 패싱'을 차단하면서, 후견국으로서 북한을 정상국가로 유도하고 북미관계를 정상화시켜 한반도 안정을 도모하겠다는 것이라 할 수 있다.

상술한 바와 같이, 2018년 북미관계가 급진전되면서 중국소외론이 제기되자 중국 관영언론이 중국의 영향력이 건재하다는 사실을 부각시키며 민감하게 반응한 것도 이러한 맥락과 동떨어져 이해할 수 없다. 2차 북미정상회담을 앞두고 나온 주한 중국대사 추궈훙邱國洪의 발언도 이를 뒷받침한다. 즉 중국은 "한국과 함께 전략적 소통을 계속 강화하고 입장과 행동을 조율하고 관련 각국을 함께 설득하여 평화 회담의 '추진체'이자 '윤활제' 역할을 할 수 있기를 바란다"는 것이다(손제민, 2019.2.2.).

이러한 중국의 행태 역시 역사적으로 유사한 사례를 찾을 수 있다. 19세기 말 청의 대조선 정책이 대표적이다. 청은 당시 조선 문제로 인한 분쟁 연루를 회피하면서도 동시에 조선의 '종주국' 자격으로 조선과 강대국 사이의 수교를 지도하는 행태를 보였다. 1882년 조선에서 발발한 임오군란 이후 청의 행태는 이를 단적으로 보여준다. 청은 임오군란이 발발하자 즉각적으로 개입해 군란의 배후였던 대원군을 청으로 압송했다. 당시 청의 외교를 관장하던 리훙장李鴻章은 대원군이 의도적으로 혼란을 조성해 청과 일본의 충돌을 부추겼다며 그를 납치했다. 동시에 청은 임오군란을 진압한 직후부터 자국의 관리 감독하에 조선의 개방을 추진했다. 1882년 조미수교는 그 첫 번째 기획품이기도 했다. 중국은 자국의 종주권을 유지하면서 조선을 개방시켜 국제정치의 안정된 국가로 변화시키려 했던 것이다(박홍서, 2006b, 107~108쪽).

향후 중국의 대북 전략 역시 이러한 맥락에서 벗어날 가능성은 크지 않다. 중국에게 한반도의 지정학적 가치는 크게 달라지지 않았기 때문이다. 특히 19세기 말 상황과 달리 현 중국의 종합국력이 오히려 강화되고 있다는 상황에 비추어 보면, 한반도 문제에 대한 중국의 전략이 실제로 현실화될 가능성은 그만큼 높다. 19세기 말 청은 왕조 쇠퇴의 징후를 내보이며 세력이 급속히 약화되었고 결국 청일전쟁으로 조선에 대한 종주권을 상실했다. 이와 반대로 현재 중국의 종합국력이 빠르게 성장하고 있다는 사실은 향후 한반도 비핵화 및 평화체제 수립 과정에서 중국의 전략 목표가 실제로 투영될 가능성을 높이고 있는 것이다.

V. 맺는말

중국의 대한반도 전략을 정확히 이해하기 위해서는 중국이 인식하는 한반도의 지정학적 가치를 고려하지 않을 수 없다. 이것은 구조의 문제이기 때문에 정권 변화나 국가 간 관계의 부침과 같은 상황변수에 따라 소멸된 문제가 아니다. 이러한 이유로 역사적으로 이질적인 '중국들'이 한반도에 가지는 전략 목표는 크게 다르지 않았다. 그것은 중국의 영향력이 유지되는 가운데 안정적인 완충지대로 기능하는 한반도 만들기였다. 이러한 전략 목표가 향후 근시일 내에 변할 가능성은 크지 않다.

이 과정에서 대미관계는 핵심적인 고려 대상일 수밖에 없다. 중국 역시 무정부 상태인 국제관계에서 국가 간 세력관계에 민감할 수밖에 없는 행위자라면, 대한반도 전략 수립에 있어 패권국 미국은 핵심 변인일 수밖에 없다. 그뿐만 아니라, 개혁개방기 중국의 경제적 성취가 달러 경제권에 대한 편승의 결과라는 사실 역시 미국 변인의 중요성을 배가시키고 있다.

이와 같다면, 현 시진핑 정권은 한반도(북한)에 대한 영향력 유지와 안정적인 대미관계 유지를 동시에 달성해야 하는 난제를 가지고 있다. 대북한 영향력 유지 전략이 중미관계에 부정적 영향을 주거나, 반대로 북한을 소외시켜 대북 영향력을 상실하는 상황을 중국은 모두 수용할 수 없는 것이다. 따라서 이를 위한 방법론으로 중국은 후견국으로서 북한의 개혁개방을 유도하고 그러한 북한과 미국의 관계 개선을 중재하려 하고 있다. 시진핑 정권이 쌍궤병행을 주장하고 2018년 북미정상회담 전후로 수차례의 북중정상회담을 통해 후견국으로서의 역할을 과시한 것은 이를 명확히 보여준다.

이러한 중국의 전략은 성공할 수 있을까? 19세기 말 청일전쟁 직전에도 중국은 동일한 전략을 구사했지만 결국 실패했다. 그러나 19세기 말과 현재 상황에는 분명한 차이점이 존재한다. 당시는 중국의 세력이 급속히 약화되는 시기였다면, 현재는 그 반대 상황이라 할 수 있다. 그만큼 현 중국의 대한반도 전략은 상대적으로 일정한 성과를 거둘 가능성이 있는 것이다.

한반도 국가의 국가주의·민족주의 관점에서 보면, 이러한 상황은 한반도에 대한 중국의 영향력 강화를 의미하기 때문에 환영할 만한 상황이라 할 수 없을 것이다. 그러나 한반도 안정과 궁극적으로 전쟁 방지라는 차원에서 보면, 중국의 역할이 중요하다는 사실을 부인할 수 없다. 역사적으로 중국의 세력 약화로 인한 역내 세력균형의 불안정이 한반도 전쟁을 촉발해왔다는 사실에 비추어 보면 특히 그렇다. 1990년대 이후 이어진 북핵위기 상황에서 중국이 북한의 후견국 역할을 하지 못했다면, 그만큼 미국은 군사적 해법을 통한 문제 해결을 시도했을 수도 있다. 미국이 이라크 후세인 정권과 리비아 카다피 정권을 전복시킬 수 있었던 것도 중국처럼 그들의 후견국이 되어줄 강대국이 없었기 때문일지도 모른다.

이와 같다면, 향후 북핵문제 해결과 한반도 평화체제 수립과정에 있어 중국을 의도적으로 소외시키려는 행태는 합리적이지 못하다. 예를 들어 중국을 배제한 상태에서 이뤄지는 북중관계 정상화 및 한미동맹의 강화, 그리고 중국을 표적으로 한 주한미군의 공세적 재배치 등은 중국을 자극해 한반도 질서를 오히려 불안정하게 할 가능성이 크다. 남한 내 사드 배치는 그 전조이기도 했다.

한반도 안정과 평화의 궁극적인 목적은 무엇인가? 우리가 주장하는 한반도 안정과 평화의 최종 목적은 결국 한반도 주민들의 생존권을 보호하는 데 있다. 한반도 문제를 해석하고 접근하는 데 있어 경직된 국가주의적 시각은 이러한 근본적인 목적을 간과하는 경향이 있다. 그러한 시각은 극단적으로 국가이익을 수호한다는 명분으로 전쟁을 불사하려는 국가권력에 면죄부를 줄 수도 있다.

역사적으로 한반도 전쟁은 주변 강대국 간 세력균형이 무너지는 상황에서 한반도 국가권력이 주민 보호 의무를 방기할 때마다 일어났다. 그 결과 수많은 한반도 주민이 전쟁 속에서 죽어 갔다. 이런 불행한 역사를 반복하지 위해서라도 한반도의 정책결정자들은 보다 책임감을 가지고 기민하게 움직여야 한다. 아니, 그들이 그렇게 행동하도록 이 땅에 살고 있는 우리들은 강력히 요구하고 저항해야 한다. 진정한 평화는 주어지는 것이 아니기 때문이다. 힘내자.

:: 참고문헌

국내 자료

김연숙. (2017.12.18.). 틸러슨이 불붙인 北급변사태 논의… "북핵확보에 中군대도 참가". 『연합뉴스』.

박홍서. (2006a). 신현실주의 이론을 통한 중국의 대한반도 군사개입 연구: 1592년, 1627년, 1894년, 그리고 1950년 사례를 중심으로. 『한국정치학회보』, 40(1).

_____. (2006b). 북핵위기 시 중국의 대북 동맹안보딜레마 관리 연구: 대미관계 변화를 주요 동인으로. 『국제정치논총』, 46(1).

_____. (2008). 중국의 부상과 국제관계이론: '중국 위협'에 관한 이론적 시각. 『중국 외교연구의 새로운 영역』 (김태호 편). 나남.

_____. (2016). 중미관계와 '일대일로'의 정치경제: 달러 패권에 대한 취약성 극복을 중심으로. 『현대중국연구』, 18(2).

손제민. (2019.2.2.). 중국 "쌍중단 지속 환영, 이제 쌍궤병행 실현해야". 『경향신문』.

심재훈. (2019.1.17.). 中왕이 "중국, 미국에 도전 안 한다… 협력이 최선". 『연합뉴스』.

앨리슨, 그래엄·필립 젤리코 (Allison, Graham & Philip Zelikow). (2005). 『결정의 엣센스 – 쿠바 미사일 사태와 세계핵전쟁의 위기』(김태현 역). 모음북스. (원서 출판 1971).

양정대. (2018.6.13.). 중국 "쌍중단·쌍궤병행, 우리가 옳았다" 입 모아 자찬. 『한국일보』.

윤영숙. (2019.1.21.). 개발도상국, 中 일대일로 투자서 발 뺀다. 『연합인포맥스』.

인교준. (2016.3.8.). 中언론 "한미 군사훈련, 한반도 긴장 고조" 비판. 『연합뉴스』.

하비, 데이비드 (Harvey, David). (2016). 『신제국주의』(최병두 역). 한울. (원서 출판 2003).

헌팅턴, 새뮤얼 (Huntington, Samuel P.). (2016). 『문명의 충돌 – 세계질서 재편의 핵심 변수는 무엇인가』(이희재 역). 김영사. (원서출판 1997).

외국어 자료

马小宁 管克江. (2019.1.17.). 不忘初心, 保持定力, 推动中美关系取得更大发展 – 国务委员兼外交部长王毅就中美建交40周年接受本报专访. 『人民日报』.

鳳凰網. (2018.7.2.). 这是今年最犀利的演讲: 国家命运与个人命运. 『鳳凰網』.

新華網. (2018.3.8.). 王毅 "双暂停" 倡议为南北改善关系营造最基本条件. 『新華網』.

中國外交部. (2016.2.17.). 王毅: 实现半岛无核化与半岛停和机制转换并行推进. http://www.fmprc.gov.cn/web/wjbz_673089/xghd_673097/t1341212.shtml

_____. (2017.3.8.). 王毅谈如何应对半岛危机: "双暂停"和双轨并进思路. https://www.fmprc.gov.cn/web/zyxw/t1443990.shtml

_____. (2017.4.26.). 2017年4月26日外交部发言人耿爽主持例行记者会. https://www.fmprc.

gov.cn/web/fyrbt_673021/jzhsl_673025/t1457020.shtml

环球时报. (2017.4.22). 社评：朝核, 华盛顿该对北京寄多高期望. 『环球时报』.

_____.(2018.5.2.). 社评：中国是半岛旁边的大山, 而非稻草垛. 『环球时报』.

Aljazeera. (2018.10.25.). China vows to defend Taiwan, South China Sea 'at any price'. *Aljazeera*.

Allison, Graham. (2015.9.24.). The Thucydides Trap : Are the U.S. and China Headed for War? *The Atlantic*.

Campanella, Edoardo. (2018.10.18). China's Dangerous Dollar Addiction. *Foreign Policy*.

CIA. (2018). *The World FactBook*. https://www.cia.gov/LIBRARY/publications/the-world-factbook/rankorder/2034rank.html

Friedman, Uri. (2017.8.9.). Why China Isn't Doing More to Stop North Korea. *The Atlantic*.

Keck, Zachary. (2018.10.17.). Can America's Military Match China's Hypersonic Weapons? *The National Interest*.

Kissinger, Henry. (2011). *On China*. The Penguin Press.

Morrow, James D. (1991). Alliances and Asymmetry : An Alternative to the Capability Aggregation Model of Alliances. *American Journal of Political Science*, 35(4).

Philipp, Elizabeth. (2016). China Backs Peace Talks for North Korea. *Arms Control Association*. https://www.armscontrol.org/ACT/2016_04/News/China-Backs-Peace-Talks-for-North-Korea

Scobell, Andrew. (2017). China and North Korea : Bolstering a Buffer or Hunkering Down in Northeast Asia? *Rand Corporation*. https://www.rand.org/content/dam/rand/pubs/testimonies/CT400/CT477/RAND_CT477.pdf

Statista. (2018). The 15 countries with the highest military spending worldwide in 2017. https://www.statista.com/statistics/262742/countries-with-the-highest-military-spending/

SWIFT. (2018). *RMB Tracker*. https://www.swift.com/resource/rmb-tracker-january-2018-special-report

Truman. Harry (1951.4.13.). Speech Explaining the Firing of MacArthur. *Teaching American History*. https://teachingamericanhistory.org/library/document/speech-explaining-the-firing-of-macarthur/

Waltz, Kenneth Neal. (1993). The emerging structure of international politics. *International security*, 18(2).

_____.(2010). *Theory of International Politics*. Waveland Press.

Zheng Bijian. (2005). "China's 'Peaceful Rise' to Great-Power Status." *Foreign Affairs*, 84(5).

북한의 동북아 전략과 한반도 평화

'비가시적 공간'의 전략을 중심으로

차문석 | 통일교육원 교수

북한이 동북아시아 정치 공간에서 기획, 추구, 실행하고 있는 전략을 확인하고 이를 분석하기란 쉽지 않다. 한국 정부를 포함한 여타 동북아시아 국가와는 달리 북한은 자신의 외부 전략을 대외적으로 공개하지 않는다. 북한의 동북아 전략은 북한이 동북아 공간에서 지향하고 있는 국가의 총체적 미래비전, 북한 정부의 다양한 움직임들, 간헐적으로 표현 및 표출되는 단기적 외교 목표들, 다양한 채널에서 발화하는 발언 등을 통해서 '(재)구성'해 보아야만 윤곽을 그려낼 수 있다.

현시기 북한의 동북아 전략의 핵심 키워드는 두 개이다. 하나는 미국이며 다른 하나는 핵이다. 이 두 가지는 서로를 전제하고, 서로를 목표로 삼고 있으며, 서로가 서로의 비전이 되고 있다. 북한은 핵을 통해 미국에 접근하고, 미국은 핵 때문에 북한과 마주한다. 미국이라는 존재를 통해서 북한은 자신의 미래 존재를 기획하고 구상한다. 북한은 미국과의 관계에서 일종의 '획기적인 비전'을 가지고 있을 수 있다. 궁극적으로 북한, 미국, 핵은 개별적으로 존재하나 하나의 구조 속에서 상호 지양과 지향을 교차하며 움직이는 메커니즘의 구성 요소들이다.

북한의 동북아 전략에서 북미정상회담은 가장 커다란 정치외교적 스펙터클spectacle이다. 2018년 6월 싱가포르에서 북한과 미국은 사상 최초로 정상회담을 가졌다. 새로운 북미관계 수립, 한반도에 항구적이고 안정적인 평화체제a lasting and stable peace regime 구축, 한반도의 완전한 비핵화, 유해 송환 등 4개 조항에 양국이 합의하였다. 그리고 2019년 2월 2차 북미정상회담이 베트남 하노이에서 개최되었지만, 합의에 이르지 못하고 결렬되었다. 북한과 미국의 관계, 북핵 문제의 향방, 북한의 동북아 전략의 추진 방향 등 모든 것들이 기대와 확실성에서 멀어져갔다.

여기서는 첫째, 북한이 핵을 통해 추진하고자 하는 동북아 전략은 무엇인지, 둘째, 북한이 추구하는 북미 관계는 궁극적으로 어떤 형태인지, 셋째, 핵과 북미관계를 중심으로 구축되는 북한의 미래비전은 무엇인지를 검토한다. 넷째, 남북관계에서 북한이 원하는 전망을 큰 차원에서 살펴보고, 마지막으로 한반도 평화에 대한 남북한의 노력들과 한계들을 역사적 관점에서 검토한다.

1. 전략적 공간의 세 가지 차원 : 가시성과 결부하여

2012년 김정은 체제가 출범하자 북한이 크게 3가지 정책 목표를 추진할 것이라고 예견했던 논의(Kim Myong Chol, 2012)가 존재한다. 첫째, 한반도에서 주한미군의 존재 이유를 제거함으로써 미군 철수를 실현하는 것이다. 이는 북한이 미국 본토 타격 능력을 갖추어 미국 본토를 일거에 소멸시킬 정도의 능력 보유를 전제한다. 둘째, 남북한의 두 제도가 공존하는 평화통일을 이룩하는 것이다. 셋째, 북한을 선진국 대열에 올리는 것이다. 북한이 김정은 체제 출범 이후 이 3가지 정책 목표를 추진한 것이 사실인지의 여부를 떠나서, 북한이 대외적으로 공식적으로 언급할 수 있는 정책 목표와 전략상 언급하지 않는 정책 목표가 있을 것이다.

북한이 실행하고 있는 동북아 전략은 다른 정부들과 마찬가지로 가시적 영역에서 작동하는 부분과 비가시적 영역에서 비공개적으로 실행되는 부분이 동시에 존재하는 것으로 보인다. 비가시적 영역의 전략과 목표들은 북한의 공식 문헌이나 공식 언론에서 언급되지 않으므로 그에 대한 접근은 신중을 기할 수밖에 없으며, 따라서 신뢰성 문제도 존재하고 있다.

이 글은 미셸 푸코M. Foucault(1987, 1장)의 성찰을 차용하여 동북아 전략이 실행되는 세 가지 공간을 상정한다. 여기서는 '가시성'可視性의 유무와 결부시켜 3가지의 공간 프레임을 구성한다. 즉 ① 가시적 공간, ② 비가시적 공간, 그리고 ③ 전략적 공간인 상호 가시적 공간으로 분류한다.

가시적 공간

가시적인 공간이란, 모든 전략과 이미지들이 가시적으로 재현되는 공간을 말한다. 외부의 혹은 외부와의 상호작용이 거의 일어나지 않는 일종의 '폐쇄적'인 공간이라고 할 수 있다. 주로 내부의 가치 체계에 의거하여 외부에 보여지고 있는 재현이다.

북한을 포함한 모든 국가들의 가시적인 공간에서의 이미지는 보편적 가치를 구현하기 위한 형식을 취하며 담론 체계도 이를 지향하고 있다. 북한의 가시적 공간에서의 전략 의제는 '한반도(조선반도) 평화와 번영', '한반도 비핵지대화', '한반도 평화체제', '남북관계 개선' 등이 포함되어 있다. 이러한 의제들은 북한이 수십 년 간 공개적으로 그리고 반복적으로 제기했던 의제들이다. 이 의제들은 비가시적 의제들에 종속되거나 포기되는 경향이 있다. 따라서 여기서는 이러한 가시적 공간의 전략에 대해 거의 초점을 맞추지 않는다.

비非가시적 공간

비가시적 공간이란 각 국가들의 표현되고 있지 않은 공간 혹은 시선의 사각지대를 의미한다. 이 공간에서의 이미지들은 드러나지 않은 채 숨겨져 있다. 비가시적 공간은 대부분의 경우 해당 국가들의 '궁극적이고 절대적인 의미를 지니는 목표'로 구성되는 공간이다. 드러나지 않지만 중요성에서 절대적이며 결코 포기되지 않는 국가의 궁극적인 외교 목표들로 구성되는 경우가 대부분이다. 그래서 더욱 은폐되는 경향을 가진다.

다소 극단적인 사례이기는 하지만 각 국가들의 비가시적 공간의 의제[1]를 나열할 수 있다. 그중에서 미국의 사례만을 매우 극화劇化시켜 열거해 보자. 미국의 비가시적 공간에서의 외교 정책의 목표들을 나열하자면 다음과 같다. 만약 현실에서 실현이 가능하다면 북한의 친미화親美化가 미국의 세계전략에서 가장 커다란 성과를 도출해 낼 수 있다. 이 경우 골치 아픈 북한의 비핵화와 비확산의 문제에 직면함 없이, 북한이 가진 안보 역량(핵능력, 미사일 능력 등)을 미국의 안보역량으로 전환하거나 병행할 수 있다. 이것이 불가능하란 법은 없지만, 공개적으로 언급되기는 힘들다. 가시적인 공간에서 말할 수 없지만, 미국은 북한과의 극적인 관계 개선을 통해 동북아 헤게모니를 강화하고 더 큰 경제적·지정학적 이익을 창출할 수 있는 것이다. 게다가 이를 통해서 중국을 압박하여 대한반도 영향력을 축소시키거나 궁극적으로 퇴출시킬 수 있다. 결국 비가시적인 영역에서는 '소리 내지 않은 채' 북한의 친미화와 미국의 친북화가 거래 가능한

---

1. 의제를 극단화시켰음을 양해바람.

의제가 될 수 있다.

마찬가지로 북한이 비가시적 공간에서 추구하는 정책 목표와 의제도 상정해 볼 수 있다. '전략국가[2]의 강화', '핵 보유 상태에서의 친미화', '핵보유국으로서의 핵군축 전략', '남북한 정치외교적, 경제적 위상의 교체 혹은 전환', '중국 및 일본에 맞서는 안보적 외교적 역량 강화Alpha Dog', '남한의 핀란드화Finlandization' 등은 매우 흥미로운 아젠더가 될 수 있다. 이 글은 북한의 비가시적 공간에 대한 이야기를 직접적으로 하지는 않지만, 김정일과 김정은 체제에서 이러한 비가시적 공간의 전략이 가동되었다고 증언하는 자료들에 기반해서 설명한다. 그러므로 가시적 공간의 전략보다 비중을 두고 다루고자 한다.

전략적 공간 : 상호 가시적 공간

상호 가시적 공간이란 일종의 전략적 공간을 의미한다. 상호 가시적 공간은 상대 국가들의 행동과 전략을 관찰할 수 있는 공간이다. 이 전략적 공간에서 국가들의 행동과 전략은 무한히 변동 가능하다. 이 공간에서는 상대방의 이미지들의 변동과 교환이 영속적으로 발생한다.

전략적 공간에서는 가시적 공간과 비가시적 공간의 아젠더들의 기능적 역할 분담을 극대화하려는 의도들이 존재하는 공간이라고 할 수 있다. 즉 가시적 공간을 활용하여 비가시적 공간의 목표를 실현하려는 움직임과 전략이 소통되고 유통되는 공간으로 존재한다.

전략적 공간은 상호작용을 통해 아젠더를 조율하거나 공통의 아젠더를 생산하는 공간이다. 각종 정상회담(북미 / 남북 / 북중 / 미중 정상회담

---

2. 전략적 핵무기를 보유한 국가이자 지정학적으로 전략적 지위를 가진 나라를 의미. 『근로자』, 2017년 12월호, 21쪽.

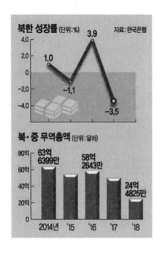

등), 각종 다자회담(4자회담, 6자회담 등), 각종 고위급회담 및 실무회담들이 이 전략적 공간에서 실행된다. 전략적 공간에서 논의, 논쟁, 타협되는 대부분의 것들은 궁극적인 것들이 아니다. 이 글에서 전략적 공간에 대한 이야기는 서술상 필요한 부분에서 보완적으로 언급할 것이다. 특히 1차와 2차 북미 정상회담을 언급할 때 전략적 공간에 이야기가 덧붙여 질 것이다.

2. 북한 체제가 추구하는 국가 모델

1) 대북 제재와 북한 경제 상황

1990년대를 전후해서 폭발적으로 발생했던 북한의 경제난과 대기근의 기억은 길고도 강력하다. 2019년 현재 장기적으로 북한 체제를 고통스럽게 만들었던 북한의 경제난과 기근은 해소되지 않았다. 북한 체제가 정권 차원에서 추구하는 미래비전(핵보유국가 등)으로 인하여 국제사회의 대북 경제 제재는 전례없이 강력한 수준으로 실행되고 있으며, 이에 따라 북한의 경제난은 심화되었고 주민들의 생계난도 가중된 것으로 알려져 있다.[3] 국제사회의 대북 경제 제재는, 효과가 없다고 주장하는 논의들과는 반대로 북한 경제에 큰 고통을 주고 있는 것으로 보인다.[4]

---

3. 임을출, 2016, 32~37쪽을 참조.

4. 2019년 2월 28일, 베트남 하노이 정상회담에서 트럼프가 "서두르지 않겠다"는 발언에 "우리한 테는 시간이 제일 중요"하다고 반응한 것은 북한 경제 상황에 대한 북한 지도자의 위기감과

식량의 부족 현상은 장기적인 문제로 이미 북한 사회에서 자리를 잡았다. 북한의 연간 소요 식량은 약 520만~550만 톤으로 알려져 있고 2016년을 기준으로 볼 때 약 50만 톤 부족하였다.(유엔 식량농업기구, 2016) 2019년에도 북한은 유엔 산하 국제기구에 식량 지원을 요청하였다. 유엔 대변인 스테판 두자릭은 "북한이 제공한 통계에 따르면 올해 쌀과 밀, 감자, 콩을 포함해 모두 140만 명분에 해당하는 식량 부족이 예상"된다고 하였다. 이어서 "유엔은 북한 전체 인구의 약 절반인 1030만 명이 식량난의 영향을 받고 있으며 약 41%의 주민들이 영양 부족에 시달리고 있는 것을 추정"하였다.(DAILY NK, 2019.2.22.)

2019년 현재 북한은 대북 제재로 산업의 많은 부분에서 공황 상태가 발생하고 있는 것으로 보인다. 유엔의 대북 제재로 석탄 수출을 할 수 없게 되자 북한 내부의 전력 발전용으로 전환하려는 노력을 가하고 있지만 가격이 수출가의 10%에 불과해 탄광 노동자들이 대거 떠나면서 폐광이 속출하는 상황이다. 철강 생산도 중국산 코크스 수입이 중단되면서 중단된 상태이다. 이뿐 아니라 의류, 수산물 위탁가공, 수출 운송업, 운송 관련 부품 업체 등도 잇달아 도산하는 상태에 있다고 보고되고 있다.

국제사회의 대북 제재로 인해 북한의 대중국 무역도 크게 위축되었다. 2018년 북한의 대중국 수출은 2017년에 비해 무려 87%하락하였다. 대중국 수입 역시 급락하여, 2017년에 비해 2018년에는 33% 감소하였다. 이러한 측면에서 한국경제연구원KDI에서는 2018년 북한의 대외교역은 거의 '붕괴'했다고 할 정도로 크게 위축되었다고 평가한 바가 있다.(이석, 2019, 5~6쪽) 현재의 북한 경제를 종합적으로 보았을 때 내구성과 버티기

초조함이 반영된 것이다.

능력을 동시에 보여주고 있지만, 일종의 위기 상황에 돌입했다는 판단도 가능하다. 대북 제재의 영향이 시장을 포함한 북한 내부 경제를 덮치고 있는 것으로 평가되고 있다.(이석, 2019, 27쪽) 설상가상으로 김정은이 경제적 치적을 위해 천명한 2020년까지 경제발전 5개년 계획 완수라는 목표는 이제 실현 불가능해졌다.

김정일 체제의 핵보유국과 강성대국 기획

이러한 경제 상황에서 북한의 역대 정권이 추구했던 미래비전과 동북아 전략은 무엇인가. 바로 핵보유국으로 나아가는 기획이었다. 1990년대의 경우 북한의 김정일 정권이 선택했던 전략은 핵개발에 모든 것을 거는 전략이었다. 북한은 1991년 냉전 종식 이후 새로이 도래한 탈냉전의 국제 정세에 적응하기를 체제적으로 거부하였다. 당시 중국, 베트남 등 대부분의 사회주의 국가들은 이미 계획경제에서 벗어나 시장경제로 체제전환의 길을 선택했다. 그러나 북한은 체제를 개혁하고 개방할 경우, 정치적 통제가 힘들어질 것을 두려워해 이를 거부하고 오히려 경제난과 대기근을 부르는 핵개발의 길로 들어섰다."(윤영관, 2017, 10쪽)

김정일 시대는 전례없는 경제난과 대기근 속에서 출범했고, 소련이 없어진 후 미국의 단일 패권 국제질서가 형성되면서, 남북한의 위상은 비교 불가능한 상태가 되었다. 따라서 김정일 시대에는 '혹시나 있을지 모르는' 미국의 군사적 위협에 대항하여 체제안전 보장을 위해 핵무기를 만들었고 그 대가로 국제제재를 받아 빈곤을 면치 못하는 북한(이종석, 2018, 148쪽)이 만들어졌다. 미래비전으로는 '강성대국'이 내세워졌다, 이것이 김정일 정권이 추구하는 국가 모델이었다. 김정은 체제에 들어와서 이러한 전략은 변화하였는가.

2) 김정은 체제의 국가 미래 비전과 전략

현재 일반적으로 이해되는 바로는, 김정은 체제가 추구하는 북한의 국가 모델은 미국으로부터 체제 안전 보장을 받는 조건으로 핵을 포기하고, 핵 포기의 대가로 경제 제재가 해제됨으로써 고도성장하는 경제부국 북한(이종석, 2018, 148쪽)이다. 하지만 김정은 체제는 본격적으로 출범하기 이전부터 이미 강성국가 모델을 기반으로 체제를 기획한 것으로 보인다. 이들은 개혁개방과 시장경제라는 가치 지향과는 달리 '부국강병'의 강성대국을 목표로 삼았다. 북한이 가진 잠재력과 실력을 정확히 인식하고 이를 토대로 강성국가를 만든다는 것이다.(남문희, 2012) 김정은 체제의 미래비전을 기획했던 이들 집단은 김일성, 김정일, 김정은으로 이어지면서 특권화된 자신들의 이익을 수호하는 데 가장 유리한 국가 체제를 지향하였다.[5]

김정은 체제의 이러한 부국강병 노선에서 핵은 필요불가결하고 결정적으로 중요한 요소이다. 김정일 체제에서만 해도 핵(무기)에 대한 인식과 태도는 상당히 유동적이고 심지어는 불안정성이 존재하였다. 그런 측면에서는 오히려 협상 가능성이 높은 잠재력을 지니고 있었다. 하지만 김정은 체제에서는 핵이 강성대국과 부국강병의 불가분의, 그리고 불가결의 초석이라고 할 수 있다. 핵무기로 외부간섭을 배제하고 북한의 각종 자원과 과학기술 발전을 통해 '단숨에' 부국강병이 되겠다는 미래비전을 설계하였다.

나아가 김정은 체제에 들어와서 남북 관계와 통일 문제에서도 이전과는 다른 질적 전환의 기획을 갖고 있는 것으로 드러나고 있다. 통일을 지

---

5. 남문희, 2012 참조.

양止揚하는 방향에서 이른바 한반도 '두 개 국가론'을 상정하고 있는 것으로 알려져 있다. 2015년에 이미 북한 표준시 변경[6], 8·25 남북 합의 때 대한민국 호칭사용[7] 등의 행태를 보여주었다.

사회주의 문명강국

북한은 김정은 정권 출범 이후 부국강병의 강성국가를 추구해 왔다. 부국강병의 강성국가는 '사회주의 문명국'이라는 명칭으로 북한의 국가 미래비전이 되었다. 북한은 2012년에 처음 사회주의 문명국을 주장하였다. 2013년 신년사에서 김정은은 "우리가 건설하는 사회주의 강성국가는 전체인민이 높은 문화지식과 건강한 체력, 고상한 도덕품성을 지니고 가장 문명한 조건과 환경에서 사회주의 문화생활을 마음껏 누리며 온 사회에 아름답고 건전한 생활기풍이 차 넘치는 사회주의 문명국"(김정은, 2013년 신년사)을 언급하였다.

2016년에는 〈조선노동당〉 7차 당대회에서 사회주의 문명강국을 공식적으로 주장하였다. 김일성-김정일주의를 구현할 사회주의 강국을 건설하려면 이미 달성한 정치군사강국을 공고히 하면서 문명강국을 건설해 나가야 한다는 것이다. 사회주의 문명강국은 2017년에 더욱 구체화되어 언급된다. 문명강국이란 '문화의 모든 분야…'가 전면적으로 개화 발전하는 나라로 정의하였다. 또한 "사회주의 문화가 전면적으로 개화 발전하는 나라, 인민들이 높은 창조력과 문화수준을 지니고 최상의 문명을 최고의 수준에서 창조하며 향유하는 나라"(명광순, 2017)로 정의하였다.

---

6. 남한보다 30분 느린 '평양시'를 설정.
7. 당시 북한은 처음으로 '대한민군 청와대', '조선민주주의인민공화국 정부'라는 공식 호칭을 사용.

전략국가

북한은 2017년 '전략국가'라는 미래 비전을 내세웠다. 전략국가는 전략적 지위를 가진 나라를 의미한다. 북한에 따르면, 전략적 지위란 "핵을 보유한 자주적인 핵강국으로서 우리 공화국이 세계정치무대에서 전략적 문제들을 주도해나가는 확고한 지위를 말한다."(『근로자』, 2017, 21쪽) 그리하여 전략국가인 북한은 "대륙간탄도로케트와 대륙간탄도로케트장착용 수소탄까지 보유한 무진막강한 국력을 가진 우리 공화국은 오늘 국제무대에서 제국주의자들의 핵위협과 공갈, 강권과 전횡을 물리치고 정의로운 세계질서를 구축해나가는 책임있는 핵보유국, 주체의 핵강국으로 존엄떨치고 있다."(『근로자』, 2017, 21쪽)

김정은은 2017년 12월에 개최한 〈조선노동당〉 제5차 세포위원장 대회에서 "미국에 실제적인 핵위협을 가할 수 있는 전략국가로 급부상한 우리 공화국의 실체를 이 세상 그 누구도 부정할 수 없게 되었다"고 연설함으로써 전략국가의 미래비전을 공식화하였다. 그리고 2018년 3월에는 "오늘 우리 조국은 세계적인 전략국가이다 … 우리의 국방과학자들이 세계적인 전략국가의 뇌성을 울렸다"(『노동신문』, 2018.3.17.)고 언급함으로써 전략국가의 개념을 확고하게 내세웠다.

북한은 2020년을 핵보유국 지위 인정의 데드라인으로 설정하였다는 주장이 존재한다. 북한은 현재 미국의 군사공격에 대한 억지력이 아니라 미국으로 하여금 북한의 핵보유국 지위를 인정하도록 만들려는 것이 북한의 현재 전략이라는 것이다. 베이커에 따르면, 북한은 도쿄올림픽이 열리는 2020년까지 미국으로부터 핵보유국으로 인정받는다는 목표를 설정한 것으로 알려지고 있다.(Baker, 2017)

우리 국가제일주의

사회주의 문명강국과 전략국가를 추진하는 과정에서 내건 슬로건이
바로 '우리 국가제일주의'이다. 2017년 11월 『노동신문』에서는 "이 땅의 모
든 창조와 행복은 우리 민족제일주의, 우리 국가제일주의를 실천으로 구
현해온 김정은 위원장의 손길에서 마련"되었다고 언급하였다.(『노동신
문』, 2017.11.20.)

2018년에 들어와서는 '김정은 동지가 밝힌 우리 국가제일주의에 관한
사상'과 '김정일 애국주의는 우리 국가제일주의의 사상정신적 원천'이라고
주장했다.[8] 또한 2019년 신년사에서 김정은은 "정세와 환경이 어떻게 변
하든 우리 국가제일주의를 신념으로 간직"할 것을 주문하였다. "우리 국
가제일주의를 들고 나가는 것은 사회주의강국에로 비약하는 우리 공화
국의 강화발전에 있어서 합법칙적 요구"라고 언급했다. '우리 국가제일주
의'는 "사회주의 조국에 대한 자부심, 나라의 전반적 국력을 강화시키려
는 각오"이며, 실현 과업으로는 '선대의 국가건설 사상, 업적 고수', '사회주
의 경제건설 총력 집중', '당의 영도에 충실', '과학기술 및 문화 발전'으로
정의하였다.

2019년 2월 20일 『노동신문』은 논설을 통해 "우리 국가제일주의를
높이 들고 나가기 위한 방도"라는 글을 게재했다. 여기서는 '우리 국가제
일주의'를 들고 나가기 위한 중요한 방도로 먼저, "사회주의강국 건설의
높이에 맞는 국풍을 수립하는 것"(『노동신문』, 2019.2.20.)이라고 주장하
고 있다. 전략국가와 부국강병의 국가미래비전 속으로 인민들을 빠짐없

---

8. 『철학 정치학연구』, 2018년 2호와 3호 참조. 2호는 "김정은 동지가 밝힌 우리 국가제일주의
　에 관한 사상"으로 소개되어 있고, 3호는 "김정일 애국주의는 우리 국가제일주의의 사상정신
　적 원천"으로 소개.

이 흡수하여 체제 이탈을 예방적으로 봉쇄하려는 시도로 해석된다.

3. 북한의 정세 인식과 동북아 전략 골격

김정은의 북한 체제의 동북아 전략을, 가시적 혹은 비가시적 공간을 망라하여 분석하기 위해서는 북한의 김정은 체제가 등장하면서 자신을 둘러싼 동북아 국제질서와 정세를 어떻게 인식했는가, 그리고 현재의 정세를 어떻게 이해하고 있는지를 검토하는 것이 논리적인 순서가 된다.

1) 북한의 국제정세 인식

김정은 체제의 국제정세에 대한 인식은 북한이 동북아 전략을 구상하고 기획함에 있어서 중요한 토대가 된다. 김정일 체제에 이르기까지 북한을 둘러싼 국제정세와 북한이 인식해 왔던 국제정세는 김정은 체제가 출범하던 시기를 전후로 하여 급격하게 변화되었다. 김정은 체제 출범 이후 이러한 변화된 정세와 이러한 정세 변화에 대한 인식 변화는 북한의 김정은 체제의 국가미래비전과 정체성, 그리고 동북아 전략의 변화를 수반하였다.

미국 쇠퇴, 중국 굴기, 북한 요충지

김정은 체제가 출범할 즈음해서, 북한이 판단하기로는 미국은 이전과는 달리 국력이 상대적으로 쇠퇴해 가고 있는 것으로 인식되었다. 특히 2008년을 전후로 발생한 미국발 세계경제위기는 미국의 국력에 큰 타격을 입힌 것으로 바라보았다. 미국은 이를 만회하기 위해서 아시아 쪽으로 전략적 관심을 이동한다고 보았다. 미국 오바마 정부가 실행한 아시아-태평양 전략인 '아시아로의 중심축 이동'pivot to Asia이 그것이다. 당시 북한의 『노동신문』은 "현시기 국제정치의 중심은 아시아 태평양지역으로 옮겨지고 있다. 경제위기로 인한 미국과 유럽의 쇠퇴, 일부 아시아 태평양지역 나라들의 국력강화 등은 냉전 종식 이후 미국을 중심으로 형성되었던 힘의 균형에 커다란 변화를 가져오고 있다. 미국은 위태로운 처지에서 벗어나기 위한 출로로 아시아 태평양 지역에 대한 관여에서 찾고 있다"(『노동신문』, 2011.12.7)고 언급했다.

또한 당시 북한은 중국과 인도를 비롯한 새로운 도전 국가들이 국제적으로 부상함으로써 동북아시아는 새로운 세력균형을 위한 과도기에 직면하고 있다고 인식했다. 당시 북한의 『조선중앙통신』은 "새 세기에 아시아 태평양지역의 경제, 군사력 균형에서는 급속한 변화가 일어나고 있다. 중국, 인디아 등 여러 나라들이 신흥강국으로 등장하고 있다"(『조선중앙통신』, 2011.3.2.)고 언급하였다.

이러한 상황에서 김정은은 북한이 지정학적으로 전략적 요충지라는 인식을 토대로 동북아 전략을 구상하였다. "큰 나라들의 짬에 끼어서 각축전의 무대로 될 수밖에 없다는 사대주의, 민족허무주의적인 사고방식을 부정"하고 "불리한 위치가 아니라 전략적 요충지에 있다는 것"(『조선신보』, 2012.3.17.)이다. 이것은 미국과의 관계에서도 중요한 전략적 의미를 부여하고 있는데, "미국은 조선반도에 큰 의의를 부여하고 있다. 미국은 이곳을 틀어쥐지 않고서는 아시아대륙을 지배할 수 없으며 나아가서 유라시아대륙에 대한 군사적 포위환을 형성할 수 없다고 판단하고 있다"(조택범, 2011)는 것이다. 이러한 김정은의 인식은 계속 이어져 나가면서 2017년 12월의 이른바 '전략적 지위' 논의와 연결되게 된다(『근로자』, 2017).

지향志向의 변화

북한의 이와 같은 정세 판단은 북한의 세계 인식에서 중요한 '지향' 志向을 만들어 내었다. 1980년대 말과 1990년대의 김정일 시대에는 글로벌 수준에서 미국은 단일 패권국가로서 너무나 확고한 지위를 가지고 있었다. 소련은 시야에서 사라졌으며, 중국은 한국과 수교를 하였고, 김정일의 대중 적대감은 커가고 있었던 시기기도 했다. 그래서 김정일의 북한은 미국과 동맹에 준하는 관계 혹은 수교 이상의 양국 관계를 모색하려는 노력을 기울였다. 그 수단이 바로 핵무기의 보유였다. 핵무기 보유를 통한 대미 협상과 북미 수교라는 전략이 동북아 전략의 핵심이었다.

김정은 체제에 들어와 북한은 미국의 독점적인 글로벌 헤게모니에 변동이 발생했다고 인식하기 시작했다. 또한 글로벌 강대국으로 굴기하는 중국의 존재에 주의를 집중하였다. 사실상 중국은 2010년에 GDP 총량에서 일본을 넘어섰고, 구매력평가 지수를 기반으로 계산한 GDP인 GDP(PPP)는 2014년부터 미국을 앞지르고 세계1위 국가로 굴기하였다(하종대, 2018). 두 개의 초강대국이 김정은 체제의 시야 속으로 들어온 것이다.

김정일 체제에서 미국을 위주로 수립된 동북아 전략에서 북한에게는 매우 전통적인 '등거리 외교'가 김정은 체제에서 다시 소환되었다. 이른바 양 강대국인 미국과 중국 사이에서 등거리 외교를 할 수 있는 구조를 기본적으로 구축하는 전략이 새로이 호명되었다. 그리하여 대미 관계정상화가 김정일 체제 때와는 다른 관점에서 요구되었다. 한국이 미국과 동맹 관계를, 중국과 전략적 동반자 관계를 갖고 있는 것과 마찬가지로, 김정은의 북한은 중국과의 전통적인 관계 복원에 멈추지 않고 미국과의 관계에서 획기적인 전환을 추구하게 되었다. 이것은 이른바 '남한 모델'이라고

도 할 수 있다.[9]

2) 동북아 전략의 기초

김정일 체제에서는 세계 유일 강대국으로 존재하는 미국과의 관계를 결정적으로 염두에 두었다. 김명철 조미평화센터 소장에 따르면, 북한은 미국이 종국적으로 핵을 보유한 북한과 평화 공존하기로 하고 북미 간의 평화협정을 체결함으로써 양국 간에 수십 년 동안 존속해 온 적대적 관계를 청산하고 전면적인 외교관계를 맺는다는 구상 속에서 움직였다. 이것은 '플랜C'로 언급되었다.(Kim Myong Chol, 2009)

이를 위해서는 첫째, 핵계획을 신속하게 전개하여 핵대국을 실현하는 것, 둘째, 국제사회가 핵확산 문제에 있어서 타협을 하도록 유도하면서 국제사회가 북핵 문제를 망각하게 하고 우호협력을 하는 것이다. 북한은 이 과정에서 핵대국 지위를 '묵인'으로부터 '승인'받는 데로 나아가는 것으로 기획했다고 한다.(장렌구이, 2009)

중국의 장렌구이(2016) 교수에 따르면, 애초에 북한은 미국과의 수교를 통해서 자주, 평화, 번영을 실현하는 것을 목표(플랜A)로 하여 움직였지만 북미 수교는 현실에서 수차례 좌초되었다. 이후 핵개발과 핵무장을 통해서 북한 자신의 힘으로 강성대국으로 성장한다는 것을 목표(플랜B)로 삼았지만 이 또한 실패하였다. 이후 핵을 보유한 상태에서 미국과 전면적인 외교관계를 맺는 구상으로 전환하였다고 한다. 김정일이 가동한

---

9. 중국과 소련이 존재했던 냉전 시기의 북한의 대중 대소 등거리 외교와 마찬가지로 2019년 현재 김정은 체제는 중국과 미국 사이의 등거리 외교에 전략적 주의를 기울이고 있다. 굳이 '남한 모델'이라고 명명한 것은 현재 남한이 중국과 미국 사이에서 양국과 동시에 긍정적인 관계를 구축하고 있기 때문이다. 북한은 1990년대 김일성 시기부터 이러한 구도를 자신의 미래로 삼으려는 의지를 갖고 있었다.

이 계획을 2011년 말에 집권한 김정은이 강력하게 추진하고 있다고 분석하였다.

4. 북한의 동북아 전략

북한의 동북아 전략을 크게 3가지 하위 주제로 분류한다. 즉 북한의 동북아 전략에서 가장 중요한 국가인 미국에 대한 전략, 동북아에서 북한의 운명에 지대한 영향을 미치고 있는 중국, 일본, 러시아 등 동북아 국가들에 대한 전략, 그리고 대남한 전략으로 나누어서 설명한다.

1) 대對미국 전략

장기 전략

북한이 미국과의 관계에서 '진실로 원하는 것'은 무엇인가.[10] 그리고 북한은 왜 '미국과의 양자 관계'에 집착하는 것인가. 로버트 칼린과 존 루이스의 분석은 북한의 대미 전략의 목표를 가늠케 하는 언급들을 제공하였다. "도대체 북한이 원하는 것은 무엇인가? 무엇보다도 그들이 원하고 또한 1991년 이래 꾸준히 추구해온 것은 미국과의 장기적이고 전략적인 관계이다. 이는 이데올로기나 정치 철학과 관계된 것이 아니다. 역사와 평양이 직면한 지정학적 현실에 입각한 냉혹한 계산에 따른 것이다. 북한은 작고 허약한 자신에 대해 주변 국가들이 이미 갖고 있거나 곧 획득할 커

---

10. 물론 북한이 미국과 수교나 미국과의 관계정상화를 반드시 전제하는 기본적인 이유는 존재한다. 북한이 미국과 수교를 해야만 〈국제통화기금〉(IMF)이나 〈세계은행〉 같은 국제기구에 가입할 수 있고, 이를 통해 정상적인 대외경제 활동이 가능하기 때문이다.(구갑우, 2019)

다란 영향력을 어떻게 완충시킬 수 있는가에 그들의 운명이 달려 있다고 믿는다."(Carlin & Lewis, 2007) 이러한 언급이 북한이 '진실로 원하는 것'의 전부를 설명한 것은 아니겠지만, 북한이 원하는 것들을 그려 볼 수는 있게 해준다. 적어도 지금까지 우리가 추정해 왔던 북한의 '안전 보장'은 북한이 진실로 얻고자 하는 것은 아닌 것 같다.

북한은 핵문제를 포함하여 미국과 협상할 때 이것이 타결될 것이라는 희망을 가지고 협상에 임하지 않는다는 점을 추론해 볼 수 있다. 북한은 핵문제야말로 미국과 장기적이고 전략적인 관계를 가능케 하는 '트로이의 목마'로 간주한다. 따라서 북한의 대미 협상은 북한이 핵을 보유하고 장기적이고 전략적 관계가 형성될 때까지 지루하게 끄는 협상 행태를 보이게 될 것으로 예측할 수 있다. 북한은 핵보유국이 되면 미국과 원하는 관계를 성취할 수 있다고 보는 것 같다. 그것은 북한 쪽에서는 어쩌면 '북미 동맹 관계'까지 나아가는 것도 염두에 두고 있을 수 있다.[11] 아니면, 문정인(2019)의 언급처럼, 북한이 미국과 군사동맹은 못 해도 군사적인 협력 관계를 염두에 둘 수도 있다.

대미 액션 플랜과 전술

2019년 북한은 핵을 보유한 보유국의 지위를 인정받으면서 미국과 수교 협상을 개시하는 것을 액션 플랜으로 삼은 듯하다. 핵보유국의 지위를 유지한 채로 미국에 위협이 되는 북한의 핵 및 미사일 역량의 일부 혹은 부분을 북미 간에 거래하는 것이다. 일차적으로 핵무기가 아니라, 미국 본토를 위협하는 대륙간탄도미사일 시설 및 능력을 일부 혹은 부분

---

11. 2012년 3월 7~9일 미국에서 열린 한반도 세미나에 참석한 북한의 외교부 부부장 리용호는 갑작스럽게 '북미 동맹'을 언급한 바가 있다.

을 폐기하거나 결정적인 부분을 거래함으로써 미국과의 협상 절차를 이어나가는 것이다. 종국적으로 완전한 비핵화가 아니라 '적당한 비핵화' 상태에서 미국과의 수교 상태를 지향하는 것이다.

북한은 자신의 안보 문제(체제 유지와 안전)와 지속적인 경제난 해결을 위한 핵심적인 열쇠가 바로 미국과의 관계 정상화라고 생각하고 있다. 이러한 대미 관계정상화를 위한 물리적 카드가 핵무기이다. 정영태에 따르면, "북한이 미국을 비롯한 국제사회의 강력한 대북 제재를 받으면서도 핵무기를 포기하지 않은 이유는 미국에 의해 포위되어 있다는 의식에 대한 자강력 강화, 위대한 지도자로의 상징조작으로 대내적인 체제 결집, 미국과의 협상에서 주도권 장악"(2016, 1~3쪽)이다.

이러한 대미 전략의 토대 위에서 2016년 제7차 당대회에서 '경제 핵 병진노선'을 선포하였다. 2017년 신년사에서는 '대륙간탄도로케트(ICBM) 시험발사 준비사업이 마감단계'에 도달했음을 주장하였고, "선제공격능력을 계속 강화해 나갈 것"을 선언하였다. 그리고 2017년 11월, 북한은 핵 무력이 완성되었음을 선포하였다. 2018년 4월 20일, 전원회의에서 더 이상 핵과 미사일 시험발사는 더 이상 필요가 없다고 단언하였다. 2018년 6월 12일 싱가포르 북미공동성명에서 북한은 (완전한 비핵화가 아니라) "완전한 비핵화를 향하여 노력한다"고 약속하였다.

북한은 대 미국에 대한 전략을 2차 북미정상회담에 즈음하여 토로한 바가 있다. 『노동신문』은 2019년 2월 15일, "지난날 우리나라를 적대시하던 나라라고 하여도 오늘날에 와서 관계를 개선할 의향이 있고 친선협조관계를 발전시켜 나갈 결심이 서 있다면 함께 손잡고 새 역사를 써나가자는 것이 우리 당과 공화국 정부의 확고한 입장"이라고 언급하였다. 또한 『우리민족끼리』는 2019년 2월 15일, 2차 북미정상회담을 앞두고 "격변하는 오늘의 시대는 평화와 번영을 바라는 조미 두 나라 인민들의 염원에 맞게 새로운 조미 관계를 수립할 것을 요구하고 있다"고 언급했다.

2019년 2월 2차 북미정상회담의 주요한 목표도 다르게 설명된다. "2차 북-미 정상회담의 협상 주제는 북한의 비핵화가 아니라 핵 군축 문제"이며 "우리(북한)가 하려는 것은 미국의 행동에 따른 단계적 비핵화이며 일방적으로 미국의 요구만을 수용할 수는 없다. 결코 제2의 리비아가 되지는 않을 것이다"라고 북한의 〈노동당〉 간부가 발언하였다. 북미 정상회담에서 북한이 미국에 요구하는 것은 "(북한을) 미국과 대등한 핵보유국이라고 도널드 트럼프 대통령이 인정하는 것이 전제가 될 것"(『現代ビジネス』, 2019.2.12.)이라고 언급하였다. 핵무기는 대미 전쟁억제력으로 인식하고 있다. "미국과 강력한 힘의 균형을 이룬 공화국의 전쟁억제력이 전쟁과 대결, 불신과 오해의 악순환을 일거에 짓부셔버린 평화의 보검"(『노동신문』, 2019.2.13.)으로 보는 것이다.

북한의 비핵화 개념과 상응조치

북한의 동북아 전략에서 핵은 핵심적인 것이다. 북한 핵문제에서 마지노선은 영변(과 혹은 플러스알파로 존재하는) 핵실험장을 폐쇄할 수 있으며, 각종 미사일 및 대륙간탄도미사일 제조와 발사시설을 해체할 수 있으며, 현재 보유하고 있는 핵무기를 포기할 수 있으며, 모든 것들을 사찰 받을 수 있지만 핵무기 제조 능력은 잔존시켜 북한이 원하는 시기에 언제든지 제조할 수 있게 하는 것이다. 일종의 '완전한 비핵화'이지만, 사실상은 '가역적인 비핵화'인 셈이다.

북한이 말하는 한반도 비핵화는 공간적 구조를 가지고 있다. 엄밀히 말하자면 한반도 비핵지대화이다. 핵 항공모함, 핵 잠수함, 핵 폭격기 등

미 전략자산의 한반도 전개 중단은 물론이고 핵 사용권을 가진 주한미군의 철수까지 포함하는 개념이다.(구갑우, 2019)

김정은 체제에서 북한은 비핵화에 대해 상응조치를 요구해 왔는데, 상당한 변화를 보여주고 있어 주의를 기울일 필요가 있다. 첫째, 2016년 7월 북한은 정부성명을 통하여, 북한의 비핵화에 대한 상응조치로서 미국 핵무기 공개, 남한 지역 미국 핵무기와 기지 철폐, 미국 핵타격수단의 반입금지, 핵무기 위협 및 사용 금지, 남한에서 핵사용권을 쥐고 있는 미군 철수 선포 등 5가지를 제시하였다. 또한 김정은은 핵무기 포기를 약속하면서 '군사위협 해소'와 '체제안전 보장' 두 가지 상응조치를 내걸었다.

2018년 12월 20일 『조선중앙통신』은 한반도 비핵화를 북한만의 비핵화로 보는 데 반대하는 논의를 실었다. 즉 "조선반도 비핵화란 우리 핵억제력을 없애는 것이기 전에 '조선에 대한 미국 핵위협을 완전히 제거하는 것'이라고 하는 것이 제대로 된 정의"라고 언급한 것이다. 그리고 2019년 신년사에서는 비핵화 상응조치로 한미 합동군사연습의 불용, 외부로부터 전략자산을 비롯한 전쟁장비 반입중지를 자신들의 주장이라고 언급하였다.

여기서 주목할 것은 북한이 주한미군 철수 문제를 중요하게 생각하지 않는 경향이 있다는 것이다. 이것은 북한의 [비가시적인 공간]에 속하는 전략이기 때문에 실증實證할 수는 없지만, 북한의 입장에서 볼 때 주한미군은 계속 주둔하는 것이 미국에 대한 북한의 장기적 궁극적 목표에 부합하는 환경을 지속적으로 만들어 갈 수 있을 것으로 판단하고 있는 것으로 보인다. 북한의 김영철 〈노동당〉 부위원장은 2019년 1월 19일 미국 백악관을 방문하여 트럼프에게 평화체제 구축 이후에도 주한미군의 철수를 요구하지 않겠다는 입장을 직접 밝혔다.(조성렬, 2019)

2) 대對동북아 국가 전략

김정은 체제의 동북아 전략의 전체적인 총론은 '북한이 가진 지정학적 가치를 적극 활용하여 주변의 강대국들을 상대하겠다는 의지를 실행하는 것'이다. 이는 핵무기 보유에 기초한 자주성의 강력한 견지에서 발원한다. 구체적으로는 북한 경제의 정상화를 위한 대외 경제적 지원 및 원천을 개발하는 데 주력하는 것이다. 2016년 7차 당대회에서 공언한 것처럼 2020년 종료되는 경제발전 5개년 전략의 성공은 김정은 정권의 유지에 대단히 중요하다. 2019년에 미국, 중국, 일본, 러시아 등과의 관계에서 미국과는 핵과 미사일 문제의 진척을 통해서, 일본과는 수교 협상의 진척을 통해서, 러시아와는 전략적 미래를 구현하면서, 중국과는 북한의 재친중화 가능성을 제고시킴으로써 경제적 지원을 획득할 수 있는 잠재력을 다방면에서 추진해 나가고자 한다.

북한의 대중 전략

현재 북한에게 중국은 북한의 안보와 경제를 동시에 의존하고 있는 유일한 나라이다. 그것도 지나치게 의존하는 나라로 인식하고 있다. 따라서 중국은 북한의 전통적인 '자주성'이 구조적으로 훼손되는 딜레마에 봉착하게 되는 나라인 것이다. 대외 자주성을 위해 기획했던 핵과 미사일 프로그램은 결과적으로 오히려 대중국 자주성을 훼손하는 결과를 초래하였다. 김정은 체제 출범 직후부터 이러한 딜레마는 구조화되고 만성화되었다. 이른바 북한의 '흑기사' 역할(정성윤, 2014, 185쪽)을 중국이 맡는 구조가 만성화될 조짐이 항상 존재하는 것이다.

김정은 체제는 출범 직후부터 대중국 의존도가 더욱 심화되는 것을 경계해 왔다. 그리하여 북한은 첫째, 대중국 종속 강화 경향을 '주체적 경제운용전략'의 와해로 간주하여 경계했다. 둘째, 중국과의 교역 강화는 개혁개방 압박으로 진전될 가능성이 있는데, 이는 중국이 북한 내 중국 투자 보호를 위해서라는 명분으로 진행될 가능성을 경계했다. 셋째, 중국의 경제독점 강화는 북한 경제주체들의 대중국 종속 강화(이석, 2019 ; 이원경, 2012)를 초래할 것으로 보고 경계했다.

따라서 김정은 체제는 북한의 대중국 내구력의 약화를 종국적으로 중국발 잠재적 위협요인이 될 것으로 인식했다. 그리하여 북한의 중국에 대한 의존 심화는 북한에게 자율성의 제약을 초래할 것이며, 중국이 자신들의 대북 우월적 지위를 활용하여 북한에 대해 강력한 비핵화 압력, 개혁 개방 압력, 친미화 방해 압력 등을 다양하게 구사할 빌미가 될 것으로 보았다. 이에 대한 대안이 러시아와의 친밀화, 나아가서는 획기적으로 북미관계의 정상화, 수교, 안보협력 구조까지 관계를 개선해 나가는 것이 부상하게 되었다. 전통적인 '등거리 외교'의 소환이자 호명이다.

북한의 대일 전략

김정은 체제의 대일 전략은 일본으로부터 경제지원을 획득하기 위한 대북 제재의 완화 및 해제, 정부 간 채널 확보 등을 시도하는 것이다. 또한 미국을 향해 대화 시그널을 간접적으로 보내기 위한 대상으로서의 역할을 인식하고 있다.

북한은 일본과 일본인 납치자 문제 해결과 북일 수교 문제가 가장 커다란 현안이 되어 있다. 현재로선 일본이 좀더 적극적으로 북한에 접근하려는 경향이 강하지만, 북한 역시 일본과의 관계를 정상화하지 않으면 동북아 전략의 실행에 구조적 어려움에 직면하게 될 것이다. 무엇보다 일본이 북한에게 제공할 수 있는 다양한 경제적 역량과 역할은 북한의 동북아 전략에서 가장 가능성이 큰 물질적 원천이다. 북일 수교 시 일본이 북한에 지급할 수 있는 식민지 청구권 자금은 최소 100억 달러(신범철, 2019) 최대 300억 달러[12]에 이르는 것으로 예상되고 있다. 이 액수는 2016년 기준 북한의 GDP 총량에 맞먹는 액수로 북한 경제에 막대한 물질적 토대로 기능할 수 있다.

북한의 대러 전략

북한은 탈냉전 이후 러시아와의 협력을 중시하는 방향으로 지속적으로 전략을 추진했다. 북한의 외교적 고립을 탈피하고 러시아로부터 중요한 경제적 지원을 얻는다는 것이 주요한 목표였다. 특히 2002년 10월 2차 북핵 위기가 발생하고 한반도 정세가 북한에 불리해지고 미국과 중국의 영향력이 더욱 커지는 상황이 발생하자 북한은 러시아와의 유대 및 교류 협력 강화를 통해 미국과 중국의 영향력을 견제(박정민, 2013, 280쪽)하려는 시도를 감행했다. 이후 러시아는 고비마다 북한의 후견인 역할을 소화하였다.

김정은 체제에 들어와서는 러시아와의 관계가 더욱 중요해졌다. 김정은은 북한의 지정학적 가치를 활용하여 중국과 러시아에 더 많은 정치안보적 경제적 실리를 추구하려 하고, 이를 위해서는 러시아의 입지가 강화될 필요가 있었다. 북한으로서는 미국과 핵게임을 하고 있는 상황에서 미국의 일방주의를 견제하고, 북한을 겨냥한 미국과 중국의 긴밀한 협력을 견제하는 세력으로 러시아 역할을 기대했던 것이다.

김정은은 러시아를 이용한 북-중-러 협력 구도 만들기를 지향하고

---

12. 정동영 전통일부장관은 "2002년 북한과 일본 간 평양선언 당시 북한은 300억 달러를 요구했다"고 증언했다.(『시사저널』, 2018.6.11.)

실천에 옮겨 왔다. 이를 통해 한-미-일의 연합적 공세에 대응할 수 있기 때문이다. 물론 한때 북러 양국 간에 서로 전략적 필요성이 절박하지 않았던 과거가 존재하였다. 푸틴이 재등장했을 때 러시아의 동북아 전략구상이 중국과의 안보협력과 한국과의 경제개발 협력이 우선시되었기 때문이다. 그러나 2014년 우크라이나 사태 이후 북한과 러시아의 전략이 좀 더 역동적으로 전환되면서 양국의 밀월관계가 시작되었다.

북한은 외교안보적 차원에서 중국에 대한 급격한 의존을 탈피하기 위해 러시아에 대한 전략적 접근을 강화하는 전략을 취하고 있다. 북한은 러시아가 주력하고 있는 '나진-하산 물류사업', '천연가스 운송 프로젝트', '한반도종단철도TKR와 시베리아횡단철도TSR 연결 사업'에 북한의 협력이 필수적이므로 이러한 경협사업을 매개로 대 러시아 접근전략을 적극적으로 전개해 왔다.

3) 대남 전략

북한의 입장에서 남북한 관계는 자신의 입장에서 예측 가능해야 하며 또한 북한이 주도하는 관계로서 공고화되어야 한다. 북한은 남북관계를 전략적으로 관리하여, 모든 대외 관계에서 남북관계가 북한에 도움을 제공할 수 있는, 유용성 높은 상태로 공고화하는 것을 겨냥하고 있다.

북한의 '새로운 길'

2019년 북한이 남한에 가장 기대하고 있는 것은 무엇이고 어떠한 수준의 관계를 원하고 있는 것인가. 남한에 대한 북한의 정치적 기대는 명확하다. 체제 안전 보장을 위한 긴 행로에 한국이 부동不動의 토대로 존재하는 것이다. 김정은은 2016년 9월 미국, 중국, 러시아 3국과의 관계 안착

국면에 진입하여 동북아 지역에서 체제 안전 보장을 받을 수 있는 구조를 언급했다. 김정은이 언급했던 이러한 환경은 2018년 부분적으로 완성되었다.

2018년에 북한은 미국과 정상회담뿐 아니라 러시아, 중국과도 관계를 정상화 및 제도화하는 데 성공했다. 이러한 성공의 이면에는 한국의 역할이 필수 불가결했다. 한국 정부는 북미 정상회담의 순항에 기여했고 북중 정상회담을 기꺼이 축하했으며, 북러 정상회담에 대한 긍정적인 기대를 제공하였다. 또한 북한의 입장에서 남북 관계는 그 현재와 미래가 북한 입장에서, 나아가 긍정적인 측면에서 예측 가능해야 하며 또한 북한이 중심(갑)이 되는 관계로서 공고화하는 것이 필요하다. 북한은 향후 남북 관계를 전략적으로 관리하여 모든 대외 관계 상황과 전략 실행에서 북한에 도움을 제공할 수 있는, 즉 유용성이 높은 상태로 공고히 하는 것을 원한다.

남한 경제역량의 북한으로의 이전

북한은 자초自招한 2017년의 전쟁 분위기 속에서 고립과 제재로 심각한 곤란을 겪었으나 2018년 남한의 문재인 정부가 내민 손을 잡았다. 북한은 4월 전원회의에서 국가전략의 중심을 경제로 이전하여 경제적 선진국 기획을 수립했다. 사실상 경제의 정상화에 가까운 전략이지만 경제 선진국 기획을 위한 대외 경제적 지원 및 원천을 개발하는 것이 2019년 북한으로서는 급선무이다. 그리하여 2020년 종료되는 경제발전 5개년 전략의 성공이 가능해야 한다. 김정은 체제로서는 이 5개년 전략의 성공이 정권 안정과 유지에 대단히 중요하다.

북한은 경제 선진국 반열에 이르기 위해 자신을 둘러싼 국제환경의 개선이 불가피하다. 이는 국제환경에 북한이 맞추어 '변신'을 시도하면 해결될 수 있으나 변신은 북한에게 아직 위험천만한 선택지이다. 따라서 현실적 방법은 남한과의 관계를 개선하고 남북관계를 우호적인 관계로 안정적으로 유지하는 것이다. 이러한 기반 위에서 남한과 경제협력을 확대함으로써 국제환경을 개선하는 계기로 삼고자 한다. 북한의 이미지 개선과 대북 제재 해제의 기회를 포착할 수 있다고 본다. 나아가 북한은 한국이 적극적으로 나서서 국제사회의 대북 제재를 완화해주기를 기대하고 있다.

북한은 남한에서 대북 인식을 개선함으로써 남한의 경제력과 경제역량을 북한 경제재건에 이전시키는 전략을 가동하려고 한다. 북한은 2018년 신년사에서 "북남 사이의 군사적 적대관계를 근원적으로 청산하고 조선반도를 항구적이며 공고한 평화지대로 만들려는 것은 우리의 확고부동한 의지"라고 언급한 바가 있다. 이는 주한미군 철수 등의 전략적 의도가 있겠지만 남북관계를 활용론의 입장에서 사고하고 있다는 증거이기도 하다.

2018년 미중 대결구도에서 남북관계의 주도권이 남한의 문재인 정부에 있었지만 2019년 북한은 대남 주도권을 행사하려는 전략적 행동을 개시했다. 북미 정상회담을 연결시키는 북한-한국-미국의 라인을 대체하여 중국-북한-미국이라는 구도를 만들고 북한이 미중 연결의 이니셔티브를 쥐려는 것이다. 북미관계가 진척되지 않아 북한이 미국에 원하던 것을 중국에서 찾을 경우, 북중관계의 비약적 강화와 더불어 남한의 외교적 볼모화가 발생할 수 있다. 북한은 이를 2019년 신년사에서 북한의 '새로운 길'로 암시했다.

5. 한반도 평화

최장집 교수가 잘 표현했듯이 우리가 추구하는 동아시아는 갈등과 대결의 상징인 냉전의 안티테제(2004, 98~99쪽)일 것이다. 동북아시아에서 현재 가장 커다란 갈등과 대결은 한반도 분단과 북한의 핵문제에서 구축되었다. 여기에 한반도 지정학적 독특성은 글로벌 수준에서 가장 강력한 헤게모니 욕망을 가진 국가들이 집결해 있다는 사실[13]이 해법의 고단함과 어려움을 암시하고 있다.

북한의 비핵화는 한반도 평화와 안정에 절대적으로 긴요한 과제이다. 북핵 문제는 한반도뿐 아니라 동북아시아의 평화와 안정에 결정적인 핵심 문제이며 이 문제는 전면적이고 긴급한 사안이다. 앞에서 고찰했던 북한의 동북아 전략이, 특히 북한의 '비가시적인 공간' 전략에서 보았을 때 비핵화를 전제하지 않는다는 전략이 더욱 확고해지거나 강력해질 때 한반도 평화는 구조적으로 가장 어려운 난관에 직면하게 될 것이다. 이하에서 북한의 동북아 전략의 코페르니쿠스적 전환(비핵 평화국가화로의 전환)을 요구하기보다는 한반도 정전체제의 부조리함과 평화체제에 대한 우리의 여정과 노력에 이야기를 집중하고자 한다.

2018~19년의 한반도, 정전체제의 현실

역설적이게도 현재 '정전협정 체제'하에 있다는 한반도는 사실상 정전협정으로부터도 보호받지 못하고 있다. 1953년 정전협정에 의한 정전체제 자체는 현재 한반도에서 6·25 전쟁이 사실상 종결된 것으로 해석 가능하다. 전쟁 당사자들 상호 간에 외교관계가 회복되어 있기 때문이다. 미국과

---

13. 한반도 주변 4국 모두가 세계에서 가장 강대국들로서 경제력 기준 세계 1, 2, 3위 국가들(미국, 중국, 일본), 군사력 기준 세계 1, 2, 3위 국가들(미국, 러시아, 중국)이 한반도를 둘러싸고 존재하면서 헤게모니 각축을 벌이고 있음.

중국은 1979년에, 한국과 중국은 1992년에 국교를 수립했다. 이런 상황에서 평화체제라는 것이 특별히 필요한가. 이제 미국과 북한이 국교 정상화를, 남북한이 관계 정상화를 이룬다면 그것이 사실상 평화체제가 아닌가. 현실은 다르다. 정전협정은 한반도에서 그 생명이 소진되었다. NLL을 둘러싼 남북의 군사적 충돌, 남북한 무력 증강, 군사정전위원회(군정위)의 작동 중지, 북한의 핵무기와 대량살상무기 등은 정전체제의 소진 위에서 나온 것들이다. 북한은 군정위 본회담 참석 거부(1991), 군정위 북한 대표단 철수(1994), '남북 기본합의서' 무효화(2009), '정전협정' 백지화(2013)를 선언했다. 또한 남한은 5·24 조치(2010)와 개성공단 중단 조치(2016)를 내렸다. 한반도에서는 전쟁과 적대행위의 중지를 규정한 정전체제나마 지탱시킬 수 있는 남북한 간 합의가 사실상 존재하지 않는 것이다.

1950~70년대, 북미 평화협정의 부상

한반도 평화체제에 대한 논의는 결코 새롭지 않다. 한반도 평화체제에 대한 논의는 1954년 제네바 회담으로 거슬러 올라간다. 이 회담에서 한국 문제의 평화적 해결이 주요 의제였다. 회담은 실패했으나 이 회담의 쟁점들은 한반도 평화체제에 중요한 쟁점이 된다. 남북 평화협정 문제, 한반도 평화의 집단보장 문제 등이 그것이었다. 북한은 1950~60년대까지 미군 철수와 남북한 평화협정 체결의 선후 순서가 바뀌기는 하지만 일관되게 평화체제의 주체를 남북한으로 간주했다. 북한이 남북 간 평화체제 체결에서 북미 평화체제 체결로 방향을 선회한 것은 1973~74년 무렵이다. 1973년 1월, 미국과 베트남 간의 〈파리협정〉이 체결되어 베트남에서 미군 철수가 시작되자, 이때부터 북한은 북미 평화협정 체결을 제안하기 시작했다. 1973년 12월 북한은 북미 평화협정 제안했고 1974년 대미 서한('미

합중국 국회에 보내는 편지')을 채택했다. 북미 상호불가침 조약, 엽합사 해체 및 모든 외국군 철수 등을 주장했다.

유엔과 국제사회의 한반도 평화체제에 대한 권고도 중요한 전환점이 되었다. 1975년 제30차 유엔 총회에서 결의 제3390호를 채택, 한반도 평화에서 중요한 의제를 제기했다. 정전협정에서 평화협정으로의 전환, 주한 연합군 통합 사령부의 해체가 그것이다. 당시 키신저 미 국무장관도 평화협정 논의를 위한 남북미중의 4자회담과 교차승인을 제안했다. 당시 북한은 이를 거부했는데 분단의 영속화로 간주한 탓이다.

1980년대, 남북한 공존문제의 부상

1980년대에 들어와 북한은 주한미군 철수를 평화협정 체결의 선결조건으로 내세우지 않았다. 평화협정 체결을 우선시한 것이다. 평화협정이 체결되면 주한미군 철수가 당연시된다고 보았던 것이다. 당시 남한은 남북한 불가침 협정의 체결로 한반도의 평화정착을 제도화한 이후에 주변 4대국으로부터 국제적인 보장을 받는다는 정책을 일관되게 추진하였다.

1980년대 후반에 평화체제 논의에서 또 한 번의 색다른 전개과정이 발생했다. 북한은 당시 사회주의권의 변동을 목도하고 남북한 공존문제를 공식적으로 언급하기 시작했다. 이른바 대남 유화정책으로 전환한 것이다. 1988년 11월, 북한은 '평화보장 4원칙'과 '포괄적 긴장 완화 방안'을 내놓았다. 당시 남한에는 노태우 정부가 등장하였고, 1988년에 7·7 선언을 통해 남북동포의 상호교류, 남북교역 문호개방, 교차승인 등을 제시했다.

탈냉전과 평화체제 논의

탈냉전 이후 평화체제 논의는 질적으로 다른 환경에서 진행되었다. 소련과 동유럽의 체제전환과 북한의 고립과 체제위기가 진행되었기 때문이다. 북한은 평화체제 논의에서 체제유지와 생존을 일차적으로 고려했다. 당시 한반도 평화 체제에서 가장 획기적인 문서는 1991년의 '남북 기본합의서'이다. 기본합의서는 한반도 평화체제의 조성을 위한 거의 모든 사항을 망라하는 합의였다. 북한이 '남북 기본합의서'에 서명했다는 것은 남북한 불가침 선언을 먼저 선택한 후 북미 평화협정을 체결하는 수순으로 기존 전략을 수정했다는 의미다.

북미 간에 북핵 문제가 터지기 시작했던 1993년 6월 북한과 미국은 '북미 뉴욕공동성명'을 채택했다. 그 내용은 핵무기 포함 무력 불사용, 비핵화된 한반도의 평화와 안전보장, 한반도의 평화적 통일지지였다. 이 또한 북한의 NPT탈퇴로 실패했다. 이 직후 1994년 4월 북한은 '새로운 평화 보장 체계' 수립을 위한 협상을 제의했다. 북한은 정전협정이 한반도 평화를 보장할 수 없으며 북미 평화협정이 필요함을 강조했다. 우여곡절 끝에 1994년 10월 북미 간 〈제네바 기본합의〉가 체결되었다. 북미는 북미 관계 정상화 추구, 북한의 안전보장, 한반도 비핵화 공동선언 이행, 남북 대화 진전 등에 합의했다. 〈제네바 기본합의〉는 핵문제 해결뿐 아니라 북미 관계정상화(쌍방 연락사무소 개설), 북미 외교관계 수립을 포괄하고 있었는데, 이른바 북미 평화협정이 실험된 것이다. 합의 이행은 1998년에 이르러 중단된다.

2000년대, 평화체제 논의의 질적 도약

2000년대에 들어와 한반도 평화체제 논의는 질적으로 도약했다. 2000년 10월 북한의 조명록(인민군 차수, 총정치국장)이 미국을 방문했다. 북미는 적대관계 청산을 목표로 한 '북미 공동코뮤니케'를 발표했다.

'1953년의 정전협정을 평화보장 체계로 전환, 한국전쟁을 공식적으로 종식시키자는 제안이었다. 클린턴의 방북과 북미 정상회담도 약속했지만 부시 대통령의 당선으로 무효화되었다.

한반도 평화체제 논의는 6자회담을 통해 질적으로 도약했다. 2005년의 제4차 6자회담에서 '9·19 공동성명'이 발표되었는데, 한반도 평화체제 peace regime에 관한 구상이 명문화되기 시작했다. '9·19 공동성명'은 모든 관련국들이 한반도 문제 해법의 정석으로 인정했다. 북미 관계정상화와 북일 관계정상화를 추진하고 별도의 적절한 포럼에서 한반도의 항구적 평화체제에 관한 협상을 추진하기로 했다. 그러나 2006년 북한의 핵실험으로 좌초되었다. 2007년 제5차 6자회담에서 '9·19 공동성명' 이행을 위한 '2·13 합의'가 채택되면서, 한반도 평화체제와 관련하여 좀더 진화된 양상이 나타났다. 적절한 별도의 포럼에서 한반도의 항구적 평화체제에 대하여 협상하고, 동북아 평화 안보 체제를 위한 실무그룹을 설치할 것이 제안되었다. 여기서 '동북아 평화안보체제'를 언급함으로써 한반도 평화협정은 동북아 안보협력체계와 동시에 추진될 수 있음을 시사했다.

2007년 10월의 제2차 남북 정상회담에서는 평화체제 수립을 위한 다분히 획기적인 안이 제기되었다. 정상회담에서는 정전체제를 항구적인 평화체제로 전환하기로 했으며 3자 혹은 4자 정상이 한반도 종전 선언을 추진하기로 합의했다. 종전선언이 정상회담 공동성명에 들어갔다는 것은 매우 중요한 전환이었다. 이는 한반도 평화협정이 종전선언으로부터 시작할 수 있다는 점과 한반도 평화협정이 단계적으로 추진될 수 있다는 점을 시사한 것이다. 이는 한반도 평화협정의 새로운 방향을 의미했다.

남북 정상회담, 북미 정상회담, 그리고 한반도 평화체제 의제

2018년 평창올림픽 이후 동북아 정세의 가변성은 극대화되었다. 3월 25~28일 북중 정상회담, 29일 남북 고위급회담이 개최되었고, 4월과 9월의 남북 정상회담, 6월의 1차 북미정상회담, 2019년 2월 2차 북미정상회담이 개최되었다. 북미정상회담은 앞으로 나아가야 할 길이 멀지만, 한반도 질서가 평화 체제로 급전환할 수 있는 계기들이 도처에서 생산되고 있다. 기회의 한반도가 시작된 것이다.

현재 북한은 남북 평화협정보다는 북미 평화협정에 치중하고 있다. 북한은 2007년 남북정상회담 공동성명에서 합의한 사항을 수용해야 한다. 남북기본협정 체결 이후 한반도 평화협정의 체결은 남북한 당사자가 중심이 되는 것이 바람직하다. 이러한 토대 위에서 한국은 북한과 미국/일본이 관계 개선을 할 수 있도록 지속적으로 매개해야 한다. 주변국의 역할과 관련하여 2005년의 9·19 공동성명과 2007년의 2·13 합의문을 상기하는 것이 좋다.

북한의 동북아 전략에서 한반도 평화체제는 '가시적인 공간'의 전략에 포함된 의제에 해당한다. 추진의 진정성에 의문이 존재하는 것이다. 비가시적 공간의 전략에서 북한은 여전히 핵보유에 기초한 동북아 전략을 추구하고 있다. 핵을 보유한 전략국가라는 미래비전 속에서 그리고 비가시적 공간의 전략을 은폐하면서 북한이 대미 협상과 남북 대화를 반복하는 이상 한반도 평화는 그것이 언급되거나 사고될 공간을 점차 상실해 나갈 것이다.

:: 참고문헌

국내 자료

『경향신문』. (2019.2.16).

구갑우. (2019.2.23.). 『중앙일보』.

『국민일보』. (2019.2.18).

『근로자』. (2017년 12월호).

『내일신문』. (2009.12.23/2019.2.12.).

남문희. (2012.1.31.). '김정은 세대'가 꿈꾸는 조선의 미래. 『시사IN』.

『노동신문』. (2011.12.2/2011.12.7/2017.11.20/2018.3.17/2019.2.13/2019.2.15/2019.2.20.)

명광순. (2017). 『사회주의문명강국건설에 관한 주체의 리론』. 사회과학출판사.

문정인. (2019.2.15). 민주당 정세전망 간담회.

박정민. (2013). 김정은 시대의 대(對)러시아 정책. 『현대북한연구』, 16(3).

『시사저널』. (2018.6.11.).

신범철. (2019.2.18.). 2차 북·미 정상회담 同床六夢. 『국민일보』.

『우리민족끼리』. (2019.2.15.).

윤영관. (2017). 21세기 국제관계와 한국의 대외전략. 『지식의지평』, 22.

이석. (2019). 총괄: 2018년 북한경제, 위기인가 버티기인가?. 『KDI 북한경제리뷰』, 21(2).

_____. (2013). 『5·24조치 이후 북중무역과 남북교역의 변화 분석』. KDI.

이원경. (2012). 2000년대 후반의 북중무역통계. 『KDI 북한경제리뷰』, 14(5).

이종석. (2018). 분단의 바다가 협력의 가교가 되는 날. 『황해문화』, 100.

임을출. (2016). 국제사회 제재와 사투벌인 북한경제. 『월간북한』, 540.

장렌구이. (2009.12.23.). 새해 한반도에 해빙기 온다. 『내일신문』.

_____. (2016.5.13.). 『뉴시스』.

정성윤. (2014). 김정은 정권의 대외관계와 안보전략. 『21세기 정치학회보』, 24(1).

정영태. (2016). 북한 5차 핵실험의 진정한 의도와 대응방안, 『안보현안분석』, Vol. 1239.

『조선신보』. (2012.3.17.).

『조선중앙통신』. (2011.3.2./2018.12.20.).

조성렬. (2019.2.12.). 왜 '북한 비핵화' 아닌 '한반도 비핵화'인가. 『내일신문』.

조택범. (2011.12.2.). 아시아태평양 『중점외교』에 비낀 흉계. 『로동신문』.

『중앙일보』. (2019.2.23.).

『철학 정치학연구』. (2018.2호/3호).

최장집. (2004). 동아시아 공동체의 이념적 기초 : 공존과 평화를 위한 공동의 의미지평.『아세아연구』, 47(4).

푸코, 미셸 (Foucault, Michel). (1987).『말과 사물』(이광래 역). 민음사. (원서 출판 1966).

하종대. (2018). [중국 개혁개방 40년 시리즈 上] 개혁개방 40년.『신동아』, 2018년 9월호.

외국어 자료

『現代ビジネス』. (2019.2.12.).

Asia Times. (2012.3.7.).

Baker, Rodger. (2017.9.6.). Negotiating a Path to Dialogue With North Korea. *Stratfor*.

Carlin, Robert & J. W. Lewis. (2007.1.27.). What North Korea Really Wants. *Washington Post*.

DAILY NK. (2019.2.22.).

FAO. (2016.12.). Crop Prospects and Food Situation.

Kim, Myong Chol. *Asia Times*. (2012.3.7.).

Washington Post. (2007.1.27.)

5부

페미니즘의 전환과 적녹보라패러다임

페미니즘의 전환과 적녹보라패러다임

M/W 젠더체계와 페미니즘의 변혁 전략

고정갑희 | 지구지역행동네트워크 집행위원장

I. 들어가며

1.

　페미니즘의 물결이 전 세계적으로 일어나고 있다. 근현대사에서 프랑스혁명과 러시아혁명을 지나 성혁명이 전면화되고 있다. 프랑스혁명 시기에 시민계급은 정치경제체제인 군주제를 공화제로 바꾸었으며, 러시아혁명 시기 농민-노동자계급은 짜르체제를 뒤엎고 사회주의국가를 세웠다. 지금 한국사회와 지구지역적으로 여성들이 물결을 만들고 있다. 페미니즘의 '제3의 물결'이 형성되고 있다. 아직은 '제2의 물결'의 연장선이 될지 새로운 물결을 만들어 낼지는 방향설정에 달려있지만 확실한 것은 전 세계적으로 새롭게 물결이 일고 있다는 사실이다. 자유-평등-박애를 내건 프랑스혁명은 자유민주주의를 표방하였다. 지금까지도 인권과 정체성 운동은 지속되지만 이 흐름의 한계 또한 노정하고 있다. 러시아혁명은 노동자계급의 혁명을 지향했고, 사회주의와 공산주의를 지향했다. 소련, 북조선, 중국, 베트남, 쿠바 등의 사회주의국가와 노동당, 공산당, 사회주의정권 등을 세계에 등장시켰다. 그러나 이 노선 또한 한계를 노정해 왔다.

시민계급과 노동자계급의 혁명이 인류사회에 등장한 이후인 2019년 현재 성혁명은 계급모순을 타파하는 것과 여성의 권리와 평등을 추구하는 것을 넘어 정치체제와 경제체제를 바꾸는 적녹보라적/지구지역적 전환을 만들어내야 할 시점에 서 있다. 성적 혁명은 여성해방이나 여성의 권리 서사를 넘어선다. 성적 모순이란 계급적/인종적/종적/환경적 모순의 뿌리이기 때문이다. 우리는 성모순이 계급적, 생태적 모순의 뿌리라고 하는 것을 이제는 받아들일 때가 되었다. 마르크스주의가 계급모순을, 생태주의가 환경-생태모순을 발견했다면 페미니즘은 성모순을 발견했다. 페미니즘이 발견한 모순은 상당히 깊고 넓다. 그러나 그 모순에 대항하는 주체들의 인식은 아직 구조적 변혁에까지 닿지 않고 있다. 페미니즘이 51% 여성을 위한 것이 아니라 99%를 지향해야 한다는 필자의 생각은 성모순의 구조적 변혁의 문제설정, 범주, 그리고 범위와 연결된다. 이 글은 성모순의 구조적 변혁까지 이루기 위해서는, 필자가 성종계급체계, 자본군사제국주의체계, 지구지역체계로 정의한, 가부장체제의 변혁을 목표로 하는 페미니즘운동이 전제되어야 한다는 생각에서 출발한다. 이 전제를 바탕으로 지금까지 페미니즘이 만들어 온 전환의 지점과 앞으로 만들어 가야 할 전환의 지점을 이야기해 보겠다. 이를 위해 지금까지 페미니즘이 해 온 것을 살피고, 그와 동시에 지금까지의 페미니즘을 전환할 방안을 고찰할 것이다.

페미니즘은 발견과 재설정을 해 왔다. 페미니즘은 젠더체계와 가부장제를 발견했다. 이 발견을 중심으로 기존의 남성중심 사상을 재설정해 왔다. 이 발견과 재설정은 그 자체가 이전의 것들을 전환하는 것을 의미한다. 페미니즘은 발견을 통해 사회 전환, 운동의 전환, 삶의 전환을 만들어 왔다. 이 글은 페미니즘의 발견 중 M/W 젠더체계를 중심으로 과거와 현재의 페미니즘, 한국의 페미니즘을 설명하고자 한다. 페미니즘이 발견해 온 젠더체계를 M/W 등식으로 설명하고, 젠더체계의 발견이 다른 이론과 사회운동들의 전환을 요구하였다는 것을 설명하고자 한다. 그리고 현재 한국사회에서 진행되는 논쟁들과 운동들이 M/W 등식의 젠더체계와 어떻게 연결되는지를 살피고자 한다.

페미니즘은 지금까지 전환한 것도 많지만 전환해야 할 지점도 많다. 페미니즘이론의 역사는 내부의 차이와 논쟁을 만들어 냈다. 이 글은 이러한 페미니즘의 역사와 적녹보라 패러다임이 연결되는 지점을 살피면서 적녹보라 패러다임에 입각한 페미니즘이 한국사회에서 그리고 지구지역적으로 어떤 전환을 만들어 낼 수 있는지 살피고자 한다. 따라서 이 글은 필자가 이미 발표한, 페미니즘이 적과 녹에게 요구하는 것에 관한 글과 페미니즘의 역사를 발견/재설정/논쟁으로 정리한 글, 그리고 가부장체제론과 적녹보라패러다임론 다음 단계의 논의라 할 수 있다(고정갑희, 2009 ; 고정갑희, 2007 ; 고정갑희, 2017).

현재의 정세와 연관하여 나와 우리가 말하는 페미니즘은 어떤 페미니즘인가를 물을 필요가 있다. 여성운동, 사회운동, 페미니즘운동은 무엇을 문제로 설정하고 목표로 하는가? 지금이 페미니즘이 그동안 해 온 것에 대해, 그리고 페미니즘이 만들 수 있는 변화에 대해 이야기해야 할 때라 생각한다. 특히 여성의 물결이 세계적으로 만들어지는 지금 제1, 제2의 물결과 함께 제3의 물결이 방향을 잡기 위해서 이 시점에 대한 판단과 비판이 중요하다.

지젝 같은 사람은 유럽의 우경화를 논하고 좌파의 무능을 비판하면서도 좌파의 시각이 유효하다고 강조한다. 자유민주주의가 최종적인 것이라 보았던 후쿠야마도 사회주의가 돌아와야 한다고 말한다. 하지만 필자가 보기에 이런 판단은 여전히 남성중심적이고 시대착오적이며 가부장적이다. 이 시대 사회변혁을 추동할 운동은 성모순을 간과하고는 불가능하다. 변혁운동의 주체는 현시점 가부장체제의 변혁을 목표 지점으로 설정해야 할 것이다. 여기서 말하는 가부장체제론은 가부장제론의 한계를 넘어서는 문제설정이다. 앞에서 말했듯이 가부장체제는 성종계급체계, 자본군사제국주의체계, 지구지역체계를 말한다. 적녹보라패러다임에 입각한 여성운동, 사회운동, 페미니즘운동은 이 가부장체제를 변혁할 주체 형성의 과정이라 할 수 있다. 가부장체제의 변혁을 위해서는 가부장제의 범주 설정이 변해야 하고, 사회운동의 문제설정이 전환되어야 하며, 전환을 위한 사상으로 페미니즘을 고려해야 한다. 그리고 아울러 지금까지의 페미니즘을 전환하는 것이 고려되어야 한다.

2.

　　처음 적녹보라가 제안되었을 때, 사회운동 진영은 적, 녹, 보라를 연대나 동맹으로 읽었다. 10년의 경험으로 보면 한국사회에서 〈적녹보라 패러다임〉이 운동 현장에 적용되기도 힘들고, 운동 현장이 이 패러다임을 받아들이기도 쉽지 않았다. 각 운동은 그 자체의 의제가 갖는 급박함과 절실함을 눈앞에 두고 있기 때문이다. 그리고 패러다임을 통한 운동의 방향설정과 현실 운동 사이에 간극이 있기 때문이다. 패러다임에 따라 의제를 재설정하는 일은 생각처럼 간단한 일은 아니다. 필자는 처음에 적녹보라를 적-마르크스주의-노동/계급 이슈, 녹-생태주의-환경/생태 이슈로 간주하고, 적을 자본주의를 비판하는 관점으로, 녹을 인간중심주의를 비판하는 관점으로, 보라-페미니즘은 여성과 성의 이슈를 중심에 두면서 가부장제를 비판하는 관점으로 두었다. 이 관점은 적과 녹의 관점과 이슈들이 가부장제를 문제설정 할 것과 여/성의 이슈를 중심으로 들일 것을 요청한 셈이다. 그리고 동시에 기존의 보라-페미니즘 또한 그 한계를 넘어설 것을 요청한 셈이다.

이후 다양한 과정을 거치면서 『가부장체제론과 적녹보라패러다임』을 출판하고 이제 구체적으로 적녹보라패러다임과 페미니즘은 어떤 관계에 있으며, 우리가 페미니즘을 이야기할 때, 어떤 페미니즘을 이야기하는지, 그리고 이야기할 것인지에 대한 논의가 필요하다고 생각하여 이 글을 쓰게 되었다. 그 사이 한국사회는 '페미' '페미니즘'의 대중적 물결이 일어났다. 그리고 논의의 지점도, 논의의 주체도, 논의의 내용도 확대되었다. 이전의 페미니스트들의 관점이나 논의가 주체의 확산을 통해 다시 불러내어질 지점이 생긴 것이다. 이 새로운 점화는 새로운 세대와 새로운 주체에 의해 진행되기 시작했다. 여성운동/페미니즘운동은 그 이전의 상황과는 다른 국면을 맞이하였다. 이 국면은 페미니즘을 이야기해 오면서 스스로를 페미니스트로 규정해 온 사람에게는 반가운 국면이다. 어느 정도 논쟁이 가능해졌고, 구체적인 주체와 이슈에서 차이의 지점들이 드러나는 국면을 맞이했기 때문이다. 필자는 이 국면에서 다시 적녹보라 패러다임과 페미니즘을 호명하면서, 이 국면에 대한 이해와 국면의 전환을 이야기해 보고 싶다. 그리고 2019 맑스코뮤날레의 주제인 한국사회의 전환을 페미니즘과 적녹보라를 연계하면서 생각해 보려 한다.

적녹보라와 페미니즘을 보기 위해서 1) 적-페미니즘, 녹-페미니즘, 보라-페미니즘의 관계와 2) 마르크스주의와 페미니즘, 생태주의와 페미니즘 또한 보아야 할 것이다. 1)은 페미니즘이 내부적으로 스스로를 재설정한 것을 의미한다. 그리고 2)는 페미니즘 내부를 넘어 페미니즘이 마르크스주의 그리고 생태주의와 가져야 할 긴장관계를 의미한다. 그동안 마르크스주의 페미니즘, 생태주의 페미니즘, 래디컬 페미니즘 등이 페미니즘의 역사에서 제시되었다. 적녹보라 패러다임에 입각한 페미니즘이란 이 세 가지를 따로 따로 보는 것이 아니라 함께 보는 것을 의미한다. 이것은 기존의 페미니즘을 전환하는 것을 의미한다. 적녹보라패러다임에 입각한 페미니즘이란 한국사회 여성운동과 페미니즘운동과 사회운동을 전환한다는 것을 의미한다. 그리고 이 페미니즘은 기존의 래디컬 페미니즘, 에코 페미니즘, 마르크스주의 페미니즘과 다르다는 것을 의미한다. 적-녹-보라와 적녹보라는 다르며 적녹보라가 패러다임이라고 할 때는 적→적녹보라로, 녹→적녹보라로, 보라→적녹보라로 전환하는 것을 의미한다. 그리고 이 패러다임은 현재의 사회운동과 정체성운동의 새로운 방향 설정을 의미한다. 운동론과 인식론의 새로운 설정을 의미한다. 패러다임이란 운동의 방법과 방향의 계기판을 의미한다. 노동, 여성, 환경, 생태, 장애, 청소년, 퀴어 운동의 적녹보라적 전환을 의미한다. 또한 정체성운동에서 출발하지만 정체성을 넘어서는 것을 의미한다.

이 글은 페미니즘 중 래디컬 페미니즘, 에코 페미니즘, 마르크스주의 페미니즘, 퀴어 페미니즘, 교차성 페미니즘을 적녹보라적 관점에서 해석하는 것이 목표다. 그리고 이 해석이 한국사회 현재의 운동들을 해석하는 것과 어떻게 연관되는지를 살피는 것이 목표다. 이는 페미니즘운동을 살피면서 지금까지 페미니즘이 무엇을 전환해 왔으며, 현재 페미니즘 운동은 어디로 가고 있으며, 앞으로 페미니즘은 무엇을 할 것인지를 묻는 물음에 답하는 것이다. 동시에 페미니즘이 어떻게 전환해 왔으며, 현재 어떤 전환을 겪고 있으며, 앞으로 어떻게 전환해야 할 것인지를 논의하는 것을 목표로 한다. 다시 말해 1) 페미니즘이 전환해 온 것과 2) 페미니즘을 전환하는 것, 두 가지를 이야기하는 것이 목표다.

II. M/W 젠더체계의 발견과 페미니즘이 전환한 것

페미니즘은 많은 것을 전환했다. 그리고 전환하고 있다. 운동의 내용과 방식을 전환해 왔다. 페미니즘은 기존의 이론들과는 다른 발견을 하였다. 그중에서 젠더와 가부장제의 발견을 핵심으로 들 수 있다. 그리고 이 발견은 그 이전의 남성중심적 이론을 전환하는 것과 맥을 같이 한다. 이 전환은 남성중심의 정치, 경제, 사회, 문화 전반을 바꾸는 것을 의미한다. 페미니즘은 인간의 권리를 여성의 권리로 특화하고(메리 월스톤크래프트), 여성의 예속을 특화하고(존 스튜어트 밀), 여성을 제2의 성으로 규정하면서(시몬느 드 보부아르) 인간과 동일시된 남성에서 여성을 떼어 냈다. 마르크스와 엥겔스의 유물론과 변증법을 '성의 변증법'으로 바꾸고(슐라미스 파이어스톤), 루소의 사회계약론을 성적 계약론(캐롤 페이트만)으로 바꾸고, 노동 축을 섹슈얼리티 축으로 바꾸었다(캐서린 맥키논). 정치는 '성의 정치'로 바꾸고(케이트 밀레트), 계급은 '성계급'으로(슐라미스 파이어스톤) 바꾸었다. 성을 축으로 성희롱, 성폭력, 성상품화라는 개념들을 만들었다.(고정갑희, 2007 참조) 1970년대 이후 서구의 래디컬 페미니즘이 만들어 낸 전환은 현재 지구지역적으로 대중들에게 알려지는 과정에 있다.

페미니즘이 젠더와 가부장제를 발견하고 성을 축으로 사유하기 시작하면서 내부의 차이와 갈등 또한 형성되었다.(고정갑희, 2007 참조) 이 차이는 이론과 운동 주체와 방식과 목표지점의 차이를 의미한다. 이 차이는 여성이라는 정체성과 연결된 것이다. 여성이라 해서 모든 여성이 동일한 억압을 받는 것이 아니라는 인식을 하는 여성 주체들과 이론들이 등장한 것이다. '대문자 여성'으로 대표될 수 없는 차이들을 정치화한 페미니즘은 레즈비언 페미니즘, 흑인 페미니즘, 제3세계 페미니즘, 탈식민주의 페미니즘, 퀴어 페미니즘 등이다. 그리고 젠더와 가부장제를 래디컬 페미니즘이 해석한 것과 다르게 해석한 마르크스주의 페미니즘, 에코 페미니즘, 퀴어 페미니즘, 트랜스젠더 페미니즘 등이 등장하였다.

1. M/W 등식의 젠더체계

앞에서 페미니즘은 젠더와 가부장제를 발견하였다고 말했다. 필자는 기존 페미니즘이 발견한 젠더와 가부장제를 전환하였다. 젠더체계는 성(섹스-젠더-섹슈얼리티)체계로, 가부장제는 가부장체제로 이론화하였다. 그리고 가부장체제에 대한 저항-대응-대안 운동철학으로서 적녹보라 패러다임을 제시하였다. 이는 기존 페미니즘이 발견한 것을 바탕으로 그 발견을 재설정하고 재정의한 것이다. 이 재설정과 재정의는 페미니즘과 적녹보라패러다임의 관계를 설명해 주는 맥락을 제공한다. 기존 페미니즘 이론은 젠더와 가부장제를 발견하고 계속해서 진화해 왔다. 젠더 자체도 도전을 받으면서 진화해 왔고, 가부장제 또한 그렇다. 그 맥락에 필자가 제시한 성체계와 가부장체제, 그리고 적녹보라패러다임이 있다. 이 진화와 전환은 현재 한국사회와 지구지역적 여성운동, 페미니즘운동, 사회운동을 읽을 수 있는 틀이 되면서 동시에 현재의 운동들이 전환해야 할 지점을 말해 준다.

남성/여성(M/W)이라는 틀 혹은 공식을 젠더(성별)라고 한다면 이 젠더 또한 진화하였다. 페미니즘은 젠더와 섹스와 섹슈얼리티의 관계를 살펴 왔다. 젠더체계는 성별체계로서 성적 경향과 성별정체성의 문제를 포함한다. 남성중심성과 이성애중심 체계인 젠더체계는 섹스와 섹슈얼리티와 간단히 분리될 수 있는 성질이 아니다. 그렇기 때문에 젠더체계를 넘어 성체계를 이야기하자는 것이 필자의 주장이다. 그 주장까지 가는 길에 다양한 페미니스트들의 이론적 시도들이 있다. 슐라미스 파이어스톤, 케이트 밀레트, 캐롤 페이트만, 맥키논, 캐슬린 베리, 게일 러빈, 주디스 버틀러, 수전 스트라이커, 케이트 본스타인의 시도들이 있었다.

이 글에서는 기존 페미니즘이 발견한 젠더체계를 필자 나름의 방식으로 정의하고, 그 내용을 이야기해 보기로 한다. 젠더는 M/W로 표현될 수 있으며, 이 M/W를 기반으로 다양한 변용을 해 온 것이 가부장체제적 세계다. M/W 등식은 가부장체제의 토대가 된다. 페미니즘운동은 M/W 젠더체계에 도전장을 던져 왔다. M/W 체계가 도전받고 있는 지금 현재 그 역사성과 그 도전의 양상은 무엇인지, 페미니즘은 이 체계를 비판하면서 어디까지 움직여 왔는지에 대한 질문은 현재 한국사회와 지구지역의 페미니즘운동의 성격과 방향과 연결된다. 따라서 이 등식에 대한 비판과 대응은 페미니즘의 역사를 보여준다.

앞으로 전개할 내용의 핵심을 요약하면 다음과 같다.

1) M/W 등식은 가부장적 섹스-젠더-섹슈얼리티를 유지하는 이데올로기/물적 토대다.

2) M/W=N 등식은 가부장적 억압과 착취와 수탈을 가능하게 하는 토대다.

3) M/W 등식은 가부장적(노예제, 봉건제, 자본제) 정치, 경제, 노동체계를 받쳐주는 핵심 체계였다.

M/W=Man/Woman=Male/Female=Masculinity/Femininity 등식 :

섹스-젠더-섹슈얼리티와 정상성

이 등식은 섹스, 젠더, 섹슈얼리티를 연결하려는 가부장체제의 등식

이다. 한국어로 옮겨보면 남성/여성=수컷/암컷(남자/여자)=남성성/여성성
이 된다. 한동안 페미니즘도 섹스와 젠더와 섹슈얼리티를 설명하면서 섹
스는 생물학적인 성이고 젠더는 사회문화적인 성이라 하였다. 그리고 이
러한 설명은 그동안 여성운동이 젠더에 초점을 맞추는 근거가 되기도 했
다. 이 등식은 젠더와 섹슈얼리티와 섹스가 겹쳐지는 공식이다. 여성은 여
성적이며 암컷적으로 공식화된다. 남성은 남성적이며 수컷적으로 공식화
된다. 일단 기존의 공식을 따르면 남성/여성Man/Woman은 젠더의 영역으
로, 남성성적/여성성적Masculine/Feminine은 섹슈얼리티의 영역으로, 남자-
수컷/여자-암컷Male/Female은 섹스의 영역으로 분류될 수 있다. 이 세 개
념을 기본으로 하면서 이들 사이에 어떤 연결고리를 만든 것이 가부장체
제의 등식이라 할 수 있다. 이 이분법적인 등식을 통해 가부장적 젠더체
계가 구축되었다. 이 이분법은 남성중심 구조만이 아니라 이성애적 구조
를 구축해 왔다. 이 등식은 성을 둘러싼 정상성 이데올로기를 형성해 왔
다. 이 등식은 남성을 중심에 놓으려는 가부장체제의 의식과 지식과 역사
이면서 동시에 이성애를 중심에 놓으려는 가부장체제의 의식, 지식, 역사
다. 이 의식, 지식, 역사가 M/W 등식을 정상성 이데올로기로 위치시킨다.
정상성 이데올로기로서 M/W 등식은 가부장적 성체계를 유지한다. 성관
계-성노동-성장치 체계를 유지한다.(고정갑희, 2011 참조) 연애, 섹스, 사
랑, 결혼 제도는 모두 이 구도에 기반하여 진행되었다.

섹스로 간주된 수컷/암컷의 영역은 성행위로서의 섹스와 접합된다.
그리고 섹스는 성행위의 위계로 이어진다(게일 러빈). S/M과 매춘이 이
섹스의 위계의 가장 하위에 배치되며 혐오의 대상이 된다. 여기서 가부
장체제는 W를 또다시 이분화한다. 성녀/악녀, 마리아/이브, 아내/매춘부
(M/W=Mother, Goddess, Maria, Wife와 M/W=Prostitute, Eve, Slut)

로 이분화한다. 그리고 이는 현재 성노동과 성매매 논쟁의 기저를 이룬다. 이 이분법은 캐슬린 베리류의 페미니스트가『섹슈얼리티의 매춘화』를 쓰게 만든 사회적 상황이다. 그리고 가부장적 젠더체계가 남성과 여성을 남자, 수컷/여자, 암컷과 등치시키면서 구분하는 것은 인간종과 동식물종을 구분하기 위한 것이면서 동시에 인간종과 동식물종을 연결하려는 것이기도 하다.

M/W=N 등식 : 여성의 자연화

가부장적 젠더체계는 M/W 등식을 다양화하여 왔다. M/W=N(Nature) 등식은 M/W=N와 M/W=N 부정이라는 두 가지 형식으로 확장된다. M/W=N은 M/W=문화/자연, 문명/자연, 인간/동물, 영혼/육체, 정신/육체, 이성/감성이라는 등식을 만들어 왔다. 이 등식은 여성을 자연화함으로써, 여성을 자연으로 위치시킴으로써 남성은 문화, 문명, 인간, 영혼, 이성으로 위치시켰고, 여성은 동물, 육체, 감성과 연결시켰다. 이 등식은 여성을 인간이 아닌 동물로, 정신이 극복해야 할 육체로, 이성이 통제해야 할 감성으로 간주했다. 다시 말해 여성을 '제2의 성'으로 놓은 것이다. '제2의 성'이란 이성과 지성과 영혼과 정신을 지닌 인간이 아니라 남성이 보호하고, 혐오할 수 있고, 지배하고, 극복해야 할 대상이다. 동물이고 육체이고 자연인 여성이 임신과 출산을 하는 것은 자연적인 현상이다. 이 자연화는 신비화와도 연결된다. 여성=여자=암컷은 남성=남자=수컷과는 다르기 때문에 종의 재생산이 가능하고 이는 여성을 모성으로 신비화하는 것으로 이어진다. 혐오와 신비화는 동전의 양면으로 작동한다.

가부장체제는 여성='자연'으로 놓으면서 여성을 정복과 지배의 대상으로, 인간을 대표해 온 남성의 객체로, 남성의 탐구 대상으로 놓는다. 근대가 되면서 지배의 양상이 달라졌다고 볼 수 있다. 직접적이기보다 자본, 국가, 시장, 학교, 미디어 등을 통해서 분산되면서 심화되었다. 그전에는 가족과 종교가 중심 역할을 하였다면 서구 근대는 이러한 장치들을 통해서 지배 전략을 전환해 왔다. 그리고 정복과 지배양식은 성폭력, 성희롱, 데이트성폭력, 부부강간이라는 폭력적 형태로 드러나기도 하고, 사랑과 연애와 보호라는 이름으로 '부드럽게' 포장되기도 하였다. 그리고 W=N 등식은 여성의 노동을 자연화하였다. 그래서 이 '자연적' 생산은 생산과 노동이 아니게 되었다. 임금화가 일어나는 자본주의 태동과정에서 여성 섹슈얼리티의 통제를 통해 여성의 자연화와 육체화는 강화되었다.

M/W=베푸는 자, 돌보는 자, 가정의 천사 등식

현 자본주의가 여성을 노동자로 호명한다 해도 기본적으로 여성=자연 등식은 여성의 상품생산 외의 모든 생산과 노동을 사회적으로 생산과 노동이라 부르지 않는 논리적 근거가 되었다. 이 등식은 동서양을 막론하고 작동하였으며 서구에서는 자본주의의 태동기부터 남성을 임금노동자로 만드는 과정에서 활용되었다. 이 가부장적 등식은 남성을 노동, 사회, 상품의 영역에 배치하고 여성을 사랑, 가정, 육아의 영역에 배치하는 것으로 이어졌다.

이와 같이 M/W 등식은 가부장적 젠더체계, 다시 말해 가부장적 성체계를 유지하는 이데올로기 공식이면서 그 성체계의 토대를 가능하게 하는 공식이었다. 이러한 등식이 전 사회적으로 전 세계적으로 작동하면서 지역적 가부장체제와 지구적 가부장체제를 유지재생산해 왔다. 이 등식이 유지재생산 되도록 하는 장치들은 젠더체계/성체계를 유지하는 젠더장치/성장치들이었다. 신체, 국가, 시장, 가족, 서사, 종교, 교육, 미디어라는 젠더장치/성장치들을 통해 유지 재생산되었다. 가부장체제가 하나의 체제로 작동할 수 있었던 것은 M/W 등식의 젠더체계가 존재했기 때문이다. 이 남성중심적-이성애중심적인 이분법적 젠더체계는 문화제도만이 아니라 정치체제와 경제체제를 구성하는 기제였다. 이 젠더체계는 노예제, 봉건제, 자본제의 토대가 되면서 신체, 가족, 사회, 국가를 이루는 물적 토대로 작동하였다. 『캘리번과 마녀』에서 실비아 페데리치가 이야기하듯이 공동체로부터 남성과 여성을 몰아내고, 남성을 임노동자로 만든 장치이다.

2. 페미니즘의 M/W 등식 비판: 래디컬, 레즈비언, 퀴어, 에코, 마르크스주의 페미니즘

앞에서 제시한 M/W 등식의 젠더체계를 비판하는 입장들은 크게 1) 래디컬/레즈비언/퀴어 페미니즘 2) 에코 페미니즘 3) 마르크스주의 페미니즘을 들 수 있다.

먼저 래디컬 페미니즘의 비판과 대응, 그리고 대안 전략은 성(젠더, 섹슈얼리티, 섹스)을 축으로 하는 것이었다. 이는 여성을 이성적이 아닌 감성적인 존재로 규정한 루소 같은 사상가를 비판한 메리 월스톤크래프트 같은 사상가나, 이혼이나 상속이나 참정의 권리를 향해 싸운 페미니스트들보다 훨씬 급진적으로 나아간 것이다.[1] 1949년 '제2의 성'이라는 개념을 제시한 시몬느 드 보부아르가 여성의 주체화 전략을 선택했다면, 1970년대 이후 래디컬 페미니즘 이론가들은 성을 축으로 성계급, 성정치, 성

---

1. 물론 써프러제트운동과 『싸우는 여자가 이긴다』의 저자인 에멀린 팽크허스트가 래디컬하지 않은 것은 아니다. 그녀는 짱돌을 던지고, 폭탄을 제조하여 빈집을 폭파하는 행동을 하였다. 이로 인해 그녀와 그녀의 동지들은 가정으로부터 추방당하고, 감옥에 갇히고, 강제로 음식을 주입당하였다. 제도적 변화를 추구했다는 점에서 이들의 활동은 1970년대 래디컬 페미니스트들의 구조적 비판과는 차이가 있다. 그럼에도 제도적 변화를 만들어 낸다는 측면에서 1970년대 래디컬 페미니스트들의 비판과 전략과는 차이가 있다고 볼 수 있다.

적계약, 성희롱, 성폭력 개념과 여성거래, 여성의 성적 대상화, 섹슈얼리티의 매춘화 등의 개념들을 생산해 냈다. 슐라미스 파이어스톤이 '낭만적 사랑'과 '출산'을 거부하고, '비혈연 가구체계'를 주장하였다면 그 이후 래디컬 페미니스트들은 남성과의 4가지(연애, 섹스, 결혼, 출산)를 거부하는 데로까지 나아간다(쉴라 제프리스). 슐라미스 파이어스톤은 "성적 계급은 보이지 않을 정도로 뿌리가 깊다. 급진적 여성해방론은 그러한 제한된 범주들을 극복하고 나아가는 것이다. 만일 '혁명'이라는 말보다 더 포괄적인 말이 있다면 우리는 그것을 사용할 것이다."라고 말하기도 했다. 그리고 캐서린 맥키논과 안드레아 드워킨 같은 래디컬 페미니스트들은 반포르노, 반성매매 입장을 표현했다. 이러한 입장은 기존의 M/W 젠더체계에 속한 여성Woman을 집단적으로 주체화[2]하고, 저항과 대항의 주체로 세우는 전략을 사용하였다.

이어서 70년대와 그 이후 레즈비언 페미니즘이 등장한다. 섹스와 사랑의 대상을 여성으로 '선택하는' 레즈비언 페미니스트들은 '강제적 이성애'를 비판하고, 이를 이론화한다. 이와 함께 레즈비언 정체성 운동 또한 진행된다. 정치적 선택이 아니라 레즈비언으로서의 정체성과 권리를 확보하기 위한 정체성운동 또한 진행된다. 레즈비어니즘과 레즈비언 페미니즘 사이의 견해와 입장 차이가 있었다 하더라도, 양자는 모두 남/여=남성성적/여성성

---

2. 페미니즘이 한편에서는 여성을 주체로 놓으려 했다면, 다른 한편에서는 일부 프랑스 페미니스트들처럼 여성을 비체로 놓으려 하기도 했다. 논리적이고 이성적이고 남근이성중심적 (phallologocentric)이고 단선적이고 직선적인 경험들과는 다른 인접적, 비논리적, 히스테리적, 안티오이디푸스적 여성성의 정치성을 이야기하였다. 이들은 두 음순의 논리, 자기에로틱한 경험의 세계, 축적하지 않는 세계에 대한 찬양을 여성성의 세계로 그리기도 하였고, 크리스테바 같은 이론가는 객체나 대상인 object가 아니라 비천체, 비체인 abject, abjection을 이론화하였다. 또 여성의 경험, 임신출산의 경험을 이론화하였다. 상상계와 상징계가 남성 정신 분석가들의 이론이라면 여성의 상상계는 기존 남성이론가들의 상상계와는 다르게 코라(자궁)의 공간이라 하였다.(고정갑희, 2016, 40쪽 참조)

적(M/W=Masculine/Feminine)의 등식 자체에 대한 비판을 전제로 하면서 이러한 가부장적 이성애중심적 젠더체계를 거부한다. 가부장적 젠더체계를 거부하는 것은 이성애중심 '정상성 이데올로기'를 거부하는 것이다.

한국사회에서도 1990년대 들어서 레즈비언 페미니즘, 그리고 퀴어라는 개념이 등장하고 자리매김되기 시작하였다. 퀴어축제, 퀴어퍼레이드, 퀴어영화제 등이 등장하고, LGBT가 어느 순간 LBGTIAQ…로 계속 진화하는 개념으로 전환되는 지점들이 있었다. 퀴어×페미니즘 혹은 퀴어 페미니즘이라는 표현이 나타내듯이 퀴어 페미니즘도 다른 페미니즘처럼 현재 진행형이다. 그리고 이와 함께 등장한 트랜스젠더, 트랜스젠더리즘, 트랜스젠더 페미니즘, 젠더퀴어 개념 등은 현재 진행형이다. M/W 등식의 젠더체계/성체계를 흔들고 깨트리는 개념으로 레즈비언 페미니즘뿐만 아니라 퀴어와 트랜스젠더가 있고, 거기에 페미니즘이라는 개념을 조합할 수 있는 단계에 와 있다. 래디컬 페미니즘과 레즈비언 페미니즘의 연속성과 불연속성, 레즈비언 페미니즘과 퀴어, 트랜스젠더×페미니즘의 연속성과 불연속성이 현재 쟁점이 되고 있다. 성적 경향과 성별정체성 사이의 긴장관계도 쟁점이 되고 있다.

가부장적 M/W 등식의 젠더체계/성체계에 대한 비판과 대응은 에코 페미니즘(생태주의 페미니즘)에서도 나타난다. 에코 페미니즘의 한 갈래는 남성에 대한 비판으로 여성들의 우월성, 여성적 가치의 우월성 등을 제시하였고, W=N을 적극 활용하기도 하였다. 이런 전략은 에코퀴어 페미니즘으로 진화되기도 하였다. 에코 페미니즘이 래디컬 페미니즘과 연속성을 띠기도 한다. 하지만 에코 페미니즘이 래디컬 페미니즘과 궤를 달리하는 지점은 여성과 자연을 연결하고 젠더체계를 생태모순과 연결하는 사고에 있다. 여기서 마리아 미즈, 반다나 시바, 아리엘 살레, 다나 해러웨이 등으로 이어지는 사고의 흐름이 생겼다. 생태모순을 볼 수 있게 되면서 자본주의 혹은 자본주의 가부장제에 대한 비판으로 나아가고, 메타 계급의 개념을 내놓기도 함으로써 M/W=N를 비판적으로 보면서 인식론과 행동전략을 확장했다.

세 번째로 남성을 노동자로, 사회적 주체로 놓으면서 여성을 집안의 천사, 아내와 어머니로 놓는 M/W 등식에 대한 비판은 마르크스주의 페미니즘 진영에서 나왔다. 레오뽈디나 포르투나띠와 실비아 페데리치는 자본과 여성의 관계를 인식하면서 여성의 가사와 매춘 노동을 재생산의 영역으로 자리매김하였다. 가부장제와 자본주의라는 두 축의 중요성을 주장한 '사회주의 페미니즘'보다 마르크스주의 페미니즘의 이론가들이 가사노동과 매춘노동을 하는 여성들의 노동에 대한 생각을 진전시켰다.

M/W 등식의 젠더체계(필자의 언어로는 성체계)를 비판하면서 페미니즘은 앞에서 언급한 세 진영을 넘나들며 다양하게 움직였다. 이 글에서 이 세 진영을 이야기하는 것은 적/녹/보라 각각의 페미니즘이 가부장적 젠더/성체계에 어떻게 대응하고 대안을 제시하는지 보기 위해서이기도 하다. 이는 래디컬 페미니즘이 발견한 젠더체계/성체계가 페미니즘의 토대가 된다는 것을 말하기 위함이기도 하다. 토대가 된다고 말하는 것이 바로 그 입장에 동의한다는 의미는 아니다. 앞에서 살펴본 대로 다양한 입장의 페미니즘은 가부장적 젠더체계를 인식하면서 비판 전략을 달리한다. 에코 페미니즘과 마르크스주의 페미니즘은 각각 생태모순과 계급모순을 문제로 삼는다. 거기에 젠더체계의 모순을 인식한 래디컬 페미니즘과 젠더체계에 섹스와 섹슈얼리티를 연결한 퀴어 페미니즘은 성모순을 문제로 삼아 왔다. 이렇게 각각 모순을 인식한 페미니즘 내부의 입장들은 그 자체의 강점을 갖지만 동시에 한계를 노정한다. 이 한계, 그리고

필자가 생각하기에 페미니즘의 전환이 필요한 지점에 대해서 논하기 전에, 현재 한국사회에서 페미니즘이라는 우산 아래에서 벌어지고 있는 갈등과 논쟁의 지점을 간단히 살피고, 가부장체제론과 적녹보라 패러다임이 지금까지의 페미니즘을 전환하는 지점과, 이러한 전환이 필요하다고 생각하는 이유를 밝히며 글을 끝내고자 한다.

M/W 젠더체계에 대한 페미니즘을 둘러싼 논쟁은 '대문자 여성'에 관한 것이라 할 수 있다. 이 W가 모든 여성을 의미하는지, 대표하는지에 대한 물음이 페미니즘 내부의 차이와 페미니즘 운동의 방향성에 대한 질문과 함께 나오게 되었다. 페미니즘이 제기되고 어느 정도 시간이 흐르면서 대문자 여성에 균열이 일었다. 레즈비언과 레즈비언 페미니즘에 대한 초기의 갈등은 성적 경향의 문제를, 흑인여성들의 문제는 인종문제를, 또 민족/국가 사이의 차이는 민족/국가문제를, 계급적 차이는 계급문제를 불러왔다. 그리고 장애 여부와 연령 또한 차이의 지점으로 부각되었다. 여기서 가장 확실한 부분은 대문자 W(여성)가 다양한 여성들을 대변하고 있는가의 문제였다. 제1세계, 백인, 중산층 중심의 페미니즘에 대한 비판은 여성들 사이의 차이를 부각시켰고, 대문자 여성에 대한 비판으로 이어졌다. 흑인 페미니즘, 아프리카 페미니즘, 탈식민주의 페미니즘, 레즈비언 페미니즘 등이 대문자 여성 페미니즘에 문제를 제기했다. 트랜스젠더리즘, 트랜스 페미니즘, 원주민 페미니즘 또한 대문자 여성에 문제를 제기했고, 균열을 냈다. 교차성 페미니즘이라고 이야기하는 내용과도 연결된다. 글로리아 안잘두아는 메스티사로 레즈비언으로 정체성의 차이를 다음과 같이 말한다. "메스티사인 나는 나라가 없다. 조국이 나를 버렸다. 레즈비언인 나는 인종이 없다. 나와 같은 인종의 사람들이 나를 거부한다. 그러나 나는 모든 인종이다. 내가 가진 퀴어함이 모든 인종 속에 있기 때문이

다." 오드리 로드 또한 가부장적 억압은 모든 여성들에게 동일한 것이 아니라고 말하면서 억압의 위계란 있을 수 없다고 말한다(로드, 2018, 100, 234쪽).

3. M/W 젠더체계와 한국사회의 여성/페미니즘운동의 논쟁지점

2015년 이후 한국사회는 페미니즘의 새로운 물결을 만났다. '페미'와 '페미니즘'이 대중화되기 시작하였다. 메갈리아의 여성혐오에 대한 미러링, 강남역여성살해 애도, 박근혜탄핵국면 페미시위, '데이트폭력' '디지털성폭력' 문제화와 몰카 편파수사 비판, 혜화역시위 물결, 낙태죄폐지 검은시위 물결, 미투 물결은 전 세계적으로 일어나는 낙태죄폐지 검은시위 물결과 미투 물결, 여성들의 파업 물결과 결을 함께하는 측면이 있다. 함께하는 측면이 있지만 동시에 한국의 특수한 상황들이 드러나고 그에 대한 다양한 언어들이 등장하였다. '랟펨'과 '스까'로 페미니즘 내부를 가르는 용어도 등장하였다. '페미니즘리부팅'과 '혐오의 시대', '래디컬 페미니즘', '퀴어×페미니즘', '트랜스×페미니즘'이 사용되기 시작하였다.

한국사회의 여성/페미니즘 운동은, 미투와 낙태죄 폐지처럼 지구지역적 움직임과 공명하는 측면들이 있지만 특수한 면모를 띠기도 한다. 2019년 현재 한국사회는 '버닝썬 게이트', '장자연 사건', '김학의 전 법무부 차관 성폭행' 등으로 연일 혼란스럽다. '남성카르텔'의 현실들이 속속 드러나는 시점이다. 여성들의 몸과 노동을 토대로 정치와 경제와 문화가 움직인다는 것을 단적으로 보여주는 예들이 계속 늘어나고 있다. 그리고 '미투' 운동을 통해 사회의 각 분야에서 일어나는 성폭력과 성희롱이 드러나고 있다. 법조계, 정치계, 연극계, 문학계, 체육계, 교육계의 '미투'가 한국사회를 흔들고 있다.

한국사회에서 페미니즘이 이슈가 되고, 가장 강렬한 운동과 시위로 부각되기 시작한 지점에서 페미니즘이 무엇을 말하고 있으며, 무엇을 바꾸려고 하는지에 대한 다양한 목소리들이 나오기 시작하였다. 많은 사람들이 혼란스러워하면서 목소리들을 내고 있다. 이 글은 현재 한국사회의 쟁점들과 이슈들에 대한 질문에서 출발한다. 첫째, 여성운동과 페미니즘의 관계다. 여성이란 정체성과 운동의 관계를 묻는 것이다. 여성을 축으로 한다는 것과 운동의 목표지점 혹은 방향은 어떻게 연결되는가? 남성지배계급과 여성피지배계급이라 함은 어떤 의미와 맥락인가? 지금 한국사회에서 '랟펨'이라는 이름으로 여성들 사이의 차이보다, 여성을 강조하게 되는 상황을 지금까지 논의되어온 여성들 사이의 차이와 어떻게 연관시킬 것인가? '여성혐오'와 '퀴어혐오' 사이의 긴장관계를 어떻게 볼 것인가? M/W 젠더체계에 대한 비판과 대안으로서 래디컬 페미니즘, 에코 페미니즘, 마르크스주의 페미니즘은 현재 한국사회에서 어떻게 드러나고 있는가?

'랟펨'이란 이름으로 등장한 '래디컬 페미니즘'과 연결되는 사람들의 움직임으로 탈코르셋('탈코')과 '4비'를 들 수 있다. 이 두 운동은 남성지배사회에서 여성들이 펼치는 대중적 움직임이다. '긴 머리 자르기, 화장 거부, 브라 거부 등으로 표현된 '탈코'는 남성중심사회가 요구하는 여성성과 아름다움을 거부하고 주체적이 되려는 움직임이라 볼 수 있고, '4비' 움직임은 남성과의 섹스, 연애, 결혼, 출산을 거부하는 움직임이다. '4비'는 연애와 결혼과 출산을 어쩔 수 없이 '포기'하는 것으로 표현하는 '3포' 혹은 '7포' 세대라는 개념과는 다르다. 이는 여성들이 남성과 연애, 섹스, 결혼, 출산을 거부하겠다는 강한 움직임이다. '랟펨'이나 '4비'와는 다른 움직임이지만, 비혼공동체나 탈연애선언의 움직임 등이 있다.

낙태죄폐지 운동은 성과 '재생산'을 둘러싼 정치의 장이다. 미투운동과 함께 전 세계적인 물결을 만들고 있는 이 운동은 한국만이 아니라 폴란드, 아일랜드, 아르헨티나 등에서 강하게 부상했다. 낙태를 불법화하는 것에 대한 저항의 물결이 여성의 임신중지권을 넘어 사유의 폭을 넓히고 있으며, M/W 젠더체계가 갖는 남녀성별이분법과 이성애중심주의에 대한 저항의 움직임으로 확대되고 있다.

이 시점에서 여성들 사이의 차이를 여성들의 해방과 사회변혁의 토대로 사용하는 것이 필요하다. 누가 '분열시키고 지배하라'divide and rule를 활용하는지 생각해 보면 여성들 사이의 차이와 충돌을 새로운 에너지를 창출하는 방향으로 만들어 가야 할 것이다. 하지만 포르노, 성매매, 섹스에 관한 관점의 차이는 운동의 방법론에서 충돌하기 때문에 간단히 이야기할 수 있는 문제는 아니다. 인종적 차이와 세대의 차이, 민족적 차이, 국가적 차이 등이 서로에게 걸림돌이 되지 않도록 만드는 방법을 고안해 내야 한다. 이 차이가 차별이 되어 페미니스트들 또한 차별과 혐오와 배제를 양산하지 않아야 할 것이다.

적녹보라 패러다임에 입각한 운동 또한 마찬가지다. 해방의 기획으로 향하기 위해서 우리는 정체성정치와 당사자성을 넘어설 공동의 패러다임이 필요하다. 성종계급체계에 대한 비판과 대안의 패러다임으로서 '적녹보라 패러다임'은 각각의 운동들이 갖는 한계를 보기 위함이고, 보는 것을 넘어 새로운 의제를 생산하기 위함이다. 이를 위해서는 자신의 운동이 무엇을 생략하고 있으며, 어떤 혐오를 생산하는지 볼 수 있어야 한다. 적녹보라 패러다임은 차이의 지점을 직면할 수 있는 패러다임이다. 오드리 로드가 말하듯이 이 "차이에 대한 공포와 혐오를 마주해야" "개인적인 것이 정치적인 것"(2018, 181쪽)이 된다. 이 공포와 혐오를 마주해야 사회운동의 변혁이 가능하다. "차별세력들과의 전투에서 어느 전장에 나가서 싸워야 할지 선택할 여유가 없다."(2018, 235쪽)라고 말하듯이 "억압의 한 형태에만 맞서 싸우는 사치를 부릴 여유"가 없다는 것이 로드의 말이다(2018, 235쪽). "억압의 위계란 없다."(2018, 234쪽)라고 로드는 말하고 있다. 각자 고유 정체성으로 분열하여서는 효과적인 정치적 행동이 나올 수 없다(2018, 235쪽).

III. 젠더체계를 넘어 성체계로, 가부장제론을 넘어 가부장체제론으로 : 페미니즘을 전환하기와 적녹보라 패러다임

페미니즘의 발견과 전환이 현재 진행형이듯 페미니즘 내부의 충돌 또한 현재 진행형이다. 앞에서 보았듯이 M/W 젠더체계에 대한 비판과 대응이 래디컬 페미니즘만이 아니라 에코 페미니즘과 마르크스주의 페미니즘의 형태로 등장하였다는 사실에 주목할 필요가 있다. 현 시점은 래디컬 페미니즘의 젠더체계 비판과 행동들만큼이나 에코 페미니즘과 마르크스주의 페미니즘이 분석한 상황들에 대해서도 관심을 더 기울여야 할 때다. 페미니즘이 구조를 변혁하고 대안을 제시할 사상과 행동으로 자리매김되기 위해서도 그리고 여성해방을 위해서도 현재 적과 녹과 보라 페미니즘의 연결 고리들과 논쟁들이 더 진행되어야 할 것이다. 그리고 적/녹/보라 페미니즘 사이의 논쟁들을 넘어 페미니즘 자체가 적녹보라적으로 전환할 필요가 있다. 적녹보라적이라는 것은 래디컬 페미니즘, 에코 페미니즘, 마르크스주의 페미니즘 각각이 갖는 한계를 보는 것을 의미한다. 그리고 마르크스주의 및 생태주의와 페미니즘의 긴장관계를 다시 살피는 것을 의미한다. 이것은 에코 페미니즘과 마르크스주의 페미니즘을 넘어 래디컬-에코-마르크스주의 페미니즘이 지금까지의 마르크스주의와 생태주의와 긴장관계를 형성하면서 새롭게 방향설정과 의제를 생산하는 것을 의미한다. 적녹보라 패러다임은 이러한 긴장관계에서 나올 것이다.

필자가 제시한 가부장체제론은 페미니즘 내부의 래디컬, 에코, 마르크스주의의 긴장관계를 넘어 적녹보라 페미니즘이 다시 마르크스주의와 생태주의와 대면하는 것을 고려한 이론이다. 기존의 젠더체계와 가부장제의 발견을 넘어 섹스-젠더-섹슈얼리티의 체계인 성체계를 논의의 장으로 갖고 오면서 대중 운동으로서 페미니즘 운동이 여성 정체성을 넘어 성적 주체들의 운동으로 전환되는 것이 필요하다는 점을 살폈다. 따라서 성체계를 토대로 하면서, 성체계를 넘어 성종계급체계에 대한 비판이 나와야 한다. 현재는 앞에서 보았듯이 M/W 젠더체계에 대한 비판이 진행되고 있다. 이 젠더체계에 대한 비판이 토대가 되겠지만 이 체계 분석이 갖는 한계를 넘어 성체계에 대한 비판으로 우리의 인식과 운동이 전환되어야 할 것이다. 그리고 이것에 머무르지 않고 성종계급체계에 대한 분석이 나오고, 그 분석을 토대로 하는 인식과 운동이 진행되어야 할 것이다.

필자가 가부장제나 자본주의가 아니라 가부장체제로 현재의 문제를 설정하고 가부장체제를 성종계급체계, 자본군사제국주의체계 그리고 지구지역체계로 정의한 이유는 적녹보라 패러다임에 입각한 사회운동이 사회 변혁을 향해 가야 한다는 생각 때문이다. 성체계만이 아니라 성종계급체계를 페미니즘 진영도, 마르크스주의 진영도, 생태주의 진영도 함께 논의한다면 지구지역적 가부장체제의 변혁이 가능할 것이라 생각하기 때문이다. 그리고 페미니즘 운동은 성종계급체계와 자본군사제국주의체계 그리고 지구지역체계를 고려하고, 사회주의 운동 또한 이 세 가지 체계로 이름지어진 가부장체제의 변혁을 목표로 간주하고, 생태환경운동 또한 이와 같이 공동의 목표를 설정한다면 각각의 운동이 본래 목표한 지점에

도달할 수 있을 것이라 생각한다.

현재로서는 운동의 주체와 운동의 방향을 구분할 필요가 있다. 정체성 정치, 정체성 운동을 넘어서야 한다는 말은 그 과정에서 정체성에 입각한 주체를 설정하더라도 공동의 방향, 목표지점을 설정하는 것을 의미한다. 그리고 당사자주의에 머무르는 운동을 넘어서야 한다는 것을 의미한다. 이 과정에서 당사자로서 경험한 것을 표현하면서 충돌이 일어날 때, 이 충돌을 공포와 혐오로 대체하지 않는 것이 중요하다. 필자가 젠더체계를 성체계로, 가부장제를 가부장체제로, 보라를 적녹보라로 전환한 것은 지금까지의 페미니즘을 전환하기 위한 시도로 읽힐 수 있기를 바라고, 페미니즘의 전환을 넘어 마르크스주의와 생태주의의 전환이 가능하기를 바라기 때문이다. 그리고 페미니즘이 제3의 물결을 만들어 내는 데 있어 성체계와 가부장체제론에 대한 인식, 적녹보라 패러다임에 대한 인식이 필요하다고 생각했기 때문이다. 아직은 제2의 물결이 지구지역에 더 퍼져 나가야 할 시점인지 모른다. 하지만 이제 제3의 물결과 그 방향을 생각하고 준비할 필요가 있을 것이다.

:: 참고문헌

고정갑희. (2007.10.). 페미니즘의 역사 : 발견, 재설정, 논쟁의 성정치. 한국프랑스학회 추계학술발
　　표회 발표문.

_____.(2009). 페미니즘 관점에서 본 한국의 진보와 패러다임의 전환.『진보평론』, 40.

_____.(2011).『성이론』. 도서출판여이연.

_____.(2016).『페미니즘은 전환이다』. 북코리아.

_____. (2017).『가부장체제론과 적녹보라패러다임 : 체제론의 전환과 운동철학의 전환』. 액티
　　비즘.

권김현영·루인·정희진·한채윤. (2019).『미투의 정치학』. 교양인.

로드, 오드리 (Lorde, Audre). (2018).『시스터 아웃사이더』(주해연·박미선 역). 후마니타스. (원서
　　출판 1984).

본스타인, 케이트 (Bornstein, Kate). (2015).『젠더 무법자 : 남자, 여자 그리고 우리에 관하여』(조
　　은혜 역). 바다출판사. (원서 출판 1994).

성과재생산포럼 기획. (2018).『배틀그라운드 : 낙태죄를 둘러싼 성과 재생산의 정치』. 후마니타스.

스트라이커, 수잔 (Stryker, Susan). (2016).『트랜스젠더의 역사 : 현대 미국 트랜스젠더 운동의 이
　　론, 역사, 정치』(제이·루인 역). 이매진. (원서 출판 2008).

이은숙. (2017).『페미니즘 자본축적론』. 액티비즘.

전혜은·루인·도균. (2018).『퀴어 페미니스트, 교차성을 사유하다』. 도서출판여이연.

제프리스, 쉴라 (Jeffreys, Sheila). (2018).『래디컬 페미니즘 : 성별 계급제를 꿰뚫는 시선』(김예
　　나·남혜리·박혜정·이지원·이윤미 역). 열다.

팽크허스트, 에멀린 (Pankhurst, Emmeline). (2016).『싸우는 여자가 이긴다』(김진아·권승혁 역).
　　현실문화. (원서 출판 1914).

:: 저자 소개

고정갑희
지구지역행동네트워크 집행위원장. 저서로 『성이론』(2011), 『페미니즘은 전환이다』(2016), 『가부장 체제론과 적녹보라 패러다임』(2017) 등이 있다.

김민정
사회학 전공 문학 박사, 성공회대학교 사회과학연구소 연구위원, 『경제와사회』 편집위원. 한국환경 사회학회 이사. 저서로 『혁명과 이행』(공저), 『지금, 여기의 아나키스트』(공저), 『환경사회학 이론과 환경문제』(공저), 『환경정의, 니가 뭔지 알고 시퍼』(공저), 『폭력』(공저), 『녹색당과 녹색정치』(공저) 등이 있으며, 역서로 『마르크스의 생태학』(공역)이 있다.

김상민
미국 조지메이슨대학교 문화연구 박사, 미디어 및 기술 문화연구자. 현재 문화사회연구소 소장, 한 국예술종합학교 및 서울대학교 강사, 계간 『문화/과학』 및 한국문화연구학회 학술지 『문화연구』 편집위원. 저서로 『디지털 자기기록의 문화와 기술』, 『데이터 시대의 언론학 연구』(공저), 『데이터 사회의 명암』(공저), 『속물과 잉여』(공저) 등이 있고, 역서로 『하이테크네』(공역)가 있다.

김정호
북경대 맑스주의학원 법학박사, 노동교육가, 현재 민주노총 정책연구원 정책자문위원, 맑스코뮤날 레 집행위원. 「현 국제질서와 미·중(G2)의 성격」, 「비정규직 투쟁의 방향 정립」, 「현대차 위기와 산 업평화 종식」 등의 글을 진보언론 『레디앙』에 연재하였다.

김현우
연세대학교 사회학과 박사과정, 현재 에너지기후정책연구소 선임연구원. 저서로 『정의로운 전환』, 『안토니오 그람시』, 『에너지 전환과 에너지 시민을 위한 에너지 민주주의 강의』(공저), 『탈핵』(공저) 등이 있고, 역서로 『GDP의 정치학』, 『국가를 되찾자』, 『다른 세상을 위한 7가지 대안』(공역) 등이 있다.

박영균
건국대 인문학연구원 및 대학원 통일인문학과 교수. 저서로 『맑스, 탈현대적 지평을 걷다』(2007), 『노동가치』(2009), 『다시 쓰는 맑스주의 사상사』(2013, 공저) 등이 있고, 역서로 『이데올로기와 문 화정체성』(2009, 공역), 『초국적 도시이론』(2010, 공역) 등이 있다.

박홍서
한국외국어대학교 정치학 박사, 외대 강사. 공주대학교 SSK 사업단 전임연구원. 저서로 『동아시아

질서 변화와 한반도 미래』(공저),『천안함 외교의 침몰』(공저),『중국 외교 연구의 새로운 영역』(공저) 등이 있다. 논문으로「자본의 이윤율 위기와 신자유주의적 대응 : 4차 산업혁명론의 비판적 해석」,「중미관계와 '일대일로'의 정치경제 : 달러패권에 대한 취약성 극복을 중심으로」,「푸코가 '중국적 세계질서'를 바라볼 때 : 중국적 세계질서의 '통치성'」 등이 있다.

서영표

제주대학교 사회학과 부교수. 도시사회학, 환경사회학, 사회이론을 가르치고 공부하고 있다.『런던코뮌』(2009)에 담긴, 지역에 기반한 사회주의라는 주제를 발전시키는 글들을 썼다. 영국사회에 대한 관심은『민중 : 영국노동계급의 사회사, 1910~2010』(2016)을 번역하게 했다. 제주대학교 사회학과 대학원 석·박사과정 학생들과 함께 공부하며 연구관심을 넓혀가고 있다.

이삼성

미 예일대학교 정치학 박사, 현재 한림대학교 교수. 저서로『한반도의 전쟁과 평화』(2018),『동아시아의 전쟁과 평화 1 & 2』(2009),『제국』(2014) 등이 있다. 논문으로「전후 동아시아 국제질서의 구성과 중국」(2016),「한나 아렌트의 인간학적 전체주의 개념과 냉전」(2015),「한국전쟁과 내전」(2013) 등이 있다.

정병기

베를린 자유대학교 정치학 박사, 시인, 영화평론가, 영남대학교 정치외교학과 교수, 맑스코뮤날레 부집행위원장. 저서로『2016~17년 촛불집회 : 민주주의의 민주화, 그 성격과 의미』(공저),『정당 체제와 선거 연합 : 유럽과 한국』,『천만 관객의 영화 천만 표의 정치』,『대한민국은 민주공화국이다』(시집),『표준의 통합 효과와 표준화 거버넌스』 등이 있다.

차문석

성균관대학교 정치학 박사, 통일교육원 교수. 저서로『반노동의 유토피아』,『대중독재의 영웅만들기』(공저),『북한전국 시장정보』(공저) 등이 있다.

하승우

더 이음 연구위원, 전(前) 녹색당 공동정책위원장. 저서로『시민에게 권력을』,『내가 낸 세금, 다 어디로 갔을까?』(공저),『껍데기 민주주의』(공저),『아렌트의 정치』(공저),『민주주의에 反하다』 등이 있고, 역서로『국가 없는 사회』,『아나키스트의 초상』 등이 있다.

홍석만

용산참사 범대위 대변인, 참세상 편집장, 주간『워커스』(WORKERS) 편집장을 역임했고, 현재 민중언론『참세상』 발행인을 맡고 있고 참세상연구소에서 경세와 노동문제를 연구하고 있다. 저서로『역감시의 권리로서 프라이버시권에 대한 재구성』(공저),『부채 전쟁』(공저),『좌파가 미래를 설계하는 방법』(공저) 등이 있다.